中国出版蓝皮书
CHINA PUBLISHING BLUE BOOK

2021—2022
中国出版业发展报告

ANNUAL REPORT OF PUBLISHING INDUSTRY IN CHINA
(2021-2022)

魏玉山 ◎ 主　编
李晓晔 ◎ 副主编

中国书籍出版社
China Book Press

图书在版编目（CIP）数据

2021—2022 中国出版业发展报告 / 魏玉山主编；李晓晔副主编. —北京：中国书籍出版社，2022.11
ISBN 978-7-5068-9306-0

Ⅰ.①2… Ⅱ.①魏… ②李… Ⅲ.①出版工作-研究报告-中国-2021-2022 Ⅳ.①G239.2

中国版本图书馆 CIP 数据核字（2022）第 220288 号

2021—2022 中国出版业发展报告

魏玉山　主　编
李晓晔　副主编

责任编辑	李　新　庞　元
责任印制	孙马飞　马　芝
封面设计	许惟一
出版发行	中国书籍出版社
地　　址	北京市丰台区三路居路 97 号（邮编：100073）
电　　话	（010）52257143（总编室）　　（010）52257140（发行部）
电子邮箱	eo@chinabp.com.cn
经　　销	全国新华书店
印　　刷	英格拉姆印刷（固安）有限公司
开　　本	787 毫米×1092 毫米　1/16
印　　张	25.5
字　　数	460 千字
版　　次	2022 年 11 月第 1 版　2022 年 11 月第 1 次印刷
书　　号	ISBN 978-7-5068-9306-0
定　　价	138.00 元

版权所有　翻印必究

《2021—2022 中国出版业发展报告》
主编、副主编和撰稿人名单

主　编：魏玉山

副主编：李晓晔

撰稿人（按文章顺序排列，作者单位见内文）

李晓晔	程　丽	周蔚华	杨　伟	赵文义	陈国权	张　渝
毛文思	刘成芳	刘积英	倪　成	徐　来	宋　宁	李丽梅
张　琦	徐同亮	张文彦	田　菲	陈　香	邓　杨	王子荣
舒　彧	张　沫	李　旗	张文红	朱龙虎	刘莹晨	李家驹
王国强	黄昱凯	潘翠华				

目 录

第一编 主报告

高质量发展行稳致远 出版强国建设加速推进
——2021—2022 中国出版业发展报告／3
 一、2021 年中国出版业发展概况／3
 二、中国出版业发展趋势分析／14
 三、推进中国出版业高质量发展的建议／20

第二编 分报告

2021—2022 中国图书出版业发展报告／31
 一、2021 年图书出版业基本情况／31
 二、2021 年图书出版业发展亮点／39
 三、图书出版业发展存在的问题及应对建议／43
 四、2022 年图书出版业趋势展望／47

2021—2022 中国图书市场报告／50
 一、2021 年中国图书零售市场基本情况／50

二、2021—2022 影响和推动图书市场的重要因素和事件 / 56

三、"后疫情"时期的上下游市场现状 / 60

四、2022 年及未来一段时间图书市场发展展望 / 66

2021—2022 中国期刊出版业发展报告 / 70

一、2021—2022 年期刊业发展基本情况 / 70

二、2021—2022 年期刊业发展趋势 / 74

三、2021—2022 年期刊业发展建议 / 79

2021—2022 中国报业发展报告 / 88

一、触底回升：报业已跌无可跌 / 88

二、报业形势分析与趋势判断 / 93

2021—2022 中国数字出版产业发展报告 / 102

一、2021 年中国数字出版产业发展基本状况 / 102

二、中国数字出版产业发展趋势展望 / 107

三、中国数字出版产业发展的思考 / 110

2021—2022 中国印刷业发展报告 / 113

一、2021 年印刷业发展的主要亮点 / 114

二、2021 年印刷业面临的困难与挑战 / 117

三、推动印刷业实现高质量发展的建议 / 120

2020—2021 中国出版物发行业发展报告 / 124

一、图书销售转向线上，各发行渠道积极应对 / 124

二、图书发行面临的问题 / 132

三、推进图书发行业发展的建议 / 133

第三编 专题报告

2021年图书选题出版报告 / 137
  一、重点选题内容情况 / 137
  二、重点选题板块基本情况 / 144
  三、结　语 / 155

2021—2022出版业社会效益概况述评 / 156
  一、出版业社会效益理论研究向纵深发展 / 156
  二、出版业社会效益评价考核定期开展 / 158
  三、出版业社会效益政策导向进一步彰显 / 160
  四、加强出版业社会效益理论研究与评价考核实践的对策建议 / 164

2021年出版业上市公司发展亮点与展望 / 167
  一、2021年出版业上市公司发展情况 / 167
  二、2021年出版业上市公司发展亮点 / 181
  三、2021年出版业上市公司发展存在问题 / 184
  四、对出版业上市公司发展的展望 / 185

2021—2022全民阅读发展报告 / 188
  一、第十九次全国国民阅读调查主要情况 / 188
  二、全民阅读政策推动 / 195
  三、全民阅读行业与研究的发展 / 198
  四、全民阅读技术的趋势 / 200
  五、总结与展望 / 202

2021—2022 少儿图书市场现状分析 / 204

一、2021—2022 年少儿图书市场的基本情况 / 204

二、2021—2022 年少儿图书市场的主要特点 / 207

三、少儿图书市场存在的问题及对策建议 / 211

2021 年 VR/AR 出版情况分析 / 216

一、出版与虚拟现实技术融合发展的基本情况 / 216

二、出版与虚拟现实技术的融合应用 / 218

三、出版应用与虚拟现实技术融合发展中存在的问题 / 223

四、数字出版与虚拟现实融合发展的对策与建议 / 225

2021—2022 民营书业研究报告 / 229

一、民营书业的发展现状 / 229

二、民营书业的发展趋势 / 234

三、民营书业的发展亮点 / 239

四、民营书业发展面临的挑战 / 241

五、推动民营书业发展的对策建议 / 242

2021—2022 出版物市场治理情况 / 244

一、2021 年出版物市场治理成效 / 244

二、2021 年出版物市场治理典型案例 / 247

三、2021 年出版物市场治理特点 / 253

四、2022 年出版物市场治理重点 / 254

2021—2022 新闻出版标准化综述 / 256

一、标准化工作基本情况 / 256

二、新闻出版领域标准化发展特点、趋势与面临的挑战 / 266

三、推进新闻出版领域标准化工作的建议 / 268

2021年出版专业教育现状、新形势与变革趋势 / 271

一、2021年我国出版专业教育的现状分析 / 271

二、2021年出版教育新形势 / 279

三、出版专业教育未来变革趋势 / 281

2021—2022出版走出去发展报告 / 287

一、2021年出版走出去基本情况 / 287

二、2021年出版走出去发展亮点 / 298

三、推动出版走出去的对策建议 / 306

第四编　中国香港特别行政区、澳门特别行政区、台湾地区出版业发展报告

2021年中国香港特别行政区出版业发展报告 / 311

一、在克服疫情中奋力前行 / 311

二、业界的变化与整合 / 313

三、履行社会责任 / 316

四、勉力推广阅读 / 318

五、出版风貌与特征 / 319

六、改革教材出版 / 320

七、结语："行之不辍，未来可期" / 321

2021年中国澳门特别行政区出版业发展报告 / 322

一、出版物统计 / 322

二、图书出版情况 / 323

三、出版单位类型及出版数量 / 328

四、新成立出版单位情况 / 332

五、报纸及期刊出版情况 / 333

六、出版业界交流 / 334

七、书店业 / 334

八、结　语 / 335

2021年中国台湾地区出版业发展报告 / 336

一、台湾地区出版产业整体概况 / 336

二、台湾地区图书渠道现状 / 342

三、疫情中的台湾出版产业 / 345

四、结　语 / 346

第五编　出版业大事记

2021年中国出版业大事记 / 351

2021年中国香港特别行政区出版业大事记 / 372

2021年中国澳门特别行政区出版业大事记 / 387

2021年中国台湾地区出版业大事记 / 389

第一编
主报告

高质量发展行稳致远　出版强国建设加速推进
——2021—2022中国出版业发展报告

2021年是中国共产党成立100周年，是"十四五"规划开局之年，也是全面建设社会主义现代化国家新征程开启之年，出版界坚持以习近平新时代中国特色社会主义思想为指导，深入学习贯彻习近平总书记关于出版工作的重要论述及指示精神，紧紧围绕学习宣传贯彻习近平新时代中国特色社会主义思想，围绕庆祝中国共产党成立100周年、迎接党的二十大工作主线，围绕开局"十四五"、开启新征程，围绕立足新发展阶段、贯彻新发展理念、构建新发展格局，在主题出版、精品出版上展现积极作为，在服务大局、服务人民中扛起新时代出版工作使命任务，在追求社会效益首位、实现社会效益和经济效益相统一上取得新的进展和成效，主题出版精品迭出，全民阅读稳步推进，中华优秀传统文化对外传播方式不断拓新，"十四五"实现了良好开局。

一、2021年中国出版业发展概况

（一）出版政策频现利好

1. 《出版业"十四五"时期发展规划》颁布

2021年12月28日，国家新闻出版署印发《出版业"十四五"时期发展规划》，明确出版业"十四五"时期发展的指导思想、基本原则、目标要求、重点任务、保障措施等，描绘了出版业发展蓝图和工作方向。"规划"提出，出版业"十四五"时期要以高质量发展为主题，以深化供给侧结构性改革为主线，以推动改革创新为根本动力，以多出优秀作品为中心环节，以满足人民日益增长的学习阅读需求为根本目的，为人民群众提供更加充实、更为丰富、更高质量的出版产品和服务，推动出版业实现质量更好、效益更高、竞争力更强、影响力更大的发展，为建成出版强国奠定坚实基础。"规划"提出了39项重点任务和46项重大工程，并对推动规划落地实施提出工作要求。①

2. 部署加快推动出版深度融合发展

2021年5月，国家新闻出版署启动实施出版融合发展工程，指出为贯彻落实党的十九届五中全会精神，完成举旗帜、聚民心、育新人、兴文化、展形象的使命任务，旨在引导出版业大力实施数字化战略，系统性推进融合发展，实现传统出版与新兴出版深度融合，巩固壮大网上出版主阵地，为文化强国、出版强国建设贡献新的力量。2021年5月6日，国家新闻出版署印发《关于开展出版业科技与标准创新示范项目试点工作的通知》，指出要加强虚拟现实技术在出版领域的创新应用和研究。2021年5月7日，国家新闻出版署印发《关于组织实施出版融合发展工程的通知》。2022年4月18日，中共中央宣传部印发《关于推动出版深度融合发展的实施意见》，意见围绕加快推动出版深度融合发展，构建数字时代新型出版传播体系，坚持系统推进与示范引领相结合的总体思路，从战略谋划、内容建设、技术支撑、重点项目、人才队伍、保障体系等6个方面提出20项主要措施，并对未来一个时期出版融合发展的目标、方向、路径、措施等作出全面部署，提出明确要求，为以书报刊为主要产品形态的出版业，进一步指明了出版融合发展的方向。② 为推动融合发展，国家新闻出版署发布出版业科技与标准重点实验室、出版业科技与标准创新示范项目，实施优秀现实题材和历史题材网络文学出版工程、出版融合发展工程、国家古籍数字化工程、全国有声读物精品出版工程等。

3. 宣传文化增值税优惠政策延续实施

2021年4月7日，财政部、税务总局发布《关于延续宣传文化增值税优惠政策的公告》。公告显示，2021年1月1日起至2023年12月31日，宣传文化增值税优惠政策将延续实施。公告中与图书出版业密切相关的规定主要包括：在出版环节对中小学

---

① 史竞男. 国家新闻出版署印发《出版业"十四五"时期发展规划》[N]. 人民日报，2021-12-31.
② 国家新闻出版署网站. 关于推动出版深度融合发展的实施意见 [EB/OL]. [2022-04-24]. https://www.nppa.gov.cn/nppa/contents/279/103878.shtml.

的学生教科书,少数民族文字出版物,盲文图书,经批准在内蒙古、广西、西藏、宁夏、新疆五个自治区内注册的出版单位出版的出版物等执行增值税 100% 先征后退的政策;在出版环节对各类图书、期刊、音像制品、电子出版物执行增值税先征后退 50%的政策(执行增值税 100% 先征后退的出版物除外);对少数民族文字出版物的印刷或制作业务,新疆维吾尔自治区 58 个印刷企业的印刷业务执行增值税 100% 先征后退政策;免征图书批发、零售环节增值税。①

4. 政策为期刊发展指明方向

2021 年 6 月,中宣部、教育部、科技部发布《关于推动学术期刊繁荣发展的意见》,指出学术期刊是开展学术研究交流的重要平台,是传播思想文化的重要阵地,是促进理论创新和科技进步的重要力量。《意见》提出了学术期刊出版工作的总体要求,以习近平新时代中国特色社会主义思想为指导,高举旗帜、服务大局,追求卓越、创新发展,优化布局、分类实施,监管并举、规范发展,加快提升内容质量和传播力影响力。② 同时,《意见》就加强出版能力建设、优化布局结构、加快融合发展、提升国际传播能力、优化发展环境和加强指导扶持六方面提出具体建议。其中,关于融合发展,《意见》明确指出学术期刊要在策划、采集、编辑、分发等环节落实数字化,适应移动化。

5. 部署出版专业技术人员职称制度改革

2021 年 2 月,人力资源和社会保障部、国家新闻出版署印发《关于深化出版专业技术人员职称制度改革的指导意见》,部署出版专业技术人员职称制度改革。《意见》坚持问题导向、实践导向、效果导向,聚焦出版专业技术人员职称评价中存在的突出问题,围绕健全制度体系、完善评价标准、创新评价机制、促进职称制度与人才培养使用相结合、优化管理服务等关键环节,提出针对性的改革措施。例如,《意见》允许单独划定从事少数民族语言文字出版工作的专业技术人员的考试合格标准,畅通了在出版单位中从事融合出版、版权运营等业务的人员,以及从事与出版物策划、数字出版相关的非公有制经济组织、社会组织的出版专业技术人员的职称评审渠道。《意见》

---

① 柴新. 宣传文化增值税优惠政策延续实施 [N]. 中国财经报,2021 - 04 - 12.
② 中宣部、教育部、科技部印发《关于推动学术期刊繁荣发展的意见》[EB/OL]. [2021 - 06 - 25]. http//www. gov. cn/xinwen/2021 - 06/25/content_5620876. htm.

的颁布，有利于充分调动广大出版专业技术人员的积极性，引导出版专业技术人员积极参与改革，营造有利于改革的良好氛围。

（二）内容生产精品迭出

1. 主题出版

2021年是中国共产党成立100周年，是"十四五"规划开局之年，出版界把宣传阐释好习近平新时代中国特色社会主义思想作为出版工作首要政治任务，聚焦主题出版重点领域，以及国史、党史重要纪念日，加强顶层设计、精耕内容资源，推出了一大批系列精品力作。这些主题出版物类型广泛，内容丰富，内容题材覆盖马列、学术文化、文艺、经管、少儿等众多分类方向。如人民出版社选取了100种重点主题图书，以"百年百种"之名系列推出；学习出版社出版了构建百年党史脉络框架的《中国共产党党史知识百问》，探讨建党百年历程的《品读西柏坡》等；中共党史出版社出版了《常青之道：中国共产党自我革命的故事》《中国共产党百年画典》《中国共产党100年100事》等。各地区各部门各出版单位精心组织上报主题出版选题2 232种，其中图书选题1 934种、音像电子出版物选题298种。经评审，最终确定2021年主题出版重点出版物选题170种，其中图书选题145种、音像电子出版物选题25种，① 立项数量较上一年度（125种）有大幅提升，并再次突破历史最高水平。

围绕党史、新中国史、改革开放史、社会主义发展史的"四史"类图书也是主题出版市场的热点。中宣部出版局联合有关单位和部门共同开展"书映百年伟业——庆祝中国共产党成立100周年好书荐读"活动和"读掌上精品 庆百年华诞——百佳数字出版精品项目献礼建党百年专栏"，向全社会推介这些精品力作，引导干部群众学史明理、学史增信、学史崇德、学史力行。人民出版社、中共党史出版社联合出版的《中国共产党简史》，中央文献出版社出版的《论中国共产党历史》《毛泽东邓小平江泽民胡锦涛关于中国共产党历史论述摘编》，成为配合全党党史学习教育的权威书籍。中宣部组织有关单位编写的《中华人民共和国简史》《改革开放简史》《社会主义发展简

---

① 中宣部办公厅公布2021年主题出版重点出版物选题［N］.中国新闻出版广电报，2021-08-05.

史》于 2021 年 8 月正式出版，是面向全社会开展"四史"宣传教育的重要用书。①

2021 年是"十四五"规划的开局之年，我国开启了全面建设社会主义现代化国家的新征程。围绕这一重要时间节点，出版机构推出了一批主题图书对"十四五"规划和 2035 年远景目标进行分析，阐述这一时期的挑战、机遇与发展理念，描绘未来 5 年乃至 15 年中国发展蓝图，如中信出版集团的《读懂"十四五"：新发展格局下的改革议程》、浙江教育出版社的《强国新征程："十四五"时期的中国经济》、北京大学出版社的《中国式规划：从"一五"到"十四五"》等。

2. 大型出版工程

2021 年，一批分量重、规模大的重大出版工程，历经多年编撰，得以陆续出版问世。《马克思主义经典文献传播通考》于 2021 年 4 月完成出版工作。该丛书为国内第一套权威、全面、系统考证马克思主义经典文献传播的大型主题图书，是一项马克思主义学术研究和文化传播研究的重点工程，也是一项重大的政治理论建设和出版工程。② 丛书由辽宁出版集团、辽宁人民出版社和清华大学马克思主义学院共同策划，组织全国高校和研究机构近百位专家学者编写，共计 100 卷 2 400 多万字，是庆祝中国共产党成立 100 周年的重点出版物，为党史学习教育和"四史"宣传教育提供了重要文献参考。③

2021 年 7 月 24 日，《中国大百科全书》第三版首批条目发布，包括网络版中文条目约 21 万个、中国主题英文条目 1 000 个、纸质版 3 卷，并同步一体上线中国社科词条库。《中国大百科全书》第三版包括网络版、纸质版、外文版，网络版条目以文字、图片、视频等多种形式呈现。第三版编纂出版工作自 2014 年启动以来，在传统百科条目编纂方式上积极创新，较《中国大百科全书》第二版的规模更大、内容更丰富、形式更多样，以更好适应互联网时代读者阅读使用新需求。④

2021 年 8 月 31 日，历时 13 年的中华书局点校本《陈书》修订本在线上与读者见面。《陈书》修订本全二册，是点校二十四史修订出版的第 11 种。⑤

---

① 《中华人民共和国简史》《改革开放简史》《社会主义发展简史》出版发行 [N]. 新华社，2021-08-30.
② 陈菁霞. 百卷本《马克思主义经典文献传播通考》出版 [N]. 中华读书报，2021-07-21.
③ 刘洪超.《马克思主义经典文献传播通考》(100 卷) 出版座谈会在京举行 [N]. 人民日报，2021-07-16.
④ 《中国大百科全书》第三版首批条目发布 [EB/OL]. (2021-07-24). 新华网，https://baijiahao. baidu. com/s? id = 1706169501771962685&wfr = spider&for = pc.
⑤ 章红雨. 点校本二十四史《陈书》修订本问世 [EB/OL]. (2021-09-01). 中国新闻传出版广电网，https://www. chinaxwcb. com/info/574297.

3. 专业与学术出版

2021年，围绕中国共产党成立100周年、"十四五"规划、乡村振兴等时代主题，学术出版单位从学术高度进行切入，用科学的方法把中国模式、中国故事传播出去，做精主题型学术出版。例如，人民出版社的《中国共产党农村调查史》系统回顾了中国共产党历史上不同时期从事农村调查研究的经验教训。科学出版社的《中国乡村振兴之路——理论、制度与政策》由多位知名农业经济学家撰写，进行了基于学理和实地调研的研究。

除了重大主题外，专业与学术出版单位还根据自身优势与定位从医疗卫生、经济发展、新兴技术等现实选题出发，推出一批精品力作。比如，人民卫生出版社的《病毒、大流行及免疫力：探寻新冠后时代我们如何战胜传染病》，由前沿病毒学家和免疫学家解答人类如何走出新冠肺炎疫情；北京大学出版社的《中国经济的逻辑与展望》由多位知名经济学家探讨中美关系、国内国际双循环、疫情与健康中国、中小企业融资、数字金融等当前国家发展的重要议题；商务印书馆出版的《中国道路与经济高质量发展》，对十九大提出的高质量发展进行了理论与实践两方面的解读。此外，围绕人工智能、物联网、5G、区块链、元宇宙等新兴技术，教育科学出版社出版了"人工智能与智能教育"丛书、浙江科学技术出版社出版了《未来服务：生活服务业的科技化变革》、中译出版社推出了《元宇宙》《元宇宙通证》《极简元宇宙》《解码元宇宙：未来经济与投资》等元宇宙系列图书。

2021年，恰逢中国考古学的百年华诞，出版界相继推出一批考古相关图书，包括考古史、考古发现、考古文物、科普读物、考古综合读物等，如北京联合出版公司的《考古一百年——重现中国》、山西人民出版社的《发现与推理：考古纪事本末（一）》、天地出版社的《三星堆：开启中华文明之门》、中华书局的《我在考古现场——丝绸之路考古十讲》等。

4. 文学类、少儿类图书

根据北京开卷发布的2021年图书零售市场报告，2021年的文学图书零售市场自2019年以来首次出现正增长，同比上年增长4.6%，名家新作和网文图书表现突出。余华的新作《文城》2021年3月出版，首印50万册，预售第二天又加印10万册，迅速登顶各大图书畅销榜。[①] 2021年，适逢中国共产党成立100周年，与党的历史、家国情怀题材相关的文学图书受到热捧。比如，书写中国共产党艰难奋斗历程的《红船启航》、2021年热播的革命历史题材电视剧《觉醒年代》同名长篇小说《觉醒年代》、热映电影《长津湖》的原著《冬与狮》等。

少儿出版是大众出版市场持续多年的增长引擎，但根据北京开卷发布的数据，2021年少儿图书市场增速放缓，少儿科普赶超少儿文学，成为少儿第一大细分类。畅销的少儿科普图书大体可以分为三类：一类是IP类的图书，像"马小跳学数学""打开故宫"等；一类是原创低成本图书，像"和爸妈游中国"丛书、"藏起来的小秘密"丛书等；还有一类是引进版图书，像《DK博物大百科》《小狗钱钱》等。[②] 受线上线下低价恶性竞争、跟风模仿重复出版、新生儿数量下降等问题影响，少儿出版的发展面临挑战。部分少儿出版社采取了应对措施，并取得成效。比如，中国少年儿童新闻出版总社针对不同销售渠道采取差异化定制策略，突破直播恶性价格战困局。该社出版的《猫武士》，在封面、纸张上进行调整，电商平台这个系列36本卖300多元，在王芳直播间39本卖到559元，两个月就销售了400万实洋。[③]

（三）出版融合向纵深发展

1. 数字出版产业规模持续壮大

2020年，我国数字出版产业规模突破万亿元大关，达到11 781.67亿元。2021年，中国数字经济按下"加速键"，新动能持续壮大。仅在2021年上半年，电子信息制造、软件和信息技术服务业等多个数字经济核心产业增速超过20%。作为数字经济的重要分支，数字出版与数字经济同步发展，据初步统计，2021年数字出版产业规模可达到1.3万亿元。2021年，新冠肺炎疫情防控步入常态化，数字内容消费成为人们工作、学习、生活的常态，数字阅读、数字教育、网络游戏、有声读物等领域均呈现欣欣向

[①] 程雪宏. 2021没有爆款新书吗？最火爆的10本书在这里！[EB/OL]. (2021-12-27). 出版商务网, http://www.cptoday.cn/news/detail/12852.
[②] 刘蓓蓓. 少儿出版三个问题引发关注[N]. 中国新闻出版广电报, 2021-10-18.
[③] 刘蓓蓓. 如何应对眼前挑战、心怀长期发展[EB/OL]. (2021-10-20). 中国新闻传出版广电网, https://www.chinaxwcb.com/info/575260.

荣之势。中国音数协游戏工委发布的《2021年中国游戏产业报告》显示,2021年中国游戏用户规模达到6.66亿人,游戏市场实际销售收入接近3000亿元;据不完全统计,2021年网络音频市场规模可达到170亿元。同时,依托"互联网+",文化产业持续与体育、教育、旅游、金融等产业相加相融,涌现出更为丰富多元的数字文化新业态、新模式、新场景,也带来了数字出版价值链条的进一步拓展。

2. 数字内容消费需求不断释放

据中国互联网络信息中心(CNNIC)发布的《第49次中国互联网络发展状况统计报告》显示,截至2021年12月,我国网民规模进一步增长,达到10.32亿,互联网普及率达到73.0%,网络音乐、网络游戏、网络文学、网络视频(含短视频)等领域均实现不同幅度的增长。中国新闻出版研究院《第十九次全国国民阅读调查报告》数据显示,2021年中国成年国民数字化阅读方式(网络在线阅读、手机阅读、电子阅读器阅读、Pad阅读等)的接触率为79.6%,较2020年的79.4%上升了0.2个百分点。2020年,手机接触率进一步增长,成人手机接触率达到77.4%,较上年上升0.7个百分点,我国成年人人均每天手机接触时长达到101.12分钟。从数字阅读人群来看,18—59周岁占比为92.8%,中青年是数字阅读的主要群体。2021年,数字阅读视听化趋势进一步明显。"耳朵经济"热度持续。2021年,我国有32.7%的成年国民养成了听书习惯,较2020年的平均水平提高了1.1个百分点。[1] 从阅读习惯上来看,有7.4%的成年国民倾向于"听书";有1.5%的成年国民倾向于"视频讲书"。视频讲书成为人们阅读的新方式。

3. 直播和短视频卖书常态化

2021年,图书出版机构以直播和短视频方式卖书开始进入常态化阶段。除了日常的直播外,图书出版机构在"6·18"、"双11"、订货会、书博会等特定时间节点还会加大直播活动力度,通过提前筹划、精心选品、爆款预热、头部主播合作、促销活动等方式,提升图书销量。出版机构还通过短视频营销推广图书,在抖音、快手、小红书、视频号等多个平台构建新媒体矩阵,以内容导读、讲书拆书、名人推荐、作者讲

---

[1] 学会观察|第十九次全国国民阅读调查成果发布_政务_澎湃新闻-The Paper [EB/OL]. [2022-04-24]. https://www.thepaper.cn/newsDetail_forward_17786964.

解、真人情景剧等方式进行短视频内容的创作与运营。除了自建短视频账号外，出版机构还辅助作家入驻短视频平台，进行新书推广。出版机构还致力于构建私域流量池。与此同时，出版物发行业也进一步加大了线上营销力度，直播带货、短视频营销等新型营销方式风头更劲。各地新华书店在2021年加大了直播带货、短视频营销的力度，湖北新华、安徽新华、沈阳玖伍文化城、山东新华、青岛市店、新华文轩等建立了专业直播团队，拥有了一定数量的网红达人，直播带货已成常态。

（四）出版业聚焦脱贫攻坚，助力乡村振兴

2021年政府工作报告明确指出，要"推进城乡公共文化服务体系一体建设，创新实施文化惠民工程，倡导全民阅读"。出版业聚焦脱贫攻坚，实施精品战略，不断拓宽公共文化服务领域，深度参与公共文化基础设施建设，推动形成多元化产业发展模式。

为服务乡村振兴，出版业积极投身于巩固脱贫攻坚成果、推动乡村振兴工作，内蒙新华建设流动书房，送书到基层，深入内蒙古偏远贫困区、边境、口岸，为广大农牧民提供送书服务，受到当地群众欢迎。城市传媒策划出版了一大批主题出版物，全方位、多角度地展示脱贫攻坚成果。在工作实践中，他们不仅派出"第一书记"解决村民生活实际困难，而且开展图书下乡流动服务，广泛进行农村流动售书活动，推动乡村文化振兴。中国外文局举办脱贫攻坚多语种图书全球"云首发"活动，面向国内外推出132种讲述中国脱贫攻坚故事的多语种图书。

此外，许多出版企业还在坚持正确价值导向，节能减排保护环境，疫情防控安全生产，保障投资者合法权益，提升员工归属感、获得感、幸福感等方面积极履行社会责任，把社会效益放在首位，努力实现社会效益和经济效益相统一。在全国脱贫攻坚总结表彰大会上，中国出版集团研究出版社、中原出版传媒集团驻光山县文殊乡东岳村工作队荣获"全国脱贫攻坚先进集体"称号。

中国新闻出版研究院第十九次全国国民阅读调查数据显示，2021年我国有半数农村成年居民阅读过图书，图书阅读率达到50.0%，较2017年的49.3%增长了0.7个百分点，呈稳定增长态势，全民阅读在农村地区初见成效。这表明，在政府和社会各方面的积极努力下，城乡居民之间的阅读鸿沟在以缓慢而稳定的态势逐渐缩小，具体表现为我国农村成年居民的图书阅读率稳步增长，城乡居民之间图书阅读量的差距逐年缩小。

(五) 出版企业竞相上市，营收总体上涨

1. 资本市场迎来出版企业上市热潮

2021年5家出版发行企业上市，这是继2017年6家出版发行企业A股上市后，出版发行业再次迎来上市"大年"。这5家上市企业分别是读客文化、浙版传媒、龙版传媒、果麦文化、内蒙新华，其中浙版传媒、龙版传媒、内蒙新华这3家为地方出版发行集团，读客文化、果麦文化2家为民营图书策划企业。2021年是"十四五"规划开局之年，5家出版发行企业的相继上市提振了行业信心，同时也扩大了出版业在社会特别是资本市场中的影响。

2. 营业收入总体上涨，多数公司净利润增加

2021年，27家出版业上市公司营业收入总额约1 363.07亿元，同比增长8.08%。营业收入超百亿元的公司由2020年的3家增加到7家，分别是凤凰传媒、浙版传媒、中南传媒、山东出版、中文传媒、新华文轩、皖新传媒，其中，凤凰传媒已连续4年营业收入位居第一。在27家出版业上市公司中，除4家公司的营业收入下跌以外，其余出版业上市公司的营业收入同比实现增长。营业收入涨幅前3名分别是果麦文化、读客文化和内蒙新华，这三家都为2021年新增的出版业上市公司。营业收入涨幅达29.83%的果麦文化，主要得益于"出版+互联网"的商业模式，其营业收入较新冠肺炎疫情暴发前的2019年增加20%，较2020年增加30%。

(六) 出版走出去持续推进

1. 出版走出去各项指标稳中有增

在新冠肺炎疫情仍在全球流行的背景下，出版走出去面临挑战，相关部门采取有针对性的措施，通过组织出版单位线上线下参加国际书展等，于变局中开新局，走出去各项指标稳中有增。据不完全统计，2021年我国出版物版权贸易持续增长，全年完成出版物版权贸易30 000余项，其中版权引进16 000余项，版权输出14 000余项，版权贸易逆差趋于缩小。2021年全国共向100多个国家和地区输出版权，向美国、俄罗

斯、新加坡、越南、韩国、埃及、英国、德国、日本、印度、土耳其等国家输出数量较多，占输出总量的近一半；随着我国与"一带一路"国家交往进一步加深，全年向60余个"一带一路"国家输出版权8 000余项。

2. 出版走出去内容更加丰富多彩

2021年，出版企业通过对外讲好建党百年故事、签署经典著作互译出版备忘录、组织出版单位线上线下参加国际书展等方式，积极推动出版走出去。国内各出版单位集中优质资源和力量，积极推动习近平新时代中国特色社会主义思想的对外译介出版发行，充分展现习近平总书记治国理政的政治智慧和科学方法，彰显习近平新时代中国特色社会主义思想的力量，全方位生动展示习近平总书记的坚定信仰信念、真挚为民情怀、强烈历史担当。截至目前，《习近平谈治国理政》已翻译出版36个语种，海外发行覆盖170多个国家和地区，进入130个国家和地区的500余家高校和公共图书馆。围绕庆祝建党百年，出版界推出了一批展现党的光辉历程的主题出版物。其中，有不少兼顾了国内读者和国际读者，在推出中文版出版物的同时，推出英文版，对外讲好中国故事，传播好中国声音，力求向世界展现真实、全面、立体的中国和中国共产党。为贯彻落实习近平主席在亚洲文明对话大会上提出的"中国愿同有关国家一道，实施亚洲经典著作互译计划"重要倡议精神，2020年12月至2021年底，中国先后同新加坡、巴基斯坦、韩国、伊朗、老挝、亚美尼亚签署了关于经典著作互译出版的备忘录。[1]

3. 原创图书品牌集群初步形成，国际影响力稳步提升

2021年，随着国内原创图书品牌集群初步形成，图书版权输出能力和市场化运作能力不断增强，学术话语权逐步提高，文学、少儿图书屡获国际奖项，多种汉语教材进入对象国国民教育体系，中国图书走出去国际影响力获得稳步提升。2021年，国内学术出版社在学术和科技领域持续深耕细作，不断开拓欧美主流渠道，一批展现我国科技发展前沿成果的原创多语种图书、期刊进入国际主流渠道、海外一流高校图书馆，向世界展示中国不断增长的综合实力和科研创新力量，中国学术国际话语权不断提升。2021年，中国教育图书进出口公司与托尔图书出版社提前续约《三体》三部曲英语

---

[1] 左志红. 出版业高质量发展行稳致远［N］. 中国新闻出版广电报，2021－12－27.

版，并预付版税 125 万美元。这一数字创造了中国文学作品海外版权输出的新纪录，向世界证明了中国文学作品的价值。

4. 网络文学海内外影响力持续攀升

在网络文学方面，2021 年网络文学海内外影响力持续攀升，成为讲述中国故事、建构和传播中国形象的重要载体。阅文旗下起点中文网推出的以向海外读者提供优质网文为宗旨的起点国际，截至 2021 年底共上线约 2 100 部中国网络文学的翻译作品，培育海外原创作品约 37 万部。各家网络文学平台亦在不断完善谋划海外布局，继日韩、东南亚和欧美地区大量网文授权成功获益之后，中国网文的出海产业链打造和海外原创也在不断发力，越来越多的 IP 出海和本土精品表现出中国网文的实力。[①]

二、中国出版业发展趋势分析

当前，出版工作面临一系列新机遇新挑战。《出版业"十四五"时期发展规划》描绘了出版业发展蓝图和工作方向，极大地鼓舞了出版业从业者的信心，然而受疫情在全球范围内持续蔓延的影响，一些出版企业仍然面临生产经营等各方面的问题和困难。面对疫情发展和地缘政治形势变化等诸多因素带来的挑战，出版业要深入贯彻落实习近平新时代中国特色社会主义思想，找准历史方位，提高政治站位，保持战略清醒，科学把握新发展阶段的时代特征，全面贯彻新发展理念，深入落实高质量发展要求，为奋进新征程、建功新时代贡献力量。

（一）出版业"十四五"规划蓝图绘就，"出版强国"远景目标路径明确

2021 年 12 月，国家新闻出版署印发《出版业"十四五"时期发展规划》（以下简称"《规则》"），这是对图书出版行业未来 5 年发展方向和路径设计的纲领性指导。《规划》深刻把握出版业发展的新任务、新要求，明确了指导思想和"六个坚持"基本原则，展望"2035 年建成出版强国远景目标"，提出到"十四五"末实现 6 大目标，

---

① 中国社会科学院. 2021 中国网络文学发展研究报告［R］. 中国社会科学网，2022 - 04 - 08.

谋划了 9 个方面的重点工作,《规划》为"十四五"期间的出版工作擘画了明确的路线图和任务书。在《规划》指引下,图书市场迎来了新的发展机遇。

"十四五"时期,国家对主题出版工作的重视上升到一个新高度。《规划》将"做强做优主题出版"独立成章,从"加强党的创新理论出版传播""做好重大主题作品出版传播""推进弘扬中华民族精神作品出版传播""强化主题出版组织引导"等 4 个方面对主题出版工作作出具体安排,并在附件《"十四五"时期国家重点图书、音像、电子出版物出版专项规划》详细列示了主题出版规划的 90 个专项规划项目。在《规划》指引下,许多出版机构都把"主题出版"作为"十四五"时期的一项重点工作推进。未来一段时间,全行业主题出版工作必将达到一个新高度,而这些优秀的成果作品也将进一步满足社会文化阅读的广泛需求,丰富和繁荣阅读市场。

《出版业"十四五"时期发展规划》从拳头产品打造、服务模式升级、企业发展创新、科技体系支撑等方面,对壮大数字出版产业进行顶层设计,包括着力推出一批数字出版精品,大力发展数字出版新业态,做大做强新型数字出版企业,健全完善数字出版科技创新体系。着眼于疫情防控常态化下的产业环境变化,数字化建设和融合发展将成为出版单位战略部署的重中之重。出版单位应针对自身特点,围绕业务结构、产品体系、技术创新、走出去、人才培养、管理机制等方面锚定目标、规划路径,推进传统出版与新兴出版在出版流程、产品运营、人才培养等方面的全面深度融合,加快构建内容、渠道、平台、经营、管理的一体化发展机制。

出版业"十四五"规划明确指出"健全现代出版市场体系",强调进一步发挥市场在出版资源配置中的积极作用,深化体制机制改革,培育壮大更有活力、创造力和竞争力的出版市场主体。健全出版要素市场运行机制,全面促进出版市场消费,加快构建高效规范、竞争有序的出版市场。《出版业"十四五"时期发展规划》为行业市场体系建设的下一步发展指明了方向。在转型升级的关键期,来自政府主管部门的行业上层规划和制度建设无疑将对上下游企业单位起到重要的指导和引领作用。

(二) 出版公共服务体系建设明确发展路径

《出版业"十四五"时期发展规划》提出,"十四五"时期出版公共服务体系建设必须坚持政府引导、社会参与、全民共建,围绕优秀城乡文化资源配置,创新出版公共服务供给模式，提高公共服务的效率和质量，不断增强人民群众文化获得感、幸福感。

在增强出版公共服务效能方面，要优化出版公共资源配置，推动出版公共服务社会化发展、专业化运营，加快建设现代出版公共服务体系。加强各类出版公共服务设施建设，优化服务定位，升级服务标准，提升数字化水平，推动出版公共服务标准化、均等化，保障人民群众基本文化权益。推进国家版本馆等国家重大出版文化设施建设，持续优化馆藏内容和社会服务，充分发挥优秀出版文化资源在传承中华文明、赓续中华文脉中的重要作用。

在创新开展全民阅读活动方面，要着力推进主题出版阅读，聚焦学习贯彻习近平新时代中国特色社会主义思想，开展丰富多样的阅读推广活动。整合全民阅读资源，组织开展重点阅读活动，着力打造"书香中国"全国性阅读活动品牌，举办全民阅读大会，推动各地区各部门结合实际，以实体书店、农家书屋等为基础，大力开展读书节、读书月、阅读季等特色鲜明的品牌阅读活动。组织引导社会各方力量共同参与，充分发挥文化名家、知名作者的阅读引领作用，提升阅读活动的群众参与度、辐射面、号召力。加强阅读分众分类分级指导，健全全民阅读推广服务体系，营造良好社会阅读风尚。建好用好全民阅读公共服务平台，促进阅读便利化，提高阅读普及率。

在保障特殊群体基本阅读权益方面，丰富老年人、进城务工人员、农村留守妇女儿童的阅读资源供给，保障特殊群体的出版文化权益。大力推进盲人读物出版，扶持盲人阅读推广。推动优质公共出版资源向农村地区、革命老区、少数民族地区倾斜，提高社会整体阅读服务水平。

此外，要把服务城乡基层特别是农村作为着力点，推动农家书屋对接基层群众实际阅读需求，增加优质内容供给，加强数字化升级改造，深化"百姓点单"服务模式，推动与"两中心一平台"共建共享，用高质量阅读服务提升书屋综合服务效能，同时鼓励出版单位积极参与乡村阅读推广，缩小城乡出版公共服务差距，助力乡村振兴。

（三）"双减"政策落地，带来出版和服务新变化

2021年7月，中共中央办公厅、国务院办公厅印发《关于进一步减轻义务教育阶段学生作业负担和校外培训负担的意见》，《意见》明确，一要全面压减作业总量和时

长,减轻学生过重作业负担;二要提升学校课后服务水平,满足学生多样化需求;三要坚持从严治理,全面规范校外培训行为。随着"双减"政策落地,教培市场收紧,教育出版也受到了较大影响。一方面,随着对学校教材管控的加强,教辅总量下降、学科类教辅品种数下降;另一方面,课内作业的减少增加了学生自由支配的时间,家庭教育类相关需求增加。

"双减"政策对K12教辅行业带来巨大冲击,市场总体需求和规模大幅下滑,教辅市场的竞争格局面临重大调整。从民营出版书企可见一斑。民营书业作为我国教辅出版市场中重要的组成部分,其受到的冲击不言而喻。在民营工委"'双减'政策对教育类民营书企的影响情况"问卷调查中,有65.85%的教育类民营书企认为2021年业绩波动与"双减"政策强相关;60.9%的教育类民营书企在"双减"政策之后营收下降;70.7%的利润下跌。

然而,新的机遇也开始出现。在"双减"落实的同时,国家有关部门也在推动"双增",即增加学生参加户外活动、体育锻炼、艺术活动、劳动活动的时间和机会,增加接受体育和美育方面课外培训的时间和机会。2022年4月教育部发布2022年版义务教育课程方案和课程标准,课程标准的修订变化体现在优化了课程内容结构、研制了学业质量标准、增强了指导性。除此之外,修改了语文等16门学科课程的标准。义务教育阶段的相关政策出台,对家庭教育、幼小衔接、配套教辅等出版领域形成利好,新的出版物需求就此出现。而"双减"释放的学生自由时间增加,也为素养类读物和少儿读物带来了新的空间。"除了中小学体育、美育教材出现新空间,一个艺术素养、美育相关读物的市场在浮现。"[①]

在职业教育方面,2022年4月20日,十三届全国人大常委会第三十四次会议在京举行闭幕会。新修订的《中华人民共和国职业教育法》获得通过,并于2022年5月1日起施行。新职业教育法明确了职业教育是与普通教育具有同等重要地位的教育类型,着力提升职业教育认可度,更好推动职业教育高质量发展。职业教育的发展,为教育出版开辟了新的发展路径。

"双减"政策下,教育部门对教辅图书的管理更加严格、要求更高。出版社应主动

[①] 陈香. 2021年中国出版十件大事[N]. 中华读书报,2022-01-06.

去粗存精，压缩教辅品种，提升教辅质量。学生的作业时间和校外培训减少后，校内综合素质类教育时间增加，在家自由学习时间增加，对综合素养类和家庭教育类图书需求增加，因而出版社应陆续开发美育、劳动教育、安全教育等课后教育选题，以及人文类、科学类、素质类和阅读类的选题。

"双减"为出版机构提供教育服务带来了新机遇，如校本课程提供、阅读服务提供、课后服务活动提供，以及配套资源、设备仪器、培训辅导等综合性服务需求。2021年7月国家教育部发布《关于支持探索开展暑期托管服务的通知》之后，各地书店的暑期托管服务也大面积开展起来。"暑期托管"服务的正式提出，让书店既往面对学生群体的暑期文化活动有了一个直接的出口，也可能成为实体书店"人群和场景服务创新"的又一个价值方向。

（四）元宇宙开启出版业融合发展新赛道

随着元宇宙时代的到来，人们的生产、生活和阅读方式的革命性变化，也必将更加深刻地改变出版业的基本模式与出版行业的整体格局。2021年以虚拟现实技术为核心的元宇宙概念热度高涨，各行各业围绕元宇宙的探讨和探索不断。元宇宙作为集成了互联网、大数据、云计算、人工智能、区块链、虚拟现实、物联网等技术的新消费平台，在发展中得到了我国政策上的支持。据不完全统计，全国共计14个市级行政单位及有关部门出台了明确支持元宇宙产业发展的相关规划或政策，总数达23项。除各市政府工作报告规划元宇宙产业外，各地市级行政单位及有关部门出台了16项政策支持元宇宙产业。出版行业作为社会生态中的一部分，不仅为元宇宙的建构提供了必不可少的信息、数据、知识等要素供给，也成为元宇宙空间中传播知识、传承文明、传递文化不可或缺的组成部分。

目前，出版单位在国内积极应用新技术，以AR/VR内容为元宇宙平台奠定基础，进一步转化数字出版增长动能，激发上下游产业动力。其中，中国新闻出版研究院推出首届虚拟现实新闻出版融合发展案例征集活动，对VR教育、VR职业培训、VR教材、VR童书、VR文化传播、VR党建等典型应用提供知识服务。面对新技术革命浪潮，出版业上市公司积极进行前瞻性布局，将自有的内容优势与新技术结合，不断拓展新业态，寻找新的利润增长点，为满足用户精神需求提供更多元的选择。城市传媒致力于打造新一代互联网技术下的文化产品生态链条,基于5G、VR/AR、8K超高清视频等新兴技术,进行IP深度运营,开发海洋、航天数字科普相关的VR、3D产品,并运用AI技术推动数字教育产品生态群不断完善,逐步形成数字教育、海洋、文博元宇宙方向的基础布局和技术储备。城市传媒自主开发的VR教育、3D科普数字产品累计取得知识产权超过50项。

文学作品天然与元宇宙有共同的虚拟现实交互属性。中文在线结合自身拥有的海量优质数字内容优势,积极布局元宇宙相关业务,支持建设"清华大学新闻与传播学院元宇宙文化实验室",设立元宇宙专项基金支持元宇宙业务探索。中信出版围绕未来5年的转型发展方向,开展元宇宙领域的研究和规划,积极探索元宇宙新兴内容和媒介。浙版传媒探索了数字技术、元宇宙等相关领域,出资1.5亿元投资浙江春晓数字出版基金,旨在推动数字出版生态圈的构建。

未来,出版业只有打破固有思维模式,认识和把握出版融合发展呈现出的新的阶段特征,才能将优质的内容与先进的技术有机融合,开启出版业转型升级融合发展的新赛道。

(五)数字版权及数字资源成为出版走出去新的增长点

随着融媒时代的到来,数字技术与互联网经济的发展不断地拓展着出版形态的边界,新媒体技术发展推动数字出版产业规模不断壮大,逐渐成为出版走出去的又一重点领域。同时,受新冠肺炎疫情影响,数字阅读与传统纸书相比,以更快、更广、更易于被接受等特点受到越来越多读者的喜爱,人们的阅读习惯发生较大变化,这也为数字产品走出去提供了新的机遇。2021年国内出版企业在数字版权、电子书、有声书、纸数融合产品、在线数字资源等策划开发以及输出方面做出了积极的尝试。

2021年,新华文轩出版集团旗下各出版单位纸质和数字出版物齐发力,实现版权输出563项,其中纸质图书版权445项,非纸质图书版权118项,总数较2020年增加18%;上海世纪出版集团加快开拓海外数字出版市场,版权输出形式更加多元,电子书、有声读物等输出数量较2020年有大幅增长,增幅超过140%;中国外文局下属华语教学出版社积极探索新的版权合作模式,以数字版权带动版权输出数量及收入的提升，筛选优质的海外合作方进行数字版权授权，全年海外电子授权图书下载量累计逾40万次，电子版权收入已逾5万美元；中国少年儿童新闻出版总社向5家海外出版社输出44项数字版权，输出规模较往年逐渐扩大；高等教育出版社国际中文数字资源受到外方青睐，2021年与美国、新西兰相关教育平台和教育机构签署了一批国际汉语教学数字资源版权合作协议，以及"Cool Panda少儿汉语教学资源"AR&VR版权合作协议。

2021年，北京语言大学出版社设立"OCT BLCUP""北语社国际教育"公众号，成为面向全球中文教师和学习者宣传推广的两大平台，北语社开发了"名师讲坛""一课一备"等系列线上讲座，全年累计组织开展图书推介、教学指导及备课等各类讲座33场，建立了32个线上客户群，入群用户5 000余人。与此同时，针对《轻松学中文》系列教材共组织了7场营销讲座，实现销售超过100万码洋，实现了质的突破；针对《HSK标准教程》系列教材组织的线上讲座实现销售码洋近750万。为了减少疫情对全球高等教育的不利影响，2021年高等教育出版社爱课程国际平台累计上线课程417门，同比增长18%；"智慧职教"平台在"一带一路"沿线国家和地区建设了17个"鲁班工坊"，打造中国职业教育国际品牌，国际频道将实现项目展示、资源汇聚、课程学习、远程教育和院校交流五大功能，充分满足了疫情防控常态化后对在线教育的各种需求。

三、推进中国出版业高质量发展的建议

"十四五"时期，出版业要牢牢把握出版强国建设的正确方向，坚持马克思主义在意识形态领域的指导地位，坚持以社会主义核心价值观引领出版强国建设，深刻认识和把握百年变局和世纪疫情叠加给出版业发展带来的困难和挑战，在追求社会效益第一、社会价值优先的出版实践中，努力破解前进中的各种难题，始终坚持高质量发展，努力推进出版强国建设，全面提升我国的出版水平，走出一条有特色的中国出版强国之路。

（一）加强出版业社会效益理论研究，完善评价考核制度机制

1. 加强出版单位社会效益研究

出版界、学术界应站在构建中国特色社会主义出版理论体系高度，深入研究阐述出版单位社会效益的概念、内涵、外延，深入研究阐述在新的时代条件下社会效益的呈现形式、实现方式，深入研究阐述社会效益和经济效益的统一性问题，着力形成具有中国特色的出版单位、出版行业社会效益理论体系和话语体系，为出版战线更加自觉、更高质量把社会效益放在首位、实现社会效益和经济效益相统一提供参考。

2. 完善出版单位社会效益评价考核制度机制

一是主管主办职责落实有待加强。二是部分指标标准有待细化。三是压实地方出版管理部门复核职责，进一步落实管理职责，提高评价考核工作及其结果的科学化规范化水平。

3. 加强评价考核结果应用

各级出版管理部门应深入调查研究评价考核结果应用现状，掌握评价考核工作在不同类型出版单位面临的具体情况，重点推动不同类型出版单位主管主办单位制定完善配套政策措施，切实落实中宣部、国家出版行政主管部门印发的评价考核有关制度性文件规定。应扩大社会效益评价考核结果影响力，在不断提升评价考核工作科学化规范化水平的基础上，探索建立定期发布机制，每年适时向出版界发布，提升出版界对于评价考核结果的认知度，便于各地、各出版单位及其主管主办单位进行横向比较。

（二）加快图书价格立法，遏制低价恶性竞争

2021年9月27日，抖音主播刘媛媛在一场图书直播中以惊人的"1元直播卖书"，让整个出版界"震动"。这是持续多年并愈演愈烈的线上渠道图书价格战的又一个极端例子。网上图书超低价格销售、恶性无序竞争，严重破坏了出版发行生态，直接损害了读者文化权益，已经成为制约出版发行业高质量发展的突出问题，加强治理迫在眉睫。

图书不同于一般商品，图书既有商品属性，又有文化属性，图书的出版和销售既

要考虑经济效益,更要考虑社会效益。因此,不能简单地将图书归于一般商品而沿用《反垄断法》。由于目前我国《反垄断法》尚未将规范图书价格行为列入豁免范围,政府和行业协会不能对图书销售折扣做出限定,致使对规范图书价格、遏制网络折扣战等行为缺乏必要的法律依据。[①]

国家新闻出版署印发的《出版业"十四五"时期发展规划》明确提出:"加强出版物价格监督管理,推动图书价格立法,有效制止网上网下出版物销售恶性'价格战',营造健康有序的市场环境。"制止图书恶性"价格战",一方面需要修改完善《反垄断法》,将规范图书价格行为列入《反垄断法》豁免范围;另一方面,制定图书交易价格法,为规范图书市场秩序提供法律依据。此外,发挥行业自律的作用,在法律尚未制定完善的过渡期,行业协会应出台相关规则和措施,治理图书零售价格乱象;出版企业应重视图书出版质量,根据成本合理定价;发行企业、图书销售终端也应当根据成本制定合理的批发和零售折扣,避免为了引流而乱打折扣战和不正当竞争、无序竞争。

(三)深入开展全民阅读活动,提升乡村阅读服务水平

1. 加强全民阅读理论研究,推动全民阅读活动创新发展

随着党和政府对全民阅读重视程度的不断提升,全民阅读的社会参与力量、支持技术日益多元,设施服务的覆盖面积从城市到乡村日益扩张,目标读者群体、阅读服务类型也在不断细分。为应对全民阅读面临的新形势新要求,需要加强全民阅读理论研究,创新全民阅读活动形式,强调政策的体系化、研究的深入化和推广的专业化。深入开展乡村阅读、乡村儿童阅读、老年人阅读、数字化阅读、元宇宙阅读等方面的研究和实践,从而建构一个高效率、高质量,能够实现信息、知识、人力、物力顺畅流动,"物种"优胜劣汰的全民阅读生态体系。

2. 贴合农民实际需求,加强农家书屋建设

乡村振兴的重要内容是文化振兴,而要实现文化振兴就要以文化产业作为抓手。出版业作为文化产业中的重要一环,在知识传播中占据着重要的地位,需要找准自身

[①] 孙海悦. 修改完善相关法律 规范图书价格行为 [N]. 中国新闻出版广电报, 2021-03-10.

能对乡村振兴发挥作用的正确方向，在农业、农村、农民三方面展现价值。要加强对农民的阅读指导，充分利用农民喜闻乐见的阅读形式激发农民的阅读意愿。要做好关于农民阅读偏好的调研工作，掌握农民阅读的动态需求，根据农民变化的阅读需求及时做出相应调整，引导农民形成良好的阅读习惯。除了进行纸质出版和电子出版外，还可以利用自身的资源优势，助力乡村振兴战略。例如，出版企业可以利用图片和短视频等形式，通过新媒体平台向外展示优质农产品，推广当地优质农产品，确立农产品的品牌定位。①

3. 实体书店应纳入公共文化设施建设

实体书店走出困境既需要通过外部借力获得更好的发展环境，又需要通过内部变革寻找新的出路。实体书店在推动全民阅读和打造城市文化空间方面都可以发挥积极作用，应将实体书店建设纳入公共文化设施建设的整体规划当中，给实体书店建设以政策扶持。对于危害实体店生存的盗版书横行、零售价格乱象等问题，应尽快整治，为实体书店提供更好的发展环境。此外，实体书店应主动探寻突围之路，在空间设计、销售品类组合、消费体验塑造、场景打造、线上线下全渠道营销等多个方面进行转型升级，精准满足读者需求。

（四）加强出版融合发展战略谋划，强化内容建设和技术创新应用

1. 深化融合发展认识，加强全局化部署

随着《关于推动出版深度融合发展的实施意见》公布，主管部门要进一步健全与出版业深度融合发展要求相适应的政策体系和落地举措，进一步加强对新兴出版业态的引导与管理，健全电子书、网络文学、网络游戏、有声读物、知识服务等领域的规范管理，对出版单位相关布局进行科学引导和规范管理。出版单位要进一步深化对融合发展的理解和认识，理清工作思路，找准创新求进、融合发展的坐标路径，加强全局性、系统性谋划，在资源整合配置、项目实施、出版流程、产品体系、业务架构、渠道建设、管理机制、人才队伍等方面，制定推动深度融合发展的实施方案，建立健全与融合发展相适应的规划部署，加快构建传统出版与新兴出版在内容、渠道、平台、

---

① 付克顶. 农家书屋助力乡村振兴战略效能提升研究［J］. 出版广角，2022（2）：51-54.

经营、管理等方面深度融合一体化发展机制。

2. 以优质内容打造优质品牌

高质量内容是高质量发展的重要基础，出版业"十四五"规划和融合发展的实施意见都将内容建设放在首要位置。出版单位在新格局和新业态带来的发展机遇下，应积极探索多元化融合变革路径，进一步加强优质内容供给，提高内容质量，以优质内容满足新时代个性化阅读需求。数字出版在内容建设方面不仅要注重内容质量，也要重视让优质内容在内容呈现、表达方式、传播方式上满足当前用户的多元化多层次需求，在内容供给上贴近用户需求、阅读喜好、消费习惯，注重内容的分众化、差异化、个性化传播，让优质内容最大程度地发挥其优势。实施品牌战略，深挖优质内容价值内涵，着力打造一批有代表性、影响力、竞争力的数字出版优质品牌。

3. 加强技术创新应用，提高出版供给水平

技术对于数字出版而言，是重要的工具，是数字出版质量提升、效率提升、动力提升的重要支撑。出版单位要结合自身业务实际需求，明确各自的技术路标，在出版流程、内容、产品、应用场景与用户需求之间实现更加精准的对接。同时，强化数据意识，注重数据要素的积累，提高数据采集、挖掘、分析、管理、运用能力。基于自身需求，提升出版智能化数据化水平，运用大数据、人工智能、区块链等技术，加快建立智能化的数据管理运营平台，构建共享、安全、标准、统一的数据管理体系、数据运营体系和数据服务体系，促进出版供给与需求的有效对接。

（五）探索传播形式，加强效果评估，提升出版国际影响力

1. 围绕融合发展，促进出版内容快速传播

在全球疫情防控常态化的复杂形势下，数字出版已经成为文化走出去的重要生力军，在有效增强国际传播影响力、中华文化感召力、中国形象亲和力、中国话语说服力、国际舆论引导力等方面发挥着日益重要的作用，这就要求数字出版走出去不仅要注重规模，更要强调效果。从政府层面，应将国内的发展战略进一步向海外延伸，通过政策和资金扶持，引导将国际化发展作为我国数字出版企业发展的方向，切实发挥融合出版在对外传播思想、提升文化软实力上的作用。加强对外数字版权贸易，鼓励

实施国际融合出版工程项目，打造数字内容资源海外知识服务平台，打造一批对外融合出版示范项目和龙头企业，建立和完善具有国际影响力的在线期刊数据库、文献数据库、汉语教学资源数据库，构建全媒介融合的国际出版发行传播网络。

2. 探索传播形式，扩大学术期刊国际影响

期刊是承载知识文化的媒介，具有文化传播的功能。在建设文化强国的时代背景下，作为文化交流桥梁的期刊应肩负责任，在世界发出中国声音。早在2019年，期刊业便开启了"中国科技期刊卓越行动计划"，以资金资助有潜力的科技期刊，推进世界一流科技期刊建设。我国英文期刊是对外发出中国声音的重要媒介，但是，从世界范围看，国内的英文期刊存在影响力不足、运营模式受限等问题。一些期刊偏向"借船出海"，虽能快速打通传播渠道，但在整体过程中处于被动，不利于中国式话语体系的输出。面对以上问题，国内英文期刊应弥合不足且不断提高自身影响力、传播力。一方面，期刊对外传播的内容应聚焦中国传统文化和现代化建设的新成就，让国外读者了解中国并认识中国；另一方面，期刊语言应贴近刊发地的习惯，力求做到本土化，这方面可以通过引进海外专家作为编委以解决语言问题，并有助于期刊朝着国际化方向发展。另外，国内英文期刊的建设也可采取抱团形式，汇集各方优质资源，共同出海。

3. 加强效果评估，推动出版走出去取得实效

经过多年发展，出版走出去目前已进入提质增效阶段，建立一套科学合理、可量化、可行的效果评价指标体系是当前的一项重要工作，从而检验出版走出去的实际落地效果，为政府顶层设计提供有效数据支撑，为企业决策实施提供行动指引。出版走出去效果评估体系应从通过出版物版权输出、实物出口等数量指标评价体系判断走出去效果，向建立社会效益和国际影响力指标评价体系转变，从而更好地反映中国出版走出去落地效果，切实提升国际传播能力和中国文化软实力。

（六）落实文化强国战略，加强出版人才建设

1. 加强高水平人才队伍建设

出版业融合发展迈向更高质量、更深层次，需要与之相匹配的高质量人才队伍。对于传统出版单位，新型技能型人才、全媒型编辑、营销人才、版权运营人才将成为

人才队伍建设的重点，通过创新人才管理机制，打造有利于创新人才成长的发展环境。对于新型数字出版平台企业，要在数字内容审核团队上加强建设，以提高意识形态把关能力，提高内容质量。打造一批行业急需、特色鲜明、成果突出、引领发展的专业化智库，培养壮大一支坚持正确政治方向、具有较高理论水平、富有创新精神的智库专家队伍，形成结构合理、优势互补、功能齐备、适应行业所需的出版智库方阵和人才高地，为产业高质量发展提供有力的智力支持。通过进一步深化职称改革，在全国推行数字编辑等相关数字出版人才职业资格认证机制，为数字出版人才提供更有益的成长空间。传统出版单位、数字出版企业、高校、科研机构等也将围绕数字出版人才培养开展更多的合作交流，探索人才共建新模式。

2. 发挥高校出版人才培养重要作用

出版人才的培养要强化思想政治教育，为党育人、为国育才，培养德智体美劳全面发展的社会主义出版事业建设者和接班人。要以马克思主义的价值观和方法论引领出版教育，在培养过程中加强马克思主义新闻出版观的讲解与注入，坚持正确的政治导向、价值导向和文化导向，为出版人才打牢思想基础、校准价值起点。要结合出版教育实际，做新做优"自选动作"和"创新动作"，合理构建出版专业课程体系，构建"思想政治工作＋"模式，将思想政治工作与出版人才培养体系全方位对接，贯穿出版人才培养全过程。要加强融合发展理论与实践人才培养，支持重点高校与出版单位、数字出版企业等合作培养急需紧缺人才，围绕融合发展新趋势、新理念、新技能，精心选配师资，打造精品课程，着力培养"一专多能"的出版融合发展人才。

参考文献

［1］魏玉山.2020—2021中国出版业发展报告［M］.北京：中国书籍出版社，2021.

［2］2021全国国民阅读调查报告［R］.中国新闻出版研究院.

［3］中宣部、教育部、科技部印发《关于推动学术期刊繁荣发展的意见》［EB/OL］.［2021－06－25］.http://www.gov.cn/xinwen/2021－06/25/content_5620876.htm.

［4］中宣部办公厅公布2021年主题出版重点出版物选题［N］.中国新闻出版广电报，2021－08－05.

［5］徐同亮.出版单位社会效益考评状况述评［J］.中国编辑，2021（2）：47-52.

［6］中国社会科学院.2021中国网络文学发展研究报告［R］.中国社会科学网，2022-04-08.

［7］王飚，毛文思.2021年中国数字出版发展态势盘点及2022年发展展望［J］.科技与出版，2022（3）.

［8］周蔚华，陈丹丹.2021年中国出版融合发展报告［J］.科技与出版，2022（5）.

［9］史竞男.国家新闻出版署印发《出版业"十四五"时期发展规划》［N］.人民日报，2021-12-31.

［10］陈香.2021年中国出版十件大事［N］.中华读书报，2022-01-06.

（课题组组长：魏玉山；副组长：李晓晔；成员：周蔚华、程丽、杨伟、赵文义、陈国权、毛文思、刘成芳、刘积英、倪成、徐来、徐同亮、张文彦、田菲、陈香、邓杨、王子荣、舒彧、李旗、张沫、张文红、刘莹晨、于秀丽；执笔人：李晓晔）

第二编
分报告

2021—2022 中国图书出版业发展报告

2021年是中国共产党成立100周年,是"十四五"规划开局之年,也是全面建设社会主义现代化国家新征程开启之年。这一年,图书出版业在新冠肺炎疫情常态化背景下逐渐复苏,继续探求高质量发展。围绕纪念中国共产党建党百年这一工作主线,涌现出了一批主题出版精品力作。"双减"政策颁布实施后,教育出版饱受影响。直播和短视频成为2021年最火爆的图书销售渠道,但其"破价"卖书乱象扰乱了出版市场秩序。持续一年多的纸价反复上涨冲击了出版全产业链。疫情和线上渠道的双重夹击下,实体书店发展仍旧困难重重。近年来,畅销书榜上多是"老面孔",现象级新书越来越少。图书出版业如何在疫情持续、市场下行的背景下破局突围,值得深思。

一、2021年图书出版业基本情况

(一)政策与管理情况

1. 发展规划:《出版业"十四五"时期发展规划》颁布

2021年12月28日,国家新闻出版署印发《出版业"十四五"时期发展规划》(以下简称"《规划》"),明确出版业"十四五"时期发展的指导思想、基本原则、目标要求、重点任务、保障措施等,描绘了出版业发展蓝图和工作方向。

《规划》提出,出版业"十四五"时期要以高质量发展为主题,以深化供给侧结构性改革为主线,以推动改革创新为根本动力,以多出优秀作品为中心环节,以满足人民日益增长的学习阅读需求为根本目的,为人民群众提供更加充实、更为丰富、更高质量的出版产品和服务,推动出版业实现质量更好、效益更高、竞争力更强、影响力更大的发展，为建成出版强国奠定坚实基础。

《规划》从做强做优主题出版、打造新时代出版精品、壮大数字出版产业、促进印刷产业提质增效、加强出版公共服务体系建设、健全现代出版市场体系、推动出版业高水平走出去、提高出版业治理能力与管理水平、完善出版业高质量发展保障措施等9个方面，提出39项重点任务，列出46项重大工程，并对推动规划落地实施提出工作要求。①

2. 质量管理：图书"质量管理2021"专项工作开展

2021年2月，国家新闻出版署公布图书"质量管理2020"专项工作质检结果，16家图书出版单位的19种图书编校质量不合格。3月，国家新闻出版署部署图书"质量管理2021"专项工作，以少儿、教辅类图书的内容导向、编校质量为检查重点。

根据图书"质量管理2021"专项工作对编校质量不合格图书的处理措施，可见图书质量管理要求愈发严格。例如，不合格图书的责任编辑2年内不得晋升出版职称，1年内造成3种及以上图书不合格或连续2年造成图书不合格的直接责任者3年内不得从事编辑出版工作。②

3. 政策利好：宣传文化增值税优惠政策延续实施

2021年4月7日，财政部、税务总局发布《关于延续宣传文化增值税优惠政策的公告》。公告显示，2021年1月1日起至2023年12月31日，宣传文化增值税优惠政策将延续实施。

公告中与图书出版业密切相关的规定主要包括：在出版环节对中小学的学生教科书，少数民族文字出版物，盲文图书，经批准在内蒙古、广西、西藏、宁夏、新疆五个自治区内注册的出版单位出版的出版物等执行增值税100%先征后退的政策；在出版环节对各类图书、期刊、音像制品、电子出版物执行增值税先征后退50%的政策（执行增值税100%先征后退的出版物除外）；对少数民族文字出版物的印刷或制作业务，新疆维吾尔自治区58个印刷企业的印刷业务执行增值税100%先征后退政策；免征图书批发、零售环节增值税。③

---

① 史竞男. 国家新闻出版署印发《出版业"十四五"时期发展规划》[N]. 人民日报，2021-12-31.
② 左志红. 出版业高质量发展行稳致远[N]. 中国新闻出版广电报，2021-12-27.
③ 柴新. 宣传文化增值税优惠政策延续实施[N]. 中国财经报，2021-04-12.

自财税〔2006〕153号文颁布以来，宣传文化税收优惠政策已经延续5次，覆盖期限达18年。这体现出国家对新闻出版业发展的重视和激励。在当前新冠肺炎疫情常态化、纸张价格连涨、渠道恶性"价格战"持续等多重不利因素影响下，出版社的利润空间受到挤压，宣传文化增值税优惠政策的延续实施无疑减轻了出版社的负担。对于出版社来说，不应把税收优惠当成依赖，而是将减免的税收用于转型升级，增强核心竞争力，推动出版产业的发展。

（二）五大板块基本情况

1. 主题出版

2021年是中国共产党成立100周年，推出建党百年图书是2021年主题出版工作的主线。出版机构精心策划，推出了一批围绕建党百年的主题出版物，这些主题出版物中既有学术专著、权威读本，又有文学作品、普及读物，它们主题鲜明、内容生动、形式多样、销量可观，多角度、全景式呈现中国共产党百年光辉历程。人民出版社选取了100种重点主题图书，以"百年百种"之名系列推出；学习出版社出版了构建百年党史脉络框架的《中国共产党党史知识百问》，探讨建党百年历程的《品读西柏坡》等；中共党史出版社出版了《常青之道：中国共产党自我革命的故事》《中国共产党百年画典》《中国共产党100年100事》等。

各出版机构围绕建党百年这一主题，还结合自身定位，从各自的独特视角出发，发挥独特的资源优势，出版了特色化的主题图书。比如，当代世界出版社推出的《党的对外工作100年》，人民美术出版社出版的《非凡百年奋斗路——庆祝中国共产党成立100周年经典连环画》，上海音乐出版社出版的《百年赞歌——庆祝中国共产党成立100周年歌曲集》等。

各地方人民出版社则从挖掘本地文化资源入手，策划出版了一批具有地方特色的主题图书。例如，上海人民出版社出版的《从石库门到天安门》、河南人民出版社结合焦裕禄精神、红旗渠精神、大别山精神等当地的红色文化资源，策划出版了"河南党史党性教育系列教材"——《焦裕禄精神简明读本》《红旗渠精神简明读本》《大别山精神简明读本》等。

围绕建党百年主题，除了出版传统的纸质图书外，出版机构还推出了一批形式新颖、感染力强的融媒体产品。比如，学习出版社和人民出版社联合出版了《新征程面对面》，形象生动的配套短视频《新征程舞起来》和有声书也同步推出。上海音乐出版社推出的歌曲集《我向党来唱支歌——庆祝中国共产党成立100周年优秀歌曲100首》（小学版）、《唱支山歌给党听——庆祝中国共产党成立100周年100首歌曲》（初高中版），与QQ音乐合作，大部分作品配有扫码范唱或伴奏音频，两本书还与"学习强国"学习平台联合发布知识问答、音乐党课、有声导赏等融媒资源。①

围绕党史、新中国史、改革开放史、社会主义发展史的"四史"类图书也是主题出版市场的热点。2020年1月8日，在"不忘初心、牢记使命"主题教育总结大会上，习近平总书记号召全党要学好"四史"。2021年5月，中共中央办公厅印发《关于在全社会开展党史、新中国史、改革开放史、社会主义发展史宣传教育的通知》。在此背景下，学习"四史"已经成为全民特别是党员的必修课。人民出版社、中共党史出版社联合出版的《中国共产党简史》，中央文献出版社出版的《论中国共产党历史》《毛泽东邓小平江泽民胡锦涛关于中国共产党历史论述摘编》，成为配合全党党史学习教育的权威书籍。中宣部组织有关单位编写的《中华人民共和国简史》《改革开放简史》《社会主义发展简史》于2021年8月正式出版，是面向全社会开展"四史"宣传教育的重要用书。②除了对"四史"进行政策性、学术性的探讨外，出版机构推出了多元化的"四史"类主题图书，用大众化、通俗化语言打造的"四史"类图书收到了不错的市场反响。例如，三联书店出版的《中共党史十二讲》、岳麓书社出版的《不变与万变：葛剑雄说国史》、上海人民出版社推出的《红色圣地百年路——青少年学党史》等。

2021年是"十四五"规划的开局之年，我国开启了全面建设社会主义现代化国家的新征程。围绕这一重要时间节点，出版机构推出了一批主题图书对"十四五"规划和2035年远景目标进行分析，阐述这一时期的挑战、机遇与发展理念，描绘未来5年乃至15年中国发展蓝图。比如，中信出版集团的《读懂"十四五"：新发展格局下的

---

① 孙海悦. 华章映伟业 书写大时代［N］. 中国新闻出版广电报，2021-06-28.
② 《中华人民共和国简史》《改革开放简史》《社会主义发展简史》出版发行［N］. 新华社，2021-08-30.

改革议程》、浙江教育出版社的《强国新征程："十四五"时期的中国经济》、北京大学出版社的《中国式规划：从"一五"到"十四五"》等。

2. 大型出版工程

2021年，一批分量重、规模大的重大出版工程，历经多年编撰，得以陆续出版问世。《马克思主义经典文献传播通考》于2021年4月完成出版工作。该丛书为国内第一套权威、全面、系统考证马克思主义经典文献传播的大型主题图书，是一项马克思主义学术研究和文化传播研究的重点工程，也是一项重大的政治理论建设和出版工程。[①] 丛书由辽宁出版集团、辽宁人民出版社和清华大学马克思主义学院共同策划，组织全国高校和研究机构近百位专家学者编写，共计100卷2 400多万字，是庆祝中国共产党成立100周年的重点出版物，为党史学习教育和"四史"宣传教育提供了重要文献参考。[②]

《中国大百科全书》第三版编纂出版工作自2014年启动以来，在传统百科条目编纂方式上积极创新，较《中国大百科全书》第二版的规模更大、内容更丰富、形式更多样，以更好适应互联网时代读者阅读使用新需求。2021年7月24日，《中国大百科全书》第三版首批条目发布，包括网络版中文条目约21万个、中国主题英文条目1 000个、纸质版3卷，并同步一体上线中国社科词条库。《中国大百科全书》第三版包括网络版、纸质版、外文版，网络版条目以文字、图片、视频等多种形式呈现。首批发布条目涉及近百个学科，近3万名专家学者参与撰稿，中国大百科全书出版社组织1 000余名专兼职力量参与编校审稿，力求条目内容权威准确。

2021年8月31日，历时13年的中华书局点校本《陈书》修订本在线上与读者见面。《陈书》修订本全二册，是点校二十四史修订出版的第11种。[③]《陈书》36卷，包括帝纪6卷、列传30卷，是唯一完整传世的陈代史籍。[④]

---

① 陈菁霞. 百卷本《马克思主义经典文献传播通考》出版 [N]. 中华读书报，2021-07-21.
② 刘洪超.《马克思主义经典文献传播通考》（100卷）出版座谈会在京举行 [N]. 人民日报，2021-07-16.
③ 章红雨. 点校本二十四史《陈书》修订本问世 [EB/OL]. [2021-09-01]. https://www.chinaxwcb.com/info/574297.
④ 史竞男. 点校本二十四史修订本《陈书》出版 [EB/OL]. [2021-09-02]. http://www.xinhuanet.com/book/20210902/fc3b304b42bd4ba6ad170bcda0c9919e/c.html.

3. 教育出版

2021年7月，中共中央办公厅、国务院办公厅印发《关于进一步减轻义务教育阶段学生作业负担和校外培训负担的意见》，明确实施"双减"政策。这对与之相关的教育出版产生深刻影响。面对"双减"政策的新要求，一些出版社积极应对，对传统图书品种结构进行了调整。"双减"政策下，教育部门对教辅图书的管理更加严格、要求更高。出版社主动去粗存精，压缩教辅品种，提升教辅质量。学生的作业时间和校外培训减少后，校内综合素质类教育时间增加，在家自由学习时间增加，对综合素养类和家庭教育类图书需求增加，因而出版社陆续开发美育、劳动教育、安全教育等课后教育选题，以及人文类、科学类、素质类和阅读类的选题。

"双减"政策的落地还为教育融合出版转型按下加速键。出版社积极进行在线教育业务结构性调整，探索基于纸数融合的课程服务新模式，加强纸书配套性数字资源建设，提供更多优质线上教育资源，加快从"内容提供商"向"知识服务商"转型。上海教育出版社联合互联网企业研发了"沪学习"App，实现课文点读、听读背诵、口算练习等功能，提供家庭教育服务；山东教育出版社的"小荷听书"在线有声读物出版服务平台已上线适合中小学听读的有声内容近20万分钟，围绕学制教育、课外阅读和家庭教育等领域，设置了24个精品栏目；江西"智慧作业"将光学扫描识别等技术应用到学生日常纸质作业中，即时生成学生专属错题本和微课名师课堂，提供包括江西教育出版社在内多家出版社的内容资源。[1]

虽然教育出版社在积极探索融合出版转型，但目前部分教育出版社在发展数字教育业务上还存在短板，数字资源建设精品化、规范度、应用体验等都有待加强，这既与数字资源和应用系统的标准化建设没跟上有关，也与出版社人员、技术、资金以及教研专业力量整合投入不足有关。[2]

2020年11月29日，习近平总书记给人民教育出版社部分离退休老同志回信，信中提出要"用心打造培根铸魂、启智增慧的精品教材"。教育出版单位在2021年积极

---

[1] 洪玉华，范燕莹，金鑫. 2021教育出版：放下该减的，放眼寻增量[EB/OL]. [2021-12-13]. https://www.chinaxwcb.com/info/576354.

[2] 范燕莹，袁舒婕. 开学第一个月"双减"追踪：教育出版的"减"与"增"[N]. 中国新闻出版广电报，2021-09-27.

落实这一要求。人民教育出版社推动习近平新时代中国特色社会主义思想进教材、进课堂、进学生头脑，与人民出版社共同出版了《习近平新时代中国特色社会主义思想学生读本》，于2021年秋季学期起在全国统一使用。高等教育出版社出版了《习近平法治思想概论》，积极推动马工程重点教材建设。

2021年10月12日，国家教材委员会召开首届全国教材建设奖表彰会，对优秀教材、全国教材建设先进集体、全国教材建设先进个人给予表彰。首届全国教材建设奖是新中国成立以来首次全面覆盖教材建设领域所创立的专门奖励项目，也是全国教材建设领域的最高奖。教材建设奖的设立将激励教育出版社推出更多培根铸魂、启智增慧的精品教材。

4. 专业与学术出版

2021年，围绕中国共产党成立100周年、"十四五"规划、乡村振兴等时代主题，学术出版单位从学术高度进行切入，用科学的方法把中国模式、中国故事传播出去，做精主题型学术出版。例如，人民出版社的《中国共产党农村调查史》系统回顾了中国共产党历史上不同时期从事农村调查研究的经验教训。科学出版社的《中国乡村振兴之路——理论、制度与政策》由多位知名农业经济学家撰写，构建了中国乡村振兴的理论框架，进行了基于学理和实地调研的研究。

除了重大主题外，专业与学术出版单位还根据自身优势与定位从医疗卫生、经济发展、新兴技术等现实选题出发，推出一批精品力作。比如，人民卫生出版社的《病毒、大流行及免疫力：探寻新冠后时代我们如何战胜传染病》，由前沿的病毒学家和免疫学家解答人类如何走出新冠肺炎疫情；北京大学出版社的《中国经济的逻辑与展望》由多位知名经济学家探讨中美关系、国内国际双循环、疫情与健康中国、中小企业融资、数字金融等当前国家发展的重要议题；商务印书馆出版的《中国道路与经济高质量发展》，对十九大提出的高质量发展进行了理论与实践两方面的解读。此外，围绕人工智能、物联网、5G、区块链、元宇宙等新兴技术，教育科学出版社出版了人工智能与智能教育丛书、浙江科学技术出版社出版了《未来服务：生活服务业的科技化变革》、中译出版社推出了《元宇宙》《元宇宙通证》《极简元宇宙》《解码元宇宙：未来经济与投资》等元宇宙系列图书。

5. 大众出版

根据北京开卷发布的 2021 年图书零售市场报告，2021 年的文学图书零售市场自 2019 年以来首次出现正增长，同比增长 4.6%，名家新作和网文图书表现突出。余华的新作《文城》2021 年 3 月出版，首印 50 万册，预售第二天又加印 10 万册，迅速登顶各大图书畅销榜。① 2021 年，适逢中国共产党成立 100 周年，与党的历史、家国情怀题材相关的文学图书受到热捧。比如，书写中国共产党艰难奋斗历程的《红船启航》、2021 年热播的革命历史题材电视剧《觉醒年代》同名长篇小说《觉醒年代》、热映电影《长津湖》的原著《冬与狮》等。

少儿出版是大众出版市场持续多年的增长引擎，但根据北京开卷发布的数据，2021 年少儿图书市场增速放缓，少儿科普赶超少儿文学，成为少儿第一大细分类。畅销的少儿科普图书大体可以分为三类：一类是 IP 类的图书，像"马小跳学数学""打开故宫"等；一类是原创低成本图书，像"和爸妈游中国"丛书、"藏起来的小秘密"丛书等；还有一类是引进版图书，像《DK 博物大百科》《小狗钱钱》等。② 受线上线下低价恶性竞争、跟风模仿重复出版、新生儿数量下降等问题影响，少儿出版的发展面临挑战。部分少儿出版社采取了应对措施，并取得成效。比如，中国少年儿童新闻出版总社针对不同销售渠道采取差异化定制策略，突破直播恶性价格战困局。该社出版的《猫武士》，在封面、纸张上进行调整，电商平台这个系列 36 本卖 300 多元，在王芳直播间 39 本卖到 559 元，两个月就销售了 400 万实洋。③

在社科类图书方面，一批向世界讲好中国故事、传播悠久中华历史文化、记录不凡人生故事的好书涌现。《问答中国：只要路走对，谁怕行程远？》以外国读者关切的问题为导向，回答关于中国道路、中国制度、中国文化等方面问题。《中国文化基因的起源：考古学的视角》《我在考古现场：丝绸之路考古十讲》等考古话题图书持续升温，受到大众关注。《愿为敦煌燃此生：常书鸿自传》《希望之光：时代楷模张桂梅的故事》《科学与忠诚：钱学森的人生答卷》则在时代大背景下记录了不凡的人生故事。

---

① 程雪宏. 2021 没有爆款新书吗？最火爆的 10 本书在这里！[EB/OL]. [2021-12-27]. http://www.cptoday.cn/news/detail/12852.
② 刘蓓蓓. 少儿出版三个问题引发关注 [N]. 中国新闻出版广电报，2021-10-18.
③ 刘蓓蓓. 如何应对眼前挑战、心怀长期发展 [EB/OL]. [2021-10-20]. https://www.chinaxwcb.com/info/575260.

2021年的经管类图书主要聚焦于分析"十四五"规划的中国经济趋势，解读国内国际"双循环"相互促进的经济发展新格局，以及人工智能、元宇宙等新技术变革带来的生产关系重建。科技生活类图书则主要聚焦于科普疫情防控常态化背景下的健康知识，展现我国在科技事业上取得的辉煌成就，传播普及自然科学知识等。

二、2021年图书出版业发展亮点

（一）主题出版持续创新发展

近两年，主题出版已经成为出版业新的增长点，在不断优化的顶层设计指引下，出版单位从多个角度积极探索如何做好主题出版，在主题出版的内容、形式、营销、运营等多个方面都实现了创新发展。

在内容上，主题出版的选题更加丰富多元，语言风格严肃与通俗兼具。2021年主题出版与往年相比，更加主动融入国家战略，如区域协调发展战略、乡村振兴战略、优秀传统文化传承创新、"一带一路"建设等，选题结构更加丰富优化。[1] 各出版单位还根据自身的定位，发挥优势特长，围绕时代主题从自身擅长的领域入手策划选题，打造一批有特色的优质主题出版物。与传统的政策性、权威性、理论性的严肃读物相得益彰，大众化、通俗化的主题图书近年来也逐步丰富壮大。这些大众主题出版图书，把重大的政策和高深的理论以深入浅出、通俗易懂的方式呈现给读者，既实现社会效益，又实现经济效益。比如，上海人民出版社的《半小时漫画党史1921—1949》就将严肃的党史以生动有趣的漫画形式呈现，受到读者的喜爱，成为主题出版类的"爆款"。

在形式上，主题出版不断在融合化上进行探索，目前已呈现出"纸质书+电子书+有声书+短视频+AI+VR"的多媒体传播形态，丰富读者阅读体验，同时还围绕优质"主题IP"大众品牌标识，同步开发影视剧、动漫、音视频产品以及文创产品。山东人民出版社把《为了新中国——革命烈士纪念碑碑文敬读》的碑文内容做成字帖，受到

---

[1] 袁舒婕. 2021主题出版：全产业链构建初露端倪［EB/OL］.［2021-12-09］. https://www.chinaxwcb.com/info/576285.

读者喜爱。江苏凤凰少年儿童出版社与社会各界合作，实现主题作品的电影、舞台剧、广播剧改编，多形态推广主题内容。①

在营销上，主题出版物的营销手段呈现出线上线下全面铺开、图文视频多形式运用的局面，同时利用直播电商、短视频电商等新兴发行渠道进行市场化运作，逐步形成较为完整的营销矩阵。比如，中国社会科学出版社的《习近平新时代中国特色社会主义思想学习丛书》电子书在16家网络传播平台同步上线，累计点击超过千万次。②

在运营上，出版机构围绕成立主题出版中心或其他相关专设部门，对主题出版板块重点发力；针对主题出版重点选题，组建项目组，以项目组形式攻坚；探索品牌化、公司化运营；探索跨社合作，共同推动主题出版品牌推广，做响品牌。例如，人民出版社主题出版中心，下设社会主义核心价值观和红军文化两个分中心；北京师范大学出版社设有主题出版与重大项目策划部；广西师范大学出版社北京主题出版中心与北京人间道文化传播有限公司探索主题出版组合运营新模式。③

（二）直播和短视频卖书常态化

如果说受新冠肺炎疫情影响，2020年图书出版机构以直播和短视频方式卖书还处于尝试阶段，那么2021年，图书出版机构以直播和短视频方式卖书已进入常态化阶段。

图书出版机构为了带动用户消费，通过固定直播时间、招募专任主播、打磨直播话术、营造销售场景等方式将直播作为常态化的经营模式。除了日常的直播外，图书出版机构在"6·18"、"双11"、订货会、书博会等特定时间节点还会加大直播活动力度，通过提前筹划、精心选品、爆款预热、头部主播合作、促销活动等方式，提升图书销量。二十一世纪出版社自8月底开始筹备"双11"，在"双11"当天直播时长超过15个小时；中国中医药出版社在"双11"期间除了延长直播时长外，还增加了多种直播间福利活动，使成交量超出预期。无论是2021北京图书订货会、第30届书博会，

---

①② 袁舒婕. 2021主题出版：全产业链构建初露端倪 [EB/OL]. [2021-12-09]. https://www.chinaxwcb.com/info/576285.

③ 张聪聪. 主题出版市场有多大？值得新建一个部门去做吗？ [EB/OL]. [2021-07-21]. http://www.cbbr.com.cn/contents/499/75340.html.

还是第 28 届北京国际图书博览会、2021 天府书展等，大部分参会的图书出版机构都在现场搭建了专门的直播间卖书。

出版机构还通过短视频营销推广图书，在抖音、快手、小红书、视频号等多个平台构建新媒体矩阵，以内容导读、讲书拆书、名人推荐、作者讲解、真人情景剧等方式进行短视频内容的创作与运营。除了自建短视频账号外，出版机构还辅助作家入驻短视频平台，进行新书推广。2021 年，长江新世纪以刘震云的新书《一日三秋》出版为契机，辅助刘震云入驻抖音平台，一方面是宣传新书，另一方面通过刘震云抖音账号粉丝画像的分析，寻找粉丝关注焦点，针对《一日三秋》中出现频率较高的话题，在小红书、知乎、微博等其他平台依据数据进行深入推广。[1]

出版机构还致力于构建私域流量池，一方面以直播和短视频作为流量入口，将流量引入社群，构建起私域流量池，通过社群管理构建起稳定的用户群，以用户群提升直播和短视频效果，形成直播、短视频和社群管理三者之间的闭环运营，促进购买转化；另一方面，以自建平台方式构建私域流量池，通过持续的优质内容特别是垂直、专业的内容，提供多元化服务，形成用户黏性，提高付费转化。中信出版集团通过自建平台中信书院 App 构建私域流量池，向用户提供覆盖纸、电、声、课、视频的中信出版内容，与中信书店线下阅读场景相连接，更好地服务读者。

（三）资本市场迎来出版企业上市热潮

2021 年 5 家出版发行企业上市，这是继 2017 年 6 家出版发行企业 A 股上市后，出版发行业再次迎来上市"大年"。这 5 家上市企业分别是读客文化、浙版传媒、龙版传媒、果麦文化、内蒙新华，其中浙版传媒、龙版传媒、内蒙新华这 3 家为地方出版发行集团，读客文化、果麦文化 2 家为民营图书策划企业。

上市在促进出版发行企业的快速成长和良性发展方面发挥积极作用。一方面，上市对企业有着较为严苛的要求，这促使出版发行企业不断完善公司治理，提高运营和管理水平。上市出版发行企业需要持续披露企业信息，信息的透明化将推动企业更为

---

[1] 图书直播内卷严重，这家社却靠短视频打市场! [EB/OL]. [2021-12-15]. http://www.cptoday.cn/news/detail/12817.

规范化的运作，并促进其关注度和知名度的提升；另一方面，通过上市，出版发行企业可以拓宽融资渠道，获得更多的资本支持，企业可以将这些资本用于做强主业、建设平台、转型升级等方面，以提升竞争力和影响力。特别是在当前疫情的影响下，出版发行企业的经营负担进一步加重，上市融资在一定程度上可以缓解企业的经营压力。

2021年是"十四五"规划开局之年，5家出版发行企业的相继上市提振了行业信心。国家一直以来对出版产业的一系列优惠政策，促进了部分出版产业市场主体的不断发展壮大，并达到了可以上市的体量。上市出版发行企业应充分利用好资本市场助力发展，不断做大做强，推动出版强国建设。

（四）出版走出去持续推进

出版机构积极落实习近平总书记在2021年5月31日中央政治局第三十次集体学习时提出的关于加强我国国际传播能力建设的要求，通过对外讲好建党百年故事、签署经典著作互译出版备忘录、组织出版单位线上线下参加国际书展等方式，积极推动出版走出去。

2021年，出版界围绕庆祝建党百年，推出了一批展现党的光辉历程的主题出版物。其中，有不少兼顾了国内读者和国际读者，在推出中文版出版物的同时，推出英文版，对外讲好中国故事，传播好中国声音，力求向世界展现真实、全面、立体的中国和中国共产党。比如，《中国共产党简史》的英文版就由中央编译出版社出版，在内容上与《中国共产党简史》中文版保持一致，旨在为外国读者了解中国共产党的百年历史提供权威阅读资源。

为贯彻落实习近平主席在亚洲文明对话大会上提出的"中国愿同有关国家一道，实施亚洲经典著作互译计划"重要倡议精神，2020年12月至2021年底，中国先后同新加坡、巴基斯坦、韩国、伊朗、老挝、亚美尼亚签署关于经典著作互译出版的备忘录。[①] 这将进一步加深中国与这些国家之间对彼此优秀文化的理解和欣赏，进一步推动文化交流和文明互鉴，为构建亚洲命运共同体注入人文动力。

在新冠肺炎疫情仍在全球流行的背景下，出版走出去面临挑战，出版机构克服困

---

① 左志红. 出版业高质量发展行稳致远 [N]. 中国新闻出版广电报, 2021-12-27.

难,以线上或线上线下结合方式,举办和参加国际书展,加强中外交流。第 28 届北京国际图书博览会恢复了线上线下办展方式,吸引了上百个国家和地区的展商参展。在中宣部进出口管理局指导下,中国图书进出口(集团)有限公司组织出版单位机构线上参加了伦敦书展,线上线下亮相法兰克福书展、莫斯科书展。

三、图书出版业发展存在的问题及应对建议

(一) 图书出版业发展存在的问题

1. 纸张价格反复上涨,图书出版业受到冲击

自 2020 年下半年以来,纸张价格就反复上涨,涨价周期频繁,且涨幅较大,出版业整个产业链的正常生产经营都受到冲击。纸张成本是图书成本的重要组成部分,纸张价格直接影响图书的定价。在新冠肺炎疫情持续、经济不景气的背景下,纸张价格的反复上涨加重图书出版机构的成本负担,进一步压缩图书出版机构的利润空间,增加图书出版机构的生存压力。特别对于用纸量较大的主题出版、少儿出版、教材教辅等,纸价上涨带来了更大的影响。部分图书出版机构因此不得不提高图书定价,把增加的成本转嫁给消费者,从而对社会造成不良影响。

近一年多来纸价的反复上涨,一方面与市场因素有关,包括造纸原材料价格的上涨、造纸行业产能调整、纸厂限产控价、疫情之后纸厂价格修复需求、"限塑令"带来的纸张需求增长等;另一方面则与主观因素有关,包括供纸方获利需求强烈、抱团涨价等。事实上,合理有序的符合市场规律的纸张价格波动是市场经济的正常表现,但垄断的、非理性的、为转移成本压力通过人为操纵攫取超额利润和短期效益而进行的涨价,则阻碍出版产业的公平竞争和健康发展。

2. 线上渠道"破价"卖书,扰乱出版市场秩序

自新冠肺炎疫情暴发以来,实体店生存环境恶化,图书线上渠道销量不断攀升。北京开卷发布的 2021 年图书零售市场报告显示,2021 年图书零售市场码洋规模为 986.8 亿元,线上网店渠道码洋规模为 774.8 亿元,线上网店渠道码洋占比达 78.5%。

很多出版机构的线上线下销售比已经扩大到8∶2。在这样的背景下，线上渠道话语权越来越大，图书价格被一再压低。

随着2021年直播和短视频卖书进入常态化阶段，直播和短视频卖书的"价格战"也愈演愈烈。北京开卷发布的数据显示，2021年短视频电商折扣低至3.9折，网店渠道页面折扣为5.8折，实体店的折扣为8.9折，线上线下折扣差距依旧明显。

2021年9月27日，抖音头部主播刘媛媛进行了一场图书破亿元专场直播，打出了"50万册书破价到10元以下""10万册1元的书""爆款书突破双11价格"等标语，最终以7 000万元的单场销售纪录收场，成为2021年图书直播标志性事件。这场"破价"卖书的专场直播，引起了出版业界的关注，部分出版人对此表示了不满和担忧。

线上渠道的"破价"卖书扰乱出版市场秩序，威胁图书产业的生存环境，影响图书产业的可持续发展。常年低折扣卖书，会挫伤作者和出版从业人员的积极性，出版机构将缺乏打造精品图书的资金和动力，逼着出版机构不得不以低端垃圾书赚流量和薄利，这将阻碍出版行业的高质量发展。低折扣图书也将影响读者的图书消费习惯，消费者会形成仅仅用价格和折扣作为衡量图书是否值得购买的错误消费观，而不关注图书质量。出版方为了自己的生存不得不提高图书定价，把负担转嫁给消费者，最终消费者的利益也将受到损害。线上渠道的低价卖书将不断压缩图书出版机构的利润空间和发展空间，一些线下实体书店不堪重负或倒闭或转业，给图书出版业造成毁灭性打击。

3. 实体书店发展举步维艰，现象级新书越来越少

不断反复的疫情让实体书店的发展举步维艰，面临生存危机。2021年，有多家实体书店因为租金成本太高、经营压力太大等原因而宣布关店，包括杭州纯真年代书吧杨柳郡店、言几又广州K11店、库布里克书店深圳分店、北京盛世情书店、武汉百草园书店、青岛如是书店（国信店）等。根据北京开卷发布的2021年图书零售市场报告，2021年实体店渠道的码洋规模虽然比2020年增长了4.09%，但相比疫情前的2019年仍下滑31.09%。目前来看，实体书店仍未完全复苏，持续的疫情放大了实体书店经营中存在的问题，加速了实体书店市场格局的重新洗牌，倒逼实体书店寻找突破困境的出路。

和实体书店的发展受阻一样，现象级新书的打造也面临困境。近年来，现象级新

书越来越少。甚至有报道称，超级畅销书正在濒临灭绝。根据北京开卷发布的2021年图书零售市场报告，2021年新书动销品种达19.3万种，新书品种规模已基本恢复至疫情前2019年的水平。在众多新书中，能进入当年畅销书行列的少之又少。在北京开卷发布的2021年畅销书榜单中，在非虚构类销量前10名榜单上，仅有《蛤蟆先生去看心理医生》和《价值：我对投资的思考》两本新书，在虚构类和少儿类销量前10名榜单上，虚构类只有《文城》一本新书上榜，少儿类也只有《小狗钱钱》一本新书。相比2019年和2020年的畅销书榜单上几乎都是老书，2021年的情况有所好转，但现象级新书仍旧太少。

打造现象级图书，是众多出版从业者致力而为的事情。然而，近年来新书的整体规模和单品效益都有所下降，有些书上半年还在畅销榜，下半年就不见了踪影，新书的生命力似乎越来越短，成为超级畅销书更是难上加难。[①] 在内容市场竞争白热化、营销模式巨变的当下，要想打造出现象级新书，抓住眼球，抢占市场，对出版机构的各方面能力都是巨大的考验。

（二）促进图书出版业发展的对策建议

1. 加强市场监督和调控，制止人为哄抬纸价

纸张价格反复上涨，给出版产业链上下游的正常生产经营都带来影响。出版产业链的上下游不是简单的买卖关系，而是环环相扣的利益共同体，产业链的任何环节为谋私利而采取的人为操纵行为，都将阻碍出版全行业的健康协同发展。

出版产业的健康协同发展依托于产业链各个环节的他律和自律。首先，政府以及监管部门应及时监督和采集市场信息，提示警示产业链相关环节，制止人为哄抬纸张价格行为，呼吁尊重遵守市场规律规则，保证产业链健康发展。其次，印刷行业协会应该实事求是地向政府有关部门反映行业企业的呼声，请政府有关部门关注行业的严峻形势，采取相应的调控措施，保证纸厂的正常生产经营，规范纸厂经营行为，加强纸厂的自律。此外，出版机构还应加强行业沟通交流，推动出版全行业共同应对，抵制垄断。从长期来看，出版机构应做好应对纸张合理涨价的准备措施；从短期来看，

---

① 盛娟. 2021书业盘点 你过得还好吗？[N]. 出版商务周报，2021-12-26.

出版机构在保证图书正常生产所需的前提下，充分使用库存，理性采购，避免盲目囤纸，不做涨价助推剂，不做高价接盘侠。

2. 立法规范图书交易秩序，遏制图书恶性"价格战"

其实图书零售价格乱象问题由来已久，早在2010年，中国出版工作者协会、中国书刊发行业协会和中国新华书店协会联合发布了《图书公平交易规则》，其中明确规定"新书进入零售市场一年内不得低于8.5折销售"。然而推出不久，即因"发布单位不具备有关资质""涉嫌违反《反垄断法》"等理由而夭折。

10年以后，直播和短视频电商卖书越来越常态化，图书零售价格乱象也日趋激烈，"图书价格立法"再次被提上日程。2021年12月28日，国家新闻出版署印发《出版业"十四五"时期发展规划》，其中便提到了"图书价格立法"，明确要"加强出版物价格监督管理，推动图书价格立法，有效制止网上网下出版物销售恶性'价格战'，营造健康有序的市场环境"。

图书不同于一般商品，图书既有商品属性，又有文化属性，图书的出版和销售既要考虑经济效益，更要考虑社会效益。因此，不能简单地将图书归于一般商品而沿用《反垄断法》。由于目前我国《反垄断法》尚未将规范图书价格行为列入豁免范围，政府和行业协会不能对图书销售折扣做出限定，致使对规范图书价格、遏制网络折扣战等行为缺乏必要的法律依据。[①]

因而，平抑图书恶性"价格战"首先需从法律层面入手，一方面修改完善《反垄断法》，将规范图书价格行为列入《反垄断法》豁免范围；另一方面，制定图书交易价格法，为规范图书市场秩序提供法律依据。其次，发挥行业自律的作用，在法律尚未制定完善的过渡期，行业协会应出台相关规则和措施，治理图书零售价格乱象问题。最后，发挥媒体的舆论监督作用，对低价销售、恶性竞争等扰乱图书市场秩序的行为进行曝光和谴责。

3. 实体书店纳入公共文化设施建设，以流量和优质内容打造畅销新书

实体书店走出困境既需要通过外部借力获得更好的发展环境，又需要通过内部变革寻找新的出路。实体书店在推动全民阅读和打造城市文化空间方面都可以发挥积极

[①] 孙海悦. 修改完善相关法律 规范图书价格行为［N］. 中国新闻出版广电报，2021-03-10.

作用，应将实体书店建设纳入公共文化设施建设的整体规划当中，给实体书店建设以政策扶持。对于危害实体店生存的盗版书横行、零售价格乱象等问题，应尽快整治，为实体书店提供更好的发展环境。此外，实体书店应主动探寻突围之路，在空间设计、销售品类组合、消费体验塑造、场景打造、线上线下全渠道营销等多个方面进行转型升级，精准满足读者需求。

在营销生态巨变的当下，畅销书的打造方式也需要进行转型升级。近年来，爆火的图书往往与流量捆绑在一起，流量在哪儿，畅销书在哪儿。比如，李柘远的《学习高手》和刘润的《底层逻辑》，都是将作者自身巨大的私域流量转化为图书销量而成为畅销书的。出版机构打造畅销书也应沿用这一逻辑，在抖音、快手、小红书、视频号、头条号、微博等多个平台，充分运用直播和短视频方式，以流量带动销量。除了够多的流量，畅销书的形成还离不开够硬的内容。出版的核心是内容，失去了引人入胜的内容，载体即使再丰富，营销手段即使再花式，也不可能赢得读者的青睐。比起互联网平台上碎片化的速食信息，图书在内容上的严谨性、专业性、系统性的优势不能丢，优质内容是成为畅销书的基础。

四、2022年图书出版业趋势展望

（一）主题出版将持续优化内容和形式

2022年，党的二十大将召开，这一年也是"十四五"规划承上启下之年、中国人民解放军建军95周年、中国共产主义青年团成立100周年、内蒙古自治区成立75周年。围绕党和国家的中心工作以及这些重大节点，出版单位组织策划一批选题，力争推出更多主题出版精品力作。

出版单位将着力献礼党的二十大，组织出版一批迎接党的二十大胜利召开的主题图书。出版单位将基于当前中国所处的时代特点和历史方位，结合重要时间节点、重要思想理论、重要决策部署和重大现实需求做好选题策划，深入阐释习近平新时代中国特色社会主义思想，深度阐释《中共中央关于党的百年奋斗重大成就和历史经验的决议》的精髓要义，为党的二十大的胜利召开营造良好舆论氛围。

除了在内容上做好规划外，出版单位还将创新主题出版的形式。中共党史出版社的"跟着总书记学党史——融媒体系列丛书"，除文字讲述外，还将以版画、沙画、多媒体视频等形式，融合"AR小程序识别+互动学习系统"，以融媒形式传承红色基因。辽宁人民社将正式启动马克思主义经典文献传播数据库工程，建设相关数字资源服务平台。宁夏人民社将启动"《书说黄河》系列微纪录片暨融媒图书资源微平台"项目，推出《诗在远方——"闽宁经验"纪事》多语种版、有声版及融媒文创产品。[①]

（二）出版生态不断变化，融合发展步伐将加速

在技术飞速发展、产业不断融合的背景下，出版生态将进一步演化升级。近两年，在疫情影响、技术发展、消费习惯转变等多重因素影响下，图书线上渠道销售规模占比近80%，其中短视频和直播成为当前最活跃的销售渠道。2022年，视频化营销仍将会是主流营销方式。出版机构将持续在直播和短视频上发力，加大线上渠道布局。遵循"流量在哪儿，销量在哪儿"的逻辑，出版机构在努力获取公域流量的同时，还将加强私域流量池的建设，在自有平台、自营店铺、自播模式等方面加大投入力度。

习近平总书记在中央政治局集体学习时强调，数字经济发展速度之快、辐射范围之广、影响程度之深前所未有，正在成为重组全球要素资源、重塑全球经济结构、改变全球竞争格局的关键力量。出版业是数字经济和实体经济融合的代表性行业，在数字产业化和产业数字化方面已经取得一定成绩，但5G、大数据、云计算、区块链、物联网等新兴技术在出版业应用程度仍有待提升，出版业融合发展的程度需要加深、广度需要加大、速度需要加快。2022年，出版机构仍将持续推进新兴数字技术在出版业的应用，加速出版业融合发展的步伐。

（三）图书出版行业治理将持续推进

2021年，实体书店销售规模进一步萎缩，传统网店受到直播、短视频等新媒体渠

[①] 左志红. 主题出版：做强主线 做优产品 [EB/OL]. [2022-01-17]. https://www.chinaxwcb.com/info/577041.

道的冲击，销售规模增速放缓。2021年的"破价"直播引发行业热议，"价格战"成为图书出版业可持续健康发展的心头大患。

2022年，遏制图书"价格战"将有望推进。一方面，《出版业"十四五"时期发展规划》中明确提到了要推动"图书价格立法"，制止网上网下出版物销售恶性"价格战"，营造健康有序的市场环境；另一方面，随着流量争夺的白热化，渠道选择的多元化，维护良性市场秩序的共识在图书出版界逐渐达成，出版机构凭借自身的硬核图书品牌，将拥有更多定价权。

此外，随着新修改的《著作权法》正式施行、《知识产权强国建设纲要（2021—2035年）》以及《版权工作"十四五"规划》的正式发布，加上区块链、智能识别技术等新兴技术在版权保护方面的应用，长期困扰图书出版业的版权侵犯问题也将得以改善。

（程　丽　广西桂林理工大学；

周蔚华　中国人民大学新闻与社会发展研究中心、中国人民大学新闻学院）

2021—2022 中国图书市场报告

2021年是"十四五"开局之年,恰逢中国共产党成立100周年,也是我国现代化建设进程中具有特殊重要性的一年。《出版业"十四五"时期发展规划》正式发布,关系到行业升级迭代的各项工作逐步推开,图书市场也从新冠肺炎疫情影响下逐渐恢复并正在形成新的渠道格局和业务模式,上下游企业在行业上层规划的指引下全力探索和创新。虽然市场压力犹在,但上下游企业正在"2035年建成出版强国"的远景目标指引下积极推进产业升级的未来。

一、2021年中国图书零售市场基本情况

(一)疫情波动对图书零售市场增长的影响非常明显

北京开卷[①]数据显示,2020年以前我国图书零售市场一直保持两位数以上的增长速度,2019年全国图书零售码洋总规模首次突破1 000亿元。但2020年受疫情影响,全国图书零售市场首次出现负增长,全年同比下降了5.08%;2021年市场缓慢恢复,全年同比增长了1.65%。

进入2022年,华东、华北地区前后暴发局部疫情,因京沪两地聚集了众多出版单位,华北、华东也是各大电商平台的物流重地,疫情再一次对图书出版发行业务运行造成影响。2022年上半年,零售市场同比下降13.8%,其中实体店渠道同比下降39.7%,网店渠道同比下降5.8%。

---

① 北京开卷,全称北京开卷信息技术有限公司。本文中关于零售市场规模、结构等相关数据,未经特殊说明,均来自北京开卷相关数据分析,其数据统计来自1998年开始建立的"全国图书零售市场观测系统"。截至2022年,该系统覆盖全国线上、线下的上万家图书零售终端,图书零售主流渠道和平台均纳入其中。

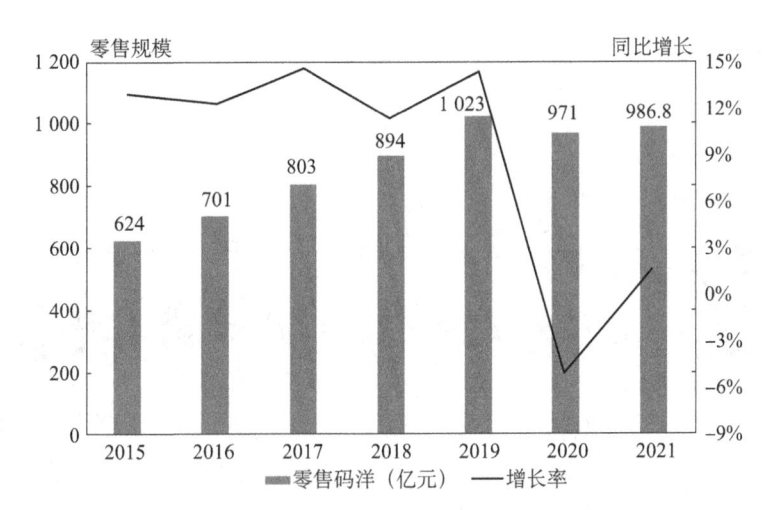

图1　2015—2021年图书零售市场码洋规模发展变化（开卷数据）

疫情影响公众的日常生活的同时，也在改变着读者的阅读和购买习惯，到店选书购书越来越不方便，线上各种数字化应用也在分流读者的休闲和阅读时间。与此同时，两年多的疫情影响了部分行业企业的业务收入，互联网企业裁员消息时而见诸报端，在居民收入减少的环境下消费需求和购买力也会下降。这些更是影响图书消费的深层原因。

2021年市场小幅恢复增长之后，2022年初的又一波疫情的影响已经从线下渠道扩展到线上渠道，这也是2022上半年较大幅度同比下降的重要原因。总体来说，全国图书零售市场还在面临较大压力，整体码洋规模尚未回到疫前水平。

（二）部分大众类别正增长，主题出版物成市场亮点

生活、文学、少儿等大众阅读类别在2021年零售市场均实现了小幅增长，不过增幅最大的还是马列和学术文化两类；而经管、艺术、教育、医学、语言等类别均表现为不同程度的负增长；工程技术增速较快则是受到了以"建造师执业资格考试"为代表的一些考试用书销售的带动。

从各类别表现来看，2020年疫情新暴发时期市场呈现的"刚性消费"特点在2021年发生了变化，"双减"政策使得中小学教辅教材类增速下调，而市场对一些经典文学作品、改变生活品质的内容话题需求有所上升；同时，与2021年的"主题出版大年份"属性有关，主题出版作品表现突出，主题出版板块成为市场亮点。

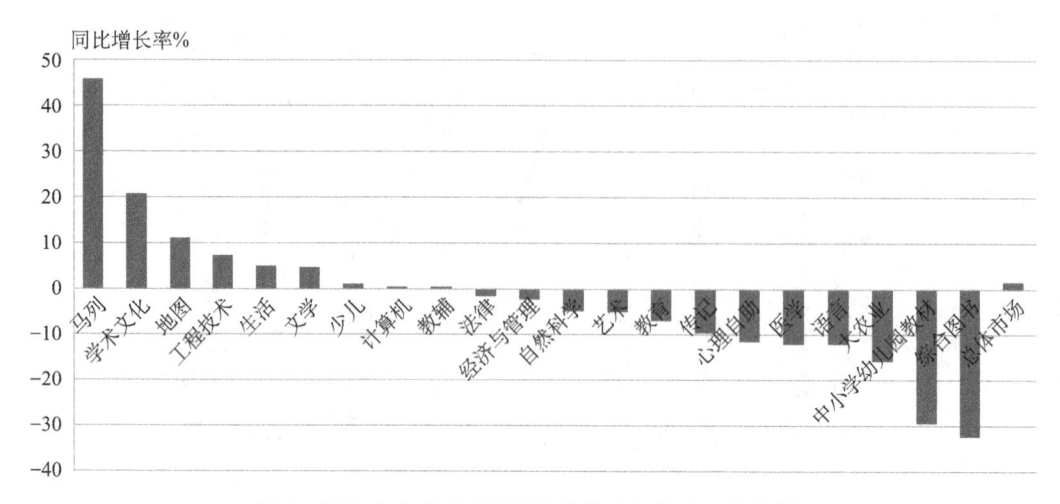

图 2 2021 年各分类市场同比增长率比较（开卷数据）

2021 年是中国共产党成立 100 周年，是实施"十四五"规划、开启全面建设社会主义现代化国家新征程的第一年，在图书出版领域做好主题出版工作意义重大，图书零售市场也反映了主题出版工作的成果。数据显示，主题出版图书在 2017 年至 2020 年持续增长，到 2021 年全年动销品种数超过 3.6 万种，码洋规模同比增长了 80% 以上，占零售市场码洋比重达到 6.04%，开卷系统监控销量超过 1.4 亿册。

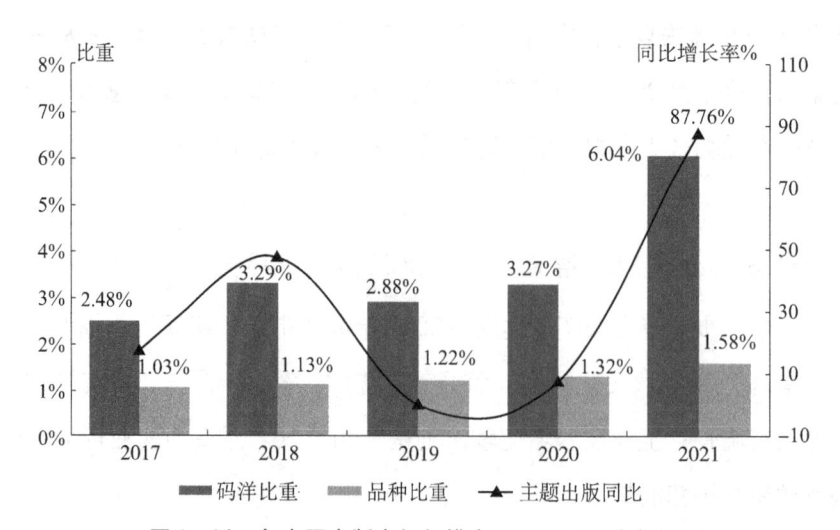

图 3 近 5 年主题出版市场规模发展回顾（开卷数据）

从类别构成来看，主题出版图书类型广泛，内容丰富。从在销图书品种来看，主题出版的内容题材覆盖马列、学术文化、文艺、经管、少儿等众多分类方向，这些作品分别服务于不同领域、不同类型的读者人群。

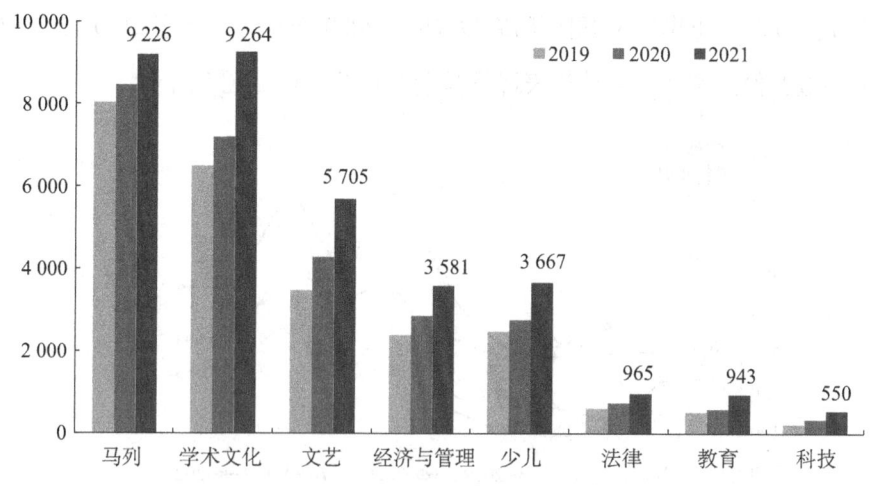

图 4　近 3 年市场在销主题出版图书各类别品种规模（开卷数据）

2021 年主题出版以党建、党史、党的精神等为主题，推出多方面不同角度的新书，同时也有部分选题对年度政策热点全面记录和解读。市场上涌现出一批高质量的主题出版读物，这些作品在形成了良好社会效益的同时也实现了极佳的市场销量，出版单位实现社会效益和经济效益的有效统一。从年度监测销量来看，市场销售较好的图书既有《中国共产党简史》《改革开放简史》等历史读物，《习近平谈治国理政（第三卷）》《新征程面对面：理论热点面对面（2021）》等理论读物，也有《红岩》《红星照耀中国（青少版）》等红色文学经典作品；而年度科技大事则促成了"天问""神舟"相关航天话题出版热，形成当年科技方向的热点。

在图书产品形式方面，也有作品不断创新，将漫画形式与"党史"话题相结合，增加了图书产品的易读性；还有的作品引入数字化技术，将图书内容与数字应用相结合，使阅读体验更丰富。

（三）实体书店恢复不易，线上短视频渠道兴起

在疫情发生之后的两年多时间里，实体书店群体与全社会范围内的实体零售业一样，面临着客流下降、防疫成本上升的直接影响。疫情期间有的书店被迫闭店歇业，在复工后又经历了"客流明显下降、店内销售大幅下滑"的局面，这让书店的业务周转面临巨大压力。

数据显示，2020 年实体店渠道图书零售下降 33.8%，2021 年小幅回升（同比增长

率4.09%），2022年上半年又同比下降39.7%。2020年至今，除了2021年2—6月以外，绝大多数月份的实体渠道销售表现不及上年同期（详见图5）。

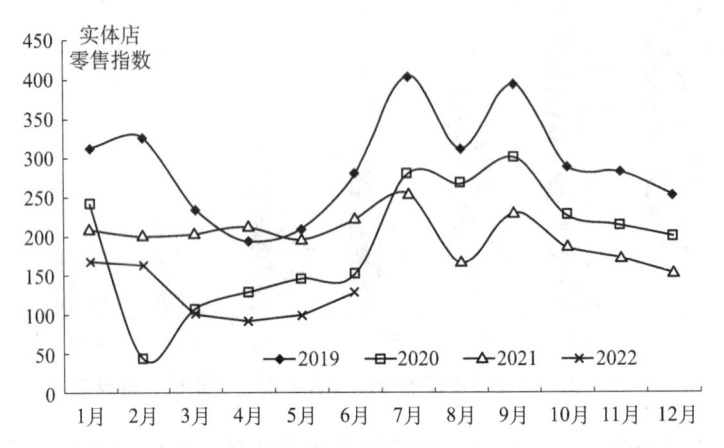

图5　2019—2022年实体店渠道图书零售指数回顾（开卷数据）

相比之下，网店渠道在2020—2021年都实现了同比增长，年度增长率分别为7.27%和1.0%——尽管不能与疫情前年增20%以上的幅度相比，但网店渠道仍旧保持了正向增长，当然，这其中包含了实体店渠道图书购买力向线上迁移的作用。但在2022年上半年，网店渠道也出现了负增长，虽然在6月出现恢复性反弹，但是结合2021下半年的各月指数，网店渠道的后续增长趋势也不乐观。

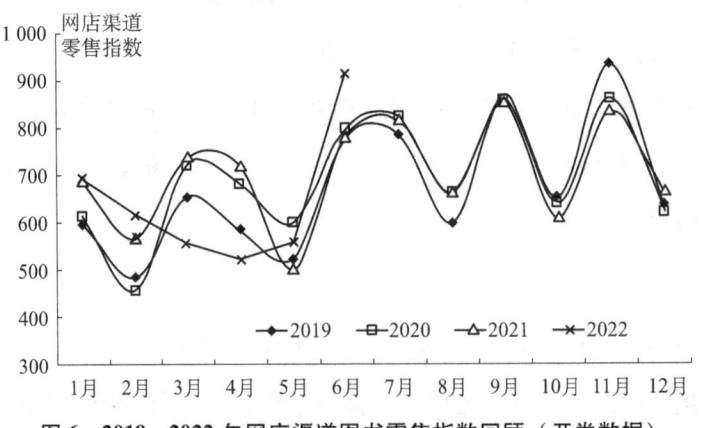

图6　2019—2022年网店渠道图书零售指数回顾（开卷数据）

在网店渠道增速减慢的同时，其内部格局也在发生变化，这与国内电商大环境的流量迁移也有关系。以阿里巴巴、京东为代表的传统电商体系流量增长放缓，而以拼多多、抖音、快手为代表的新的流量平台兴起，客流量的变化也代表了购买力的变化。

反映在图书零售方面，社群电商、兴趣电商开始成为新的图书销售通路，短视频平台直播带货的形式开始成为图书电商新的暴发点。

我们将网店渠道按照出现的时间阶段不同划分为三个类型：平台电商、短视频电商和垂直及其他电商。① 数据显示，在2022上半年，垂直电商和平台电商的图书零售均出现了不同程度的销售下降，而短视频电商图书零售异军突起，同比增长率高达60%。作为一个新兴渠道，短视频电商渠道的动销品种规模与平台电商、垂直电商仍有相当差距，但是其增长速度相当可观，尤其是"头部爆品"模式也让短视频渠道的单品效率更高，其整体销售规模与另两个渠道的差异也在逐渐缩小。

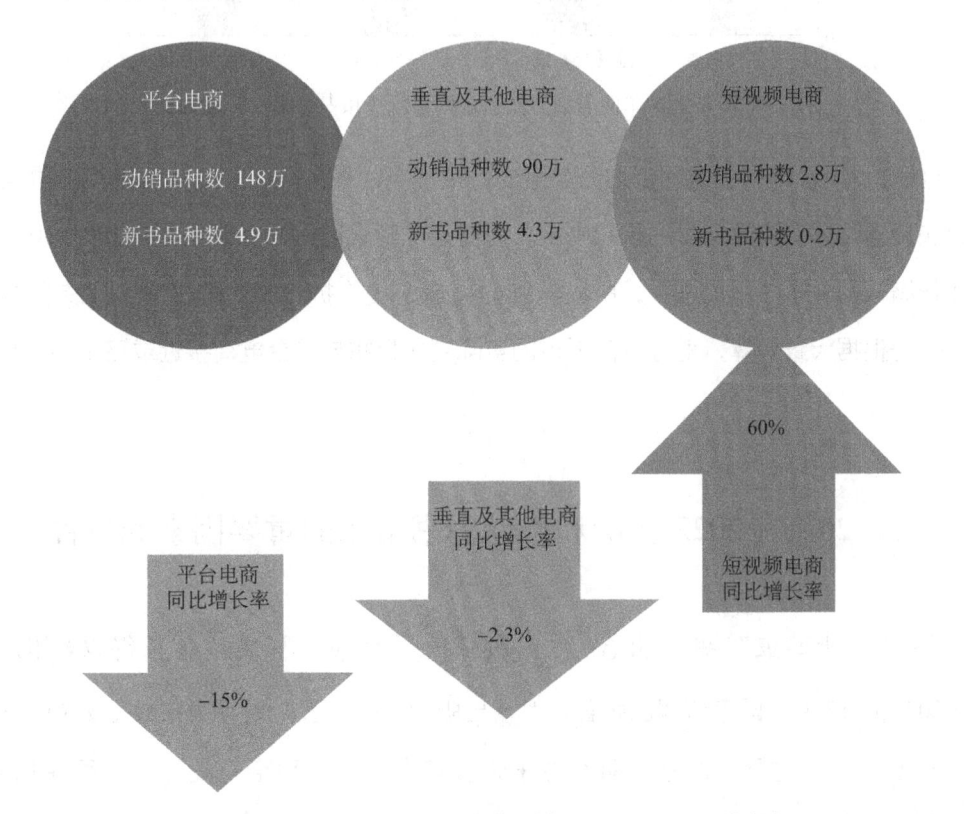

图7 2022年上半年网店细分渠道规模和增速对比（开卷数据）

短视频电商的图书零售快速增长除了平台流量原因以外，还有一个很现实的原因就是售价折扣更低了。应该说，短视频渠道"限时破价 & 全网最低"的直播营销模式

---

① 其中，**垂直电商**指当当、京东等构建独立网店进行图书销售的电商平台，平台电商则包括以天猫、京东POP业务为代表的第三方平台模式下以店铺为主经营的电商，短视频电商指抖音、快手模式下主播分销主导的图书销售电商平台。

让图书"打折销售"的底线再一次被击穿,以低价售书作为引流手段的做法再一次上演。短视频电商渠道 2022 上半年的购书折扣为 3.8 折,明显低于其他网店细分渠道。

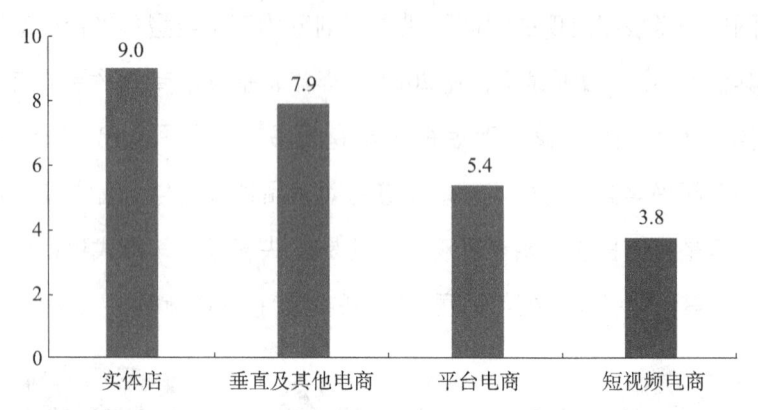

图 8　2022 年上半年网店细分渠道规模售价折扣[①]对比（开卷数据）

（特殊说明：根据三类网店细分渠道的促销特点,平台电商和短视频电商的页面售价折扣接近购书者实际支付的折扣水平;而垂直电商渠道促销经常采用"100—50"的大比例满减及更多使用优惠券,所以该细分渠道的售价折扣相比购书者实际支付折扣偏高——根据大致估算,垂直电商渠道的实际销售折扣与平台电商接近或略高。）

二、2021—2022 影响和推动图书市场的重要因素和事件

（一）"十四五"规划出台,"出版强国"远景目标实施路径得以细化

2021 年 12 月,国家新闻出版署印发《出版业"十四五"时期发展规划》（以下简称"《规则》"）,这是对图书出版行业未来五年发展方向和路径设计的纲领性指导。《规划》深刻把握出版业发展的新任务、新要求,明确了指导思想和"六个坚持"基本原则,展望"2035 年建成出版强国远景目标",提出到"十四五"末实现六大目标,谋划了 9 个方面的重点工作,《规划》为"十四五"期间的出版工作擘画了明确的路线图。

---

① 网店渠道的售价折扣统计采用页面售价折扣,不包含满减、满赠等优惠活动。

"六个坚持"基本原则包括：坚持党的全面领导，坚持以人民为中心，坚持新发展理念，坚持质量第一，坚持把社会效益放在首位，坚持统筹兼顾。"十四五"末6大目标是：服务大局的能力水平达到新高度，满足人民学习阅读需求实现新提升，行业繁荣发展取得新突破，产业数字化水平迈上新台阶，出版走出去取得新成效，行业治理效能得到新提高。9方面重点工作包括：做强做优主题出版、打造新时代出版精品、壮大数字出版产业、促进印刷产业提质增效、加强出版公共服务体系建设、健全现代出版市场体系、推动出版业高水平走出去、提高出版业治理能力与管理水平、完善出版业高质量发展保障措施。

在《规划》指引下，随着各项出版工作的逐步落地，图书市场将会迎来新的变化。

（二）全民阅读推进工作继续深入，首届全民阅读大会召开

在2022年3月召开的十三届全国人大会议上，李克强总理的政府工作报告提到，"繁荣新闻出版、广播影视、文学艺术、哲学社会科学和档案等事业，深入推进全民阅读"。这已经是"全民阅读"第九次被写入政府工作报告。

4月，首届全民阅读大会召开，习近平总书记向大会发来贺信。贺信指出，阅读是人类获取知识、启智增慧、培养道德的重要途径，可以让人得到思想启发，树立崇高理想，涵养浩然之气；总书记希望全社会都参与到阅读中来，形成"爱读书、读好书、善读书"的浓厚氛围。首届全民阅读大会期间举办论坛、展览展示、新闻发布、主题活动四大类23项活动，通过多元化形式加强了对全社会的阅读引领，进一步培育阅读氛围。

一直以来，全国各地开展了丰富多彩的书展、阅读推广活动，助推了全社会尤其是学生群体、中青年核心人群的阅读习惯和良好氛围。而这些知识和内容的阅读需要，也正是图书出版行业的社会价值所在和服务基础，为图书市场的长远发展奠定基础。

（三）多项举措实施，助力版权事业高质量发展

2021年6月，新修改的《中华人民共和国著作权法》正式实施，加大了对侵权行为的打击力度。9月，中共中央、国务院印发了《知识产权强国建设纲要（2021—2035

年)》。12月,国家版权局正式印发《版权工作"十四五"规划》,从进一步完善版权法律制度体系、完善版权行政保护体系、完善使用正版软件工作体系、完善版权社会服务体系、完善版权涉外工作体系、完善版权产业发展体系6个方面提出了20余项重点任务。

上述多项举措,为包含图书在内的内容产品权益提供了法律保障和制度保障,进一步保护了创作者和出版单位的内容权益,规范图书市场秩序。

(四)"融合发展"持续深化,《实施意见》提供切实指导

2021年5月,国家新闻出版署启动实施出版融合发展工程,指出为贯彻落实党的十九届五中全会精神,完成举旗帜、聚民心、育新人、兴文化、展形象的使命任务,旨在引导出版业大力实施数字化战略,系统性推进融合发展,实现传统出版与新兴出版深度融合,巩固壮大网上出版主阵地,为文化强国、出版强国建设贡献新的力量。

2022年4月,中共中央宣传部印发《关于推动出版深度融合发展的实施意见》(以下简称"《实施意见》")。《实施意见》对出版行业如何推动出版深度融合发展作出了全面、系统安排,涉及内容建设、技术支撑、重点项目实施、专业人才队伍建设,以及顶层设计的战略谋划、保障体系等6个方面、20项政策举措,为出版单位探索融合发展新模式、新业态、新领域提供了行动指引。

《实施意见》颁布标志着出版融合发展进入了新的阶段,为全行业推动出版深度融合发展注入了强大信心和强劲动力。《实施意见》在业内相关交流研讨活动中获得一致好评,从业者普遍认为"发布及时""内容精准""措施具体"。

(五)中考科目调整与"双减"政策落地,带来出版和服务机会变化

2021年5月,教育部官网发布中考新政——音体美将陆续纳入中考(2022年体育最早被加入,美育在部分省份开始加入试点)。7月,中共中央办公厅、国务院办公厅印发《关于进一步减轻义务教育阶段学生作业负担和校外培训负担的意见》,"双减"政策正式颁布。同月,教育部办公厅发出《关于支持探索开展暑期托管服务的通知》。10月,第十三届全国人大常委会第三十一次会议表决通过了《中华人民共和国家庭教育

促进法》，从家庭教育角度作出规定，为义务教育阶段学生减负。

中考与义务教育阶段的相关政策调整对中小学生的影响之大不言而喻，两项政策直接影响学生教辅用书和美育培养相关图书，也提升了家长教育责任的重要性，新的出版物需求就此出现。而"双减"释放的学生自由时间增加，也为素养类读物和少儿读物带来了新的空间。

2021年7月国家教育部发布《关于支持探索开展暑期托管服务的通知》之后，各地书店的暑期托管服务也大面积开展起来。广东、云南、江苏、湖北、山西、辽宁等地的实体书店以各种方式切入该领域，暑期托管服务出现在全国各地的书店里。实际上，书店在过去几十年中一直都是学生暑假期间的聚集地之一，这也是实体书店渠道暑期客流和销售高峰的由来。在服务内容方面，从"小小图书管理员"到各种"主题探索"，从作家签售到名家讲座，各类文化活动吸引了大批学生来到书店，这早就是小读者们暑期生活的固定栏目。"暑期托管"服务的正式提出，让书店既往面对学生群体的暑期文化活动有了一个直接的出口，也可能成为实体书店"人群和场景服务创新"的又一个价值方向。

截至2022年6月，"双减"政策实施将近一年，义务教育阶段学生的学习和生活环境明显改变，教辅图书的出版也已经发生了一些变化。一方面，主要教辅出版方对原有产品组织修订改版，在内容编排、版式设计、配色字号等方面都进行相应调整；另一方面，学科类教培机构转行后将其教学资源转化为图书产品。从教辅类图书市场来看，"学而思""新东方"主题下的图书产品有所增加，这些图书及搭载的数字资源成为中小学生和家长的辅导支持。

（六）资本市场融资再启，五家书企挂牌上市

在2021年，出版发行企业通过资本市场融资的进程又有新突破，全年共有5家书企上市，这是继2017年6家书企在A股上市后，出版发行业再次迎来的上市"大年"。这五家上市书企包括3家地方出版发行集团和两家民营书业。

7月，读客文化在深圳证券交易所创业板上市；7月，浙版传媒正式在上海证券交易所主板上市；8月，龙版传媒在上海证券交易所主板上市；8月，果麦文化在深圳证券交易所创业板上市；12月，内蒙新华在上海证券交易所主板上市。

融资进程的再次开启，无疑将为这些出版发行企业的后续业务发展提供新的助力。

三、"后疫情"时期的上下游市场现状

（一）电商流量迁移催生线上售书渠道格局演化，低售价仍是问题焦点

根据阿里巴巴、京东、拼多多发布的财报，拼多多于2018Q2活跃买家数首次超过京东，到2020Q4活跃买家数量首次超过阿里巴巴的国内电商业务活跃消费者数，拼多多逐渐成为电商圈巨头中新的一极。与此同时，以抖音为代表的兴趣电商快速发展，达人带货的方式也让抖音开始从内容平台转化为电商领域的重要角色。

在消费流量迁移过程中，作为"低定价、标准品"的图书又一次被带到了风口浪尖。拼多多和抖音图书销售的卖点都定位在"低价"，让本就饱受"长期低折售书"的图书业再受冲击，也反映出一些新的问题。

1. 当拼多多遇到图书，低廉模式导致盗版猖獗

2021年3月15日YOUNG财经推出专题报道《黄峥看不到，拼多多盗版中国》，引发行业热议和媒体广泛转载。据介绍，YOUNG财经在拼多多上采购了1 000本书，实际送到574本，经过出版社鉴别发现盗版书507本；9月，YOUNG财经再一次推出跟踪报道《黄峥真的看不到吗？拼多多盗版依旧，盗版率令我们震惊》，两次实验反馈的盗版率均超过90%。

在几大电商平台中，拼多多在策略上偏重"下沉市场"，"低廉商品价格优势"一直是这个平台外宣强调的主要特点。而图书行业早已面临长期低折销售导致的诸多问题，当价格底线再次被击穿以后，正常的出版物供应商已经无力供货，这就给盗版经营者提供了巨大的空间，加上平台监管不足，最终为图书市场和消费者带来了极坏影响。

在后续运营中，拼多多采取了一些助推正版、抑制盗版的措施，包括以"正版补贴"方式为确认正版的店铺商品提供平台补贴等。这种做法意在降低正版书售价，提高正版书在该平台上的竞争力。但是，因为拼多多主站的销售模式属于平台电商的零

散销售，单品短时间内难以形成销量暴发，也就不可能通过规模效应来降低成本。总体来说，低廉模式下的正版书销售可行度不高，而盗版书现象在该平台上仍旧占很多。

2. 直播卖书带动短视频平台暴发，"爆品破价"让出版社又爱又恨

通过短视频平台进行图书宣传和销售的做法在2018年之前就已出现，但直播卖书的暴发始于2020年上半年。疫情期间被迫停业的实体书店、被阻断的传统发行供应链、更多居家人群上网进入直播间——特殊时期的特殊状态加速了这种新模式的暴发。《抖音电商图书行业发展数据报告》显示，2021年抖音平台日售图书超45万本，月消费人数超1 000万。

到2021年底，抖音平台上已经形成了以王芳、刘媛媛、周洲为代表的一批图书类主播，出版社自主开设账号自播售书的现象也越来越多。根据公开报道数据，王芳团队仅2021年上半年就收获了3.3亿元销售额，全年售出图书超1 500万套——如果按照均价60元计算，年销售额接近10亿元，实际上其直播间的上架图书有大量售价200元以上的套装品种；按照短视频平台平均折扣3.8折计算，仅王芳团队带动的码洋规模就高达20亿元。在出版社自播方面，磨铁文化、机工、中信、外研社等头部出版机构也纷纷下场构建自播号及账号矩阵。《抖音电商图书行业发展数据报告》显示，到2021年底，已有接近万家图书出版发行企业通过企业号认证，其中近一半的企业号已尝试直播；国内580余家出版社中的大多数都已入驻抖音，抖音短视频平台逐渐成为一个新的出版单位官方聚集地。

达人主播群体逐渐成熟、出版官方机构入驻，让抖音图书生态中的正版力量占据了主流，抖音平台上没有爆出拼多多那样盗版猖獗的问题。不过，抖音售书也没能绕开"低价"模式，"限时破价""全网最低"是达人带货的关键词。刘媛媛团队曾在接受媒体采访时表示，"直播选品时通常要求供应商提供全网最低价，同时供应商还要做好全网控价，因为直播最怕因为不是全网最低然后导致顾客投诉，导致用户体验特别差"。2021年9月27日刘媛媛的一次图书专场以16小时直播实现了近8 000万元的销售额，但其宣传中的"50万册书破价到10元以下，10万册1元的书"着实戳中了图书行业的软肋，引发了"如此破价到底是救书业还是害书业"的争论，堪称年内直播卖书的标志性事件。

短视频电商的图书销售主要靠直播带动，在直播期间，达人主播的粉丝积累通过

转化快速变现、形成销售，这就让其图书销售形成了"爆品模式"。与平台电商、垂直电商相比，由头部达人主播主导的短视频电商具有品种集中、快速上量的特点。这对疫情环境下多个渠道销售不理想的出版社来说，具有不小的吸引力——因为形成了一定销量规模（单场上千甚至几千册），尽管单本利润极低，但是出版方仍旧趋之若鹜。又因为短视频平台的图书销售大多集中在头部主播，入选品种量有限，这就又导致了出版机构在图书内容和低价以外，关于佣金、坑位费等其他合作条件的竞争，上游出版单位内卷严重。

上述成本相互叠加，导致该模式下出版方的利润空间也越来越小，但是市场下行环境下的销售量和现金流的吸引力又让众多出版单位不得不参与其中。

2022年6月，抖音东方甄选直播间成为"6·18"期间的"黑马"。开卷当月大众畅销榜前列的十多部作品均经由东方甄选直播带货而销量大幅提升进而上榜，这其中既有《活着（2021版）》《平凡的世界（全三册）（2021版）》《生死疲劳》等以往销售就不错的图书销量大幅提升，也有《额尔古纳河右岸》《苏东坡传》和"许渊冲诗词系列"等以往被关注度不高而首次入榜的图书。东方甄选厚积薄发，对带货商品不收取坑位费，佣金比例也属于"业界良心"，加上董宇辉等主播在荐书过程中深入浅出、信手拈来的讲解方式，颠覆了以往直播卖书"低价为主"的卖点定位，而且也将直播爆品类别成功拓展到社科领域。东方甄选的成功，不局限于图书带货，却给图书直播电商圈带来一股新的风气。

3. 社群电商隐性发展，"快团团"等催生社群电商新通路

在各家大型电商平台之外，还有一个声量似乎不那么高的社群电商群体，他们或者借助微店、有赞等技术工具深耕微信公号生态，或者通过"快团团""群接龙"等方式活跃在上千上万的微信群里。前者主要是微信公众号体系成长出来的意见领袖，比如以"童书妈妈三川玲""海淀胖爸爸"为代表的家长社群（其中有些已经转型短视频主播，也有的继续留在公号图文电商模式中）；后者则是类似于"大V店"早期推出的裂变分销模式，如今的关注点集中在"快团团"和"群接龙"。

"快团团"出自拼多多系，在疫情期间因为物资团购需求快速发展，如今也开始成为图书分销平台的代表。在这个平台上，供应商提供货源，而销售过程则是通过团长体系来实现，团长又按照是否对接货源以及分销规模进一步区分为"供货团长"和

"帮卖团长"。在这个体系中，经销商被完全隐藏在幕后，而前台的团长尤其是帮卖团长的门槛大幅度降低，这个被分销佣金串接起来的销售模式也正在走进出版单位的视野。

（二）实体书店再现"闭店潮"，转型升级产生新内涵

对于这两年的国内图书零售市场来说，线上与线下上演的正是"冰火两重天"。受疫情影响，2021—2022年期间出现了新一轮的实体书店"闭店潮"。《2020—2021中国实体书店产业报告》显示，2020年全国共有1 573家书店关门，是2019年闭店数量的三倍多。在2021年终之际，各大媒体的"书店死亡名单"再一次引发关注。

在2020年疫情发生早期的一项书店调查显示，超过80%的受访书店现金流不足以支撑6个月。两年时间过去，无法正常营业的独立、小众书店接连消失，有的是彻底离开，也有的告别线下转到线上再寻出路。如果说2020年疫情影响下的书店闭店还主要体现在部分小型独立书店的关停和部分连锁品牌的策略性调整，那么这一轮闭店则是更明确的收缩和退出。书店连锁品牌言几又先关闭了成都、北京、西安、广州等地的旗舰店，后来旗下品牌"今日阅读"的更多中小门店也陆续关闭，2021年爆出拖欠员工工资、商场场租、供应商货款的新闻。截至2022年6月底，言几又门店几乎全线退出，这个高峰期全国开店60余家的连锁品牌黯然退场，这虽有其前期受资本推动扩张太快的原因，但也是这个特殊时期实体书店经营压力的一个缩影。同时，国有体系的新华书店也不轻松，虽然有团供、直销业务维持经营，但是卖场零售大不如前的现状与民营书店无太大区别。前些年被广泛提及的"升级改造"鲜少说起，而"如何开展线上业务""发展私域流量"成为备受关注的话题。

当前，网店渠道销售已经占全部图书零售规模的八成，读者的购买力在各个电商平台沉淀和聚集，实体书店单纯依靠图书零售业务完全无法生存。而未来书店群体的转型升级将不再是卖场硬件环境的变化，而是需要更高的顶层设计和整体运营内功——围绕图书和文化内容提供面向针对性人群和场景的知识性服务，在这个场景下组织空间、内容和图书产品。

（三）出版单位在变化中面临多种机会和可能

近两年，上游出版单位也在面临着变化带来的压力。无论是融合出版还是内容IP

培育、渠道布局还是供应链强化、营销投放还是自媒体直播，传统出版的边界不断被打破，不断融入新的元素。

1. 纸质书渠道布局重构，经销、分销、自营组合多样

网店渠道已成图书零售主力，而图书行业整体渠道结构还在演化当中，渠道越来越多，流量越来越分散。垂直电商、平台电商、短视频电商、社群电商、实体店构成了一个极度多元化的渠道体系，而每个渠道和平台的特征和读者画像又各不相同。面对如此多样化的销售渠道，出版方也面临着复杂的选择问题：到底把重心放在哪里？实体店渠道是维持还是收缩？短视频渠道要不要达人合作，头部主播还是腰部主播合作？自营电商做不做，重心放在哪个平台，要不要培育自播？——这些已经成为摆在很多发行负责人面前的常见议题。

其实，不同的电商平台背后代表的是不同的业务模式。

①垂直电商和平台电商合作代表的是长期存在的经销商模式，出版方获取经销商订货信息然后物流发货，货品在经销商处寄售一段时间之后回款和部分退货，经销商赚取的是图书"进销差价"。

②短视频电商和社群电商更多使用分销模式，达人主播和分销团长并不需要向出版方订货，彼此之间也没有物流周转，而是由前者获取消费者订单之后交由出版方直邮发货并提供售后，达人主播和分销团长根据订单金额获取约定比例的佣金。

③出版社自营电商和自播模式则是产业链纵向一体化的做法，即出版方既提供图书商品也负责读者端的销售，既做品牌方又做分销商。

对于出版方来说，经销模式最传统也最稳定，但是因为近几年渠道销售下降、经销商利润挤压的情况下未来预期不足、账期更长，因此可能面临一定的长期风险。分销模式的优势在于回款及时，但是会对自身供应链能力和全渠道控价能力提出更高要求；由于目前分销模式的整体规模还相对偏小，市场可选的优秀头部合作方数量有限，加上该模式下利润率偏低，因此出版社的选择也比较谨慎。相比于单纯的经销、分销两种模式，出版社自营电商留出了更大的利润空间，不过也需要出版方在整体业务流重构和组织结构建设方面有更大的投入。

总体来说，整体图书销售渠道更加分散，出版社发行工作选择更多也更复杂。依靠不同渠道平台的特点投放不同的产品、策划不同的活动，成为当下出版机构面对的

新局面。

2. 营销生态多样化，数字化营销关联销售转化

在图书营销环境方面，信息传播的生态也在多样化。兴趣电商、内容主播都成为图书营销的合作者，以 B 站、小红书为代表的内容平台成为图书营销传播的新兴通路，也是出版机构树立品牌、聚拢流量的阵地。"在小红书种草，去电商平台下单"开始成为很多"90 后""00 后"的消费方式。

在营销平台数字化、电商关联化之后，营销工作的价值已经不再局限于宣传发布，而是可以直接关联到销售结果，营销与发行销售的组合也因此更加紧密。营销发布和投放的覆盖人数多少、阅读热度高低都可以用数据指标度量，营销内容的销售转化也开始成为评价指标。于是，在掌握并分析流量的基础上，出版机构可以更加精细化地组织图书营销和发行。

3. 基于多元化渠道和营销通路，递进组合式新书宣发成为新的畅销书玩法

正是由于销售渠道和营销通路多样化、差异化的特点，出版单位的新书宣发越来越难有统一的模式，或者说传统做法之下已经很难做成畅销书。在如今的图书市场上，新书宣发项目化、多渠道组合渗透、营销与销售过程管理精细化已成为畅销书打造的新玩法。

以机工社 2021 年 9 月上市的《底层逻辑》为例，其上市宣发过程就经过了精密设计，上市后首先通过与作者相关的新媒体平台将作者私域流量和人脉圈打透，第二步通过抖音、小红书营销新渠道创造话题 & 挖掘流量，第三步再在主流图书渠道铺开并不断延展覆盖面。通过这样的过程，充分引爆了该书在各个领域的关注度和购买力，3 个月发行量就突破 40 万册。

4. 融合出版助推内容数字化，产品形态和服务模式方面带来新机遇

伴随着内容数字化产业的发展，出版机构愈发回归内容提供商的身份，其产品形态和权益范围将不再局限于纸质图书，而是将着力点投向全版权运营。通过将优质内容以多种形态完整展现，并将具备综合价值的产品组合进行全方位设计和传播，进而带动内容价值的深入创新。而融合出版技术和工作机制可以为上述立场提供全方位支持。

在教育出版和科技专业出版领域，已经有一批专业出版社走在了前面。比如科学出版社建设了科技期刊数字出版平台、人民卫生出版社建设了人卫知识数字服务体系、

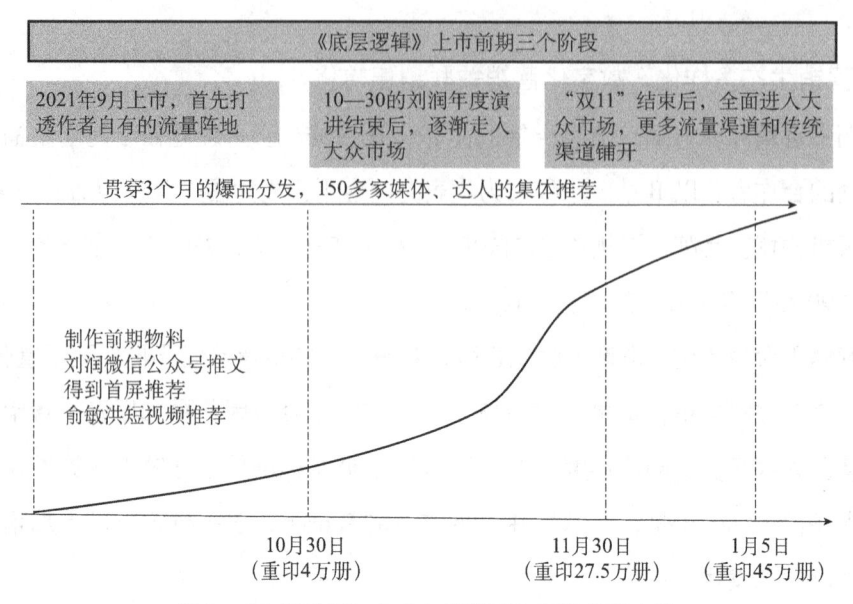

图9 《底层逻辑》上市初期营销和渠道投放安排

机工社打造了包含"工程科技数字图书馆""机电工程百科""天工讲堂"等多系统在内的工程科技知识服务平台。在大众阅读领域，三联书店的中读 App 则推动出版单位从"纸质内容多方式呈现"向定制内容产品、搭建人文知识平台迈进。

一直以来，很多出版单位的业务模式相对传统，图书产品的生产制造属性和传统经销模式占据主流。而知识付费平台的火爆已经充分展现了内容服务扩展和知识变现的潜在价值，这也是值得图书出版业不断思考的一点。当然，在新的模式之下，内容产品形态和运营方式都将发生变化，但这无疑也给出版行业带来新的机会。

四、2022 年及未来一段时间图书市场发展展望

（一）行业规划与上层建设将起重要引领作用

当下图书出版市场处在快速变化的时期，互联网技术助推社会消费和信息获取习惯的变化，城镇化进程的加快深入影响着社会经济和全民消费能力的发展速度，而数字出版以及各项融合应用的探索也为内容产品的创作和传播创造了新的模式和可能。可以说，无论图书市场的上游、下游发行企业都在新技术和社会经济环境的变化趋势

中面临转型升级，正处在发展关键期。

《规划》明确指出"健全现代出版市场体系"，强调进一步发挥市场在出版资源配置中的积极作用，深化体制机制改革，培育壮大更有活力、创造力和竞争力的出版市场主体。健全出版要素市场运行机制，全面促进出版市场消费，加快构建高效规范、竞争有序的出版市场。《规划》为行业市场体系建设的下一步发展指明了方向。在转型升级的关键期，来自政府主管部门的行业上层规划和制度建设无疑将对上下游企业单位起到重要的指导和引领作用。

（二）网店渠道演化再一次强化"价格秩序"的必要性

回顾过去，在电商发展历史中，图书产品一而再再而三地被当做"引流商品"，基于图书定价的价格秩序已经被名目繁多的折扣促销彻底打乱。出版单位无奈之下只能提高图书定价以"高定价、低折扣"的方式实现销售。一个又一个电商平台的兴起，一轮又一轮的新进入者选择图书作为流量卖点，导致图书终端折扣一次又一次被击穿，已经严重影响了图书市场的价格秩序和竞争逻辑，影响了图书市场的健康发展。其实，实体书店渠道近些年销售下降很大程度上是受到了与网店渠道的非公平折扣差的影响。如今，短视频渠道的售价折扣已经降到前所未有的 3.8 折，该折扣水平已经难以保障出版企业的正常业务逻辑和长期健康发展，长此以往将对行业产生更大的不利影响。

值得欣喜的是，《规划》在"提高出版业治理能力与管理水平"部分提出"规范网上网下出版秩序"，并明确要求：加强出版物价格监督管理，推动图书价格立法，有效制止网上网下出版物销售恶性"价格战"，营造健康有序的市场环境。合理价格秩序和市场环境的建立，未来可期。

（三）主题出版各项重点项目成果进一步繁荣阅读市场

"十四五"时期，国家对主题出版工作的重视上升到一个新高度。《规划》将"做强做优主题出版"独立成章，从"加强党的创新理论出版传播""做好重大主题作品出版传播""推进弘扬中华民族精神作品出版传播""强化主题出版组织引导"等 4 个方面对主题出版工作作出具体安排，并在附件《"十四五"时期国家重点图书、音像、电子出版物出版专项规划》详细列示了主题出版规划的 90 个专项规划项目。

在《规划》指引下，许多出版机构都把"主题出版"作为"十四五"时期的一项重点工作推进。未来一段时间，全行业主题出版工作必将达到一个新高度，而这些优秀的成果作品也将进一步满足社会文化阅读的广泛需求，丰富和繁荣阅读市场。

（四）融合出版带动出版发行企业模式升级

出版业正处在产业升级及产业生态重塑的过程中，知识生产、传播、运营正在因为技术革新推动发生革命性的变化。立足知识服务的根本定位，出版机构的产品模式和业务流程已然开始不同，发行机构的服务价值也在重新定义。

《实施意见》已经对推动出版深度融合发展作出全面安排和行动指引，为行业机构进一步推动相关工作提振了信心。

在图书出版发行企业从"线下出版发行机构"向"跨载体、多平台知识服务机构"的转变过程中，需要关注的角度不局限于内容和业务流程本身，还包括更多技术手段和运营方式的应用，以及"如何做好与需求端的联动""如何聚焦用户分层做内容精准分发"。在当前图书业务模式下，出版机构的新书宣发模式已经开始运用用户分层的思想来组织渠道和营销分发，而有了融合出版的数字化技术赋能，出版发行企业可以做得更多，可以从图书到用户，也可以从用户端策划内容来反哺图书，甚至跳出图书跟培训、展览等产业进行融合，完成业务模式的进一步扩展和升级。

参考文献

［1］开卷研究.2021 年中国图书零售市场报告［R］.北京开卷，2022 - 01 - 20.

［2］王少波，王霖.2021 书业发生了哪些营销大事件？年度报告来了！［N］.中国出版传媒商报，2021 - 12 - 14.

［3］盛娟.2021 书业盘点：你过得还好吗？［N］.出版商务周报，2022 - 01 - 04.

［4］常湘萍.对标一流企业管理，提升出版行业数字化及现代化水平［N］.中国新闻出版广电报，2022 - 04 - 19.

［5］李婧璇.从相融到深融，多方合力共建融合发展新格局［N］.中国新闻出版广电报/网，2022 - 05 - 10.

［6］北京开卷．开卷发布2022上半年图书零售市场报告［N］．中国出版传媒商报，2022-07-07．

［7］程雪宏．除了订货会延期，这份书店死亡名单更值得关注！［N］．出版商务周报，2021-12-04．

［8］过去2年，超过1 573家书店死了……［Z］．一条，2022-06-21．

［9］王炜．黄峥看不到，拼多多盗版中国［Z］．YOUNG财经，2021-03-15．

［10］巨量算数．2022巨量引擎图书出版行业营销白皮书［R］．巨量算数，2022-02-23．

［11］上善若水毕谦&旭．电商平台的流量之争：阿里京东向下，拼多多向上［Z］．物流沙龙，2021-06-01．

［12］王少波．"双减"时代，书店暑期托管全攻略．中国出版传媒商报，2021-08-08．

（杨　伟　北京开卷信息技术有限公司副总经理）

2021—2022 中国期刊出版业发展报告

一、2021—2022 年期刊业发展基本情况

2021 年是中国共产党成立 100 周年，是"十四五"开局之年，是迈向第二个百年奋斗目标的起步之年，中国期刊出版业迈入新发展阶段。这一年期刊紧随政策走向，围绕数字化展开布局，呈现出许多新的亮点，包括：期刊精品内容汇聚，数字化呈现打破传播壁垒；期刊数字平台成形，打通多元传播渠道；期刊 IP 频现，延伸产品增强品牌影响力；期刊打造 IP，品牌化效应延伸；等等。

（一）政策持续发力，为期刊发展指明方向

期刊出版离不开政策支持，政策为期刊发展指明方向。2021 年 6 月，中宣部、教育部、科技部发布《关于推动学术期刊繁荣发展的意见》（以下简称"《意见》"），指出学术期刊是开展学术研究交流的重要平台，是传播思想文化的重要阵地，是促进理论创新和科技进步的重要力量。《意见》提出了学术期刊出版工作的总体要求，以习近平新时代中国特色社会主义思想为指导，高举旗帜、服务大局、追求卓越、创新发展，优化布局、分类实施、监管并举、规范发展，加快提升内容质量和传播力影响力[1]。同时，《意见》就加强出版能力建设、优化布局结构、加快融合发展、提升国际传播能力、优化发展环境和加强指导扶持六方面提出具体建议。其中，关于融合发展，《意见》明确指出学术期刊要在策划、采集、编辑、分发等环节落实数字化，适应移动化。

---

[1] 中宣部、教育部、科技部印发《关于推动学术期刊繁荣发展的意见》[EB/OL]. [2021-06-25]. http://www.gov.cn/xinwen/2021-06/25/content_5620876.htm.

2021年12月，在建设出版强国、加快高质量发展的背景下，国家新闻出版署印发《出版业"十四五"时期发展规划》（以下简称"《规划》"）。《规划》围绕深刻把握出版业发展新任务新要求、做强做优主题出版、打造新时代出版精品、壮大数字出版产业、促进印刷产业提质增效、加强出版公共服务体系建设、健全现代出版市场体系、推动出版业高水平走出去、提高出版业治理能力与管理水平和完善出版业高质量发展保障措施十方面，描摹出版业未来工作重心[1]。期刊作为出版的对象，应明晰数字出版等趋势，立足正确政治导向，合力打造数字精品内容。同时，2022年4月，《关于推动出版深度融合发展的实施意见》（以下简称《实施意见》）聚焦出版深度融合、数字出版传播体系构建等问题，针对内容建设、技术支撑、打造出版融合发展重点工程项目等展开论述[2]。

有关繁荣期刊发展一系列政策的相继出台，为迈向社会主义现代化新征程的中国期刊发展指明了方向。

（二）喜迎建党百年，精品化内容汇聚

2021年是中国共产党成立100周年，在中宣部举办庆祝中国共产党成立百年出版专题展中，《共产党》《红旗》《求是》《人物》《读者》和《青年文摘》等代表性期刊的创刊号被展示[3]。在中宣部出版局主办、中国期刊协会承办的第5届"期刊主题宣传好文章"推荐活动中，有93篇（组）文章入选[4]。围绕党的百年诞辰，许多期刊社积极利用自身优势资源，紧扣主题，深挖内容，推出了一大批精品内容，如《三联生活周刊》在2021年第26期中，以"中国共产党第一个28年，红星耀东方"为封面故事，从斯诺走访西北入手，讲述外国记者斯诺眼中的中国共产党。在"青少年期刊讲党史"活动中，青少年期刊以党史学习和"四史"宣传为主题，推出160多个专栏专

---

[1] 国家新闻出版署.《出版业"十四五"时期发展规划》[EB/OL]. [2021-12-28]. https://www.nppa.gov.cn/nppa/upload/files/2021/12/76aed0b1a2a60056.pdf.
[2] 中共中央宣传部印发《关于推动出版深度融合发展的实施意见》[EB/OL]. http://www.nppa.gov.cn/nppa/contents/279/103878.shtml.
[3] 葛艳聪，李强. 红色文献数据库建设的现状、问题及对策——以16个红色文献数据库为中心的考察[J]. 图书馆杂志，2021，40（7）：137-144.
[4] 中国期刊协会. 第5届"期刊主题宣传好文章"推荐活动入选文章揭晓[EB/OL]. [2021-11-08]. https://www.cpa-online.org.cn.

题专刊和一大批优秀文章①。

此外，图书馆、出版社、商业数据库开发公司等将视线聚焦于红色文献数据库的开发。其中，国家图书馆出版社研发的"中国历史文献数据库·红色文献数据库"收录红色期刊100余种，既包括延安出版的《共产党人》《北方红旗》《布尔塞维克》等刊物，也包括"左联"等革命团体在国统区出版的进步刊物②。

（三）阅读习惯变更，期刊数字化转型加速

第十九次全国国民阅读调查发现，2021年成年国民的期刊阅读率是18.4%，较上一年降低了0.3%，但包括网络在线阅读的数字化阅读却有增幅。这说明广大读者向互联网迁移的势头迅猛，期刊的纸质受众群正在转化为其数字化产品的用户。

国家新闻出版署期刊印数的最新数据统计显示，2020年全国出版期刊共计10 192种，平均期印数11 133万册，较2019年降低6.89%；每种平均期印数1.12万册，降低7.09%；总印数20.35亿册，降低7.04%，与期刊印数相关的所有指标均处于下滑趋势③。同时，各类期刊相应的印数指标也全部呈现出下降态势，其中在总印数方面，文学艺术类期刊降幅最大，达20.16%（表1）。

表1 期刊总印数结构分布

类型	总印数 数量/万册	增减速度/%
哲学、社会科学	106 315	-4.63
文化、体育	48 551	-6.03
文学、艺术	10 952	-20.16
自然科学、技术	25 354	-8.66
综合	12 352	-13.72
合计	203 524	-7.04

注：数据来源为《2020年新闻出版产业分析报告》

---

① 国家新闻出版署.学习百年党史 传承红色精神——"青少年期刊讲党史"主题宣传活动综述［EB/OL］.［2022-01-18］. https://www.nppa.gov.cn.

② 郜阳."中国历史文献总库·红色文献数据库"正式发布上线 文献总量超过100万页［N］.新民晚报，2021-07-09.

③ 国家新闻出版署.2020年全国新闻出版业基本情况［EB/OL］.［2021-12-16］. https://www.nppa.gov.cn/api/sys/elastic-search/redirect? siteId=272&channelId=764&contentId=102440.

此外，截至 2021 年 12 月，互联网普及率达 73.0%，我国手机网民规模为 10.29 亿[①]。上述数据表明，随着互联网技术的发展和手机使用的普及，原有的纸质阅读方式发生着改变，人们更加倾向于以 PC 端和移动端为载体去获取信息，阅读方式已经呈现出数字化、碎片化和社交化的特点。

为适应人们阅读方式的变化，许多期刊主动生产和受众阅读习惯匹配的产品。如《新华文摘》现已先后产出网刊、在线数据库等媒体融合产品，借纸质期刊品牌效应适应网络传播模式，并通过电子书城打通线上电子刊与线下纸质刊共销的盈利模式，构建期刊数字化矩阵。《中国实验方剂学杂志》通过加入"方正学术出版云服务平台"带动编辑部工作流程、出版流程数字化，基于该平台已产出 18 期杂志[②]。《半月谈》在微信、微博、今日头条、一点资讯等新媒体平台上开设了账号，其融合了多个新媒体平台的传播优势，取得了良好的传播效果[③]。除此之外，一些期刊还进行自建新媒体平台的探索，《半月谈》建立了 App，此 App 依托《半月谈》自身的品牌优势吸引读者，以优质的内容和适宜的阅读形式满足用户的阅读需求，为用户提供移动化的阅读体验。

（四）期刊打造 IP，品牌化效应延伸

IP（Intellectual Property）可直译为知识产权，即人类享有其自身创造的智力成果的专有权利。结合国内语境，IP 被进一步解释为"那些具有高专注度、大影响力并且可以被再生产、再创造的创意性知识产权"[④]。知识产权主要包括著作权、商标权和专利权，现有的期刊 IP 化多数围绕前两类进行多元产品的开发。具体来讲，著作权的客体是具有独创性的作品，所以期刊 IP 化围绕期刊内容展开。近年来，借力数字化转型趋势，《知音漫客》将其纸质内容转化为动画片、动态漫画等形式，多媒体输出自身优质内容，以强内容 IP 稳固已有受众群且通过与爱奇艺等视频网站签约授权拓宽盈利渠道。同时，关于商标权，期刊 IP 化则聚焦于期刊形象的挖掘。期刊形象 IP 可划分为两

---

① 中国互联网络发展状况统计报告[R].北京：中国互联网络信息中心．
② 刘德文，顾雪竹，张丰丰，周冰冰，孙丛丛，王鑫．中医药科技期刊数字化出版的实践与应用——以《中国实验方剂学杂志》为例[J]．科技传播，2021，13（7）：48-50．
③ 张路．《半月谈》数字转型发展的实践与思考[J]．出版广角，2019（17）：42-44．
④ 尹鸿，王旭东，陈洪伟，冯斯亮．IP 转换兴起的原因、现状及未来发展趋势[J]．当代电影，2015（9）：22-29．

类：其一，由期刊内容角色延伸出的形象IP。《课堂内外·一二年级》利用累积效应，重复突出内容主角"安奇奇"，建立儿童对期刊的直接印象，提高媒介选择的机率。其二，期刊品牌形象IP。2021年4月，《国家人文历史》通过上线全国首个全域文旅数据服务平台"人民文旅云"，谋求与文旅产业融合，实现共赢，不断延伸产业链[①]。目前，期刊打造的IP逐渐显现出浅层、单一的特点，易陷入同质化的危机。所以，期刊IP的内容资源需要不断优化，坚持内容为王，实现IP的可持续发展。知音传媒集团与湖北大学等院校跨界合作组建实训基地的做法，既有利于期刊IP延伸教育领域，又培养了能生产高质量期刊IP内容的人才。另外，期刊作者的IP挖掘也有利于IP效应的延续。

二、2021—2022年期刊业发展趋势

回望2021年，期刊业积极顺应时代和科技发展的潮流，在政策和技术的双重驱动下，持续数字化转型的发展道路。展望未来，在推进全面建设社会主义现代化国家总任务的推动下，文化发展成为新时代最重要的特征之一[②]。作为重要的文化载体，期刊将以高质量发展为目标，在聚焦内容、融合技术、培养人才和提升服务等方面持续推进，对文化事业和产业建设作出应有的贡献。

（一）主题出版成为新形式，突出展现国家意志

"十四五"时期，追求创新成为国家提升核心竞争力的有效途径。《中共中央关于制定国民经济和社会发展第十四个五年规划和二〇三五年远景目标的建议》（以下简称《建议》）将创新置于我国现代化建设全局的核心地位[③]。我国已经进入高质量发展阶段，各个动能处于新旧转换的关键时刻，需要将提升质量作为动能转换的基石，在

[①] 付江. 守正创新 培根铸魂——2021年我国社科类市场期刊动态盘点[J]. 科技与出版，2022（3）：66-72.
[②] 于殿利. 以"十四五"规划促进出版高质量发展和现代化进程[J]. 科技与出版，2021（1）：6-10.
[③] 商务部. 《中共中央关于制定国民经济和社会发展第十四个五年规划和二〇三五年远景目标的建议》[EB/OL]. [2021-07-20]. http://zhs.mofcom.gov.cn/article/zt_shisiwu/subjectcc/202107/20210703176009.shtml.

保证质量的前提下,促进效率和动力的深度变革。

期刊作为创新成果的载体,其内容必须紧随国家现阶段的发展情况,能够对国家某一时间的意志进行集中表达。主题出版是以特定主题为出版对象、出版内容和出版重点而进行的选题策划和出版活动。服务于党和国家的工作大局,巩固壮大主流思想舆论,动员全社会团结一心,谱写实现中华民族伟大复兴中国梦的历史新篇章。特定主题包括党的创新理论、国家战略、中华民族精神等。其中,党的创新理论聚焦于习近平新时代中国特色社会主义思想、马克思主义以及"四史"等;国家战略主题的策划依据《建议》中明确提出的核心发展议题,以创新驱动发展战略、新型城镇化战略、区域协调发展战略、制造强国战略等为核心展开;中华民族精神聚焦于中国人民的伟大创造、伟大奋斗、伟大团结、伟大梦想[1]。主题出版极大地增强了中国人民的道路自信、理论自信、制度自信和文化自信。

期刊将根据自身的品牌定位,进行选题策划,凸显国家意志。在内容上把握正确的政治导向,通过读者喜欢的方式,围绕国家发展的重大议题,传播正能量,服务读者。时政社科期刊被选为重点支持对象,其根据核心议题策划专题专栏专刊,对读者进行正确的舆论引导。如《读者》选取大视角小切口的方式,从宏观上把握正确的方向,从微观上切近读者,激发读者的阅读兴趣,展示中国国家形象[2]。《科技导报》根据自身的创刊定位,以"科技发展"为核心,综合国家战略、科学精神以及科学家精神等主题,依托期刊的品牌优势,结合办刊风格,将科学研究成果予以展示[3]。

(二)5G、AI、VR 形成新动力,贯穿期刊全流程

2019 年 8 月科技部等六部门印发了《关于促进文化和科技深度融合的指导意见》,指出要集中国家力量,注重对文化创作、生产、传播和消费等环节的共性关键技术的

---

[1] 国家新闻出版署关于印发《出版业"十四五"时期发展规划》的通知 [EB/OL]. [2021-12-30]. http://www.nppa.gov.cn/nppa/contents/279/102953.shtml.
[2] 贾真. 智媒时代大众文摘期刊的价值传播与实践路径——以《读者》近年来的主题出版为例 [J]. 出版广角, 2021 (20): 69-71.
[3] 徐丽娇,陈广仁. 新时代科技期刊主题出版与价值传播策略探析——以《科技导报》为例 [J]. 科技传播, 2022, 14 (5): 28-31+53.

研究①。5G、VR、AR 等技术入场期刊业,将有利于打通期刊数字化内容的生产传播渠道,为搭建社会多元文化和学术成果的交流平台提供技术支撑。2020 年 9 月,《关于加快推进媒体深度融合发展的意见》强调,"要以先进技术引领驱动融合发展,用好 5G、大数据、云计算、物联网、区块链、人工智能等信息技术革命成果,加强新技术在新闻传播领域的前瞻性研究和应用"。从相加到相融,新技术将不断深入融合期刊的生产、传播、推广和营利等环节。

新技术对期刊业的生产传播赋能将体现在两个向度,即选题策划精准化与产品形式多媒体化。在选题策划方面,基于大数据与算法技术的不断发展,无论是学者还是编辑都可以在短时间内抓取研究热点或社会热点,缩小选题策划范围。人大数媒科技(北京)有限公司开发的移动学术科研服务平台壹学者,就设有"课题立项助手"功能,不但可以快速了解相关学科的研究趋势,而且通过关键词检索还可以获取不同学科领域的文章数量,帮助学者节约时间成本②。在产品形式方面,通过技术支撑,期刊将进一步实现以易理解和有趣味双重目的为导向的互动性传播。《测绘学报》开通抖音社交平台账号仅 7 个月后,播放量达 15 万余次,为学术期刊的短视频传播提供了经验③。老年期刊《老人春秋》通过在纸质期刊物嵌入二维码的方式,也实现了读者的音频收听服务。除了文章内容的可听可见,《中华心脏病学视频杂志》还创新性地增加了作者出镜介绍研究概况的环节④。另外,随着 5G 的愈发成熟与商业化运用,AR 的眩晕感弊端有所降低,《上海大学学报(自然科学版)》已实行移动平台的 AR 出版。

同时,5G、AI 等互联网技术也将不断助力期刊业推广与盈利渠道的延伸。5G 的高速率、低延迟、大流量密度等特点为"期刊+直播"夯实了技术基座。"从技术层面来讲,视频和直播需要科技期刊人从纸和笔转向声光电和人工智能",需要搭建专用的技术平台⑤。金属加工杂志社在考量了用户需求、行业特性等多维因素后,产制出专业垂

---

① 科技部等六部门印发《关于促进文化和科技深度融合的指导意见》的通知 [EB/OL]. [2019-08-27]. http://www.gov.cn/xinwen/2019-08/27/content_5424912.htm.
② 李亚卓. 5G 时代下学术期刊知识服务的创新发展 [J]. 出版广角,2020(14):22-24.
③ 宋启凡. 学术期刊抖音短视频平台的发展与探索 [J]. 中国科技期刊研究,2021(3):365-371.
④ 陈汐敏. 学术期刊开展知识服务相关情况的调查及分析——以江苏省医药类学术期刊为例 [J]. 中国科技期刊研究,2021,32(3):372-381.
⑤ 蒋亚宝,栗延文,吴晓兰,张硕. 科技期刊全媒体转型中的视频和直播业务探索 [J]. 科技与出版,2021(11):46-51.

直化的九州云播视频直播平台。期刊与直播的融合不但有利于期刊自身品牌推广，还扩展了其盈利渠道。基于移动支付技术，期刊还可以通过直播间用户的打赏、刷礼物行为获得收益。

(三) 编辑专业化成为新方向，促进期刊业高效发展

编辑专业化应是一个动态概念。一方面，该概念应根据各类期刊的性质进行分类讨论，以不同侧重点细解、落实专业化；另一方面，该概念也应契合社会形势而变，数字化转向使得专业化不止于传统编辑的工作流程，适应技术带来的阵痛，树立互联网思维，也是编辑专业化精神的体现。

专业知识是编辑专业化的基石，可细分为支撑编辑工作的职业知识和期刊所涉领域的行业知识或学科知识。前者是成为编辑的门槛，后者则是编辑迈向精深的必经之路，两者缺一不可。学术期刊的内容学术性和纵深性对编辑的学科知识提出了较高要求，即不能是走马观花，而是代入学者角色研究期刊所属学科的框架体系且拥有敏锐察觉最新、有价值的学科议题能力。因此，"学术期刊编辑学者化是由期刊的性质决定的"[1]，学术期刊编辑专业化偏向学者化。对于儿童、动漫等非学术性期刊，编辑专业化则趋于基于行业熟知度下的创新性选题策划及凭借专业技能实现内容多元呈现，精准定位市场需求。

专业技能是编辑专业化的动力。首先，编辑必将朝着主动出击式的组稿和策划能力发展。在 2015 年至 2020 年间，《包装工程》围绕领域热点、重大成果等面向学科专家组稿，成功策划专题 66 个。同时，《青年文摘》在建党百年之际推出"星辰大海，百年征途"等专栏策划，聚焦青少年的党史教育，深受读者欢迎。其次，编辑的新技术学习适应能力也不可忽略。2021 年，出版专业技术人员职业资格考试的《考试大纲》不再以是否从事数字出版，而将参考人员划为两类，变为统一出题的模式[2]。这从一个侧面说明编辑也将兼具传统出版与数字出版双重环境下的工作能力，自主学习大数据等新技术，并切实应用到选题策划等工作环节。

---

[1] 杨全山. 学术期刊编辑学者化路径探析 [J]. 东北财经大学学报，2007 (4)：95-97.
[2] 王飔，毛文思. 2021 年中国数字出版发展态势盘点及 2022 年发展展望 [J]. 科技与出版，2022 (3)：13-23.

专业化的落地需要给予编辑话语权，切勿让编辑处于失语状态。目前，很多期刊编辑将自己定位成"文字工作者"或"稿件处理工作者"[1]，自我认同感下降导致的定位不清将使编辑的努力和发展方向出现偏差。话语权的回归是应该被重视的直接表现，有利于调动编辑的积极性，在思想认知层面向专业化靠拢，并落实于具体工作环节之中。

（四）知识服务智慧化，元宇宙构建论文生产新场景

随着移动互联网的迅速发展，融合发展成为未来期刊业的发展趋势，融合出版为期刊业的知识服务带来了发展的新机遇，因此，智慧化知识服务成为期刊业发展的新方向。与此同时，知识服务体系的不断完善也为期刊业的融合出版提供了新方向，两者的发展相辅相成，相互促进。从我国期刊知识服务所在的宏观和微观环境来看，在国家政策和数字技术两方面的支持下，期刊知识服务将向着融合性、协同性和可持续性方向发展。智慧化知识服务以用户需求为导向，对用户所需的知识进行搜集、组合和应用，最终解决用户的难题。期刊借助新媒体平台，按照用户的需求，提供智慧化知识服务。如《遥感学报》利用微信平台建立社群，在社群中人们进行充分的学术交流，分享学术资源。《协和医学杂志》利用微信公众号，并基于用户画像实现精准投送，以实现为用户提供更为精准的知识服务[2]。《康复》采用专家直播的方式为用户提供服务，其变单一的期刊出版为融媒体出版、多种健康科普内容产品的大出版，这有利于建设受众信赖的医学期刊[3]。

随着新一轮数据革命的到来和区块链技术、VR、AR、开放源代码等技术的更新升级，元宇宙依托不断成熟的技术环境顺势出现。元宇宙就是建立一个个的场景，连接现实世界和虚拟世界，实现人身体的持续性在场。对于期刊业，每个期刊都将建立属于自己的元宇宙，也就是建构一个虚实结合、沉浸式、现场化的交流场景，出版者、作者、读者共同参与其中。在学术期刊元宇宙中，学者通过能被自动记录的口语交流

---

[1] 张蕾，何云峰. 学术期刊编辑人才队伍建设的问题与建议 [J]. 出版广角，2021（19）：23-25.
[2] 陈汐敏. 学术期刊开展知识服务相关情况的调查及分析——以江苏省医药类学术期刊为例 [J]. 中国科技期刊研究，2021，32（3）：372-381.
[3] 李文井. 融媒时代，将专家直播融入期刊编辑的尝试与思考——以医学科普期刊《康复》为例 [J]. 编辑学刊，2021（3）：58-62.

进行学术思想的碰撞，这种实时在场的口语交流类似于孔子、柏拉图时期的学术对话，论文实现了自身的演化与回归。而且，在开源和区块链技术的支持下，学者的权利能够得到有效保障。学术期刊元宇宙把作者、读者重新拉回现场，也使论文回归到原始状态，就事论事的现场化交流成为论文的主要形态。目前所流行的重视固定形式的论文将逐渐式微，学术评价将更多基于元宇宙的记录自动完成，因论文而导致的学术评价问题有望得到彻底解决。学术期刊元宇宙，是对作者和读者进行的场景化知识服务。对于读者来说，读者和作者可以进入同一场景进行交流，针对读者提出的具体问题，作者能够有针对性地、个性化地为其解答。

三、2021—2022 年期刊业发展建议

（一）积极推进自身融合，谋求期刊业深度发展

2022 年 4 月，《关于推动出版深度融合发展的实施意见》指出，出版融合发展应坚持把社会效益放在首位、不断增强内容建设、加强前沿高新技术应用等。基于此，期刊业作为出版融合发展中的重要一环，应顺势而为，结合政策方向积极探索且推进自身的深度融合。

在内容方面，加大主题宣传力度。2021 年 10 月，《市场准入负面清单（2021 年版）》（征求意见稿）提及"非公有资本不得从事新闻采编播发业务"等禁止准入举措。这有利于主流媒体背靠"内容为王"的原则在媒体融合过程中抢占话语权。所以，期刊应在政策利好下，大力宣传主流文化意识形态。针对疫情，《读者（原创版）》的"疫中记事"专题，通过文章、日记、绘画等各异形式展现普通人的抗疫事迹，弘扬勇于奉献的抗疫精神，传播真、善、美的主流价值观。

在技术方面，善用元宇宙，泛化期刊概念，搭建虚实结合的场景。"媒介即信息"，元宇宙成为期刊信息传播的媒介，将改变其内容呈现方式。从印刷时代到互联网时代，期刊由有形的纸质实体转化为无形的数字产品。同时，在技术的支撑下，期刊的数字化生产简单快捷，即时生成、上传的特点促使期刊的周期性表征消失。基于此，虚拟

数字化迭代升级的元宇宙将进一步消解期刊内容的文字呈现方式。换言之，在元宇宙搭建的期刊虚拟场景中，双向口语交流将一定程度上替代单向文字传播，口语和场景符号承载期刊思想。其实，元宇宙可以参照内网、外网的应用模式。首先，每个期刊都可以创设自身风格化的元宇宙，形同内网。对于学术期刊，元宇宙通过搭建虚拟实验室使得模型建构、实验验证等环节化静为动。对于儿童期刊，元宇宙则成为游戏端口，形成沉浸式互动体验。其次，为了期刊元宇宙间的交流，外网式的广域元宇宙也应当生成。当期刊元宇宙接通网关（路由器）类的设置时，才能与广域元宇宙互通。这意味着期刊元宇宙拥有是否开放和开放程度的主动权，有利于保护期刊的知识成果。

在组织方面，融合行业、资金、人才等资源，顺应集约化发展。该趋势可表现为集团化和集群化，有利于各类资源发挥最大效能，激发期刊潜能，形成产、学、研的全面发展道路。一方面，集团化助力期刊业横向跨界融合，延伸产业链，同时反哺期刊内容。有科期刊出版（北京）有限公司的企业高校联合办刊模式因立足高校，既易发现学科研究前沿以丰富选题，又便于借助专业性人才提高期刊深度。另一方面，集群化则助力期刊向所属领域纵深融合，推动行业发展。中国航空期刊集群由《CJA》与《航空学报》等行业品牌期刊牵头而成，通过办刊经验交流会、期刊集群网站等搭建学术交流平台，实现行业期刊协同发展[1]。

（二）完善期刊评价体系，持续推进同行评议

当前，以影响因子为指标的评价体系引发诸多问题，受到广泛质疑。首先，该评价体系将论文引用次数与文章质量的相关关系混淆为因果关系，把引用次数多和文章质量好强行等价。加菲尔德也曾表示，此类评价方法具有一定风险，因为"论文的影响和论文的重要性及意义是两码事"[2]。其次，量化的评价体系可能影响学术研究的可持续发展。当晋升、深造、科研成果都以论文量和所刊发期刊的影响因子衡量，研究人员会陷入追求数量的怪圈而忽视质量且不利于开展学术研究的团队合作。

2021年6月，《关于推动学术期刊繁荣发展的意见》提出，要完善学术期刊相关评

---

[1] 蔡斐，刘德生，俞敏，袁睿. 打造为行业服务、推动学科发展的航空期刊集群［J］. 科技与出版，2017（5）：17-20.

[2] 付克顶. 农家书屋助力乡村振兴战略效能提升研究［J］. 出版广角，2022（2）：51-54.

价体系，以内容质量评价为中心，坚持分类评价和多元评价，完善同行评价、定性评价①。同行评议获得发展机遇，开放同行评议应是其未来发展方向。开放既是开放同行评议的亮点又是争议点。一方面，与传统单盲、双盲的同行评议模式相比，开放使得评议细节具有可见性，可以规避审稿速度慢、敷衍了事等问题。但另一方面，开放又会产生新的问题。对于评审专家，开放会让他们肩负压力，评审的客观性可能会因主观心理波动而产生影响；对于被评审人，开放虽会促成其与专家的学术交流，但也为"人情稿"等学术不端行为埋下伏笔②。所以，开放需要适度，开放同行评议适合渐进。另外，传统同行评议与开放同行评议应是互补而非替代关系，甚至可以融合。两者的契合点便是对开放概念的界定，形如只向公众公布评价意见的局部开放便可认为是两者融合的产物。

（三）探索对外传播形式，有效传播中国声音

期刊是承载知识文化的媒介，具有文化传播的功能。在建设文化强国的时代背景下，作为文化交流桥梁的期刊应肩负责任，在世界发出中国声音。因此，期刊的传播对象既要聚焦本国国民增强民族自信，还应密切关注国外受众使得中华文化出海并促进中华文化与世界文化的交融互动。

目前，期刊对外传播的形式可分为"借船""买船""造船"三种，呈现出共存而非替换的关系。"船"指向出版主体和出版平台，出版主体包括出版公司、出版集团，也包括期刊行业的出版人才。当然，除了着重"造船"，提高船内"货物"即期刊的质量也不应被忽视。"船"是把期刊送出去的手段，而期刊的高质量内容才是融进去的关键。目前，我国并不缺少送出去的期刊，但真正凭借优质内容"走进去"的期刊却亟待培育。早在2019年，我国期刊业便开启了"中国科技期刊卓越行动计划"，以资金资助有潜力的科技期刊，推进世界一流科技期刊建设。

我国英文期刊是对外发出中国声音的重要媒介，是出海之"船"上不可或缺的

---

① 刘仲翔. 走上第二个百年征程的哲学社会科学类学术期刊——2021年哲学社会科学类学术期刊盘点［J］. 科技与出版，2022（3）：59-66.
② 代小秋，殷宝侠，王梅，贺欢，苏在明. 探讨开放同行评议模式的试行策略［J］. 中国科技期刊研究，2021，32（10）：1241-1245.

"货物"。2021年,SCI数据库新增收录我国大陆英文科技期刊16种,其中"卓越行动计划"高起点新刊或中国科技期刊国际影响力提升计划D类项目资助期刊共计9种,说明了卓越行动计划的前瞻性和英文期刊走出去的现状[1]。但是,从世界范围看,国内的英文期刊存在影响力不足、运营模式受限等问题。一些期刊偏向"借船出海",虽能快速打通传播渠道,但在整体过程中处于被动,不利于中国式话语体系的输出。

面对以上问题,国内英文期刊应弥合不足且不断提高自身影响力、传播力。一方面,期刊对外传播的内容应聚焦中国文化。作为中华优秀传统文化的经典,儒学海外熟知度较高,容易引发关注与讨论。《国际儒学》(英文版)的主办方便以儒学办刊,希望以刊带动儒学与中国文化在世界范围内的推广与交流[2]。另一方面,期刊语言应贴近刊发地的习惯,力求做到本土化。这就对编辑的语言能力提出了更高要求,其实期刊编委可以引进海外专家以解决语言习惯问题,并有助于期刊朝着国际化方向发展。《建筑中国》的顾问委员会便帮助期刊有效克服了翻译过程中的诸多语言困难。另外,国内英文期刊的建设可采取抱团形式,汇集各方优质资源,一同出海。高等教育出版社曾联合多所高校产制了Frontiers系列全英文学术期刊,既实现了造船,又保证了高质量的内容输出。综上,期刊的对外传播应着力"造船",并以发出中国声音为己任。

(四) 贴合农民实际需求,加强农家书屋建设

乡村振兴的重要内容是文化振兴,而要实现文化振兴就要以文化产业作为抓手。期刊业作为文化产业中的重要一环,在知识传播中占据着重要的地位,其需要找准自身能对乡村振兴发挥作用的正确方向,从而在农业、农村、农民三方面展现价值。在农家书屋的重点出版物推荐目录中,报纸期刊作为重点出版物被推荐,共计187种[3]。其中,期刊的种类丰富,例如,《优质农产品》《中国青年》《中国农民合作社》《农产品加工》《农机使用与维修》《婚姻与家庭》《少年漫画》等。

---

[1] 任胜利,李响,杨海燕,宁笔,陈哲. 2021年我国英文科技期刊发展回顾 [J]. 科技与出版,2022 (3):73-83.

[2] 孙婧. 科技期刊数字侵权现状与版权保护——区块链技术可行性初探 [J]. 中国科技期刊研究,2018,29 (10):1000-1005.

[3] 国家新闻出版署关于印发《2021年农家书屋重点出版物推荐目录》的通知. [EB/OL]. [2021-04-15]. https://www.nppa.gov.cn/nppa/contents/279/75922.shtml.

农家书屋的阅读对象是农民,因此,期刊的内容和形式都必须符合农民的特点和需求。在期刊内容方面,根据读者对象的文化程度和阅读需求出版有针对性的期刊。不论是老人、儿童还是养殖户,农家书屋中应该有能够引起他们阅读兴趣的期刊。例如,根据农民不同的养殖专业出版相应的期刊,并且可以将新的实用的研究成果展现在期刊上,促进农民养殖技术的增长,推动农村农产品质量的提高。现有的农家书屋的期刊内容和农民生活贴合不紧密,这就容易导致农家书屋成为摆设,没有促进乡村振兴反而浪费资源。因而,期刊应遵循贴近农民的原则选取和整合内容,可以创新农家书屋的选刊模式,鼓励农民积极地参与选刊,改变农民被动接受者的角色,将农民的需求和上、下游的出版结合起来,促进农民阅读的自主性[1]。除此之外,期刊应注重选取能够培养农民自主意识的文章。乡村振兴的本质是通过提升农民的素质,改变农民的生存环境,但现有的乡村振兴有些偏离了正确的价值诉求。因而,期刊应宣传乡村振兴的实质,鼓励农民开创自己的产业,增强农民的主体性,从而实现真正的乡村振兴。

在期刊出版形式方面,手机的使用在农村基本实现了全覆盖,所以,借助手机出版农民喜闻乐见的期刊数字内容是符合农民获取信息的习惯的。期刊出版社应该科学合理地打造期刊的数字阅读形式,利用二维码、AR、VR等技术与期刊进行融合,生产立体化的期刊读物,为农民提供便于理解的阅读体验。此外,期刊编辑也可以通过微信、微博、抖音、快手等新媒体平台,利用文字、图片、音频、视频等多媒体符号展现期刊内容,这种多元化的内容展现形式能够激发农民的阅读兴趣,这种通过新媒体平台和农民建立联系的方式能够培养农民的阅读习惯。

对于农家书屋的建设,还可以从其服务进行创新。其一,要加强对农民的阅读指导,期刊编辑应充分利用农民喜闻乐见的阅读形式激发农民的阅读意愿。此外,编辑应做好关于农民阅读偏好的调研工作,掌握农民阅读的动态需求,根据农民变化的阅读需求及时做出相应调整,并且可以适当地依据农民的阅读需求有针对性地对农民进行引导,引导农民形成良好的阅读习惯。其二,期刊除了进行纸质出版和电子出版外,

---

[1] 杨海平,谢友宁,吴琦磊. 乡村振兴战略背景下我国农家书屋建设和发展策略研究[J]. 出版发行研究,2020(11):15-19.

还可以利用自身的资源优势,助力乡村振兴战略。例如,期刊在进行电子出版时,可以加入提升农民关于互联网认识的服务,增强农民对现代技术知识的掌握,拓展农民生产和销售农产品的思路,从而促进农产品产供销一体化的发展,打破农产品流通的壁垒。此外,期刊可以利用图片和短视频等形式,通过新媒体平台向外展示优质农产品,推广当地优质农产品,确立农产品的品牌定位[1]。

(五) 推进开放获取模式,切实完善各方建设

近年来,开放获取在国内逐渐推开。从表面上来看,开放获取免除了订阅者的高昂费用,订阅者在阅读期刊方面的成本大大减少,这就使得期刊能够被更多的读者所阅读,有利于学术成果的交流。但是,实质上承担费用的压力从订阅者转移到了作者和期刊生产者。那么,期刊为了能够生存下去会将费用收取的箭头指向作者。作者同样会因为高昂的出版费而不去进行学术论文的出版,学术交流的成本不降反增。同时,当期刊赚取的经济效益不足以支撑其发展时,就会走向倒闭,阻碍学术交流的推进。总之,开放获取模式的出现确实减轻了订阅者的费用负担,但对于整个期刊业和学术交流成本来说,不能简单认为该模式的推进对期刊业的发展是利大于弊。

虽说期刊业的发展不能盲目尊崇开放获取,但就目前的发展阶段,该模式仍然能够对学术交流的推进起到一定的积极作用,所以修正现有价值取向是关键。我国目前的开放获取期刊出版模式的界线不明晰。在我国,出版机构在进行期刊的开放获取时,往往将传统的出版模式和完全 OA 出版模式混在一起,产生这种情况的原因与各级各类相关利益主体的利益、编辑和学者对期刊出版的固有理念以及期刊现今的发展状况等有一定的关系,这些因素阻碍着期刊完全 OA 的进一步发展。

学术期刊为了更好地开展开放获取,其应该在体系建设、平台建设、模式创新等方面进行完善,以逐步明晰开放获取期刊出版模式的界线。在体系建设方面,对于期刊开放获取模式下的收费标准应该予以公开透明,作者在投稿前应知悉各项收费细则;对于期刊版权问题的解决应从论文的著作权、转让权和读者的获取方式等方面入手,确保作者的权利得到有效保障;对于期刊质量的评定,可以开放新媒体平台读者的评

---

[1] 付克顶. 农家书屋助力乡村振兴战略效能提升研究 [J]. 出版广角, 2022 (2):51-54.

价，以读者切实的阅读感受推动期刊质量的提升。在期刊平台建设方面，学术期刊应利用自身资源优势，集合各学科的资源，形成有学科特色的资源库，依托学科期刊的开放获取促进整个期刊的开放获取。在模式创新方面，期刊应积极顺应技术发展带来的变革，利用技术优势进行期刊开放获取的发行。除此之外，通过服务创新来为期刊开放获取模式增色也是可以进行尝试的举措①。

（六）遏制网络侵权，加强技术化维权保障

技术见证了期刊出版领域的发展历程，从印刷出版到电子出版，再到网络出版，其变革的方向深刻影响着期刊的收稿、审稿、编辑、发行整个出版过程。学术期刊出版作为期刊领域的重要组成部分，在互联网、移动互联网和大数据技术的推动下，向着数字化、融合化、开放化的方向迈进。随着数字技术的应用，期刊版权的保护发生了从"印刷版权""电子版权"到"网络版权"的变化，这些改变推动着我国以2006年公布、2013年修订的《信息网络传播权保护条例》为标志的网络版权制度的建立。由于期刊数字化转型中版权保护的各部分发生着变化，所以我国网络侵权现象层出不穷。最高人民法院"中国裁判文书网"的"民事案件"数据库的数据显示，2021年有关学术期刊的相关民事案件共559件，相较于2020年增加了292件（表2）。

表2 "民事案件"数据库中使用部分关键词进行检索的与学术期刊有关的案件数量

关键词/年份	侵权行为	著作权	授权	转载	法定许可
2021	255件	170件	151件	147件	147件
2020	129件	121件	115件	0件	69件
关键词/年份	独创性	赔偿损失	著作	合作协议	专有使用权
2021	157件	96件	78件	42件	17件
2020	121件	74件	25件	15件	16件

注：数据来源为中国裁判文书网

目前，我国学术期刊侵权现象愈发严重的原因包括侵权成本低、维权成本高和网

---

① 颜靖华，郑彦宁，毛一雷. 国内学术期刊开放获取现状研究［J］. 中国科技期刊研究，2021，32（1）：28－35.

络出版相关法律不完善等。在新媒体时代，侵权成本几乎为零。例如，多种神经病学及精神病学类核心期刊在网络数据库或期刊上发布时并未进行加密，只有万方和超星在文章中添加了数据库名、水印等①。同时，侵权行为的隐蔽性导致侵权的认定过程异常艰难。而维权的过程需要花费维权者大量的时间、金钱和精力，且维权的结果往往不能令维权者满意，这就使得维权者的积极性不高。在法律建设方面，期刊领域主要通过《著作权法》《信息网络传播权保护条例》《出版管理条例》等法律法规对侵权行为进行规制，但是这些法律内容和网络出版的现实情况不符，这就使得网络版权保护存在一定的漏洞。

市场类期刊也具有网络侵权现象，同样存在由于编辑部分别和作者、数字出版商之间签订的"格式合同"而带来的授权方式不合理的问题。2021年8月31日，北京互联网法院对刘丽洪与龙源创新数字传媒（北京）股份有限公司侵害作品信息网络传播权纠纷一案予以审理判决。北京互联网法院认为，经营《看小说》杂志的武汉银都文化传媒股份有限公司没有获得作者信息网络传播权授权及转授权等权利，因而，龙源创新数字传媒（北京）股份有限公司在与武汉银都文化传媒股份有限公司签约后，同样未获取此类权利，故其侵害了刘丽洪对作品享有的信息网络传播权。

对于我国网络版权存在的侵权问题，期刊业积极探索版权保护新出路，区块链技术的应用是可行路径之一。数字版权管理（DCM）技术已经不能适应技术飞速发展下版权保护的要求。早在2010年中国版权保护中心就提出DCI体系，该体系就是以区块链技术为支撑，进行在线登记、版权交易和版权保护等服务，并且将信息实时传输到司法鉴定中心。2016年《中国区块链技术和应用发展白皮书》阐释了区块链在版权保护中的应用②。2019年《区块链信息服务管理规定》的发布使得区块链技术在版权保护方面得到法律支撑。目前，区块链技术的版权保护主要表现在确权、交易和存证三个方面，从而实现对网络版权的全链条保护。对于确权过程，利用区块链时间戳的特征可以实现及时上传，这样节约时间成本，降低确权难度，提高确权效率；对于交易

---

① 孙婧，管青山，段立晖，王尧，周康. 科技期刊媒体融合出版现状与数字版权保护及建设思考［J］. 中国科技期刊研究，2018，29（8）：813－821.

② 孙婧. 科技期刊数字侵权现状与版权保护——区块链技术可行性初探［J］. 中国科技期刊研究，2018，29（10）：1000－1005.

过程，区块链能将作者产生创意到作品呈现、传播的整个过程实时记录下来，对于作品的上传、修改、传播、销售等流程都由智能合同自动完成，自动完成机制将交易的每个步骤都记录在区块链中，保证了交易的透明性。此外，区块链的点对点技术能够让用户直接对接著作权人，用户浏览、下载等使用痕迹会被直接记录下来，通过区块链实时付费给著作权人；对于存证过程，区块链将作品从创意到成品传播的整个过程都记录下来，因而如若出现侵权现象，这些被记录的数据都能作为证据用来打击侵权行为。

（赵文义　长安大学图书馆馆长、长安大学人文学院教授）

2021—2022 中国报业发展报告

在度过了 2020 年新冠肺炎疫情的寒冬之后,报纸产业开始逐渐有回暖迹象。无论是报纸印量、广告投放,还是传播力,这三个涉及报业运营的关键数据都有触底回升的迹象。

但从个体上看分化严重,不同区域、不同层级、不同报社发展极不平衡,"先进典型如火如荼,其他单位举步维艰"成为 2021 年报业发展的真实写照。但这些"先进典型"所探索出的报业转型举措、融合创新经验,某种程度上正预示着报业未来的前进方向。

一、触底回升:报业已跌无可跌

(一)总体环境:2021 年我国文化产业逐步恢复

从总体上看,2021 年,我国文化产业整体恢复情况良好。全国规模以上文化及相关产业企业实现营业收入 119 064 亿元,比上年增长 16.0%。①

表 1　2021 年全国规模以上文化及相关产业企业营业收入情况

	绝对额（亿元）	所占比重（%）	比 2020 年增长（%）	比 2019 年增长（%）	两年平均增长（%）
总计	119 064	100.0	16.0	18.6	8.9
按行业类别分					
新闻信息服务	13 715	11.5	15.5	36.3	16.7

---

① 国家统计局. 国家统计局社科文司高级统计师张鹏解读 2021 年全国规模以上文化及相关产业企业营业收入数据. http://www.stats.gov.cn/tjsj/sjjd/202201/t20220130_1827159.html. 2022 - 01 - 30.

续表

	绝对额（亿元）	所占比重（%）	比2020年增长（%）	比2019年增长（%）	两年平均增长（%）
内容创作生产	25 163	21.1	14.8	20.2	9.7
创意设计服务	19 565	16.4	16.6	29.5	13.8
文化传播渠道	12 962	10.9	20.7	6.5	3.2
文化投资运营	547	0.5	14.3	17.5	8.4
文化娱乐休闲服务	1 306	1.1	18.1	-17.5	-9.2
文化辅助生产和中介服务	16 212	13.6	14.6	6.7	3.3
文化装备生产	6 940	5.8	13.6	14.9	7.2
文化消费终端生产	22 654	19.0	16.2	22.1	10.5
按产业类型分					
文化制造业	44 030	37.0	14.7	13.7	6.6
文化批发和零售业	18 779	15.8	18.2	12.9	6.2
文化服务业	56 255	47.2	16.3	25.0	11.8
按领域分					
文化核心领域	73 258	61.5	16.5	20.8	9.9
文化相关领域	45 806	38.5	15.2	15.1	7.3
按区域分					
东部地区	90 429	76.0	16.5	19.3	9.2
中部地区	17 036	14.3	14.9	16.4	7.9
西部地区	10 557	8.9	13.7	18.4	8.8
东北地区	1 042	0.9	11.0	1.4	0.7

数据来源：国家统计局

其中，新闻信息服务、创意设计服务、文化消费终端生产、内容创作生产4个行业增速高于文化企业平均水平，两年平均增速分别为16.7%、13.8%、10.5%和9.7%。[1]

可见，在经历了疫情的冲击之后，文化产业整体在2021年迎来了新的增长，尤其是新闻信息服务行业，两年平均增速达16.7%，居于榜首。文化产业总体大环境向好，给报业的重整旗鼓带来了良好契机。

---

[1] 国家统计局. 国家统计局社科文司高级统计师张鹏解读2021年全国规模以上文化及相关产业企业营业收入数据. http://www.stats.gov.cn/tjsj/sjjd/202201/t20220130_1827159.html. 2022-01-30.

(二) 报纸印量：2021年首次环比上升

2021年度全国报纸印刷量调查统计数据显示，2021年度全国报纸总印刷量是608亿对开印张，相较于2020年环比上升1.28%。[①] 这是报业印刷量连续10年下滑之后首次上升，这个消息令报业非常振奋。

在2012年达到巅峰之后，近年来报纸印刷量持续下跌。受到新冠疫情的打击，2020年的600亿对开印张已基本"触底"。2020年，出于疫情防控和经济压力，许多报纸纷纷宣布停刊或调整出版周期。在疫情笼罩之下，纸媒似乎正在经历一个"难以逾越的冬天"。

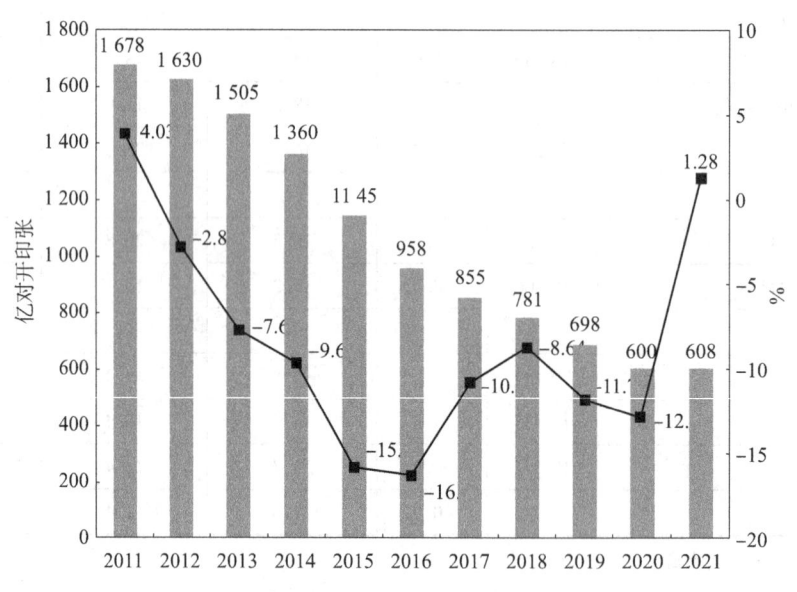

图1 2011—2021年全国报纸总印量和环比变化

资料来源：中国报业协会

然而，2021年全国报纸总印刷量9年来首次实现正增长，虽然幅度较小，但已然显现出"触底反弹"的态势。而个案数据也印证了这一趋势，人民网研究院发布的《2021全国党报融合传播指数报告》显示，被调查的366家党报发行量均值比上年略有上升。2021年336家党报发行量均值为10.8万，比2020年增长8%。在报纸阅读率持

---

① 中国报业协会. 全国报纸总印刷量10年来首次环比上升.

续下滑的背景下，报纸发行量的增加，显然更多的可能是非市场化因素在起作用。①

（三）2021年报业广告行业有止跌迹象

同样，在2020年跌了谷底之后，广告行业在2021年迎来了稳健提升。据CTR媒介智讯的数据，2021年广告整体投放同比增长11.2%，达到了近五年来的最高水平。

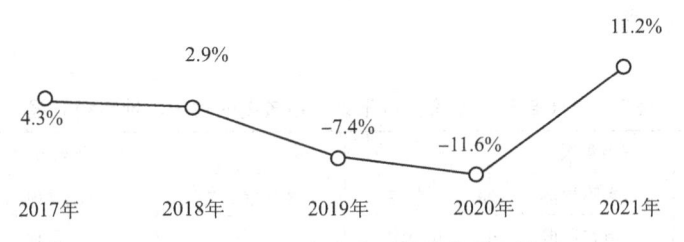

图2 2017—2021年广告刊例花费同比增幅

数据来源：CTR媒介智讯

但报业广告依然保持逐年下滑趋势，2019年为66.8亿元，2020年为50.1亿元，2021年为39.1亿元（预估数据），2021年相较于2020年的下滑速度有趋缓迹象。从2011年报业到达巅峰状态到现在，报业已经走过了整整10年的下跌之路，广告经营额从原来的488亿元，到2021年的39.1亿元，不及原来的十分之一。报纸这种媒介的广告价值正在逐渐消失，必须正视并寻找新的替代营收来源。

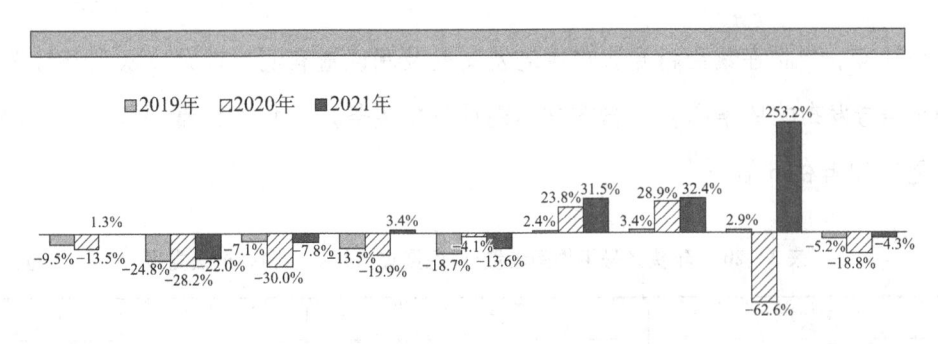

图3 201—2021年各渠道广告刊例花费变化

数据来源：CTR媒介智讯

---

① 陈国权．寻找"非市场需求"——2019中国报业转型发展报告［J］．编辑直邮，2020（2）：63-68．

(四) 党报融合传播：主渠道传播力影响力不断提升

人民网研究院发布的《2021全国党报融合传播指数报告》显示，党报在融合传播力建设方面进步明显。数据显示，中央、省、地市级党报共自建了325个安卓客户端，294个苹果客户端。百万级以上党报客户端增长到70个。其中，南方日报、河南日报和羊城晚报表现亮眼。

表2　2021自建安卓客户端下载总量较高的省级、地市级党报　　　单位：万

省级党报			地市级党报		
客户端名称	所属党报	下载量	客户端名称	所属党报	下载量
南方plus	南方日报	16 010	广州日报	广州日报	5 119
河南日报	河南日报	11 421	读特	深圳特区报	4 168
羊城派	羊城晚报	10 475	掌上长沙	长沙晚报	1 077
北京日报	北京日报	3 960	成都日报锦观	成都日报	882
津云	天津日报	3 324	新黄河	济南日报	722
天眼新闻	贵州日报	3 284	今日芜湖	芜湖日报	607
浙江新闻	浙江日报	3 137	甬派	宁波日报	495
海报新闻	大众日报	2 978	十堰头条	十堰日报	491
川观新闻	四川日报	2 847	掌上春城	昆明日报	455
天目新闻	浙江日报	2 805	引力播	苏州日报	434

数据来源：人民网研究院

2021年，党报在聚合新闻客户端的发文量及阅读量有明显提升。以头条号为例，党报头条号发布的单条内容（含图文、视频及微头条）平均阅读量/展现量为7.5万次，是2020年的6倍。[1]

表3　2021年头条号平均阅读量/展现量较高的省级和地市级党报　　　单位：万

图文			视频			微头条		
头条号	所属党报	阅读量	头条号	所属党报	阅读量	头条号	所属党报	展现量
天目新闻	浙江日报	3.2	聊城新闻网	聊城日报	58.25	杭州日报	杭州日报	45.3

---

[1] 中国报业网.《2019全国党报融合传播指数报告》发布. https://www.cnpiw.cn/a/yuqing/20190730/17889.html. 2019-07-30.

续表

图文			视频			微头条		
头条号	所属党报	阅读量	头条号	所属党报	阅读量	头条号	所属党报	展现量
沈阳网	沈阳日报	2.3	上饶日报	上饶日报	52.47	广州日报	广州日报	31.2
杭州网	杭州日报	1.9	羊城派	羊城晚报	41.35	杭州网	杭州日报	30.9
上观新闻	解放日报	1.4	鞍山云	鞍山日报	34.59	川观新闻	四川日报	27.9
津云	天津日报	1.2	杭州日报	杭州日报	27.62	西宁晚报社	西宁晚报	26.3
西宁晚报社	西宁晚报	0.8	银川日报	银川日报	26.97	上观新闻	解放日报	26.2
辽宁日报	辽宁日报	0.7	鹰潭日报	鹰潭日报	26.93	每日甘肃	甘肃日报	25.4
浙江日报	浙江日报	0.7	湖北日报	湖北日报	24.36	大众网	大众日报	18.6
北京日报客户端	北京日报	0.6	潍坊新闻网	潍坊日报	24.24	大河网	河南日报	15.5
南京日报	南京日报	0.6	浙江在线	浙江日报	21.89	长江网	长江日报	14.8

来源：人民网研究院

2021年是中国共产党成立100周年，建党百年报道成为各级党报融合传播的亮点。各级党报纷纷利用自身优势，打造形式多样的融媒力作，在实践中提高了党报的融合传播能力。

二、报业形势分析与趋势判断

对形势判断准确，又能顺势而为，是媒体获得良好发展的基础。未来很长一段时期，移动互联网的发展将更加成熟，新的运作模式、盈利方式、发展路径还将继续涌现；报业面临的挑战将更加严峻。同时，中央对于舆论阵地的关注度只会提升，不会下降，对于移动互联网平台的规制将愈发收紧，对于主流媒体的扶持力度将继续加大；报业将优势转化为发展机遇与动力的空间将更为广阔。在传媒发展的宏观形势下，我们需要切实把握微观层面一些与报业发展息息相关的关键点。

（一）整合趋势，精简聚焦

《关于加快推进媒体深度融合发展的意见》强调：优化调整媒体种类布局结构，

"消肿减负"。这是媒体大力推进整合的理念基础。

当前,媒体的数量、产业结构、机构布局、人员安排、子媒体子公司数量,甚至包括印刷厂房、机器,摄录设备、转播车、办公大楼等一系列固定资产、非固定资产等,都是按照媒体广告经营收入巅峰期规划的,如2012年的报业,2018年的电视和现在的广播;其耗费的资源与财力都是与当时的收入状况相匹配的。一旦媒体的收入状况出现诸如现今的这种大幅下滑,而同时媒体布局结构、人员没有相应减少的话,就会出现匹配性矛盾。媒体机构臃肿、队伍庞大,导致开支无法随营收情况减少,形成"吃饭运营",消耗媒体发展的资金与资源,最终让媒体陷入困境。媒体的整合已成为大势所趋。

表4 2017年以来我国部分地市级以上媒体整合概况表

时间	整合后的媒体名称	整合的媒体
2017年6月	营口新闻传媒中心	营口广播电视台、营口日报社、营口晚报社等市直新闻媒体
2018年3月	中央广播电视总台	中央电视台、中央人民广播电台、中国国际广播电台
2018年7月	辽宁报刊传媒集团(辽宁日报社)	辽宁日报传媒集团、辽宁党刊集团
2018年8月	大连新闻传媒集团	大连当地的报业、广播、电视、出版社、京剧院等11家单位
2018年9月	芜湖传媒集团	芜湖日报报业集团、芜湖广播电视台
2018年10月	晋城市新闻传媒集团	太行日报社和晋城广播电视台
2018年11月	天津海河传媒中心	天津日报社、今晚报社、天津广播电视台、天津广播电视传媒集团有限公司、天津报业印务中心、中国技术市场报社
2019年3月	鄂州市融媒体中心	鄂州日报社、鄂州广播电视台
2019年4月	珠海市新闻中心	珠海报业集团、珠海广电集团
2019年4月	绍兴市新闻传媒中心	绍兴日报社、绍兴广播电视总台
2019年5月	齐齐哈尔市新闻传媒中心	齐齐哈尔市全市传媒资源,包括报社、广播电台等
2019年8月	三明市融媒体中心	三明日报社、三明市广播电视台、三明市新媒体发展中心等机构
2019年10月	贵州日报报刊社	贵州日报社、当代贵州杂志社
2019年10月	淮北市传媒中心	淮北日报社、淮北市广播电视台
2019年12月	湖州市新闻传媒中心	湖州日报社、湖州广播电视总台
2020年5月	上海传媒集团	上海报业集团、上海东方网股份有限公司

以集约化作为指向,多家原来历史、文化、实力、模式完全不同媒体的整合在实

践中也遇到了一些共性障碍，突破思路方法值得借鉴。最关键有两个问题：一是子媒体的关停并转，二是人员的分流。

媒体集团的长期亏损，没有前景的子媒体应壮士断腕，果断关停。比如一些都市报，都市报的盈利模式已经失去了根基，经营陷入不可逆转的下降通道，必须顺势而为，积极主动加快推进供给侧结构性改革。

关停子媒需要分类指导，区别对待，根据媒体的目标定位、职能角色等确定采用何种关停标准。其实，媒体整合是进行精简聚焦的好时机，但是由于发展历程、股权结构等原因，在一些整合后的媒体，子媒体子机构，特别是原来承担产业职能的子公司、孙公司还留存了较多，导致失血点众多，严重影响整合效果。

不仅传统子媒面临精简的问题，报业新创不久的新媒体也需要精简。一些报业集团新创办了大量的客户端、新媒体平台账号等，数量庞大，只增不减。在商业互联网占绝对优势的市场条件下，这些报业运营的新媒体平台的市场空间很小，更遑论一个集团有多个 App，如济南日报报业集团旗下拥有爱济南、新时报、济南发布、舜时针、健康山东五个新闻客户端。集团资源被分散到不同的新媒体端口，无法集中精力和资源发力，精简势在必行。

（二）移动优先，建设自主可控平台

《关于加快推进媒体深度融合发展的意见》中两次提及打造新型传播平台。要坚持移动优先，把握移动化趋势，坚持移动优先策略。一个自主可控、传播力强的新型网络传播平台在牢牢掌握舆论场的主动权与主导权，夯实党执政的社会基础、群众基础方面的重要价值和意义不言而喻。从贯彻落实中央精神的角度，站在主流媒体长远发展角度，从履行地方党委政府赋予的职责使命角度，自主可控的平台依然是主流媒体应该努力的方向。

从中央到地方各级各类主流媒体纷纷兴建移动客户端，建设自主可控平台。目前诸如芒果 TV、长江云等运行得较好的自主可控平台在这方面做了诸多有益探索，为主流媒体的自主可控平台建设提供了样板。但是，这些自主可控的互联网平台，虽然为主流媒体贡献了巨大的传播力增量，但由于客观上的赢家通吃效应与主观上的机制困境，与商业互联网平台相比，仍有较大差距。

在华为市场的 App 安装数量中，主流媒体的 App 从多到少依次为：学习强国 22 亿次安装、央视频 3 亿次安装、人民日报 1 亿次安装、新华社 1 亿次安装、中青看点 5 928 万次安装、央视新闻 5 018 万次安装。商业互联网平台中，从多到少依次为：抖音 337 亿次安装、快手 223 亿次安装，今日头条 187 亿次安装、B 站 66 亿次安装、新浪新闻 25 亿次安装、网易新闻 21 亿次安装、凤凰新闻 14 亿次安装、新浪财经 2 亿次安装。（2022 年 4 月 27 日安卓市场数据）

当前，主流媒体 App 的问题在于：自主可控的平台是否具有足够的传播力，与商业互联网平台的差距是否能够缩小到一个可以接受的范围，而不是差距越来越大。如果按照现行模式继续运营下去，没有突破性的理念改革，我们看不到它有实现飞跃式发展的可能性，主阵地有失守的风险。

为此，《关于加快推进媒体深度融合发展的意见》提出要发挥市场机制作用，这个顶层设计思路给予新型主流媒体的打造以更多空间与可能。市场机制作用并不仅仅是指新媒体平台拥有市场经营能力，更是指用市场来检验平台的吸引力，用市场，而非行政的力量来打造新型网络传播平台。在这样的背景下，新型网络传播平台的打造一方面应用足政策，借力整合各方资源；另一方面应确立市场竞争意识，将市场理念贯穿于各方面工作中。

（三）"中央厨房"的非常态化

从"滚动新闻部"到"全媒体平台"，从"中央厨房"到"融媒体中心"，"统一指挥，统一把关""滚动采访，滚动发布""多元呈现，多媒传播"的一体化融合理念已深入人心。《意见》强调，应优化调整机构设置和人员配备，建好全媒体指挥调度机构并充分发挥作用，整合分散在传统业务部门和新媒体业务部门的采编力量，分层级构建新型采编发网络，建立适应全媒体生产传播的一体化组织架构。

但是，一方面，"中央厨房"模式所倡导的"一个产品，多个出口"节约人力成本的理念与传媒集团当前人力富余、精简成最大难题的现实相悖；另一方面，一个理想化的"中央厨房"采编流程，应该是建立在媒体组织机构运行流畅、内部市场机制较成熟、分发渠道非常发达的基础上；而目前，大部分媒体的组织机构再造与采编流程改革还远未达到这个门槛。在笔者调研中，无论是宁波日报报业集团、金华日报传媒集团，还是天津海河新闻传媒中心、绍兴新闻传媒中心，其融媒体中心都没有常态化地形成一体化运行模式，这个现状来源于现实，根植于实践。

在"中央厨房"的建构基础还不够完善的前提下，"中央厨房"模式的常态化运行对于媒体提升竞争力并无多裨益；更为理性的做法应当是"节庆厨房"——只在节庆、重大场合、重要策划、重大主题报道中作为"媒之重器"使用。

从机制层面看，"中央厨房"在运作过程中，要求全员备战，不遗余力，全方位报道，一些重大活动的"中央厨房"报道探索无不是领导高度重视，举全社全台之力的成果；天津津云"融媒体中心"运行最好的时候也正是宣传部长坐镇指挥中心的那段时间，然而这种高强度的紧张状态难以持续。对于海量的常规报道，媒体不可能一直全力以赴。这些媒体的"融媒体中心"实践，也都在验证这样的"中央厨房"非常态化运行规律。

（四）对主流媒体的扶持力度加大

财政扶持是当前主流媒体经济支持体系的重要来源。从扶持主流媒体的历史演进来看，财政的扶持与媒体经营收入呈现出一种此消彼长的态势，当媒体经营收入下降，无法维持其生存发展的时候，财政扶持就开始承担更多对媒体公共品属性进行扶持的重任；而当媒体经营收入上升，产业发展能够有效反哺事业，扶持就开始逐渐退出。这是一个动态平衡过程，财政扶持在保障主流媒体事业发展的同时，从发挥主流媒体积极主动性的原则上进行动态调节。

以前，主流媒体自身的营收能够保证舆论阵地的坚守，以及自身的生存发展。但最近几年来的营收困境，已使主流媒体步履艰难，一些媒体生存都成了问题，遑论坚守舆论阵地。因此，立足于坚守舆论阵地，占领信息传播制高点为最终目的，形成稳定的供血机制和造血平台，为主流媒体提供常态性经济支持，是当前的主要任务和目标，也是当前媒体融合发展转型的关键，更是对主流媒体进行扶持的着力点。

因此，最近几年，一些媒体在财政"断奶"多年后，又逐步恢复"供血"。总体上看，大部分媒体获得的财政补贴呈逐年增长趋势，但是中央级媒体的财政补贴数额减少趋势较为明显；省级媒体产业收入、投资收入较多，各种扶持手段也较多；地市级媒体产业收入少，经济情况日趋恶化，财政扶持力度逐年加大，经济主要依靠发行订阅收入以及政府购买服务；县级融媒体中心依靠财政补贴的比率较高，2019 年以来由于获得大量的财政补贴与行政扶持，发展迅速；老少边穷地区媒体获财政扶持力度大。

从长远来看，财政扶持难以满足主流媒体对资金的巨大需求，支撑主流媒体履行职责使命还是需要市场来"买单"。可以说，从目前情况来看，没有任何一个单一收入来源能够独立支持主流媒体公共服务体系的发展。因此，主流媒体的经济支持体系包括收视费、发行订阅费、财政投入、商业经营收入、社会赞助、产业园区租赁业务、投融资等多元渠道的混合模式更现实可行。

（五）政务服务成为报业重要营收来源

新的市场条件下，传统的广告模式已经失灵，对于"市场"二字的理解如果还是仅仅停留在传统的广告思维上，永远也无法找寻到有效的转型路径与突破方向。现实中，政务服务已成为媒体重要营收来源，成为媒体寻求的"非市场空间"。

1. 政务新媒体托管

从落实党的意识形态工作责任制的要求来审视，目前各委办局的政务新媒体建设存在着队伍不够稳、把关不够专业等问题。通过政府购买服务，遴选优质的主流媒体来承接政务新媒体，对于政务传播的提质提效和政府部门形象的提升，不失为一条多赢路径。

一些报社媒体为委办局开设栏目、频道，并提供包括策、采、编、发在内的系列"全媒体传播运营"服务，南方报业传媒集团的"南方+"新闻客户端以频道建设为载体，与地方党委政府进行了深度合作；厦门日报社的"潮前智媒"客户端开设了"先锋湖里"等区级子频道，实现政务传播、政务服务分区分层；金华日报传媒集团开设了"政务办事""政务公开""税务服务"等栏目，也承载政务传播职能，获得经济支持。但从性价比来看，一个微信公号如果合同价格没有超过 10 万元，媒体是无利可图的。因此，必须考虑提高政务新媒体托管价格，以切实增加营收。

2. 新闻宣传服务购买

河南焦作日报社每年办有专刊 80 个，覆盖了当地几乎所有的政府部门、群工妇团组织。通过专刊专版，焦作日报社 2017—2019 年购买服务收入共计 1 000 万元。浙江萧山日报社的购买服务收入 2017—2019 年分别为：2 158 万元、2 530 万元、2 670 万元。同属浙江县市报的《永康日报》每年的政务类资讯收入也都在 1 500 万元以上。南通报业传媒集团通过拓展经营活动渠道，由所属区（县）宣传部门、部委办局通过政府购买服务方式合作办专版（刊），以及合作开展社区活动服务等方式，三年总计收入约 1 亿元。双鸭山日报社专刊专版收入连年递增，2017 年专版专刊 86.7 万元，2018 年专版专刊 79.3 万元，2019 年专版专刊 108.3 万元。

一些部委办局有委托媒体办专刊专版的实际需求。如果部委办局自己出版内刊，一般每个月出二到四期，就需要采编人员三四名，仅人员工资，按照每人 15 万计算，一年就要支出 60 万元，再加上印刷、发行、办公经费等，一年至少都需要 100 万元。但由媒体来办专刊，专刊就成为报纸的版面，部委办局一方面节省了费用，另一方面传播覆盖面也大大提升。

在这样的宣传服务需求下，据测算，来自各级部委办局投放的形象广告、专刊专版的营收占党报总广告营收的 50% 以上，有很多党报甚至占到 70% 以上。

笔者在 2017—2020 年调研的 116 家媒体中，有衡阳日报社、荆门日报社、乌海日报社、瑞安日报社、北海广播电视台、千岛湖传媒集团 6 家媒体的最大收入来源于政府购买服务；有内蒙古日报社、沈阳日报社、闽南日报社、温州日报报业集团、汕头特区报社、荆门日报社、嘉兴日报传媒集团、淮北日报社、黔西南日报社、乌海日报社、台州日报社、皖西日报社、石狮广播电视台、北京延庆融媒体中心、寿光日报传媒集团共 15 家媒体近三年收入增长最快的业务是政府购买服务。政府购买服务已成为媒体新的经济增长点。

当然，更多的是媒体为部委办局提供了切切实实的服务而获得的收入。绍兴市新闻传媒中心每年举办各种会展活动，2018 年政府购买会展服务 1 388 万元，2019 年政府购买会展服务 8 363 万元。会展收入目前已经成为绍兴市新闻传媒中心增长最快的收入来源。

3. 记者站、工作室布点

各委办局、企事业单位对于新闻宣传会有一些个性化的需求。而这些需求，商业互联网平台并不能够完全满足，这实际上也是互联网平台企业为区域媒体所留下的市场空间。为满足这些需求，新型记者站与工作室机制应需而生。

沈阳日报社建立了全媒体工作室模式，发挥旗下各种媒介形态的全媒体矩阵的联动传播优势，全媒体工作室入驻委办局或企事业单位，原来记者站一般只提供文图宣传功能；转型为全媒体工作室后，为这些委办局、企事业单位提供包括新媒体矩阵运营、策划活动、舆情智库、视频拍摄、网站运营、直播、杂志运营、文艺作品创作等全覆盖、全方位的新闻宣传服务。目前，沈阳日报社已经在沈阳市的和平区、浑南区、沈北新区、沈河区、城管综合行政执法局、文旅局、纪委监委、总工会等32个委办局、区县市联合成立了全媒体工作室。通过全媒体工作室来为这些委办局、区县市提供政府购买服务，既获得了颇丰的收益，还与这些委办局、区县市建立了较为稳定的新闻供应关系。不仅如此，甚至在运营全媒体工作室的过程中，还可将全媒体工作室升级，沈阳日报社还与沈抚新区合资成立了传媒公司，对此进行完全的市场化运行。

一些县级融媒体中心在购买服务触角的下沉方面做了大量工作，值得借鉴。比如北京朝阳区融媒体中心，在所在的朝阳区54个乡镇街道成立了融媒体中心的分中心，负责新闻宣传、活动策划、信息上报等功能，以此与各个委办局街道乡镇建立了非常密切的联系与购买服务合作。北京市房山区融媒体中心在2019年积极推进记者站建设，目前已建设有43家。记者站由融媒体中心选派业务骨干与所在委办局、街乡工作人员共同组成，融媒体中心负责宣传工作的业务指导与服务，记者站所在单位负责宣传工作的协调与联络。记者站宣传工作由双方一同策划、一同拍摄制作，节目在融媒体中心各个传播渠道进行对外宣传。[1]

4. 智库化转型

媒体智库需要有足够的专业能力与资源整合能力，也必须根植于媒体在当地足够的影响力。目前，媒体已经建成了大量智库，这些智库本质上也属于政务服务。宁波日报报业集团的江夏智库、沈阳日报报业集团的盛京汇智库、南方日报传媒集团的南方传媒智库矩阵、羊城晚报报业集团的传媒智库、新京报智慧城市研究院、佛山传媒智库、邯郸日报社智库、苏州日报社智库等。

媒体智库与一般智库的区别或者优势在于：媒体智库不仅具有智库内容的生产能

---

[1] 陈国权. 县级融媒体中心建设两周年观察——来自北京的报告[J]. 中国记者，2020（10）：58-62.

力以及与之相匹配的优质内容的生产流程与机制，还拥有智库内容的大范围、高频率传播能力。

当前媒体智库存在的主要问题是：具有足够的传播能力，但生产优质智库报告的生产流程与机制还远未成熟，并进而缺乏优质智库报告的生产能力。这种生产缺陷所导致的后果是媒体智库对于所谓"关系营销"的依赖不仅没有减弱，反倒一定程度上不断加强。追求智库这种市场化产品的非市场化运作，依靠媒体原有资源吃老本、拉关系，实现智库产品生产的拉单与最终变现。

目前，媒体智库需要突破的方向最主要就是智库产品生产人员专业能力的提升，以及与提升专业能力相匹配的智库产品生产模式、流程，以及智库产品绩效考核机制的建立。

5. 助力智慧城市

2014年8月，八部委印发了《关于促进智慧城市健康发展的指导意见》，智慧城市热度不断上升，正成为中国城市建设的标准配置、底层逻辑。从公信力、信息发布的传播属性来看，主流媒体无疑是数据资源的掌握与运用的合适主体。从媒体助力智慧城市的角度，最关键的一环即是获得城市运营的数据资源和运用数据资源的权限。习近平总书记指出："媒体融合不仅仅是新闻单位的事，要把我们掌握的社会思想文化公共资源、社会治理大数据、政策制定权的制度优势转化为巩固壮大主流思想舆论的综合优势。"在此方面已经为媒体借势智慧城市发展指明了方向。从目前情况来看，媒体主要从政务服务、生活服务、产业服务三个方面切入智慧城市建设。

（陈国权　新华社研究院主任编辑；

张　渝　北京外国语大学国际新闻与传播学院硕士研究生）

2021—2022中国数字出版产业发展报告

一、2021年中国数字出版产业发展基本状况

2021年是"十四五"开局之年。步入新发展阶段，国家对文化建设作出全新部署。在数字化战略大背景下，数字出版作为重要的新生力量，在文化强国建设中的重要性日益凸显。2021年，中国数字出版产业规模预计可突破1.2万亿元，出版业转型升级、融合发展日益深入，在新技术、新需求引领下，数字出版质量显著提升，创新水平不断提高。

（一）数字文化建设顶层设计逐步完善

2021年以来，国家围绕文化建设作出全面部署。国家"十四五"规划纲要中第十篇《发展社会主义先进文化，提升国家文化软实力》，围绕提高社会文明程度、提升公共文化服务水平、健全现代文化产业体系等方面，对"十四五"时期的文化发展做出集中部署，明确提出实施文化产业数字化战略，加快发展新型文化企业、文化业态、文化消费模式，壮大数字创意、网络视听、数字出版、数字娱乐、线上演播等。以国家"十四五"规划为指引，文化建设相关文件陆续出台。2021年6月，"十四五"文化产业发展规划出台，包括文化产业数字化战略被放在突出位置，明确提出坚持以创新驱动文化产业发展，落实文化产业数字化战略，推动文化产业全面转型升级，提高质量效益和核心竞争力。顺应数字产业化和产业数字化发展趋势，推动数字文化产业高质量发展，培育壮大新型文化业态；推出更多以互联网、移动终端等为载体的数字文化产品。《"十四五"文化和旅游发展规划》《"十四五"公共文化服务体系建设规划》《"十四五"文化和旅游科技创新规划》《"十四五"文化和旅游市场发展规划》等

规划文件中，数字化相关部署均有所涉及。2021年6月，国家统计局发布《数字经济及其核心产业统计分类（2021）》，对数字经济的概念与内涵作出明确界定，数字出版在数字经济中所处的位置更加明确，同时也进一步明确了数字出版作为数字经济的重要分支在国民经济发展中所处的位置与作用。2021年以来，国家相关部门加大了对网络游戏、网络视频、短视频、直播等数字内容领域的治理。2021年9月，中共中央办公厅、国务院办公厅印发《关于加强网络文明建设的意见》，明确了新时期网络文明建设的主要任务。网络文明建设成为新时期文化建设的重要着力点，数字出版的意识形态属性更加突出。2021年底，历时两年多编制的出版业"十四五"时期发展规划，将壮大数字出版产业作为仅次于主题出版和精品出版的第三大重点任务予以规划部署。

（二）数字内容消费需求不断释放

2021年以来，在新冠肺炎疫情常态化形势下，我国数字消费更加深入人心，中国互联网络信息中心（CNNIC）发布的《第49次中国互联网络发展状况统计报告》显示，截至2021年12月，我国网民规模进一步增长，达到10.32亿，互联网普及率达到73.0%，网络音乐、网络游戏、网络文学、网络视频（含短视频）等领域均实现不同幅度的增长。随着5G商用的加快推进，2021年视听类内容用户规模发展迅速，网络视频、短视频用户使用率分别达到94.5%和90.5%，用户规模较上一年增长分别为5.2%和7%。2021年，受网络音乐版权开放、数字音乐生态持续拓展，网络音乐网民规模增长显著，网民使用率达到70.7%，增长率为10.8%。在电商直播发展势头强劲的带动下，2021年网络直播发展迅速，用户使用率达到68.2%，实现了14%的增长。此外，网络文学、网络游戏的增长率分别为9.0%和6.9%。

中国新闻出版研究院《第十九次全国国民阅读调查报告》数据显示，2021年中国成年国民数字化阅读方式（网络在线阅读、手机阅读、电子阅读器阅读、Pad阅读等）的接触率为79.6%，较2020年的79.4%上升了0.2个百分点。2020年，手机接触率进一步增长，成人手机接触率达到77.4%，较上年上升0.7个百分点，我国成年人人均每天手机接触时长达到101.12分钟。从数字阅读人群来看，18—59周岁占比为92.8%，中青年是数字阅读的主要群体。

2021年，数字阅读视听化趋势进一步明显，"耳朵经济"热度持续。2021年，我国有32.7%的成年国民养成了听书习惯，较2020年的平均水平提高了1.1个百分点[1]。从阅读习惯上来看，有7.4%的成年国民倾向于"听书"；有1.5%的成年国民倾向于"视频讲书"。视频讲书成为人们阅读的新方式。有声阅读的付费意愿逐渐养成。据《2021有声阅读产业调查报告》显示，接受调查者有半数曾为有声阅读付费，占比达到50.9%。据2021年9月喜马拉雅向港交所递交的招股书显示，喜马拉雅2021年上半年移动平均月活跃付费用户数为1 420万，付费率达12.8%[2]。2021年喜马拉雅123狂欢节，喜马拉雅会员购买量同比增长110%，其中新会员占比为23%[3]。

（三）出版业融合发展全面推进

2021年以来，我国出版业转型升级、融合发展持续深入，伴随新冠肺炎疫情常态化，出版单位融合发展意识进一步提升，将数字化转型和融合发展作为发展的重点进行谋划布局，在内容整合、技术应用、业务布局、品牌建设、运营管理等方面推进全方位融合，取得了显著成效。主题出版融合发展加快进程，越来越多的主题出版项目通过电子书、资源数据库、有声读物等方式呈现，主题出版迈向大众化、市场化，传播力、影响力、感染力大大增强。如贵州出版集团旗下贵州数字出版有限公司深挖贵州长征文化等红色文化资源，打造"红色记忆·贵州红色文化公共服务平台"，打造长征文化主题库、长征任务资料库、长征文物回忆录和红色文化旅游"红色黔行"等板块，提供红色经典图书阅览、查询长征遗址和长征大事记、长征文艺诗词欣赏等内容，讲述红色故事，赓续红色文化基因，该平台先后入选中宣部2021年"主题出版重点出版物"和国家新闻出版署"2021数字出版精品遴选推荐计划"。出版单位不断更新发展理念，在基础设施建设和运营管理机制方面开拓创新，推动融合发展迈向更深层次。

---

[1] 学会观察|第十九次全国国民阅读调查成果发布_政务_澎湃新闻- The Paper ［EB/OL］. ［2022 - 04 - 24］. https://www.thepaper.cn/newsDetail_forward_17786964.

[2] 喜马拉雅递交赴港上市招股书：月付费用户1 420万 上半年收入25亿元_腾讯新闻 ［EB/OL］. ［2021 - 09 - 13］. https://new.qq.com/omn/TEC20210/TEC2021091300490600.html.

[3] 喜马拉雅123狂欢节收官：会员购买量翻倍，年轻人成为内容消费主力_网易订阅 ［EB/OL］. ［2021 - 12 - 16］. _https://www.163.com/dy/article/GRBTPSP2053469M5.html.

如机械工业出版社结合自身业务需求,在基础设施建设上进一步优化,与新华网联手打造的机工融媒体中心于 6 月启用,该融媒体中心按照"数字化、网络化、智能化、可拓展"的设计思路,包含一个演播大厅、四个小型演播厅、两个访谈区及一个大型会议室,可以满足线上直播、音视频节目录制等功能,为机械工业出版社构建全媒体出版传播体系提供重要支撑①。

2021 年以来,出版单位全媒体营销体系加速构建,"直播+短视频"成为出版单位品牌建设的重要着力点。各家出版单位在巩固线下营销和传统电商平台的同时,各类新媒体平台成为抢占市场的新阵地,在抖音、快手、小红书、B 站等平台上打造专业、教育、少儿等垂直营销账号,打造新媒体营销矩阵,促进图书销量转化。同时,加强与头腰部社群和主播达人的合作,实现线上线下联动,促进图书销量增长。如中国少年儿童新闻出版总社与主持人同时也是带货达人王芳合作,带动其《猫武士》系列图书全年发货近 1.5 亿元,创造了总社单品销售的纪录。

(四) 网络文学社会影响力进一步扩大

2021 年以来,网络文学保持快速高质量发展势头。读者规模和市场收入规模持续增长,社会影响力进一步扩大。截至 2021 年 12 月底,我国网络文学用户达到新高,总规模达 5.02 亿,占网民总数的 48.6%。《2021 年中国网络文学版权保护与发展报告》显示②,2021 年中国网络文学产业规模达 358 亿元,同比增长 24.1%。

过去一年来,网络文学作品质量进一步提升,题材类型更加丰富。一方面,现实题材持续快速发展,网络文学作者以不同的知识结构和学历背景,将自身实际工作经验和案头调查融入创作,推动现实题材作品更加专业、富有层次③。越来越多的网络文学作品以特定行业为背景,将主人公个人成长放在国家民族发展、时代变迁的宏大叙事背景下,故事更加丰满,现实题材质量和水平不断提升,在传播社会主流价值方面

---

① 机械工业出版社与新华网强强联手"搞事情"?[EB/OL].[2021-06-24].https://baijiahao.baidu.com/s?id=1703431444465233586&wfr=spider&for=pc.
② 《2021 年中国网络文学版权保护与发展报告》发布[EB/OL].[2022-05-28].https://baijiahao.baidu.com/s?id=1734040213381417566&wfr=spider&for=pc.
③ 2021 中国网络文学发展研究报告-中国社会科学网[EB/OL].[2022-04-07].http://ex.cssn.cn/wx/wx_yczs/202204/t20220407_5402451.shtml.

的作用发挥日益重要。过去一年来，网络文学科幻题材迅速崛起，以阅文集团为例，2021年阅文集团旗下有超过22%的头部作家曾创作科幻题材作品。读者方面，科幻题材读者"95后"占比达六成，与2020年相比，科幻题材付费人数增长率位于全站第一。Z时代年轻作家让科幻题材焕发新机，人工智能、元宇宙等新技术领域也为科幻题材提供了更丰富的创作素材。

2021年，网络文学IP改编生态构建进一步加强。网络文学的IP全版权运营带动了游戏、影视、动漫、音乐、音频等领域的发展，网络文学及其运营对整体数字文化产业的影响范围达到近40%。特别是短剧、剧本杀等成为网文IP开发的新领域。阅文集团、掌阅科技、中文在线都在短剧IP开发上发力。如2021年2月，掌阅科技投资"战投等闲内容引擎"，双方联合成立西安阅闲文化传媒有限公司，打造短视频内容矩阵MCN，并启动"微短剧拍摄计划"。掌阅在抖音平台上线了20余部短剧①。近年来，剧本杀的兴起也为网络文学IP开发提供了新方向。2021年7月，阅文集团投资了剧本杀综合服务平台"小黑探"，入局剧本杀领域，进一步充实其数字文化娱乐运营生态。掌阅科技将旗下知名网文IP《元龙》改编为剧本杀。

（五）数字教育生态格局发生转变

在新冠肺炎疫情防控常态化形势下，2021年教育出版持续加快转型升级、融合发展步伐。传统出版单位在产品形态、服务模式、运营机制方面着力创新。

在教育出版领域，2021年下半年出台的"双减"政策不仅带来了教育的变革，对教育出版格局也带来深刻影响，对教育出版融合发展的发展路径与运作模式带来了一定挑战。"双减"政策对在线学习的内容、服务方式、收费、教授时限等方面都提出了要求，对线上教育，特别是基础教育领域线上教育模式带来影响。同时，对拥有教育资源和出版资源优势的传统出版单位而言，又提供了新机遇，"双减"政策明确提出要征集、开发优质的线上教育教学资源，推动数字教育的精品化、专业化、规范化、标准化发展。"双减"之下，教育出版单位纷纷加快融合发展步伐，针对新政策下的新需

---

① 掌阅科技布局IP短剧领域初见成效，多部作品抖音播放量达数千万[EB/OL].[2022-05-05]. https://baijiahao.baidu.com/s?id=1731974067501588599&wfr=spider&for=pc.

求调整业务架构，优化产品线，如多家出版单位聚焦课外阅读、课后服务等环节，开发数字教育产品，面向学生需求，探索纸数融合的教育服务新模式，提供内容严谨扎实、能够实现明确教育功能的助学读物，打造以优质教育资源为核心，以云计算、大数据、人工智能等技术为支撑的、个性化、智慧化的数字教育服务体系。此外，在政策和疫情防控常态化影响下的市场需求变化，带来数字教育的赛道变化，学科教育之外的素质教育和职业教育成为新蓝海。一方面，"双减"工作的实施落地，促进了全社会教育观念的改变，学生德智体美劳全面发展得到重视，围绕K12和学前启蒙的素质教育需求日益旺盛，编程、思维、音体美等都成为素质教育的热门课程。另一方面，过去一年来，国家大力支持职业教育发展，6月《职业教育法（修订草案）》初次提请全国人大常委会会议审议，草案提出"职业教育与普通教育具有同等重要地位"。10月，中共中央办公厅、国务院办公厅印发《关于推动现代职业教育高质量发展的意见》，提出优化职业教育供给结构；协同推进产教深度融合，积极培育市场导向、供需匹配、服务精准、运作规范的产教融合服务组织；创新教学模式与方法，推动现代信息技术与教育教学深度融合，提高课堂教学质量，为数字职业教育发展提供了重要指引。宏观政策的支持，职业教育迎来发展机遇，成为数字教育的新风口，在线教育平台纷纷加大职业教育布局，一些K12机构也增设职业教育业务，职业教育领域数字教育发展势头强劲，竞争日益激烈，同时职业类型多元化推动职业教育的市场日益细分，特别是与产业加速耦合，催生了新业态，也催生了互联网营销师、在线学习服务师、区块链工程技术师等一大批新职业，职业培训需求日益增多，数字职业教育仍具有良好的发展潜力。

二、中国数字出版产业发展趋势展望

当前，我国正迈向全面建设社会主义现代化国家新征程，在习近平新时代中国特色社会主义思想的强劲指引下，在国家大力推进数字中国建设、促进数字经济发展的背景下，数字出版具有广阔的发展潜力和发展空间，数字出版高质量发展加速迈进。新冠肺炎疫情防控步入常态化，生产生活加快向线上迁移，线上内容获取和线上消费也随之成为常态，数字内容消费需求得到极大培育。对出版业而言，融合发展的紧迫性、必要性日益凸显。壮大数字出版产业在出版业"十四五"出版规划中被列为做强做优主题出版、打造新时代出版精品之后的重点任务进行重点部署，证明数字出版在出版强国建设中所具有的重要地位。在全行业深入实施数字化战略形势下，数字出版也将呈现出新的趋势。数字出版意识形态属性进一步凸显，更加强调价值导向作用。多元化的需求，市场日益细分，驱动数字出版加速智能化生产，提供精细化、精准化内容产品和服务。新技术、新业态、新模式涌现与出版业相加相融，催生出新的服务场景，数字内容产业生态持续演变。

（一）数字出版意识形态阵地作用不断提升

从近两年入选数字出版精品遴选推荐计划项目中可以看出，主题出版与时俱进、融合发展趋势日益明显，通过电子书、有声读物、视频书、VR/AR图书、数据库等产品形态，实现主题出版的多元化、立体化呈现，主题出版品类和形态日益丰富，向全媒体模式加速嬗变。与此同时，加快推进融合发展也是主题出版回应社会关切、彰显时代精神的应有之义。数字出版将在传播党和政府声音、弘扬主流价值、凝聚人民精神力量中发挥更加重要的作用。出版业"十四五"规划中明确，将实施重大出版融合发展项目，重点聚焦社会主义核心价值观、新时代公民道德建设、新时代爱国主义教育、乡村振兴等主题，打造一批出版融合发展重点项目。值得一提的是，将启动实施主题游戏出版工程，主题出版游戏将成为"十四五"时期游戏产品发展的重点方向之一，游戏作为重要的数字文化领域，不再仅仅具有娱乐属性，也将成为主题出版的重要载体。

（二）融合发展将在出版业顶层设计中占据更重要位置

习近平总书记强调，融合发展的关键在于融为一体、合二为一。2022年6月，根据出版业"十四五"规划有关安排，中宣部围绕加快推动出版深度融合发展，构建数字时代新型出版传播体系，出台了《关于推动出版深度融合发展的实施意见》，这是中宣部首次就出版融合发展领域专门发布的政策文件，表明主管部门对出版融合发展的高度重视，也体现出融合发展对于出版强国建设的重要作用。实施意见的出台，标志着出版业融合发展的顶层设计进一步加强，不仅为出版业深度融合发展进一步指明了方向路径，而且实施意见提出的具体任务和要求，也成为出版实践的有力抓手。在规划和实施意见的指引下，出版单位对融合发展的认识得到进一步深化，融合发展将成为出版单位的战略布局的重点，构建内容、渠道、平台、经营、管理的一体化发展机制将进一步提速。

（三）出版智能化数据化运营体系将加速构建

疫情常态化下日益旺盛多元的数字内容消费需求，对出版生产方式、供给方式、服务模式以及运营机制提出了新要求。出版单位纷纷优化流程、创新产品形态和服务模式，加大大数据、人工智能、区块链、物联网等技术的应用，出版业生产智能化、渠道全媒化、服务实时化、场景多维化、产品交互化趋势明显。人工智能技术正在深度融入出版业的策划、创作、传播、市场分析、营销推广等各个环节，即时连接、实时服务正在成为数字内容供给方式的标配。"十四五"数字经济发展规划强调数据资源是数字经济的关键要素。出版业"十四五"规划中明确提出要推动建立行业数据服务规范，构建出版行业数据服务体系。步入智媒时代，对出版业数据分析、运用、管理提出了更高要求，数据也将成为驱动出版业创新发展的关键要素。近年来，数据中台、业务中台作为一种新型管理模式在出版企业得到广泛推行，随着企业数字化水平的不断提高，数据要素资源的累积逐步增多，要求出版单位发挥数据要素价值，以数据赋能出版全流程全产业链协同转型，重塑生产链、供给链、创新链、价值链。因此，数据中台将在出版业中得到更为普遍的推行，这不仅将推动出版流程和运营体系的优化，也将带来出版治理能力的提升，实现更高质量、更大效率、更加安全的发展。

（四）数字版权价值日益提升

2021年9月22日，中共中央、国务院印发的《知识产权强国建设纲要（2021—2035年)》中明确提出，创新是引领发展的第一动力，知识产权作为国家发展战略性资源和国际竞争力核心要素的作用更加突出。在数字经济快速发展的推动下，包括数字出版在内的数字内容产业也呈现出强劲的发展势头，蕴藏着巨大的发展潜能，技术与内容加速相融，新业态、新场景不断涌现，产业结构日益多元，产业链条不断延展。数字时代下，数字版权已成为知识产权的重要构成和文化发展重要的基础性资源。网络文学、游戏、动漫、短视频等领域的数字版权整合、开发、交易持续活跃，数字版权已经成为文化产业高质量可持续性发展最重要的基础性资源。数字藏品、虚拟数字人、剧本杀等领域兴起与快速发展，为数字版权运营提供了更大空间。与此同时，建立数字版权价值评估标准，最大程度地挖掘运用数字版权价值，构建数字版权良好生态的重要性、必要性日益加强，正在成为数字内容产业关注的焦点。

三、中国数字出版产业发展的思考

"十四五"已经走过开篇，伴随文化建设在全局工作中的地位进一步提升，国家数字化战略新部署深入推进，数字出版在迎接新的发展机遇的同时，也面临着新的挑战，高质量发展对数字出版也提出了更高要求。总体而言，未来数字出版需要在以下几方面进一步加强。

（一）深化融合发展认识，加强全局化部署

随着《关于推动出版深度融合发展的实施意见》出台，主管部门要进一步健全与出版业深度融合发展要求相适应的政策体系和落地举措，进一步加强对新兴出版业态的引导与管理，健全电子书、网络文学、网络游戏、有声读物、知识服务等领域的规范管理，对电竞、剧本杀、元宇宙、数字藏品的新领域加强关注，对出版单位相关布局进行科学引导和规范管理。出版单位要进一步深化对融合发展的理解和认识，清晰工作思路，找准创新求进、融合发展的坐标路径，加强全局性、系统性谋划，在资源整合配置、项目实施、出版流程、产品体系、业务架构、渠道建设、管理机制、人才队伍等方面，制定推动深度融合发展的实施方案，建立健全与融合发展相适应的规划

部署，加快构建传统出版与新兴出版在内容、渠道、平台、经营、管理等方面深度融合一体化发展机制。

(二) 加强内容建设，打造优质品牌

高质量内容是高质量发展的重要基础，出版业"十四五"规划和融合发展的实施意见都将内容建设放在首要位置，加快推进数字出版供给侧结构性改革，出版业"十四五"规划中提出的深入实施数字出版精品遴选计划，建立数字出版精品项目库，深化实施优秀现实题材和历史题材网络文学出版工程和有声读物精品出版工程，启动实施主题游戏出版工程等部署，反映出政策引导行业发展的主要方向。未来，数字出版要进一步加强优质内容供给，提高内容质量，大力弘扬社会主义核心价值观，传承发扬中华优秀传统文化，着力打造更多导向正确、内容优质、创新突出、双效俱佳的数字出版产品和服务，努力做到满足人民文化需求和增强人民精神力量相统一。数字出版在内容建设方面不仅要注重内容质量，也要重视让优质内容在内容呈现、表达方式、传播方式上满足当前用户的多元化多层次需求，在内容供给上贴近用户需求、阅读喜好、消费习惯，注重内容的分众化、差异化、个性化传播，让优质内容最大程度地发挥其优势。实施品牌战略，深挖优质内容价值内涵，着力打造一批有代表性、影响力、竞争力的数字出版优质品牌。

(三) 加强技术创新应用，提高出版供给水平

技术对于数字出版而言，是重要的工具，是数字出版质量提升、效率提升、动力提升的重要支撑。数字内容消费需求的日益多元，出版市场的日益细分，要求出版服务供给更加精准，传播更加高效、内容呈现更具感染力，从而对出版单位的技术创新应用水平提出了更高要求。对待新技术、新媒体，不仅要做到会用，还要做到好用、适用、管用，才能最大限度地发挥技术对出版流程和各项业务的赋能作用。出版单位要结合自身业务实际需求，明确各自的技术路标，在出版流程、内容、产品、应用场景与用户需求之间实现更加精准的对接。同时，各出版单位需要强化数据意识，注重数据要素的积累，提高数据采集、挖掘、分析、管理、运用能力。基于自身需求，提

升出版智能化、数据化水平，运用大数据、人工智能、区块链等技术，加快建立智能化的数据管理运营平台，构建共享、安全、标准、统一的数据管理体系、数据运营体系和数据服务体系，促进出版供给与需求的有效对接。

（四）深入推进出版走出去，增强国际传播力影响力

在全球疫情防控常态化的复杂形势下，数字出版已经成为文化走出去的重要生力军，在有效增强国际传播影响力、数字出版在国际传播能力建设、对外话语体系和叙事体系构建中承担着日益重要的任务，在增强国际传播影响力、中华文化感召力、中国形象亲和力、中国话语说服力、国际舆论引导力等方面发挥着日益重要的作用，这就要求数字出版走出去不仅要注重规模，更要强调效果。一是要加强数字出版走出去的统筹部署。在选题、版权输出模式、合作方式、平台建设等方面，对数字出版走出去进行系统谋划。二是加强内容建设，优化选题结构和产品结构，贴近不同国家和地区、不同语种、不同群体的数字文化消费习惯和喜好，进行针对性的走出去选题设计，实现分众化、差异化海外传播。三是深化本土化布局，健全海外运营机制，出版企业加强国际出版传播营销平台建设，拓展海外传播渠道，深化与当地机构合作，可通过自建、投资、并购等方式，设立海外的运营实体，从而提升海外专业化运营能力，扩大中国文化在海外的影响力。

（毛文思　中国新闻出版研究院副研究员）

2021—2022 中国印刷业发展报告

2021年是中国共产党百年华诞，是"十四五"开局之年，也是全面建设社会主义现代化国家新征程的开启之年。习近平总书记在庆祝中国共产党成立100周年大会上庄严宣告：经过全党全国各族人民持续奋斗，我们实现了第一个百年奋斗目标，在中华大地上全面建成了小康社会。

站在新征程的起点上，我国统筹疫情防控和经济社会发展，成功应对国内外复杂经济形势和诸多风险因素带来的挑战，坚持稳中求进工作总基调，社会经济从2020年疫情的冲击之下实现恢复发展。根据国家统计局发布的数据，2021年，我国实现国内生产总值114.37亿元，同比增长8.1%，增速在全球主要经济体中位居前列。

印刷业是新闻出版业的重要组成部分，同时也广泛服务于国民经济的各个产业部门。2021年，伴随着社会经济的恢复发展，印刷业在整体上也呈现出积极向好的发展态势，产业规模稳中有增，投资意愿保持稳定，创新能力不断增强，龙头企业吸纳资源的优势进一步凸显，市场集中度持续提升。

与此同时，受疫情在全球范围内持续蔓延，大宗商品市场剧烈波动以及其他各种因素影响，印刷业在2021年也遭遇了纸价暴涨、停限电以及"双减"政策间接冲击等多重挑战。尤其是，随着经济下行压力不断加大，部分印刷企业在下半年面临较大的经营困难，影响了行业的整体盈利水平。

面对疫情发展和地缘政治形势变化等诸多因素带来的挑战，印刷业仍需紧密关注国内外经济形势和上下游行业的发展变化，积极利用和争取国家政策的支持，以《印刷业"十四五"时期发展专项规划》（简称《"十四五"专项规划》）为指导，不断调整和优化发展思路，努力实现高质量发展。

一、2021年印刷业发展的主要亮点

2021年，印刷业在党的领导下，与全国人民一道隆重庆祝中国共产党成立100周年，以高度的政治责任感积极承担主题出版物的印制任务，在"绿色化、数字化、智能化、融合化"发展方向的指引下，不断加大科研投资力度，创新经营发展模式，坚持社会效益与经济效益相统一，呈现出诸多发展亮点。

（一）积极承担主题出版物印制任务，为主题出版保驾护航

2021年是中国共产党成立100周年，也是主题出版的大年，出版业围绕宣传贯彻习近平新时代中国特色社会主义思想，庆祝建党百年，奋斗"十四五"、奋进新征程，宣传阐释社会主义核心价值观等，出版了一批高水平的主题出版物。

相对于一般图书，主题出版物具有印量大，印刷周期短，对质量要求较高等显著特点。为给主题出版工作保驾护航，做好主题出版物的印制工作，广大印刷企业，尤其是各地以新华印刷为代表的国有企业以及其他大型书刊印刷企业，积极与出版单位对接，调配精干管理、技术和生产人员，有的还组织成立工作专班，对生产设备进行有针对性的升级改造，将做好主题出版物印制工作作为企业头等大事，强化领导、统筹安排，克服时间紧、任务重、疫情反弹影响生产等困难与挑战，有力保障了相关生产任务的圆满完成。

在广大印刷企业的共同努力下，以《习近平新时代中国特色社会主义思想学习问答》《论中国共产党历史》《毛泽东邓小平江泽民胡锦涛关于中国共产党历史论述摘编》《中国共产党简史》《中华人民共和国简史》《改革开放简史》《社会主义发展简史》等为代表的一大批主题出版物保质保量及时上市，为开展党史学习教育提供了重要保障，有效满足了广大读者学习和阅读的需求。

（二）印刷企业投资意愿回暖，胶印机进口创近年来新高，高速喷墨印刷机装机量维持高位

自 2020 年以来，受疫情等因素影响，部分印刷企业在经营上遇到一定压力，投资意愿和投资能力受到一定影响。进入 2021 年，随着疫情形势的变化和行业发展环境整体趋稳，印刷企业的投资信心向好，投资意愿明显回暖，典型设备装机量实现较快增长。

目前，我国部分主力印刷生产装备仍以进口为主。2021 年，我国印刷装备进口额达到 24.73 亿元，同比增长 39.4%，比 2019 年的 19.71 亿美元增长 25.5%。其中，印前、印刷、印后设备进口额同比增长率分别达到 27.0%、41.6%、24.3%。这从一个侧面表明，印刷企业的投资信心已经恢复并超过疫情前的水平。

在各类印刷装备中，胶印机作为当前印刷企业应用最为广泛的主力生产设备，表现抢眼。2021 年，我国胶印机进口额达到 9.24 亿美元，同比增长 50.5%，比 2019 年增长 24.4%，并达到自 2014 年以来近 8 年时间的最高水平。

在胶印机进口额创近年来新高的同时，尽管受到"双减"政策的间接冲击，自 2019 年来备受印刷企业关注的高速喷墨印刷设备的保有量仍保持较快增长。据统计，2021 年我国高速喷墨印刷设备新增装机量达到 299 台，累计保有量则超过 800 台。目前，新装机的高速喷墨印刷设备仍主要用于图文快印、商业印刷、按需出版等领域，在标签印刷和数码影像领域也有少量应用。

技术改造和设备更新投资的较快增长，表明多数印刷企业看好行业发展前景，对未来抱有信心。

（三）行业龙头企业营收规模迈上新台阶，印刷业产业集中度持续提升，竞争格局不断优化

培育壮大龙头骨干企业，是"十四五"专项规划确定的重要目标任务。近年来，随着市场资源不断向优势企业集中，我国印刷业龙头骨干企业数量持续增加，主导推动行业发展的能力稳步增强。据统计，到 2020 年，我国年产值在 5 000 万元及以上规

模的重点印刷企业已经达到 4 254 家，在印刷业工业总产值、增加值、利润总额中的占比分别达到 62.61%、73.37%、78.26%。

2021 年，印刷业龙头企业的规模再度迈上新台阶。厦门合兴包装印刷股份有限公司实现营业收入 175.49 亿元，同比增长 46.16%，为国内印刷企业有明确数据可查的营收纪录。与此同时，深圳市裕同包装科技股份有限公司、奥瑞金包装股份有限公司的营业收入分别达到 148.50 亿元、138.85 亿元，同比增长 25.97%、20.22%，均创出各自成立以来的营收纪录。

除了这 3 家营收破百亿的企业，中粮包装控股有限公司、上海宝钢包装股份有限公司、昇兴集团股份有限公司、劲嘉集团股份有限公司等企业 2021 年营收分别达到 95.66 亿元、69.68 亿元、51.66 亿元、50.67 亿元，均在 50 亿元以上。此外，还有一些印刷企业虽然没有公开财务数据，但营收规模都十分可观。

在我国印刷业总产值增速相对平稳的情况下，行业龙头企业数量不断增加，营收快速增长，表明我国印刷业的产业集中度持续提升，因行业格局散乱导致的过度竞争问题逐步得到化解。

（四）自主创新又有新突破，印刷人获得国家科学技术进步奖二等奖

坚持和鼓励自主创新，不断突破制约产业发展的关键核心装备和关键核心技术，是推动我国印刷业实现转型升级和高质量发展的重要抓手。近年来，广大印刷企业、印刷装备制造企业、高等院校、科研院所以市场需求为准绳，不断加大研发投入，强化协同攻关，促进科研成果转化，在自主创新方面取得一系列成果。

2021 年 11 月，在党中央、国务院举行的国家科学技术奖励大会上，由西安交通大学、陕西北人印刷机械有限责任公司、北京印刷学院、西安航天华阳机电装备有限公司、渭南科赛机电设备有限责任公司为主要完成单位完成的"高端包装印刷装备关键技术及系列产品开发"项目，荣获 2020 年度国家科学技术进步奖二等奖。这是近年来印刷人在国家级科学技术奖励中再次获得殊荣。

该项目突破了高速高精度电子轴控制、油墨干燥与残留物去除、精密制造和智能运维等核心技术，以项目成果为基础成功研发出绿色环保凹版印刷机和卫星式柔性版印刷机、高端包装印刷装备两层运维管控平台等两类 16 种系列产品，改变了我国高端

包装印刷装备主要依赖进口的局面,能够有效帮助印刷企业降低投资和运营成本。

在高端包装印刷装备关键技术研发取得突破的同时,国内相关企业还不断加大彩色高速喷墨印刷设备研发的力度,瞄准喷墨印刷的关键核心部件喷墨头进行攻关,并取得了积极进展。

二、2021 年印刷业面临的困难与挑战

2021 年,印刷业的发展亮点都是在十分困难、复杂的内外部环境下取得的,成绩来之不易。从整体上看,2021 年的疫情形势依然严峻,尤其是进入下半年后,全国疫情多点散发、局部暴发,增加了印刷市场的不确定性。与此同时,纸张等原材料价格暴涨以及"双减"政策出台、大范围停限电等也给印刷企业的发展带来了直接或间接的冲击。

(一)疫情反弹增加了印刷企业在需求、生产和供应链方面面临的困难与挑战

2021 年是新冠肺炎疫情暴发的第二年。由于全球疫情仍处高位,国内疫情防控"外防输入、内防反弹"的压力依然很大。从年初河北疫情到年尾陕西疫情,全国出现多次疫情反弹,波及众多省份。进入下半年后,随着南京禄口国际机场及其他多地出现局部暴发,全国疫情形势更加严峻,对国民经济运行和印刷业发展产生了一定冲击。

从整体上看,受疫情及其他因素影响,2021 年我国经济发展呈现前高后低的走势,全年四个季度国内生产总值(GDP)同比增速分别为 18.3%、7.9%、4.9%、4.0%,进入下半年后经济增长压力明显加大。与宏观经济走势相吻合,印刷业主要经济指标增速同样表现为前高后低,很多印刷企业在下半年都感受到了更大的市场压力。据国家统计局统计,2021 年,印刷和记录媒介复制业规模以上企业实现营收 7 442.3 亿元,同比增长 10.3%;利润总额 428.4 亿元,同比增长 -0.4%,与上半年相比,营收、利

润总额增速分别下滑 8.5 个百分点、12.2 个百分点。

疫情给印刷企业带来的困难与挑战是全方位的。在需求端，由于部分下游行业出现下滑，很多印刷企业面临着订单减少的压力；在生产端，由于部分出现疫情反弹的地区采取了静态管理等管控措施，有些印刷企业正常的生产和交付受到一定影响；在供应端，受部分地区人员、车辆进出管控措施影响，印刷企业的供应链存在区域性流转不畅等问题。

（二）以纸张为代表的原材料价格暴涨，使印刷企业面临比以往更大的成本和盈利压力

近年来，随着人工、土地成本的持续上涨，印刷企业的盈利空间不断受到挤压，行业平均利润率呈现下行走势。2021 年，受疫情及其衍生风险的影响，包括原油、煤炭、钢铁、有色金属等在内的大宗商品价格出现大幅上涨，进而带动众多工业行业的原材料价格出现剧烈波动。

具体到印刷业，受纸浆、煤炭及其他化工产品价格上涨等因素影响，以白卡纸、铜版纸、双胶纸为代表的部分纸张原材料价格在 2021 年上半年出现一轮飙涨。在短短 3 个月左右的时间内，白卡纸价格由 2020 年底的不足 7 000 元/吨，拉升至史无前例的超过 1 万元/吨，胶版纸、铜版纸价格则由 5 000 元/吨左右，拉升至 8 000 元/吨以上。与 2020 年的低位相比，白卡纸价格更是翻番有余，双胶纸、铜版纸的价格涨幅也达到百分之六七十。

纸张是印刷企业最主要的原材料之一，纸张价格的波动对印刷企业的盈利状况有着直接而显著的影响。纸张价格在短时间的过快上涨给印刷企业及包括出版单位在内的下游企业带来了巨大压力。2021 年，全国两会期间，全国政协委员谭跃、潘凯雄联名提交提案，呼吁有关部门调查纸价暴涨的真实缘由，采取措施平抑纸价。还有其他政协委员呼吁有关部门，对包括纸张在内的原材料价格暴涨进行调控干预。由此可见纸价等原材料价格上涨给印刷及相关行业带来的巨大冲击。

对印刷企业而言，除了纸张，塑料、油墨、版材等常用原材料价格也出现了不同幅度的上涨，这些都加大了企业经营的压力。

（三）"双减"政策出台，对书刊印刷、商业印刷企业形成了一定冲击，部分印刷设备市场也受到一定间接影响

印刷是加工服务性行业，印刷业的景气度受到下游行业发展状况的直接影响。2021年7月，中办、国办《关于进一步减轻义务教育阶段学生作业负担和校外培训负担的意见》（以下简称"《意见》"，也就是业界通常所说的"双减"政策）正式对外发布，对减轻学生过重作业负担，规范校外培训行为提出了明确要求，校外培训机构在审批、收费、培训时间和资本准入方面面临前所未有的严格监管，面向义务教育阶段学生的学科类培训机构按要求必须登记为非营利性机构，一律不得上市融资，严禁资本化运作。《意见》的出台及落地对前期野蛮生长、无序扩张的校外培训行业，进行了有效的整顿和规范，切实减轻了学生过重的作业和校外培训负担。

《意见》出台后，大批面向义务教育阶段的学科类培训机构纷纷转型求变，部分实力不足的中小型培训机构出现破产倒闭。这在客观上减少了过去几年快速增长的对校外培训教材、教辅印刷的需求，对部分业务结构较为单一的书刊印刷和商业印刷企业形成了较大冲击。据了解，猿辅导、作业帮、学而思等大型校外培训机构，高峰期对教材、教辅及其他印刷品的需求量每年可高达数亿元。部分印刷企业为满足这些机构的需求，投入大量资金扩充产能。随着校外培训市场的大幅缩水，这部分产能必须寻找新的出口，从而对整个书刊印刷、商业印刷市场的竞争格局也产生了一定冲击。

与此同时，近年来高速喷墨印刷设备装机量的快速增长，一定程度上也是受到校外培训机构教材、教辅印刷需求的推动。随着这一市场需求的下滑，高速喷墨印刷设备及配套装订的订单也受到一定影响。不过，从整体上看，2021年高速喷墨印刷装机量仍实现了较好增长。

（四）全国多地出现的大范围停限电，打乱了部分地区印刷企业正常的经营节奏

电力是包括印刷企业在内的工业企业开展生产经营必不可少的能源。2021年三季

度，受煤炭价格大幅过快上涨、发电企业成本压力加大等因素影响，全国很多地区出现电力供应不足，用电紧张的局面。

为缓解电力供应缺口带来的压力，全国先后有20多个省份采取了不同程度的限电措施。其中，既包括广东、江苏、浙江、山东、福建、天津等沿海省份，也涉及湖南、河南、广西、云南、青海、宁夏、四川、重庆等中西部省份，还影响到东北三省和内蒙古自治区。多数省份在采取限电措施时，首先针对的都是电解铝、水泥、钢铁等高耗能行业，但包括印刷在内的很多行业也都受到了波及。

根据电力缺口的大小，不同地区针对工业企业限电的力度也不一样。有的是"开六停一"，即开六天停一天；有的是"开五停二""开四停三"，还有的是"开三停四""开二停五"，最严重的则是"开一停六"。有的地区在限电高峰时，企业每天获得的用电量只有正常水平的5%—10%，只要超过用电负荷就会被拉闸停电。

大范围的停限电一方面直接冲击了很多地区印刷企业正常的生产经营秩序，导致开工率不足、订单交付延期；另一方面还导致了印刷业上下游产业链的阶段性紊乱，影响了印刷企业的订单和原材料供应。

疫情反弹和停限电因素的叠加，导致印刷业三季度业绩承压下行。据国家统计局统计，2021年上半年印刷和记录媒介复制业规模以上企业的营收、利润总额同比增速分别为18.8%、11.8%，到三季度结束时则分别降至12.7%、−0.6%。

在国家发改委等有关部门的干预和调控下，大范围停限电的现象自2021年10月开始逐步减少，包括印刷业在内的众多行业开始恢复到正常的生产运行状态。不过，由于国家发改委扩大了市场交易电价上下浮动的范围，部分地区印刷企业的用电价格和用电成本有所上涨。

三、推动印刷业实现高质量发展的建议

2021年，在疫情反弹、经济下行压力加大，原材料价格暴涨，政策变化间接冲击，停限电等多重因素的冲击下，印刷业发展面临着巨大压力。在全行业的共同努力下，广大印刷企业迎难而上，坚持开拓进取、创新发展，在圆满完成重点主题出版物生产保障

任务的同时，继续保持较好的投资意愿和投资能力，实现了全行业经营业绩的基本稳定。

当前，全球疫情形势依然不容乐观，国内疫情反弹压力没有明显缓解，世界经济的发展前景尚不明朗。2021年底召开的中央经济工作会议指出，必须看到我国经济发展面临需求收缩、供给冲击、预期转弱三重压力。在充满不确定性的经济环境中，印刷业要进一步实现高质量发展，必须持续优化产业结构，加快新旧动能转换，以"十四五"专项规划为指导，推动行业转型升级。

（一）加强"十四五"专项规划宣贯工作，进一步明确行业发展方向和重点

2021年12月，国家新闻出版署发布"十四五"专项规划，明确了"十四五"时期印刷业发展的目标、重点任务和重大工程。

"十四五"专项规划指出，"十四五"时期，要以推动印刷业高质量发展为主题，以深化印刷业供给侧结构性改革为主线，以改革创新为根本动力，深入实施品牌、重大项目、先进产业集群、融合发展、走出去、人才兴业六大战略，加快构建优质产能供给、技术先进安全、绿色融合开放的产业体系，主要发展目标包括：规模效益稳步提高，产业结构持续优化，创新能力明显增强，区域布局更加均衡，国际合作拓展深化。到"十四五"时期末，印刷业总产值超过1.5万亿元，人均产值超过65万元。

围绕"十四五"时期发展目标，要扩大优质印刷产品和服务供给，大力推动关键核心技术创新，稳步提升产业链供应链现代化水平，加快推进区域协调发展，全面提高对外开放合作水平，不断加强人才建设，并实施重大任务印制保障工程、印刷智能制造示范工程、印刷补链强链护链工程等重大工程建设。

"十四五"专项规划为印刷业指明了方向、明确了路径，同时还展望到2035年我国建成印刷强国的远景目标，对推动印刷业实现高质量发展具有重要的指导意义。印刷业各级行政主管部门、行业协会和广大企业要加强对"十四五"专项规划的宣贯和学习，深刻领会规划确定的方向、目标、任务，并用以指导各地、各企业的发展规划和发展实践。

（二）根据疫情形势发展变化，加强对印刷企业的指导和帮扶

进入2022年，新型冠状病毒依然在全球范围内快速传播，疫情发展和防控形势的

变化仍将是未来一段时间内影响国内外经济的重要因素，包括印刷业在内各行各业的发展前景还存在很大的不确定性。

尤其是，自3月开始，包括吉林、上海、北京、广东等在内的全国很多地区出现了较大规模疫情反弹。为了防止疫情蔓延，部分地区采取了大范围的静默管理措施，人员流动和跨区域交通受到严格管控，包括印刷企业在内的部分工业企业由于人员无法到岗，原材料和产成品进出困难，陷入较长时间的停产、半停产状态，生产经营遇到较大困难。

面对疫情带来的冲击和挑战，印刷业各级行政主管部门、行业协会要深入了解企业在生产经营中面临的各种实际困难，积极宣传各级政府部门助企纾困的政策措施，在做好疫情防控工作的前提下，根据疫情形势的发展变化，加强对印刷企业的指导和帮扶，及时帮助企业解决在疫情防控、人员到岗、车辆进出、贷款融资、复工复产等方面面临的各种问题，全力做好各种重点出版物、印刷品的印制保障工作，帮助企业平稳度过疫情反弹的考验，努力推动行业尽快走出疫情冲击波，回归到正常的发展状态。

（三）强化产学研用协同创新，继续打好关键核心技术攻坚战

印刷装备器材的持续创新与突破是印刷业实现高质量发展，建设印刷强国的重要基础。经过几十年的发展，我国已经建立起较为完整的印刷设备器材工业体系，主要印刷装备和器材产品自给率不断提高，同时每年还有大量产品出口海外。不过，目前在喷墨数字印刷喷头、部分高端印刷装备器材产品上，我国仍存在主要依赖进口、受制于人的问题。

"十四五"专项规划提出，要从当前急迫需要和长远需求出发，实施关键核心技术攻关工程，解决一批"卡脖子"问题。要瞄准全球印刷业升级方向，开展前瞻性、战略性专题研究，组织实施若干重大基础科技创新项目。

我国印刷业具有自主创新、协同攻关的优良传统。20世纪七八十年代，正是在北京大学、山东潍坊电子计算机厂、经济日报社印刷厂及有关政府部门的共同努力和配合下，我国才成功研发出汉字激光照排系统，实现了印刷业由"铅与火"迈向"光与电"的第二次技术革命。

面对印刷业高质量发展对印刷装备器材提出的新要求，广大印刷企业、装备器材企业、高等院校、科研院所要进一步建立和完善产学研用协同创新机制和平台，瞄准阻碍行业发展的关键核心技术和"卡脖子"问题进行联合攻关，并不断推动科研成果的实用化、产业化，为建设印刷强国奠定坚实基础。

（四）加强分类指导，继续培育壮大龙头骨干企业，培育"专精特新"中小企业

我国拥有近10万家印刷企业。由于产品定位、发展战略、资源禀赋和自身能力的差异，不同企业在规模上存在很大差距。其中，既包括极少数年营收过百亿的行业巨头，也有一些年营收在10亿元以上的大型企业，还有4 000多家年产值在5 000万元规模以上的重点企业。剩下的都是年产值不足5 000万元，甚至只有几百万元的中小微企业。

当前，印刷业正处于转型升级、深度变革的关键期，印刷企业面临的内外部环境复杂多变。要根据行业发展实际和未来趋势，加强对印刷企业的分类指导，鼓励具备一定规模的龙头骨干企业继续做大做强，提高印刷业的产业集中度，提升中国印刷企业在国际市场的知名度和竞争力；引导产品特色鲜明，在特定细分市场具备较强竞争力的印刷企业向单向冠军和"专精特新"方向发展，利用好主板、科创板、创业板、北交所等不同层次的资本市场，鼓励龙头骨干企业和"专精特新"企业上市融资，培育印刷业高质量发展的"头雁"和中坚力量。

同时，要引导数量众多的中小微印刷企业进一步明晰定位、强化管理、守法经营，提升抗风险能力，在满足多样化印刷需求方面贡献自己的力量，共同致力于印刷业的高质量发展。

（刘成芳　中国新闻出版研究院印刷研究所副研究员；
刘积英　《中国印刷》杂志社有限公司社长）

2020—2021 中国出版物发行业发展报告

2021年，出版物发行业市场格局加速巨变，呈现出新的发展态势。一是新华书店加快转型升级以应对渠道多元变局，在中央、地方各级主管部门的支持下，采取有效措施，整体上取得了可喜的成绩，稳定了主业发行基本盘，新运营模式、新营销方式取得了一定突破。二是面对不利局面，民营书业经营者通过拓新尝试，持续改善经营状况。三是以当当、京东、天猫、拼多多等为代表的传统电商平台增速放缓，而抖音、快手、视频号、小红书等兴趣电商快速兴起，成为出版机构、发行企业、个人争相涌入的新赛道，同时，出版机构多渠道布局自营店铺、发力自播等，建立自营销售新渠道，自办发行能力进一步提升。开卷监测数据显示，2021年传统渠道仍是图书销售主阵地，实体书店、平台电商、自营及其他电商，年销售品种规模100万种以上，兴趣电商规模为3万多种。图书销售渠道呈现多元化格局、销售多渠道兼顾，上游单位和下游读者间链路更多元、简短，线上渠道销售占比近80%。

一、图书销售转向线上，各发行渠道积极应对

（一）新华书店加快转型升级应对渠道多元变局

2021年，新华书店面对行业变局，在中央、地方各级主管部门的支持下，在促进全民阅读大政方针的指引下，制定了更加清晰、清醒、有效的发展策略，整体上取得了可喜的成绩。2021年，多数发行集团完成或超额完成了年度经营利润指标，实现了"十四五"开门红；12月底，内蒙古新华发行集团实现了成功上市，成为我国出版物发行业第3家独立上市的发行企业。

1. 千万百计保图书主业基本盘，筑牢发行主渠道主阵地

一是切实做好主题图书发行。2021 年，围绕党史学习教育读物、十九届六中全会重要文件及辅导读物等重点主题出版物发行，各地发行集团明确部署、全员发力，构建了一整套重点读物发行服务创新体系。江苏凤凰新华书店集团有限公司（以下简称"凤凰新华"）2021 年重点党政读物发行码洋创下重点政治理论读物发行历史新高，党史学习指定用书实现江苏主要市县"党员人手一册"。湖北新华书店（集团）有限公司（以下简称"湖北新华"）把学习党史同推动全民阅读工作结合，推进"我为群众办实事'十百千工程'"，发挥高校实体书店、党建书房阵地、新时代文明实践中心作用。浙江新华书店（以下简称"浙江新华"）在店外做好主题图书发行，店内做好阅读推广，将浙江全省新华书店打造成了服务当地全体党员党史学习教育的阅读平台和文化活动基地。湖南省新华书店集团（以下简称"湖南新华"）2021 年在全国率先成立"时政读物发行中心"，构建了省、市、县三级宣传推广体系。重庆新华书店集团公司（以下简称"重庆新华"）对主题出版物进行专台专架陈列，组织宣传征订队伍，深入机关、军营、农村、学校、企事业单位宣传征订。广西新华书店集团股份有限公司（以下简称"广西新华"）设立"党政书单"项目，推出"领导干部推荐书单"，满足党员领导干部的学习需求。

二是全力确保"两教发行"。2021 年，虽然部分地区遭受疫情和自然灾害影响，但各地新华书店提前谋划，千万百计克服困难，均出色地完成了春、秋两季中小学教材教辅发行任务，连续 40 余年实现"课前到书，人手一册"，保住了业务基本盘。如 2021 年 7 月底至 8 月，南京、扬州等地突发疫情，江苏凤凰新华紧急制定了应对措施与预案，最大限度地整合物流资源，保证了全省教材教辅按时到位。面对河南 2021 年 7 月的暴雨洪涝灾害和 8 月的突发疫情，河南省新华书店发行集团（以下简称"河南新华"）抢抓秋季教材发行关键节点，将全部教材及时、安全地送到河南全省近 1 700 万中小学学生手中。

三是积极应对"双减"影响。面对"双减"政策给教育图书发行带来的不确定性，湖北新华以培训提升教材教辅服务能力，联合本版社开展"送课到校""公告教辅质量回访"等，加快由传统依赖教育系统的合作模式向市场化直销模式转型。山东新华书店集团有限公司（以下简称"山东新华"）积极调整产品结构，大力拓展推广市

场化教辅和教育衍生产品。湖南新华以"四维阅读"精读和"校园共享书屋"泛读为核心的阅读体系逐渐成形，校园阅读服务路径逐渐清晰。新华文轩出版传媒股份有限公司（以下简称"新华文轩"）持续巩固 K12 传统市场，优化服务体系，职教、高中、幼教等薄弱领域的教学用书业务实现增长，研学等新兴业务也取得了不俗的业绩。广东新华发行集团股份有限公司（以下简称"广东新华"）积极开展校内课后服务业务，充分发挥市县公司区位优势，打造广东新华校内课后服务模式。

2. 推进线上渠道建设，构建线上线下新零售生态体系

受疫情、技术革新等内外因素的倒逼，各家新华书店在 2021 年大力推进线上销售渠道建设，内外兼修构建全新的线上线下新零售生态体系，以适应新营销、新业态、新运营的发展需要。

一是完善线上新零售生态体系建设。2021 年新华文轩在全域营销、供应链服务、复合阅读等领域持续深耕，全方位、全产业链满足读者阅读需求。凤凰新华 18 家分公司建立了网上自有书城，初步实现了自有网上书城和实体书店的销售、营销闭环，电商全年销售同比大幅增长。浙江新华实现了线上业务板块"1 + 10 + N"的顶层设计，形成完整的电商连锁运营体系，并同步布局抖音、快手、小红书、B 站等内容社交平台。湖南新华高效率打造线上平台矩阵，构建了包括阅达教育、阅达书城、阅达时政、阅达幼教、阅达高教、阅达职教、阅达馆配等在内的阅达全系线上运营平台，覆盖各主营业务板块。安徽新华深化文化直播项目，开展了"千场文化直播"工程，打造直播账号矩阵，推出了形式多样的主题直播活动。湖北新华不断尝试打通自有电商平台"九丘网""会员体系""POS 系统"三大平台数据，探索"书店 + 综合消费体验"新模式。山东新华积极打造"新华悦购""新华助学"等自有平台，不断完善自有平台功能。重庆新华以社群为依托的"新华优享"营销平台于 2021 年 7 月上线，推进电商平台"阅淘网"的迭代创新。

二是持续升级商业模式，向综合文化服务商转型。随着新产品、新业态日益多元，新营销模式持续应用，"双减"政策的实行，实体书店由 To C 业务更多地向 To C + To B 业务转型，向文化消费、教育服务提供商、政企文化服务商转型。河北新华、广西新华、黑龙江新华、江西新华等立足传统优势，通过不断升级改造传统门店，打造新型城市书房、读者家园和文化体验空间。安徽新华加快推动"阅 +"新零售体系集成化

发展，深入布局文化消费生活生态圈，整合多业态打造新型文化消费空间，持续推进政企、公共文化业务开展。广西新华各级门店依靠当地党委政府部门，积极开展文化共建活动，成为政企共建学习型组织的典范。新华文轩针对个人消费者，积极开发"阅读+""文化+"等新商业模式，抓住"建党百年"契机做好时政读物发行和政企业务，逐步构建起政企业务专业服务能力。湖北新华全面拓展文化产业周边领域，深度服务高校师生，打通学校之间、学科之间、地域之间、校企之间的壁垒，初步构建成为"图书+""文化+"的高校综合性文化服务平台。

三是强化多元经营业态升级，打造文化体验中心。2021年新华书店加快了转型升级的步伐，发力门店重装、业态重塑，更多新产品、新业态被引入门店，经营业态持续迭代，已成为融合更多新业态、新空间、新体验的公共文化空间。广西新华、河北新华、湖北新华、山东新华、内蒙古新华发行集团（以下简称"内蒙古新华"）等在重装升级门店中，引入了自习室、"剧本杀"等新业态，塑造了一批立足于新时代读者需求的"图书+""文化+"新型门店。河北新华在2021年有14家门店完成转型升级，其中邯郸书城通过"书+文创产品""书+咖啡""书+互通体验"打造了高颜值、多业态、立体式的综合型体验式书店。广西新华在2021年实现了全部县级新华书店完成门店转型升级的战略发展目标，推动实体书店由"卖书"向"卖文化"转型，实现"图书+非书业态"经营模式。湖北新华针对多元文创板块大力推进业态、产品线、营销和服务模式升级，重点推介倍悦文创自主研发产品，探索会员收费、"三班服务"及个性化服务。黑龙江新华各级书店不断发力企事业单位工会文化活动定制、开设"书店自习室"、引进特色文创产品。各家新华书店依托书店资源开展研学等业务成绩斐然，山东新华、安徽新华持续推出"研学专列"，新华文轩开展的"传承红色基因·助力思政教育"等主题研学，青岛新华的书城研学，安徽新华的校园足球赛等取得了较好的成效。

3. 推进运营创新，放大门店价值提升双效

新零售生态体系的逐步建立完善，使得新华书店原有的经营模式、组织架构、人才结构已不能适应行业发展和市场变化。面对业务变革，新华书店进一步优化组织架构、创新经营思路、改进营销方法，以放大门店价值，持续提升双效。

一是持续优化组织架构与人才结构。随着各种新渠道兴起、新技术应用、新模式

引入，传统的组织架构、人才结构已成为实体书店快速发展的障碍，新华书店在 2021 年积极采取举措，对存在的问题进行不断优化。在组织架构调整上，如凤凰新华推进"强总部"建设，围绕职能管理与支撑、业务管理与服务两大功能设置 17 个中心（部门），新成立了大客户中心和门店运营中心。浙江新华成立了门店运营管理部，加强全省门店的统筹管理；组建门店运营专家委员会，为提升门店建设水平提供智力支持。在人才队伍建设上，浙江新华建立分层分级人才引进机制，深化集团上挂下派机制，实行本级主管竞争上岗，面向社会公开招聘优秀经营管理人才。湖北新华强化各级班子建设，通过系统内公开竞聘中层正副职、从地方党政机关选拔分公司负责人等方式，一批"80 后"年轻干部进入经营管理团队。内蒙古新华建立健全人才管理制度和绩效考核制度，通过实施两批"百人计划"，加大人才竞聘力度。

二是创新经营思路，提升政企、公共文化服务能力。各地新华书店整体经营普遍实现了"店内+店外""线上+线下""图书+多元""传统营销+现代营销"的同步推进，其中政企服务、馆配业务、地方书展、阅读节活动等重点项目，已成为新华书店当前发展的重要一环，政企公共文化服务能力持续提升。

政企业务方面，安徽新华 2021 年中标了马鞍山市博望区图书馆、六安市叶集区图书馆、阜阳市图书馆新馆等项目，公共文化服务版图进一步扩容。新华文轩加大了政企业务的推进力度，如宜宾中心店政企业务实现了从无到有、迅速发展。湖南新华 2021 年内新建党建学习书屋 785 家，持续打造党建学习圈。广东新华参与共建的汶村自助图书馆获评年度广东省公共文化服务优秀案例。浙江新华推出的 To G 平台新华政采云和新华阿里线上资产交易平台、凤凰新华分批在公共图书馆设立"凤凰书架+知名出版社"版本馆均获得了较好的反馈。

公共文化服务方面，各家新华书店在 2021 年参与承办的地方书展更加注重线上线下结合，力争打造成为区域乃至辐射全国的全民阅读新品牌。如天府书展以专业化、市场化办展，线上线下、馆店融合成效显著；浙江书展线上销售发力，线下迎来更多知名作家与现场活动；江苏书展线上分会场销售持续增长，线下通过好书、名家、活动增强吸引力；安徽黄山书展创新活动内容、形式和载体，皖新云书店引来更多关注；广东南国书香节暨羊城书展坚持线上线下高度融合、文旅联动跨界融合，形成了城乡联动、馆店联动、粤澳联动的阅读矩阵。

馆配业务方面，线上线下结合的馆配模式持续强化，云馆配线上业务持续推进。2021秋季南京馆藏图书展销会以现货采选为主要方式，全国356家供应商参与，订货总码洋1.11亿。2021浙江新华秋季"云馆配"展示会，吸引了全国572家供应商，订货码洋1.12亿。河北新华参与承办的第9届全国出版物馆配馆建交易会暨河北省首届馆配会展场面积近万平方米，吸引了400多家参展单位参展，展示10万余种图书。馆配业务已成为新华书店新业务的重要组成部分。

三是创新营销方式，针对个性化做好一般图书发行。在销售渠道日益多元的当下，新华书店门店营销方式更多向线上转移，更具针对性个性化的营销举措，进一步促进一般图书发行能力提升。常规的活动营销、图书展销、折扣销售、走出去销售外，直播带货、短视频营销风头更劲，"剧本杀""暑期培训班"广受欢迎，更多持续性的品牌活动，瞄准学生、年轻人等特定群体。

各地新华书店在2021年加大了直播带货、短视频营销的力度，湖北新华、安徽新华、沈阳玖伍文化城、山东新华、青岛市店、新华文轩等建立了专业直播团队，拥有了一定数量的网红达人，直播带货已成常态。凤凰新华、浙江新华、江西新华、湖北新华、湖南新华等的短视频矩阵建设初具规模、表现不俗，如湖北新华仙桃新华书店制作的新华书店人日常的视频，在自营平台播放量超过5万，在商报官方视频号（@中国出版传媒商报）的点击量超过10万，显现出发行集团短视频内容质量、策划设计能力、营销效果的逐步提升。

"双减"之下，山东新华、湖北新华、湖南新华、广东新华等新华书店为满足学生更多课余时间需求，在门店设立了课外阅读专区、完善了课后服务项目，并开设假期托管班等针对学生群体需求提供的针对性服务，均取得了较好的效果。新华文轩推出的"文轩姐姐讲故事"，凤凰新华打造的"凤凰姐姐讲故事"，浙江新华开展的"新青年说""之江好书节""春风悦读盛典"等阅读活动，安徽新华推出的"皖新读者节"，内蒙古新华开展的"朗读者""书香伴你回家路""书店奇妙夜""新华直播间·书想静静"等，通过持续的品牌建设，已成为区域市场特色鲜明、有影响力的品牌活动，深受读者喜爱。

（二）民营书店持续拓新改善经营状况

民营书店多数始于高颜值，依托优质选品、线下体验、高品质营销活动等吸引特定读者群，多数依靠门店销售获取收入。疫情下线下活动受限，不少民营书店资金资本相对薄弱，线上渠道建设相对滞后或投入成效有限，影响门店整体运营。困境面前，民营书店灵活体制机制优势渐显，经营者们通过拓新尝试，持续改善经营状况。

1. 知名民营连锁书店加大全国拓店步伐

有不少民营书店关张，也有众多新店开业。2021年，西西弗书店开店近40家，大众书局新开门店10家、升级装修2家，覔书店新开店9家，钟书阁新开门店5家，辽宁铁岭缘园书店新开门店4家、扩店升级2家，南京先锋书店新开汤山矿坑书店与园博园筒仓书店2家……其中，不少知名民营连锁书店凭借多年积累，依靠人员优势、专业程度、商业运营以及资源整合能力脱颖而出，而部分市场化意识低的民营实体书店经营更加难以维系。出版发行市场通过持续不断的竞争，最终会筛选出一批可持续发展的民营书店品牌，在平稳中实现更多的创新发展。

2. 持续开拓多元、政企、阅读定制、团购等新型业务

大多数民营实体书店的C端业务成熟且占比较高，在疫情影响、销售渠道日益多元之下，也加大了在B端、多元等新型业务的发力。如大众书局持续开拓政企服务、阅读定制服务等多形态销售模式，在文旅板块和政府部门共同推广全民阅读；湖南弘道书店将线下团购，走出去到企业、校园销售作为2021年的重点举措；钟书阁在"双减"政策下，加大对教育教辅材料、精品学生读物的研发力度；南昌青苑书店先后入驻南昌高新区、青云谱区图书馆，将图书馆打造成为市民的生活文化空间；嘉汇汉唐开展泛文化业务，包含文化投资、文化服务输出等……这些措施进一步提升了民营书店的市场经营能力、市场竞争能力和抗风险能力。

3. 做好门店营销，进一步推进线上营销与直播带货

大多数民营书店由于人员、资金等原因，线上发行渠道建设普遍缓慢。在面临疫情初期的迷茫后，多数民营书店负责人对线上营销日益重视，纷纷建立线上店铺、开启商城小程序，开展直播带货、建立微信社群等私域宣传、短视频营销等，短期内取得了一些成绩，成功在线上图书市场占据一席之地。其中，直播带货成为民营书店最普遍的营销方式，不少书店负责人如江苏慧源书城负责人等亲自上场直播销售，民营书店线上发行建设、营销意识与能力持续提升。

（三）平台电商、兴趣电商全面发力

传统电商平台和兴趣电商正在进一步细分线上图书销售市场，前者作为传统销售渠道，影响力、销售力仍存，后者作为近两年高速发展的"后起之秀"，正不断吸引出版上下游、个人参与，尤其是出版机构持续发力的自播业务，成为图书发行的重要一级。

1. 平台电商整体运营持续强化

北京开卷《2021图书零售市场报告》显示，2021年网店渠道保持正向增长，同比增长1%；网店渠道过去几年凭借低折扣和方便快捷的购物体验，保持高速增长，随着网店渠道规模不断扩大，线上流量红利开发殆尽，线上渠道增速由之前的高增长趋于稳定。这种情况下，平台电商在2021年进一步强化平台运营，确保销售增长和整体竞争力提升。一是发力第三方店铺，引入更多联营商家。如京东加大图书第三方店铺（POP）的发展力度，使其与自营业务齐头并进；当当重点在第三方店铺持续发力，2021年"6·18"期间，当当平台商家参与数量同比增加了37%；天猫图书简化图书招商门槛，2021年入驻商家数量几乎是过去数年之和。二是发力直播带货，进一步加强与多方合作。各大平台电商进一步加强与出版社、抖音大V、书店的合作力度，并通过在众多第三方平台开展直播，如京东推出了"京东图书合伙人"项目，设立50万元奖金池，面向公众号、微博、知乎等平台招募近200位头部达人，开展图书"种草"和内容带货；当当在抖音建立直播矩阵，与4 000余个大V建立了合作关系，通过物流、快递、配送以及售后等供应链赋能，在抖音形成规模化效应。

2. 短视频与直播大火，兴趣电商快速发展

《2021年抖音电商图书消费报告》显示，在兴趣电商的带动下，抖音平台图书消费规模发展迅猛，销量同比增长312%，消费人数同比增长205%。兴趣电商与出版社在2021年共同发力，依托短视频与直播带货，销售同比快速增长。一是以抖音为首的兴趣电商，一方面依托王芳、清华妈妈马兰花、樊登、都靓等大V、达人，精选图书品种直播带货、制作有吸引力的短视频，提升图书销售；另一方面通过组织一系列有针对性的阅读、营销的专项活动，如抖音在北京图书订货会、全国图书交易博览会、

天府书展等展会现场推出直播馆或直播区,邀请达人现场直播,由平台提供流量支持,提升平台影响力与关注度。二是出版机构加速入局直播带货和短视频内容创作。抖音平台内图书出版企业号在2021年底达近1万个,同比增长134%。中信出版集团、机械工业出版社、童趣出版公司、浙江文艺出版社、清华大学出版社、磨铁图书、新经典等出版策划机构的自播带货已颇具规模,很多出版机构已建立专门专业的选品与直播团队,部分出版机构抖音平台粉丝人数已超百万,实现了出版社自播业务的快速发展,已成为出版机构稳定的销售渠道之一。

二、图书发行面临的问题

(一)疫情防控、"双减"影响仍在持续

2021年,疫情给图书发行业造成的影响仍在持续。全国各地零星突发疫情所导致的临时闭店、区域封控、物流供应链中断等不利因素,使得部分实体书店人流、客流大幅减少,销售持续下滑,一些地区甚至出现图书进不来、快递发不出去的情况,严重影响着线上线下书店的图书销售。叠加2021年7月开始实施的"双减"政策对教辅发行带来的不确定性,一定程度上影响着图书发行的整体市场份额。

(二)屏端阅读渐成习惯或减少纸质图书需求

《2020年新闻出版产业分析报告》显示,2020年,全国图书品种新版较2019年降低5.0%,重印降低2.1%;全国图书总印数降低2.1%;图书出版实现营业收入963.6亿元,降低2.6%。因疫情防控限流和技术手段的进步,读者屏、端阅读的习惯加速兴起并渐成趋势,以及更加丰富的电子书资源,读者对纸质图书尤其是质量一般的图书、畅销书的需求,在未来或将有所减少,可能对行业发展带来不利影响。

(三)线上发行超低折扣严重冲击图书价格体系

以抖音大V为代表的超低价的直播带货,进一步冲击着原本脆弱的线上图书销售

价格体系。开卷《2021年图书零售市场报告》显示,兴趣电商折扣低至3.9折,平台电商折扣为5.2折,实体书店则为8.9折。2021年9月轰动行业的1元直播事件,超低价倾销遭到全行业抵制;大V高额的佣金、坑位费,让不少直播带货最终是赔本赚吆喝。直播带货带来的线上营销成本高企,也冲击着出版社的图书定价体系,部分出版社面对线上高成本被迫抬高图书定价,造成除在大V直播间有一些销售,其他渠道销量平平。

(四) 传统主渠道新华书店零售业务面临重压

兴趣电商加速兴起,平台电商持续强势,实体书店零售不断下滑,线上渠道销售市场份额占比近8成,线上线下渠道分流压力越来越大。因购买习惯不可逆地向线上渠道转移,线下书店进店读者人数持续下降,新华书店依靠门店升级改造、线下阅读推广活动、多元经营等举措难以吸引更多读者进店,门店零售持续下滑,出版社给予实体书店的营销支持也在不断减少,同时受体制机制、人才结构、观念意识、市场环境等多因素影响,新华书店零售业务整体经营面临重压。

三、推进图书发行业发展的建议

(一) 持续强化行业线上发行能力

为克服疫情影响,出版物发行业持续提升线上发行能力,线上销售渠道进一步扩容,线上线下融合发展加速,线上微商城、直播带货、第三方平台店铺、自营平台全面推进,行业线上线下新零售生态体系建设更加完善。实体书店要在线上自营平台与平台店铺运营上持续发力,扩大线上电商平台的市场空间,构建线上线下销售闭环,同时布局抖音、快手、小红书、B站等内容社交平台,持续发力兴趣电商;出版社要在自营网店、直播带货、短视频营销、供应链建设上持续发力,提升线上发行能力。

(二) 进一步规范图书销售价格

兴趣电商折扣低至3.9折的情况,一定程度上表明2021年图书直播带货的火爆,比拼的依然是更低的价格，而低价销售策略在根本上将不利于行业的可持续发展。出版社要推出更多内容优质的图书，依靠内容吸引读者；在与大 V 合作时，不能无限制地满足合作主播全网最低价的要求。平台商要进一步重视平台直播的品质，协同大 V 有意识地利用图书的文化属性，通过打造品质直播，提升品牌价值，而不仅仅是低价取胜。

（三）传统渠道加快转型升级

以实体书店为代表的传统渠道正在加快转型升级的步伐，通过体制机制改革优化组织结构，进一步适应行业变革和企业发展；通过推进各项业务的互联网化，强化线上发行，持续打造数据型企业；通过推进校园书店建设，深度参与校园阅读推广、校园文化活动等，由教育产品提供商向教育服务运营商转型；通过深入商圈、校园、乡镇、景点建设新型门店，加强网店布局；通过部署更合理、更有效的多元业态，打造一站式多元文化体验中心；通过人才招聘、业务培训、自主培养等方式，吸引更多人才，为书店发展注入新鲜血液。

（四）提升政企、公共文化服务能力

众多实体书店在 2021 年抓住"建党百年"契机，做好时政读物发行和政企业务，如协助政府机关单位做好公共文化服务，帮助国有大中型企业制定阅读服务定制解决方案、阅读空间打造等，逐步构建起政企业务专业服务能力。实体书店要通过强化推进政企服务、发力馆配、店外销售等新型业务，承办地方书展、阅读月、阅读节等全民阅读推广活动，协助做好地方图书馆运营、参与公共文化设施建设等公共文化服务，提升企业品牌影响力与知名度，打造企业新的经济增长点。

（倪　成　中国出版传媒商报）

第三编
专题报告

2021 年图书选题出版报告

中国版本图书馆（中宣部出版物数据中心）图书在版编目（CIP）数据统计显示，2021 全年共核发书号（指新书和再版书，不含重印书）26.86 万个，编制发放 CIP 数据 28.09 万个，较 2020 年分别同比增长 2.48%、4.74%，同时，出版物种数由 2020 年的 17.51 万种微增至 17.78 万种。从一个侧面反映了出版业在高质量发展战略的长期引导下，克服新冠肺炎疫情对行业的不利影响，实现了出版物品种数和规模数的双提升。

一、重点选题内容情况

（一）主题出版

2021 年是中国共产党成立一百周年，是"十四五"规划开局之年，也是"两个一百年"奋斗目标的历史交汇点，出版界把宣传阐释好习近平新时代中国特色社会主义思想作为出版工作首要政治任务，聚焦主题出版重点领域，以及国史、党史重要纪念日，加强顶层设计、精耕内容资源，推出了一大批系列精品力作。

1. 习近平新时代中国特色社会主义思想主题图书

新时代思想原文原理著作再添重头。统计显示，2021 全年有近 150 种习近平总书记讲话单行本、论述摘编、专题文集、演讲致辞等原作编辑出版，从不同角度和侧面反映习近平新时代中国特色社会主义思想。如中宣部会同有关部门和单位共同编辑完成的《习近平谈治国理政·第三卷》，全书设 19 个专题，收录了习近平主席从 2017 年 10 月至 2020 年 1 月期间的重要著作，即围绕治国理政的讲话、谈话、演讲、答问、贺信等 92 篇，收录了习近平主席各个时期的工作照片 41 幅，集中展现了本届中央领导治国理念和执政方略。各有关出版单位出版的《在庆祝中国共产党成立100周年大会上的讲话》《纪念辛亥革命110周年大会上的讲话》《在"七一勋章"颁授仪式上的讲话》《在全国脱贫攻坚总结表彰大会上的讲话》《在中国科学院第二十次院士大会、中国工程院第十五次院士大会、中国科协第十次全国代表大会上的讲话》《在中国文联十一大、中国作协十大开幕式上的讲话》和《加强政党合作 共谋人民幸福》《让多边主义的火炬照亮人类前行之路》《同舟共济克时艰 命运与共创未来》等分别收录了习近平总书记在内政外交重要场合的讲话、演讲、致辞等。

新时代思想学习阐释类图书渐成体系。中宣部、外交部、教育部等部门充分发挥职责职能，集中编写推出一批习近平新时代中国特色社会主义思想学习阐释类图书。中宣部推出的《习近平新时代中国特色社会主义思想学习问答》，全书共100个问题并以问答的形式出版，是推动党的创新理论"飞入寻常百姓家"的生动体现，由学习出版社、民族出版社、盲文出版社分别推出中文、少数民族语言文字和盲文版。中宣部、外交部联合编写的《习近平外交思想学习纲要》，全面反映习近平新时代中国特色社会主义思想在外交领域的原创性贡献，系统阐释习近平外交思想的时代背景、深刻内涵、理论品格和光辉实践。教育部组织编写的《习近平新时代中国特色社会主义思想学生读本》由人民出版社和人民教育出版社联合出版，读本科学编排不同学段分册内容和呈现方式，旨在让学生不断深化对习近平新时代中国特色社会主义思想的系统认识。

2. 庆祝中国共产党建党百年主题图书

统计显示，2021年有关单位申报出版300余种建党百年图书，类型丰富、选题多样。在中宣部公布的入选170余种年度重点图书中，聚焦百年党史有关选题达60余种，其中不乏重头作品。

史实类图书统揽全局。习近平总书记的专题文集《论中国共产党历史》汇编了党的十八大以来习近平同志围绕中国共产党历史发表的一系列重要论述，在中文版之外，同时出版了蒙文、维吾尔文等各少数民族文字版本。通史类代表作如中共中央党史和文献研究院主持编纂的《中国共产党一百年大事记》，记录了中国共产党100年波澜壮阔历史进程中的重大事件，以大事记的形式集中展现中国共产党从创建到不断发展壮大的光辉历程，该书还出版了盲文版、英文版；中央党校出版社的《中国共产党历史通览》采用大量的党史资料和文献研究，吸收最新研究成果，全方位介绍和深度分析党史、国史、改革开放史、中国特色社会主义发展史。此外，出版界还推出了系列青少年党史通识类读本，如人民日报出版社的《中共党史必修课》、人民出版社的《写给中学生的中国共产党历史》《写给小学生的中国共产党历史》、学习出版社的《百年大党与大国青年》，以及中共党史出版社的《中国共产党优良传统教育（青少年版）》，等等。

理论类图书溯源出新。出版界着力在学理化、学术化上下功夫，打造一批高质量理论读物。2021年8月26日，中宣部发布文献《中国共产党的历史使命与行动价值》，随后由人民出版社正式出版。中央文献出版社和中共党史出版社联手推出"百年风华：中国共产党理论与实践研究丛书"包含《使命担当》《理论强党》《浴火新生》《常青之道》《开天辟地》等分册。知名学者曲青山所著的《中国共产党百年历史经验》精选了其近两年来的20多篇理论文章，金冲及所著的《百年道路》以访谈录形式书写了中国共产党一百年来如何走好革命、建设、改革与发展道路等。《党史解释要论》是国内首部研究党史解释问题的理论著作，对于推进党史学理论建设有着重要意义。

侧写类图书富有新意。一批图书选择从小切口看大历史，从地图、音乐、人物等视角出发，将中国共产党的历史娓娓道来。这类图书有中国地图出版社的《中国共产党100年地图集》和《红色地图 百年党史》，前者为图集，以地图为主要表达载体，综合经典照片、信息图表、文字说明等多种表达方式，对中国共产党不同阶段的重点事件进行介绍和解读；后者是由知名历史教材编写专家执笔的中共党史普及性读物。人民音乐出版社的《中国共产党历史歌典》是由中国音乐家协会、人民音乐出版社、中共党史出版社联手打造的一部庆祝建党百年的主题出版物，遴选了166首反映百年历程中重大历史时刻、重要历史人物的经典歌曲，144幅珍贵历史照片，98首乐谱音响。科学出版社的《百位著名科学家入党志愿书》选取最具有代表性的100位著名党员科学家入党志愿书等珍贵档案卷宗影像和资料，既有钱学森、钱三强、王大珩这样的"两弹一星"元勋，又有贝时璋、杨钟健等一批新中国主要学科的奠基人和开拓者。

3. 马克思主义经典文本主题图书

经典译作版本荟萃。2021年《共产党宣言》总共面世18个译本，既包含陈望道翻译的国内首个译本《共产党宣言》，也包括博古、华岗、成仿吾、谢唯真、陈瘦石、乔冠华等知名人士的译本。不仅装帧形式多样，有线装影印本、礼盒装、袖珍版等，而且语种文字多样，推出汉、德、法、英、俄、日、盲文等多个版本。

理论研究又添新成果。《马藏》作为一项对马克思主义形成和发展过程中相关文献进行汇集与编纂的基础性学术文化工程，2021年又添新作。北京大学《马藏》编纂与研究中心编纂完成《马藏》第二部第一、二卷和第三部第一、二卷，由科学出版社出版，通过对文献的系统整理及文本的再呈现，把马克思主义在中国和世界传播与发展的相关文献集大成地编纂荟萃为一体，对于促进马克思主义学术研究和理论发展、提升马克思主义中国化的影响力和话语权具有深远意义。

（二）学术出版

2021年，出版界围绕回答新时代重大理论和现实问题，推进中国特色哲学社会科学学科体系、学术体系和话语体系建设，推动本土哲学社会科学成果的传承和发扬，推广普及哲学社会科学理论创新成果等选题方向，推出系列学术精品力作。

深入阐述马克思主义及其中国化议题。如中央编译出版社出版的《马克思关于贫困的论述及当代意义》，阐述中国共产党人如何在反贫困的实践中推进和深化马克思贫困理论的中国化，对于理解贫困和消除贫困具有重要的理论及现实意义；由科学出版社出版、入选国家哲学社会科学成果文库的《〈共产党宣言〉汉译本与马克思主义话语中国化研究》，着重描述马克思主义话语中国化在《宣言》汉译本中的变迁历程，总结了"中国话语"形成的历史经验及其当代启示。

积极出版本土哲学社会科学研究成果。如由社会科学文献出版社出版、入选中国历史研究院学术出版资助项目的"中国近代思想通史"系列丛书，详细梳理中国近代思想演变，力图展现时代变动，中国思想界的纷繁复杂和贯穿其中的主导线索；人民出版社的《文化大传统与中国早期文论精神》，重新对中国早期文论及其潜藏的精神价值展开本土语境知识建构与跨学科文化阐释。

推出角度独特的知识性读物。如北京大学出版社的《宏观经济学十二讲》，融入大量中国及其他国家的发展实例，从实践出发辩证地解读国际主流宏观经济学理论及其在中国的思辨和实践；《大脑的意识，机器的意识》一书作为人类智能和人工智能的科普读物，介绍了意识产生机理、外界因素对意识形成的影响。

开展重要文献整理出版。如中央编译出版社的"近代中国《资本论》文献集成"系列丛书，围绕20世纪初期中国翻译出版的《资本论》这一经典著作的6个权威译本，重新整理影印出版，具有重要的文献价值和历史价值；北京燕山出版社的《日本涉华社会调查与研究资料汇编》，从不同侧面展现日本在近代中国进行大规模详细社会调查的情况，充分反映了日本帝国主义侵略中国的野心。

（三）传统文化出版

近年来，我国不断推动中华优秀传统文化创造性转化、创新性发展，提出2025年前全面复兴中华优秀传统文化的重大国策。传承和弘扬好中华优秀传统文化是必然趋势，更是时代使命。数据显示，2021年出版界一如既往深耕中华优秀传统文化选题策划出版，推出一大批底蕴深厚、涵育人心的优秀作品，着力在筑牢文化自信中贡献出版力量。

中国传统哲学选题注重对不同流派思想主张和经典义理的深度阐发，立足中国实际，解决中国问题。人民出版社的《孟子新传》探索其思想理论对当代中国构筑社会主义核心价值观、建设社会主义精神文明的资鉴作用。中国社会科学出版社的《中国道统论》系统梳理以道统为核心的中华文明主要学术思想，为新时代道路自信、理论自信提供学术理论支撑。西北大学出版社的《先秦风险管理思想研究》研究先秦诸子的人生哲学与忧患意识，探讨先秦风险思想在预警和规避风险方面值得当代社会借鉴的方法路径。

中华传统美德选题深入挖掘家风家训蕴含的思想精华和道德精髓，积极探讨家庭家教家风建设在家庭教育、廉洁教育、基层社会治理等方面的重要作用。外研社的《中国传统经典家风家训》收录中国历朝历代经典家训著作，择取为人、处世、学习、修身、治家、为官等多方面内容，以通俗简要的文字对各条家训进行评述。人民日报出版社的《清风传家 严以治家》通过清白传家的家风故事，生动展现优秀党政干部及家属的廉洁自律意识，引导大家见贤思齐，自觉做家风建设的表率。中国农业出版社的《构建乡村新风尚——家风家训》，从中国传统的家风家训思想入手，通过讲解实例、指导做法，帮助农村家庭建立符合社会主义核心价值观的家庭和社会关系，促进乡村振兴。

中华传统文学艺术选题搜集整理典籍遗珍，阐释人文底蕴，解码古人智慧。上海古籍出版社的"中国古典文学丛书"全面呈现了文学类古籍整理的最新成果。学苑出版社的《盘瓠神话资料汇编》收集中国不同民族、不同地域流传的盘瓠神话，辨析文本背后的文化信息。甘肃文化出版社的《藏族民间口传文化汇典》作为一部补白之作，抢救整理濒临失传的藏族民间口传文化资料，真实再现不同时期藏族的政治、经济、文化、风俗、宗教、伦理、审美等形态。京剧传承与发展国际研究中心持续推出汉俄、汉法等多语种对照版本的《北京京剧百部经典剧情简介》，促进了京剧特别是梅派京剧艺术的海外传播。

中国民俗文化选题着眼饮食、节日、农耕、服饰、嫁娶、丧葬等多方面，或聚焦客观记录，或探究传承保护。清华大学出版社的《岁时节俗知多少》详细描述了中国传统节日诗情画意的来源和不为现代人所知的各种有趣习俗。重庆出版社的《南川民俗图志》如实记述南川地区有记载、有传承、有价值的民间习俗，特别是长期形成的农耕文化习俗。南京大学出版社的《传统节日传承机制与当代实践研究》从理论与实践两个维度研究传统节日当代传承与振兴问题。中国纺织出版社的《排瑶服饰数字化保护与传承》首次对粤北排瑶服饰进行全面梳理与系统研究。

中国古代科技文化选题盘点中华民族在农业、医术、天文、算术、地理、纺织、建筑、造船等领域的伟大创举，尽显古人智慧和工匠精神。科学出版社的《中医五官科疾病源流考》从病名、病因病机、证候分类及治疗方面入手，对历代重要典籍各五官科疾病的相关论述进行整理，探寻五官科常见疾病的学术脉络和规律。中国科学技术大学出版社的《〈天象源委〉校注》是对清代中期张永祚代表作《天象源委》的学术性校释之作，有助于深入理解中国古代天文学史以及中西交流史。西北大学出版社的《建筑藻饰》对建筑藻饰类汉画的详细类别和文化内涵进行介绍，反映了汉代的建筑思想和特色。北京燕山出版社的《中国古代数学文献集成》是迄今为止最为全面和系统的数学文献汇编，不仅体现了古人的辉煌成就，还蕴含了中华民族的思维方式、生产生活及文化样态。

（四）走出去出版

数据分析显示，2021年走出去选题依然坚持外向定位，通过向国外主流社会传播中华悠久文明，宣传中国改革建设成就和中国的道路制度，展示真实立体的中国，传达中国声音，传播中华文化，提升国际话语权。与往年相比，2021年走出去出版在常见的文化、科技类选题之外,积极拓展细分选题,呈现不少亮眼表现。

中国制度道路类选题直击核心。近150种走出去图书通过"中国共产党""中国梦""一带一路""中国道路""中国政党"等热词,从不同角度解读中国共产党、中国人民所选择的社会制度,从不同侧面展示中国共产党带领中国人民所取得的建设成绩。《习近平谈治国理政》继续推出西班牙文、葡萄牙文、日文、阿拉伯文、德文、俄文、法文等多语种版本;中宣部对外出版重点项目"中国读本"丛书由五洲传播出版社新近推出《百年沧桑中国梦》《探路与出路》《民主是个好东西》三本新作;"中国共产党为什么能"书系《中国共产党为什么能?》《中国共产党如何治理国家?》《中国共产党如何反腐败?》《中国共产党如何治党?》《中国共产党如何应对挑战?》等五种图书由新世界出版社一并推出,从五个主题阐述了中国共产党的发展历程、遇到的问题及解决的方法。国务院新闻办发布的《中国的民主》出版英文、法文、俄文等多语种版本,直面回应西方设置的核心议题,阐释了中国走出符合国情的民主之路、实现人民当家做主等内容。郑必坚的"读懂中国丛书"新增《中华文明与中国共产党》中英文版本。

外宣选题精准发力。出版界积极开展关于新疆、西藏、香港建设发展情况的对外普及宣传。外文出版社推出《西藏和平解放与繁荣发展》《新疆的人口发展》《新疆各民族平等权利的保障》《"一国两制"下香港的民主发展》等重头图书。五洲传播出版社出版《新疆真相:揭穿美西方涉疆谎言与诋毁——新疆维吾尔自治区涉疆问题新闻发布会实录》一书。值得关注的是,除了上述热点外,河南、浙江等文化大省独立出书宣传本地文化,商务印书馆的《游学浙江》多语种系列图书包括英、法、德、俄、日、韩六个语种,旨在集中精准展示浙江优势旅游资源和文化特色,河南大学出版社的《中华源·河南故事》依托"翻译河南"工程,积极推动中原文化走出去。

重点领域外宣佳作频出。出版界追踪热点、服务党和国家工作大局,在扶贫、人权、法治、军事、气候、生物多样性、抗疫等国际舆论热点领域,均有一批代表性图书面世。如《人类减贫的中国实践》《国家人权行动计划》《中国共产党尊重和保障人权的伟大实践》《世界人权保障的中国方案》《法治中国新时代》《中国军事关键词》《中国应对气候变化的政策与行动》《中国的生物多样性保护》《共同战"疫" 命运与共:中国与世界携手抗疫纪实》等图书,均由权威部门主持编撰发布、大社名社出版。

在日本侵华史实整理出版方面同样取得硕果。线装书局的《日本侵华资料》据日本国立公文书馆亚洲历史资料中心所保存的一手密级档案文献资料汇编影印而成，资料跨时从1891年至1945年长达55年。中央编译出版社的《关东军防疫给水部留守名簿》《甲第一八五五部队留守名簿》《关东军防疫给水部复七名簿》是日本细菌战史研究核心的全新档案文献，具有不可替代的学术研究价值和现实利用价值。

二、重点选题板块基本情况

（一）哲学社会科学领域

中国版本图书馆图书在版编目（CIP）数据统计显示，2021年申报出版哲学社会科学选题总计138 913种，较2020年（129 038种）增加9 875种，同比增长7.65%，与全年选题整体上升走势（涨幅4.74%）相符合。同时，包括政治、经济、文化教育在内的细分选题皆呈涨势，而哲学宗教类选题有所下降。

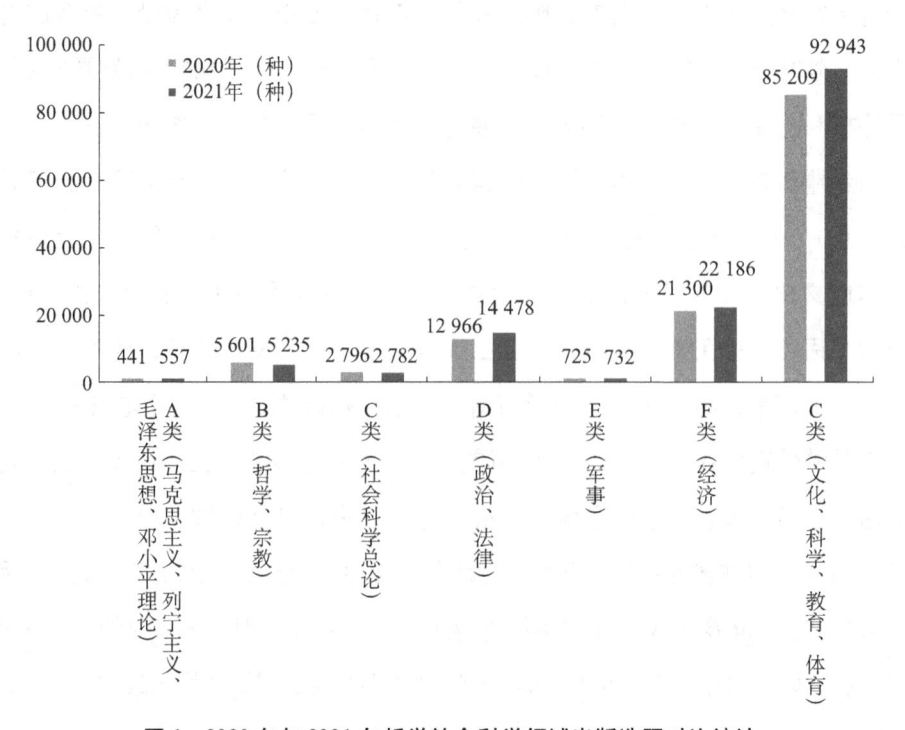

图1　2020年与2021年哲学社会科学领域出版选题对比统计

1. 思想政治类选题

统计显示，2021 年申报出版政治类选题 8 704 种，较 2020 年（7 157 种）增加 1 547 种，同比增长 21.62%。

马列著作类选题显著增加。作为党的思想理论建设的重要组成部分，我们党历来十分重视马列主义经典著作的编译出版。2021 年适逢中国共产党成立 100 周年，有关理论著作和普及读物不断涌现，2021 年马列著作类选题 469 种，较 2020 年同期增加 120 种，涨幅约 34.38%。其中，关于马克思主义的学习、研究类著作数量高达 376 种，占比逾八成。

中国共产党类选题激增超七成。围绕党史学习教育和献礼建党百年主题，全国出版界精心策划打造精品力作，或展现党的光辉历程、折射伟大精神，或回顾发展道路、回应时代课题，或总结基层党建经验、展示从严治党成果。2021 全年中国共产党相关选题 2 371 种，较 2020 年同期提高 77.60 个百分点，尤以党史类选题增加最为明显，同比增长两倍多（245.02%）。

中国政治类选题小幅上涨。该类选题密切关注国家政策研究、政治体制、行政管理以及各类社会问题等，把握出版导向，力戒简单拼凑和跟风重复，且在内容设置和装帧设计上精益求精。2021 全年中国政治类选题 4 141 种，较 2020 年同期增加 312 种，涨幅约 8.15%。

2. 哲学宗教类选题

统计显示，2021 年申报出版哲学宗教类选题 5 460 种，较 2020 年（5 891 种）下降 7.32%。其中，哲学理论类选题增幅超一成，中国哲学类选题微降，世界哲学类、宗教类选题略有增长。

哲学理论类选题略降。2021 年哲学理论类选题 2 724 种，占全年哲学宗教类选题总量（5 460 种）的 49.89%，较 2020 年（3 131 种）占比下降 3.26 个百分点。其中，占比前两位的为心理学类（1 386 种）、伦理学类（691 种）共 2 077 种。

中国哲学类选题合理微降。2021 年中国哲学类选题 1 367 种，较 2020 年（1 379 种）减少 12 种，降幅 0.87%。其中，先秦哲学类选题数量 863 种，与 2020 年（863 种）持平；近代哲学类（38 种）、现代哲学类（36 种）、马克思主义哲学中国化研究类（10 种）选题数量增加显著，较 2020 年涨幅分别达 123.53%、38.46%、233.33%；

汉代哲学类（17种）、三国两晋南北朝哲学类（8种）、隋唐五代哲学类（2种）、宋元哲学类（88种）、清代哲学类（28种）选题数量较2020年降幅分别为22.73%、11.11%、66.67%、24.79%、12.5%。

世界哲学类选题小幅上涨。2021年世界哲学类选题429种，较2020年（411种）涨幅4.38%。其中，占比80%以上的欧洲哲学选题数量349种，较2020年（332种）增加17种；世界哲学史、思想史和唯物唯心主义论证类（36种）、亚洲哲学类（28种）选题增长明显，同比增幅分别为16.13%、16.67%；美洲哲学类（23种）、非洲哲学类（1种）选题，同比降幅分别为8%、50%。

宗教类选题略增。2021年宗教类选题719种，较2020年（691种）增加28种，增幅4.05%。其中，伊斯兰教史（19种）、基督教史（102种）、宗教神话（117种）三类选题数量同比涨幅分别为216.67%、112.5%、23.16%；宗教理论阐释、佛教文化、道教文化和其他宗教等相关选题数量（483种）较2020年（542种）降幅超一成。

3. 经济类选题

统计显示，2021年申报出版经济类选题23 032种，较2020年（22 106种）上升4.18%，该类选题所包含的中国经济、经济学理论、世界经济细分门类选题数量均有小幅增长，国际经济关系类选题数量下降近一成。

中国经济相关选题小幅上涨。该类选题包括推动乡村振兴和区域协调发展、打赢脱贫攻坚战、发展高技术产业和中小企业等细分选题，在数量上一直占比较大，是经济类选题出版的重点。2021全年共10 197种，较2020年（9 754种）提高4.54%。

经济学理论类选题略增。该类选题2021年6 303种，较2020年（6 091种）增加212种，增幅约3.48%。其中，贸易经济类（18种）、财政税收类（50种）选题2021年同比增幅分别为20%、16.28%；智能经济类（28种）、股票投资类（158种）、电子商务类（472种）选题2021年均逆势下降，同比下降33.33%、15.51%、8.88%。

世界经济类选题略有浮动。该类选题2021年952种，相较2020年（936种）小幅上涨1.71%。其中，发展自由贸易区、国际贸易的世界经济政策类选题共81种，较2020年（62种）增长30.65%，增幅明显。在各国经济选题中，美国经济相关选题数量显著上升，2021年（73种）比2020年（56种）增加17种。

国际经济关系相关选题下降近一成。2021年国际经济关系相关选题30种，相比2020年（33种）下降9.1%。其中，国际合作类选题（17种）不降反增，同比涨幅达142.86%；区域经济合作类选题（11种）同比下跌26.67%。

4. 文化教育类选题

统计显示，2021年申报出版文化教育类选题92 943种，占据哲学社会科学领域四分之一的份额，较2020年（85 209种）增加7 734种，同比增长9.08%。

中国文化事业类选题微增。与《全面建成小康社会：中国人权事业发展的光辉篇章》白皮书关于"我国公共文化服务水平不断提高，文化事业和文化产业蓬勃发展"的判断相符合，2021年中国文化事业类选题909种，较2020年同期增加54种，涨幅6.32%。选题内容主要围绕我国非遗保护、公共文化服务体系建设、文化传播交流、地方文化事业发展。

特殊教育类选题大幅增长。特殊教育既是教育的重要组成部分，也是高质量教育体系不可或缺的重要内容。2021年特殊教育类选题519种，较2020年同期增加308种，增幅达145.97%。这些选题涉及康复训练、能力培养、沟通交往、安全防范等内容，具有很强的针对性和适用性。

中小学教材教辅类选题呈增势。2021年，受新冠肺炎疫情影响，各地中小学相继"停课不停学"、居家线上学习。这一教育模式带动了各种教材教辅的出版增长。2021年中小学教材教辅类选题57 654种，较2020年同期增加4 254种，涨幅约7.97%。

（二）人文历史领域

中国版本图书馆图书在版编目（CIP）数据统计显示，2021年申报出版人文领域选题共计81 448种，较2020年（79 322种）增加2 126种，同比增长2.68%。其中，文学、历史类选题同比基本持平，艺术类选题略有增长。

1. 文学类选题

统计显示，2021年申报出版文学类选题38 939种，较2020年（39 349种）减少410种，同比下降1.04%。

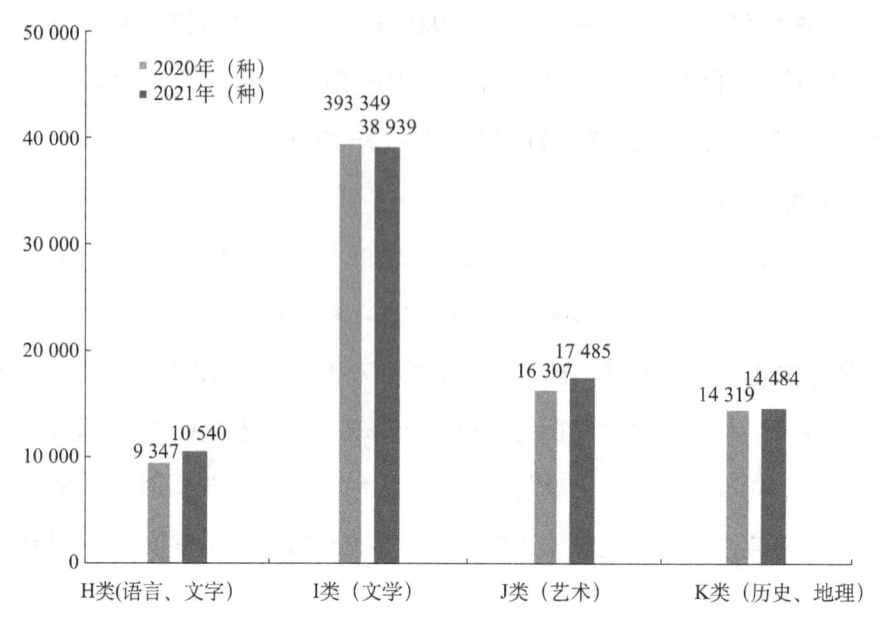

图 2 2020 年与 2021 年人文历史领域出版选题对比统计

中国文学选题占比微增。作为世界历史上最悠久的文学之一，中国文学在世界文学发展史上占有重要地位。2021 年中国文学选题 29 056 种，占全年文学选题总量的 74.62%，较 2020 年同期提高了 0.57%。选题内容紧扣建党百年、抗击疫情、全面小康、脱贫攻坚等方面，深刻反映伟大时代历史巨变，描绘人民群众精神图谱。其中，报告文学和儿童文学作品涨幅超一成，诗歌、散文、小说、戏剧文学和少数民族文学作品则出现不同程度的下降。

外国文学选题同比微降。2021 年外国文学选题 8 886 种，较 2020 年同期下降 3.91%。其中，仅亚洲文学作品呈现涨势，数量达 2 146 种，同比增长 8.99%；欧洲文学、美洲文学、非洲文学、大洋洲文学作品持续下滑，降幅分别为 8.23%、3.35%、25.00%、17.18%。

2. 艺术类选题

统计显示，2021 年申报出版艺术类选题 17 485 种，较 2020 年（16 307 种）增加 1 178 种，同比增长 7.22%。

中国绘画选题明显上涨。作为华夏文化的瑰宝，中国绘画艺术不断精进突破。2021 年中国绘画选题 4201 种，较 2020 年同期增加三成以上（31.16%）。其中，占全年中国绘画选题总量四分之一的连环画作品数量 1 695 种，同比增长显著，涨幅高达

89.17%；漫画作品数量836种，同比增长24.96%；国画作品数量968种，较2020年同期微升3.31%。这些数据充分说明我国在积极推动文艺创作繁荣方面取得新进展。

中国工艺美术选题顺势增长。中国工艺美术浸透着中华民族的文化精髓和审美意识，在世界文化中独树一帜。2021年中国工艺美术选题831种，较2020年同期增长11.54%，涵盖陶器、瓷器、织绣、玉器、漆器、剪纸、年画等类别。这些选题具有很高的学术价值、理论价值和欣赏价值。

3. 历史类选题

统计显示，2021年申报出版历史类选题12 221种，较2020年（12 167种）增加54种，同比增长0.44%。

中国人物传记选题稳中稍增。传记在人类文明初期即已出现，伴随着人类文明的发展进程，在今天呈现出一派繁荣景象。2021年中国人物传记选题2 853种，较2020年同期增加155种，同比增长5.74%。历史地理、自然科技、医药卫生、农林畜牧业领域以及社会政治人物类细分选题均表现出良好的增长势头。

地方志选题显著减少。地方志是重要的地方文献，是一个地区的史书，享有"地方百科全书"的美誉。2021年地方志选题2 892种，较2020年同期减少249种，降幅约7.93%。这些选题内容严谨、史料翔实，可为政府部门施政决策提供依据和塑造地域精神提供素材。

中国文物考古选题同比上涨。2021年国务院办公厅印发《"十四五"文物保护和科技创新规划》，这是文物领域规划首次上升为国家级专项规划，中国考古事业迎来了重大发展机遇。随着各类考古新发现层出不穷，考古学术研究新成果也在不断涌现。2021年中国文物考古选题1 620种，较2020年同期增加224种，涨幅16.05%。其中，与甲骨文、金石文、简牍等古书契相关选题相对增量最大。

（三）自然科技领域

统计显示，2021年申报出版自然科技领域选题56 001种，较2020年（54 303种）增加1 698种，同比增长3.13%。工业技术、交通运输、航空航天各类细分选题皆呈涨势，医药卫生类选题微降。

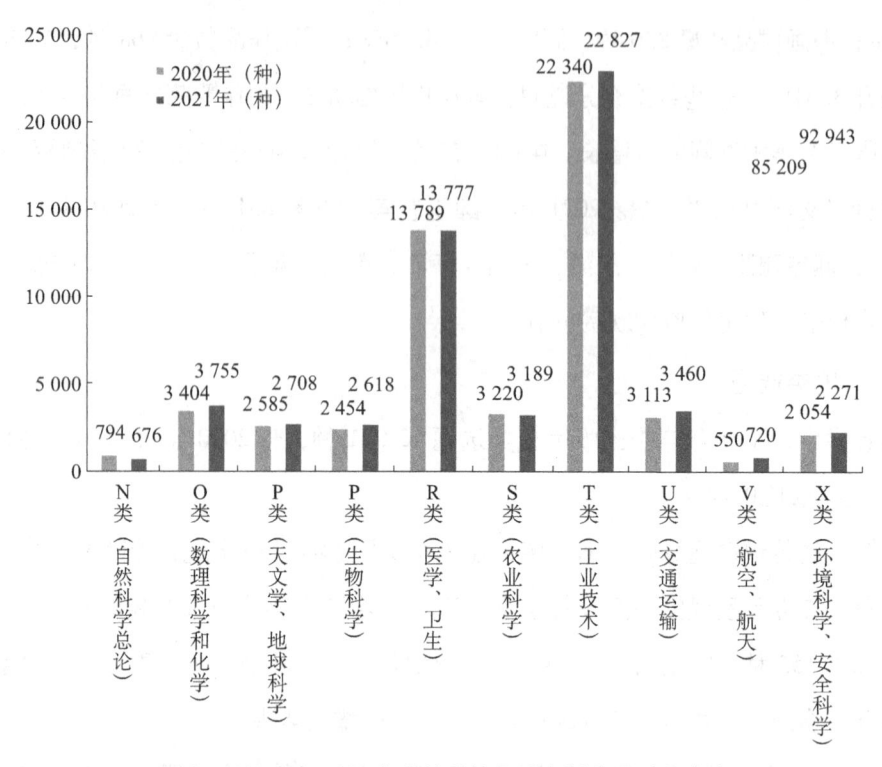

图 3　2020 年与 2021 年自然科技领域出版选题对比统计

1. 医学卫生类选题

统计显示，2021 年申报出版医药卫生类选题 13 777 种，与 2020 年（13 789 种）同比降幅 0.09%。该类选题所含的中医、引进版医学细分门类选题数量均有不同程度上涨，医学科普类选题降幅明显。

中医类选题涨幅显著。该类选题在数量上一直占比较大，是医药卫生类选题出版的重点，2021 年共 3 425 种，较 2020 年（2 949 种）上涨 16.14%，包括推广中医治疗法、研究少数民族医学、解读古代医学典籍等细分选题。

医学科普类选题下降近两成。2021 年医学科普类选题共 584 种，相比 2020 年（704 种）下降 17.05%。其中，针对青少年和儿童群体的细分选题 267 种，较 2020 年（382 种）下降 30.1%；心理健康类（22 种）、防疫类（27 种）分别下跌 47.62%、25%；中医药疗法类 98 种，较 2020 年（53 种）不降反增，涨幅达 84.91%。

引进版医学相关选题大幅上涨。该类选题 2021 年共 523 种，相比 2020 年（426 种）上涨达 22.77%。其中，心血管疾病、癌症诊疗类选题共 115 种，较 2020 年（56

种）增长 105.36%，增幅明显，且两类选题在全年引进版医学选题占比（21.99%）较 2020 年（13.15%）提高 8.84 个百分点；脑科学在该类选题中一直占比超一成，2021 年（77 种）比 2020 年（73 种）增加了 4 种。

2. 工业技术类选题

统计显示，2021 年申报出版工业技术类选题 22 827 种，较 2020 年（22 340 种）略增 2.18%。其中，计算机应用、自动化技术及设备、引进版工业技术细分门类均有不同程度下降，人工智能理论研究选题小幅逆势上涨。

计算机应用类选题略降。2021 年计算机应用类选题 1 663 种，较 2020 年（1 673 种）减少 10 种，降幅 0.6%。其中，物联网（122 种）、云计算（89 种）两类选题涨幅较 2020 年分别达 96.77%、12.66%；虚拟仿真相关选题数量（40 种）较 2020 年（53 种）降幅 24.53%。

自动化技术及设备选题下降明显。2021 年自动化技术及设备选题 856 种，约占全年工业技术类选题总量（22 827 种）的 3.75%，同比下降 0.45%。其中，自动化系统（455 种）、机器人技术（284 种）共 739 种，较 2020 年（821 种）下降 9.99%。

人工智能理论研究选题小幅上涨。2021 年人工智能理论研究选题 639 种，较 2020 年（620 种）增长 3.06%。其中，机器学习类选题数量 203 种，较 2020 年（171 种）增加 32 种；神经网络研究选题 24 种，较 2020 年（26 种）减少 2 种。

引进版工业技术类选题降幅明显。2021 年引进版工业技术类选题 641 种，较 2020 年（772 种）下降 16.97%。其中，自动化技术（306 种）、建筑设计（79 种）类选题数量降幅显著，较 2020 年降幅分别为 21.54%、33.61%；食品、服饰等轻工业选题数量 92 种，与 2020 年（72 种）相比逆势上涨 27.78%。

3. 交通运输类选题

统计显示，2021 年申报出版交通运输类选题 3 460 种，较 2020 年（3 113 种）上升 11.15%，该类选题所包含的公路运输、铁路运输细分门类选题数量均有明显增长，引进版该类选题数量下降近三成。

公路运输类选题增幅明显。该类选题 2021 年共 2 000 种，相比 2020 年（1 803 种）增幅 10.93%。汽车工程类选题 634 种，在 2021 年公路运输类选题中占比 31.7%；其中，新能源汽车类选题数量显著上升，2021 年（132 种）比 2020 年（116 种）增加 16

种;公路智能技术相关选题数量大幅上升,2021年共81种,较2020年(62种)涨幅达30.65%。

铁路运输相关选题涨幅明显。2021年共950种,较2020年(855种)提高了11.11%。高铁工程建设(150种)、城市铁路轨道交通设计(297种)两细分门类选题分别较2020年增长15.38%、17.39%。

引进版选题降幅显著。2021年相关选题共34种,相比2020年(49种)下降30.61%。其中,智能交通类选题数量(10种)不降反增,涨幅达25%;青少年交通科普类选题数量(5种)下跌58.33%。

4. 航空航天类选题

统计显示,2021年申报出版航空航天类选题720种,相比2020年(550种)申报数量显著提升,增幅达30.91%。航天研究类、航空航天科普类选题不同程度地上涨,引进版航空航天类选题降幅超一成。

航天研究类选题增幅明显。该类选题2021年共155种,相比2020年(134种)上升15.67%。其中,空间探测类(11种)、航天推进系统类(14种),以及宇宙飞船等飞行器(80种)相关选题同比增长57.14%、55.56%、29.03%。

航空航天科普类选题增幅明显。2021年共126种,较2020年(95种)上升32.63%。其中,针对青少年及儿童的航空航天类读物(83种)占比超半数,且较2020年(50种)增幅达66%;大众航天类读物(43种),较2020年(45种)平稳波动。

引进版航空航天类选题减少超一成。2021年共34种,相比2020年(39种)下降12.82%,主要包括各类型航天器、航天运载工具、飞行力学等航空理论等细分选题。

(四) 综合类图书

统计显示,2021年申报出版综合类图书选题4 507种。较2020年(5 493种)减少986种,同比下降19.95%。细分统计显示,综合类图书的丛书类书辞典类、论文集类、年鉴类、期刊类、图书目录文摘索引类均呈降势。其中,年鉴类综合图书减少绝对值最多，达879种，受纸版期刊出版整体市场缩小影响，期刊类综合图书下降幅度最大，为61.76%。

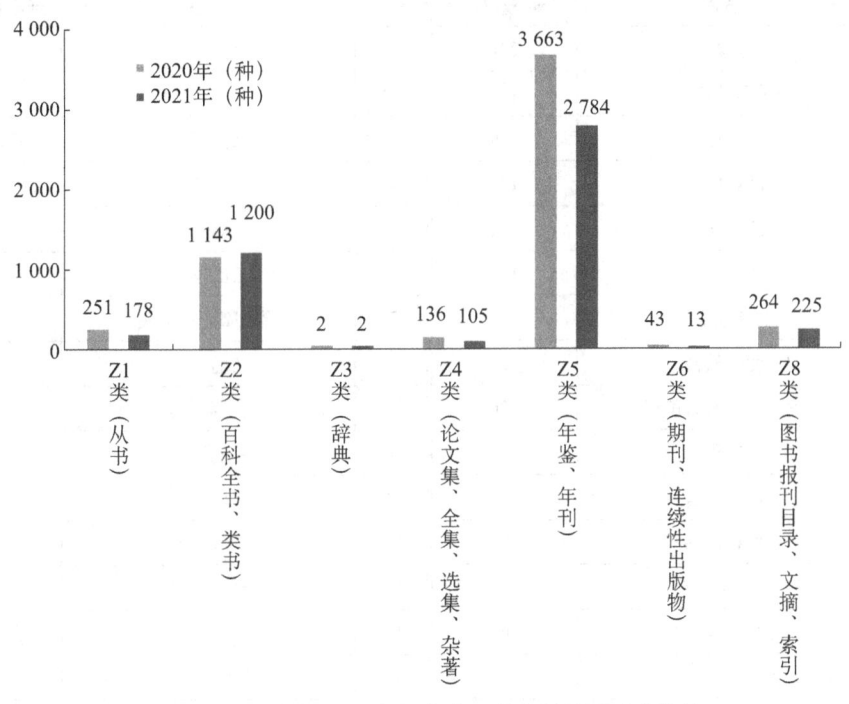

图4 2020年与2021年综合类图书出版选题对比统计

分类	2020年（种）	2021年（种）
Z1类（丛书）	251	178
Z2类（百科全书、类书）	1 143	1 200
Z3类（辞典）	2	2
Z4类（论文集、全集、选集、杂著）	136	105
Z5类（年鉴、年刊）	3 663	2 784
Z6类（期刊、连续性出版物）	43	13
Z8类（图书报刊目录、文摘、索引）	264	225

（五）常见公版书出版规模

以第一作者进入公版期为准，以国内近现代及以前与国外文学类的原著与改编图书为口径，统计2021年前30位公版书选题申报出版量共2 267种，相比2020年统计数额2 313种减少46种。有三点趋势值得关注：一是虽然2021年常见公版书申报出版量较2020年微量减少，但相比2018（1 925种）、2019年（1 116种）两年数值呈大幅增加态势，原因主要是《西游记》《红楼梦》等名著改编出版量增加明显。二是公版书单品呈现头部选题数量集中之势，2021年TOP10合计1 483种，2020年此数字为1 294种。三是出版市场对新近进入公版领域的知名作家作品出版趋于理性，如2021年进入公版领域的我国的赵树理、马叙伦，日本的三岛由纪夫等作家，除了赵树理作品由2020年的7种增至2021年的21种外，其他作家2021年度申报出版作品数量与往年相比没有明显增加。

表1　2020与2021两年公版书出版选题量TOP30对比统计

2020年			2021年		
排名	书名	选题量（种）	排名	书名	选题量（种）
1	《红楼梦》	232	1	《西游记》	258
2	《西游记》	198	2	《史记》	231
3	《论语》	169	3	《红楼梦》	210
4	《水浒传》	133	4	《论语》	186
5	《三国演义》	131	5	《水浒传》	143
6	《史记》	112	6	《三国演义》	138
7	《安徒生童话》	85	7	《福尔摩斯探案集》	93
8	《爱的教育》	83	8	《孟子》	83
9	《爱丽丝梦游奇境记》	76	9	《父与子》	73
10	《老子》	75	10	《爱的教育》	68
11	《伊索寓言》	71	11	《老子》	67
12	《格林童话》	68	12	《道德经》	61
13	《父与子》	68	13	《朝花夕拾》	51
14	《骆驼祥子》	66	14	《伊索寓言》	50
15	《朝花夕拾》	63	15	《小王子》	50
16	《海底两万里》	61	16	《安徒生童话》	49
17	《孟子》	59	17	《海底两万里》	47
18	《钢铁是怎样炼成的》	53	18	《格林童话》	43
19	《小王子》	51	19	《骆驼祥子》	41
20	《童年》	51	20	《聊斋志异》	40
21	《福尔摩斯探案集》	47	21	《钢铁是怎样炼成的》	40
22	《聊斋志异》	44	22	《森林报》	37
23	《世说新语》	44	23	《童年》	34
24	《克雷洛夫寓言》	42	24	《世说新语》	30
25	《一千零一夜》	42	25	《汤姆·索亚历险记》	30
26	《鲁宾逊漂流记》	41	26	《鲁宾逊漂流记》	27
27	《汤姆·索亚历险记》	40	27	《格列佛游记》	26
28	《森林报》	40	28	《克雷洛夫寓言》	26
29	《老人与海》	35	29	《一千零一夜》	25
30	《格列佛游记》	33	30	《傲慢与偏见》	10
合计		2 313	合计		2 267

三、结　语

2011年，中央提出建设出版强国，要求出版业当好文化强国建设的主力军。十年过去，出版界以自己的努力、坚守和情操，为出版强国建设交上了一份成果丰硕的答卷。2021年全国"两会"审议通过的国家"十四五"规划和2035年远景目标纲要，明确了未来十五年奋斗建成文化强国的任务书、线路图、时间表。2021年的出版物品种和在版图书规模的双提升，为"十四五"出版强国建设开了一个好头，必将为克服新冠肺炎疫情影响，完成"十四五"规划提出的出版强国建设目标提振士气，夯实基础。

［徐　来　宋　宁　李丽梅　张　琦：中国版本图书馆
（中宣部出版物数据中心）］

2021—2022 出版业社会效益概况述评

2021年以来，出版界坚持以习近平新时代中国特色社会主义思想为指导，深入学习贯彻习近平总书记关于出版工作的重要论述，围绕学习宣传贯彻习近平新时代中国特色社会主义思想这一首要政治任务，围绕庆祝中国共产党成立100周年、迎接党的二十大工作主线，围绕开局"十四五"、开启新征程，围绕立足新发展阶段、贯彻新发展理念、构建新发展格局，在主题出版、精品出版上展现积极作为，在服务大局、服务人民中扛起新时代出版工作使命任务，在追求社会效益首位、实现社会效益和经济效益相统一上取得新的进展成效，为全面建设社会主义现代化国家开好局起好步提供了有力思想保证和精神支撑。

一、出版业社会效益理论研究向纵深发展

随着报纸、期刊、图书出版单位和网络文学出版服务单位社会效益评价考核定期开展（截至2022年上半年，图书出版单位社会效益评价考核在全国范围已连续开展四次），相关理论和实践研究持续深化，在日益认识到社会效益及其考评工作重要性的同时，着眼点和着力点向细分领域和深层次拓展延伸。

（一）关于出版单位社会效益评价考核的重要性

2021年以来，出版界、学术界着重围绕图书出版单位社会效益，研究阐述评价考核办法的科学性和评价考核工作的重要性。孟浩旭从"时代需要""为评价考核提供依据""既是考核依据也是改革方向"以及"多维度、多层次的考核体系""科学量化的

评价标准"五个方面，阐述了图书出版单位社会效益评价考核办法的重要意义和价值。① 陈晓娟着眼新时期出版高质量发展的路径这一定位，阐述了对《图书出版单位社会效益评价考核试行办法》的理解与思考，对指标进行了解析，并提出改进建议。② 徐同亮从深化认识、提升质量、规范标准、健全体制等方面，阐述了图书出版单位社会效益评价考核的重要意义，并从出版奖项评选、出版项目评审、出版单位评估三个方面，综述了出版单位社会效益相关性评价状况。③ 牛连功从"出版质量"考核项目是体现作者实力和考验编校功力的重中之重、"文化和社会影响"考核项目推动出版单位扩大选题格局和编辑视域、"产业结构和专业特色"考核项目引导出版单位重塑主业之竞争力、"内部制度和队伍建设"考核项目促出版单位谋划长远发展等方面，阐述了社会效益评价考核对出版单位提质增效的重要意义。④ 刘朝霞从贯彻习近平新时代中国特色社会主义思想的体现、为图书出版单位社会效益考核提供保障、维护我国意识形态安全的客观必然和实现出版强国、助力文化强国建设的内在要求四个方面，论述了新时代推进图书出版单位社会效益考评的意义。⑤ 这些研究成果，聚焦图书出版单位社会效益评价考核，深入研究阐述评价考核试行办法的科学性、系统性和有效性，同时提出改进建议，为我们进一步认识考评工作、加强考评工作提供了参考。

（二）关于出版细分行业领域社会效益研究

学习贯彻中央有关文件精神特别是中宣部印发《图书出版单位社会效益评价考核试行办法》规定，出版界、学术界从出版行业细分领域特别是学术出版领域着眼，对社会效益评价考核进行了思考和研究。吴婧分析了动态调整、完善基于受众维度的学术著作社会效益考核体系的必要性，从补充市场流通数据和受众评价指标、借助第三方平台全面获取受众数据、发挥发行渠道优势构建专业化受众数据平台三个方面，阐

---

① 孟旭浩. 图书出版单位社会效益评价考核研究［J］. 科技与出版，2021（6）：32－36.
② 陈晓娟. 新时期出版高质量发展的路径——《图书出版单位社会效益评价考核试行办法》解读［J］. 记者观察，2021（11）：141－142.
③ 徐同亮. 出版单位社会效益考评状况述评［J］. 中国编辑，2021（2）：47－52.
④ 牛练功. 社会效益评价考核助力图书出版单位提质增效探究［J］. 新闻研究导刊，2021（9）：22－25.
⑤ 刘朝霞. 论新时代推进图书出版单位社会效益考评意义［J］. 新闻研究导刊，2021（9）：29－32.

述了完善学术著作社会效益考核体系的实现路径。① 马颖对学术出版社会效益评价考核指标量化进行了思考，着重对学术部门、学术编辑社会效益评价考核提出建议。② 出版界、学术界对于学术出版十分重视，对于学术出版社会效益评价考核的思考和研究从几个方面作出体现。

（三）关于进一步加强出版单位社会效益评价考核的对策建议

出版界、学术界在对出版单位社会效益评价考核进行理性思考和理论研究的同时，从实际操作层面对加强和改进出版单位社会效益评价考核工作进行了研究。孟浩旭从"加强评价考核结果应用""动态调整完善考核体系和指标""加强研究与交流，进一步提升评价考核水平"三个方面，对社会效益评价考核工作提出建议。③ 徐同亮从深化出版单位社会效益研究、完善出版单位社会效益评价考核机制、加强出版单位社会效益评价考核结果运用等方面提出建议。④ 从研究成果看，加强评价考核结果应用是普遍关注和亟待加强的重要方面。

需要提及的是，这一时期，除了期刊和报纸发表的一系列学术研究成果以外，还出现了专题研究出版行业社会效益问题的专著、南京大学出版社出版的《出版单位社会效益：基础理论与实现路径》，对出版行业社会效益进行了研究和论述。

二、出版业社会效益评价考核定期开展

按照中宣部、国家出版行政主管部门印发的出版单位社会效益评价考核相关制度性文件，每年考核图书出版单位、网络文学出版服务单位等上一年度社会效益，通过量化计分形式予以反映，引领推动出版单位切实把社会效益放在首位、实现社会效益和经济效益相统一。

---

① 吴婧. 新时代学术著作出版社会效益考核受众维度探析 [J]. 科技与出版，2012（12）：36-39.
② 马颖. 学术出版社会效益评价考核指标量化的思考 [J]. 新闻研究导刊，2022（2）：42-44.
③ 孟旭浩. 图书出版单位社会效益评价考核研究 [J]. 科技与出版，2021（6）：32-36.
④ 徐同亮. 出版单位社会效益考评状况述评 [J]. 中国编辑，2021（2）：47-52.

（一）考评工作开展情况

2021年1—3月，依据中宣部印发《图书出版单位社会效益评价考核试行办法》，按照"出版单位自评、主办单位复核、主管单位审核"工作程序，各省（区、市）党委宣传部、各图书出版单位主管主办单位把社会效益评价考核作为推动出版业高质量发展的重要抓手，组织开展2020年度图书出版单位社会效益评价考核工作。经过各层级复核、审核，最终确定了各图书出版单位2020年度社会效益考评结果，为属地出版管理部门和主管主办单位落实配套政策、反映各地图书出版单位社会效益总体状况提供了重要依据。2022年1—3月，各省（区、市）党委宣传部、各图书出版单位主管主办单位连续第四次按规定开展图书出版单位社会效益评价考核工作，促进图书出版单位进一步强化社会效益第一、社会价值优先的发展理念。按照有关规定，网络文学出版服务单位等出版单位社会效益评价考核工作一年一度有序开展。

（二）考评结果应用情况

开展社会效益考评工作的最终目的，是推动出版单位把社会效益放在首位、实现社会效益和经济效益相统一，促进出版业高质量发展。应用考评结果，是实现这一目的的关键一环。属地出版管理部门、出版单位主管主办单位落实社会效益评价考核有关规定，根据自身实际，探索制定实施基于社会效益考评结果的配套政策措施，促进社会效益第一、社会价值优先的发展理念落到实处。在第3届江苏省新闻出版政府奖评奖工作中，特别是在先进新闻出版单位奖评奖工作中，江苏省新闻出版局将连续三年社会效益评价考核为优秀作为重要参评指标。凤凰出版传媒集团制定完善政策措施，强化考评结果应用，明确图书出版单位负责人薪酬及职工工资总额确定与社会效益考核挂钩，明确社会效益在绩效考核中占比权重达51%，树立了社会效益第一、社会价值优先的工作导向。安徽出版集团每年评选"时代好书"，参照中宣部《图书出版单位社会效益评价考核试行办法》将"中国好书"纳入考核指标的做法，修改完善集团内部年终考核方案，将"中国好书"年度、月度入选项目和"时代好书"入选项目一并纳入指标评价体系。应用考评结果在一些地区和主管主办单位得到不同方式、不同程度的落实，增强了出版单位对于社会效益考评工作的认同感，增强了出版单位社会效益评价考核工作的权威性。

三、出版业社会效益政策导向进一步彰显

2021年是"十四五"开局之年，是全面建设社会主义现代化国家的第一年。一年多来，出版战线立足当年、谋划五年，加强形势分析研判和中长期谋划，制定出台了一系列政策措施，推动出版业向高质量高水平发展阶段迈进，加快出版强国建设。在这些政策措施中，推动出版单位把社会效益放在首位、实现社会效益和经济效益相统一的部署安排得到进一步体现、工作导向得到进一步彰显。

（一）规划引领

《出版业"十四五"时期发展规划》一系列规划部署，明确出版业"十四五"时期发展的指导思想、基本原则、目标要求、重点任务、保障措施，描绘了出版业发展蓝图和工作方向，特别是从做强做优主题出版、打造新时代出版精品、壮大数字出版产业、促进印刷产业提质增效、加强出版公共服务体系建设、健全现代出版市场体系、推动出版业高水平走出去、提高出版业治理能力与管理水平、完善出版业高质量发展保障措施等9个方面，提出39项重点任务，列出46项重大工程，为出版战线在"十四五"时期更加自觉、更高质量地把社会效益放在首位、实现社会效益和经济效益相统一提供了宏观指导和基本遵循。《"十四五"时期国家重点图书、音像、电子出版物出版专项规划》同时印发。这些重点出版物是出版单位展现和实现社会效益的重要承载。

具体来说，《出版业"十四五"时期发展规划》坚持把社会效益放在首位，在形势分析、指导思想、基本原则和工作举措中，贯穿了社会效益首位、社会效益和经济效益相统一的理念要求。在形势分析中，着眼新发展阶段，用四个"迫切需要"阐述了新发展阶段对出版业在巩固壮大主流思想舆论、以精品奉献人民、抢占数字时代出

版发展制高点和传播好中国声音四个方面的效益要求。在指导思想中，总体着眼社会效益作出阐述，其中明确提出"推动出版业实现质量更好、效益更高、竞争力更强、影响力更大的发展"，将"效益更高"作出专门强调，体现了效益导向。在六条基本原则中，明确提出并具体阐述"坚持把社会效益放在首位"，要求"以社会主义核心价值观为引领，正确处理出版意识形态属性和产业属性、社会效益和经济效益之间的关系，积极履行出版社会责任，注重出版的社会效果，弘扬主旋律，传播正能量，践行好出版职责使命"。在主要目标中，坚持目标导向和效果导向相统一，对凸显社会效益首位的服务大局能力水平、满足人民学习阅读需求两方面目标进行了突出强调，在阐述行业繁荣发展目标中明确提出"在坚持把社会效益放在首位的前提下，努力实现社会效益和经济效益双跃升、双丰收"。在主要任务中，关于做强做优主题出版、打造新时代出版精品规划部署，鲜明体现了社会效益第一、社会价值优先的工作导向；关于加强出版公共服务体系建设规划部署，将不断满足人民群众文化获得感幸福感作为出发点和落脚点，体现了社会效果导向；关于产业和市场规划部署，体现了社会首位、社会效益和经济效益相统一，比如关于壮大数字出版产业规划部署中明确提出"提供双效俱佳的数字出版产品和服务"，关于促进印刷产业提质增效规划部署中明确提出"高质量做好重大主题出版物、中小学教科书和重点应急印刷品的印制保障工作"，关于健全现代出版市场体系规划部署中明确提出"支持出版发行企业在坚守主业基础上适度开展多元化经营"。

（二）评奖示范

第 5 届中国出版政府奖是在庆祝建党 100 周年、迈上全面建设社会主义现代化国家新征程之际，对我国出版界的一次巡礼和检阅。2021 年 7 月 29 日，表彰会在京举行，发布了《国家新闻出版署关于表彰第 5 届中国出版政府奖获奖出版物、出版单位和出版人物的决定》和第 5 届中国出版政府奖获奖名单。评选表彰全过程体现了把社会效益放在首位、社会效益和经济效益相统一的工作导向，具体体现在一系列评选表彰文件和获奖项目中。

1. 《第 5 届中国出版政府奖评奖章程》（以下简称"《章程》"）

《章程》坚持正确政治方向，坚持把社会效益放在首位，着重用评奖标准体现评奖工作导向。在参评出版物6个方面条件中，4个条件阐述了体现社会效益第一、社会价值优先相关内容，其中第三个条件明确提出参评出版物要"社会效益显著"。在先进出版单位、优秀出版人物评选标准中，同样着重阐述了社会效益第一、社会价值优先相关内容，突出强调了在围绕中心、服务大局方面的作为和贡献。在先进出版单位评选标准第四条中，明确强调参评出版单位要"切实做到把社会效益放在首位，社会效益和经济效益相统一"。可以看出，社会效益第一、社会价值优先的理念要求有效体现到了《章程》之中。

2. 6个子项奖评奖办法

图书奖、期刊奖以及音像制品、电子出版物和网络出版物奖评奖办法均从8个方面阐述了参评出版物应当具有的重要价值和意义，集中体现了出版物奖设置的社会价值和社会效益导向。印刷复制奖评奖办法明确规定参评印刷复制产品应导向正确、质量优秀，具有良好社会效益和经济效益。装帧设计奖评奖办法明确规定5个方面评选条件，阐述了参评作品应当具有的价值和意义。先进出版单位奖、优秀出版人物奖评奖办法明确规定了先进出版单位奖6个方面参评条件，其中第四项条件明确规定"切实做到把社会效益放在首位，实现社会效益和经济效益双丰收"；规定了优秀出版人物奖8个方面参评条件，其中第六项条件明确规定"在出版、印刷、复制、发行等领域成绩显著，其生产的产品、提供的服务或研发的项目取得的社会效益和经济效益显著"，第七项条件明确规定"在推动出版业'走出去'工作中取得显著社会效益和经济效益"。特别需要提及的是，图书奖评奖办法明确规定"图书出版单位社会效益评价考核结果为不合格的出版单位，不得参评"，先进出版单位奖、优秀出版人物奖评奖办法明确规定"参评先进出版单位的图书出版单位需连续两年（2018、2019年）在社会效益考核中评为优秀"，体现了图书出版单位社会效益评价考核结果的统筹运用。总的看，各子项奖设置贯彻了社会效益首位、社会价值优先的理念要求，在评奖办法中得到了充分且具体的体现。

3. 表彰决定

经严格评选，3种图书获荣誉奖，60种图书获图书奖，20种期刊获期刊奖，20种作品获音像制品、电子出版物和网络出版物奖，10种作品获印刷复制奖，10种作品获装帧设计奖，50家单位获先进出版单位奖，69名个人获优秀出版人物奖，237种优秀出版物获提名奖。《国家新闻出版署关于表彰第 5 届中国出版政府奖获奖出版物、出版单位和出版人物的决定》从坚持正确政治方向、紧扣时代发展脉搏两个方面总体评价获奖出版物、出版单位和出版人物的同时，着重从传播党的创新理论、巩固壮大主流舆论、满足人民精神文化需求、提升国家文化软实力等方面肯定了作用和贡献，与评奖章程、评奖办法一脉相承又前后呼应，与获评出版物、出版单位和出版人物价值相符、意义相符，贯穿了社会效益第一、社会价值优先的工作导向。

（三）行业指导

在出版行业细分领域树立社会效益第一、社会价值优先的工作导向，是纵深推进出版单位把社会效益放在首位、实现社会效益和经济效益相统一的有效途径。2021 年以来，中央和中宣部印发多个重要政策文件，指导推动出版业高质量发展，其中对社会效益第一、社会价值优先作出相关部署，加深了思想认识、增强了行动自觉。

1. 《关于推进新时代古籍工作的意见》

2022 年 4 月，中共中央办公厅、国务院办公厅印发《关于推进新时代古籍工作的意见》，全面部署深入推进新时代古籍工作的一系列新举措，充分体现了党和国家对古籍工作的高度重视，是指导新时代我国古籍工作的纲领性文件。《意见》把着眼点和着力点放在赓续中华文脉、弘扬民族精神、增强国家文化软实力、建设社会主义文化强国上，体现了新时代古籍工作围绕中心、服务大局，坚持社会效益第一、社会价值优先的发展导向。《意见》明确将"坚持社会效益优先，提高古籍工作质量，始终把社会效益放在首位，实现社会效益和经济效益相统一"纳入五项工作原则，将"对主要承担古籍工作的国有文化企业加大社会效益考核占比"纳入古籍工作保障措施之中，在原则上和措施上、总体方向和具体路径上推动古籍工作和承担古籍工作的国有文化企业切实把社会效益放在首位。

2. 《关于推动出版深度融合发展的实施意见》

2022 年 4 月，中宣部印发《关于推动出版深度融合发展的实施意见》。《实施意见》是中宣部首次就出版融合发展领域专门发布的政策文件，是对新时代深入推进出版深度融合发展作出的全面安排，为出版单位探索融合发展新模式、新业态、新领域提供了行动指引。《实施意见》从宏观引导和具体指导上体现推动出版融合发展的社会效益、社会价值导向，特别是在一些具体方面作出明确部署安排。在加强出版融合发展战略谋划中把坚持正确发展方向摆在首要位置，明确要求坚持把社会效益放在首位、实现社会效益和经济效益相统一。在健全出版融合发展保障体系中对完善政策扶持机制作出部署，明确要求在出版单位年度核验、社会效益评价考核中强化出版融合发展情况考核。这些部署安排，既体现了鲜明导向，也明确了实践路径。《实施意见》发布，与国家新闻出版署正在实施的出版融合发展工程相互支撑，从政策指引和重点布局方面共同发力，进一步形成推动出版融合向纵深发展的政策合力。

四、加强出版业社会效益理论研究与评价考核实践的对策建议

随着国际经济政治格局演变和全面建设社会主义现代化国家新征程开启，我国出版业发展面临的国际国内环境持续深刻调整，出版战线承担的使命任务在保持连续性、延续性的同时随之也发生深刻调整。出版战线在追求社会效益第一、社会价值优先的实践中，应胸怀"两个大局"、心怀"国之大者"，深刻认识和把握在百年变局和世纪疫情叠加下、在全面建设社会主义现代化国家新征程上承担的时代使命、实现的目标路径，全方位认识社会效益内涵外延，全要素支持出版单位社会效益、社会价值有效实现，努力推动出版业高质量发展。

（一）加强出版单位社会效益研究

出版界、学术界应站在构建中国特色社会主义出版理论体系高度，深入研究阐述出版单位社会效益的概念、内涵、外延，深入研究阐述在新的时代条件下社会效益的呈现形式、实现方式，深入研究阐述社会效益和经济效益的统一性问题，着力形成具有中国特色的出版单位、出版行业社会效益理论体系和话语体系。应提升出版单位社会效益、社会价值认识高度，着力研究出版业在服务中国应对世界百年未有之大变局

和构建新发展格局中承担的使命任务，在服务出版强国、文化强国建设中承担的使命任务，研究把握新时代出版工作的站位立场、目标指向，研究把握各类型出版单位履行使命任务、实现社会效益第一、社会价值优先的路径方法手段，研究把握社会效益和经济效益的统一性问题，在全局视野中提出实现社会效益第一、社会价值优先的总体思路和具体举措，为出版战线更加自觉、更高质量把社会效益放在首位，实现社会效益和经济效益相统一提供参考。

(二) 完善出版单位社会效益评价考核制度机制

经过近年来评价考核工作深入开展，评价考核制度机制的科学性、系统性和可行性在实践中得到充分验证。同时，出版战线在实际操作中也一定程度上遇到了总体方向正确、具体路径标准有待明确的情形。一是主管主办职责落实有待加强。部分出版单位主管主办单位属于国家有关部委、属地管理职能属于地方出版管理部门，在推进评价考核过程中需要进一步理顺工作机制。二是部分指标标准有待细化。对于涉及省部级项目、奖项的认定有待进一步细化明确，便于地方出版管理部门、出版单位及其主管主办单位在自评、复核、审核中科学准确把握，便于评价考核结果在全国范围横向比较。三是压实地方出版管理部门复核职责。鉴于地方出版管理部门所管理不同类型出版单位数量规模存在不同，在复核比例上应结合实际进行适当调整，比如图书出版单位规模相对较小、社会效益评价考核结果复核难度较小，在复核评价考核结果中应全面复核，进一步落实管理职责，提高评价考核工作及其结果的科学化规范化水平。

(三) 加强评价考核结果应用

在建立健全社会效益评价考核制度机制的基础上，经过近年来评价考核实践，出版战线对于社会效益评价考核工作有了更加深刻的认识，同时对于评价考核结果应用也提出了日益迫切的要求。各级出版管理部门、出版单位主管主办单位结合实际，对于评价考核结果优秀的出版单位，在配套政策措施上进行了积极探索。这些配套政策措施的落地，强化了出版单位对于社会效益第一、社会价值优先重要性的认识，强化了评价考核工作的权威性。同时，评价考核结果应用还存在分散性和不平衡、不充分的问题，没有形成科学规范、普遍适用的政策措施体系。各级出版管理部门应深入调查研究评价考核结果应用现状，掌握评价考核工作在不同类型出版单位面临的具体情况，重点推动不同类型出版单位主管主办单位制定完善配套政策措施，切实落实中宣部、国家出版行政主管部门印发的评价考核有关制度性文件规定。应扩大社会效益评价考核结果影响力，在不断提升评价考核工作科学化规范化水平的基础上，探索建立定期发布机制，每年适时向出版界发布，提升出版界对于评价考核结果的认知度，便于各地、各出版单位及其主管主办单位进行横向比较。

（四）建立社会效益评价考核数字平台

考虑到疫情防控长期性、数字化操作便捷性和图书出版单位社会效益评价考核工作的非涉密性，在图书出版单位社会效益评价考核工作中可以探索数字平台建设，提高工作时效性。数字平台建设过程中，应着重考虑两个方面问题。一是数字平台安全性、稳定性运行问题。委托数字平台研制专业机构，会同出版单位社会效益评价考核工作专业团队，研究建立契合考评工作实际、适合全国范围安全稳定使用的图书出版单位社会效益评价考核数字平台。二是数字化运作可行性问题。主要考虑大数据长期存储、动态核查，支撑材料数字化，以及出版单位、主管主办单位、出版管理部门工作人员便捷操作问题。建立数字平台，有助于评价考核工作跟踪推进、评价考核结果动态跟踪，有助于提高出版单位社会效益评价考核工作质量和水平。

（徐同亮　江苏省委宣传部）

2021 年出版业上市公司发展亮点与展望

2021 年，新冠肺炎疫情防控常态化，出版业上市公司的生产经营逐步复苏，并呈现高质量发展的态势。大多数出版业上市公司的营业收入、净利润、总资产实现增长。出版业上市公司主动承担文化企业的社会责任，围绕中国共产党成立 100 周年推出一批主题出版精品力作，主动提升公共文化服务水平，用实际行动助力乡村振兴。出版业上市公司还积极拓展新业态，前瞻性布局元宇宙，并进行线上营销创新。这一年，出版界新增了 5 家出版业上市公司，是近年来出版公司上市最集中的年份，资本市场迎来出版公司上市热潮。但出版业上市公司在发展中也暴露了部分海外业务发展不佳，原材料和版权成本上升导致盈利能力下降，过度依赖政府补助等问题。本文基于 27 家出版业上市公司 2021 年的年度报告，对出版业上市公司的发展现状和未来发展路径进行分析。

一、2021 年出版业上市公司发展情况

2021 年，沪深两市新增 5 家出版业上市公司（均使用该公司的股市简称），分别是浙版传媒、龙版传媒、内蒙新华、读客文化、果麦文化。纳入本报告统计范围的 27 家出版业上市公司分别是（排名不分前后）：长江传媒、新华传媒、出版传媒、时代出版、中文传媒、中文在线、凤凰传媒、中南传媒、皖新传媒、中原传媒、天舟文化、城市传媒、读者传媒、新华文轩、南方传媒、中国科传、新经典、中国出版、掌阅科技、世纪天鸿、山东出版、中信出版、浙版传媒、龙版传媒、内蒙新华、读客文化、果麦文化。因为阅文集团为港股上市的出版企业，业绩统计标准有所不同，所以本报告未将其纳入统计范畴。2021 年，27 家出版业上市公司总体经济指标呈现较大幅度增

长。其中，营业总收入为1 363.07亿元，较2020年增长8.08%；归属于上市公司股东净利润总额为161.97亿元，较2020年增长17.17%；资产总额为2 617.64亿元，较2020年增长10.92%。但也有一部分上市公司的各项指标下降，呈现不平衡发展的状况。

（一）营业收入总体上涨，多数公司净利润增加

2021年，27家出版业上市公司营业收入总额约1 363.07亿元，同比增长8.08%。营业收入超百亿元的公司由2020年的3家增加到7家，分别是凤凰传媒、浙版传媒、中南传媒、山东出版、中文传媒、新华文轩、皖新传媒，其中，凤凰传媒已连续4年营业收入位居第一（见表1）。

表1 2021年出版业上市公司营业收入情况

公司简称	2021年营收额（万元）	2020年营收额（万元）	同比增长率
凤凰传媒	1 251 693.92	1 213 488.63	3.15%
浙版传媒	1 139 488.02	980 772.53	16.18%
中南传媒	1 133 144.19	1 047 300.88	8.20%
山东出版	1 089 060.66	974 954.57	11.70%
中文传媒	1 071 455.75	1 033 954.50	3.63%
新华文轩	1 046 036.40	900 805.66	16.12%
皖新传媒	1 011 175.52	885 088.66	14.25%
中原传媒	926 101.86	959 032.26	-3.43%
时代出版	789 353.05	645 175.23	22.35%
南方传媒	759 808.46	689 689.84	10.17%
中国出版	630 433.72	595 881.43	5.80%
长江传媒	602 307.92	667 505.42	-9.77%
出版传媒	286 865.21	254 194.85	12.85%
中国科传	263 317.31	252 393.56	4.33%
城市传媒	241 513.97	215 540.01	12.05%
掌阅科技	207 078.43	206 065.88	0.49%
中信出版	192 210.46	189 175.61	1.60%

续表

公司简称	2021年营收额（万元）	2020年营收额（万元）	同比增长率
龙版传媒	179 059.79	154 041.00	16.24%
内蒙新华	159 177.60	127 009.49	25.33%
新华传媒	128 430.26	129 284.02	-0.66%
读者传媒	122 222.02	108 382.32	12.77%
中文在线	118 885.26	97 590.13	21.82%
新经典	92 163.87	87 593.03	5.22%
读客文化	51 920.17	40 802.50	27.25%
天舟文化	50 547.09	84 768.06	-40.37%
果麦文化	46 126.63	35 527.98	29.83%
世纪天鸿	41 135.42	35 717.76	15.17%
合计	13 630 712.95	12 611 735.79	8.08%

在27家出版业上市公司中，除4家公司的营业收入下跌以外，其余出版业上市公司的营业收入同比实现增长。营业收入涨幅前3名分别是果麦文化、读客文化和内蒙新华，这三家都为2021年新增的出版业上市公司。营业收入涨幅达29.83%的果麦文化，主要得益于"出版+互联网"的商业模式，其营业收入较新冠肺炎疫情暴发前的2019年增加20%，较2020年增加30%。

营业收入同比上年跌幅最大的是天舟文化。继2020年营业收入同比下降31.62%之后，2021年天舟文化的营业收入持续下跌，同比上年下降40.37%。这主要与其游戏业务营业收入下滑和主动剥离部分缺乏持续经营能力的出版业务有关。营业收入同比上年跌幅较大的还有长江传媒，继2020年营业收入下滑13%之后，2021年长江传媒营业收入继续下滑，同比下滑9.77%。这主要是长江传媒调整了业务结构所致，其主营业务中物资贸易业务营业收入同比下降了63.23%。

27家出版业上市公司归属于上市公司股东净利润（以下简称净利润）总额约为161.97亿元，同比增长17.17%，涨幅较大。在27家出版业上市公司中，5家公司净利润下滑，大多数公司的净利润实现增长。出版业上市公司的净利润涨幅和降幅两极分化明显（见表2）。

表 2　2021 年出版业上市公司净利润情况

公司简称	2021 年净利润（万元）	2020 年净利润（万元）	同比增长率
凤凰传媒	245 675.43	159 550.42	53.98%
中文传媒	204 342.35	180 560.83	13.17%
山东出版	153 277.01	140 159.82	9.36%
中南传媒	151 539.63	143 699.16	5.46%
浙版传媒	131 706.77	114 867.77	14.66%
新华文轩	130 594.15	126 277.85	3.42%
中原传媒	97 509.38	92 772.90	5.11%
南方传媒	80 833.24	76 043.76	6.30%
中国出版	77 993.45	74 096.88	5.26%
长江传媒	69 748.89	81 651.26	−14.58%
皖新传媒	63 971.20	61 374.59	4.23%
中国科传	48 635.27	46 528.96	4.53%
龙版传媒	44 292.95	18 078.11	145.01%
时代出版	35 927.80	26 849.68	33.81%
城市传媒	27 847.18	24 446.30	13.91%
中信出版	24 159.85	28 208.93	−14.35%
内蒙新华	22 850.88	20 077.68	13.81%
掌阅科技	15 060.46	26 415.26	−42.99%
新经典	13 064.81	21 968.93	−40.53%
出版传媒	10 876.54	15 271.27	−28.78%
中文在线	9 879.15	4 892.31	101.93%
读者传媒	8 505.60	7 443.52	14.27%
读客文化	6 725.45	5 155.13	30.46%
果麦文化	5 672.74	4 089.15	38.73%
世纪天鸿	3 464.33	3 326.86	4.13%
新华传媒	3 340.91	−29 136.32	不适用
天舟文化	−67 824.18	−92 347.83	26.56%
合计	1 619 671.21	1 382 323.18	17.17%

2021年，净利润同比上年涨幅最大的是龙版传媒，涨幅达145.01%，这主要是黑龙江省医疗保险政策的变化所致。剔除该因素后，龙版传媒的增长率为22.89%，略高于出版业上市公司的利润平均增长率。净利润同比涨幅较大的还有中文在线，同比增长101.93%。中文在线在经历了2018年和2019年连续两年的利润亏损后，在2020年至2021年实现了净利润的大幅增长。2021年，中文在线的净利润增长主要得益于其子公司CMS（海外公司）海外业务的良好发展，以及子公司鸿达以太音频业务规模的扩大。凤凰传媒的净利润也实现了较大幅度的增长，涨幅达53.98%。同时，凤凰传媒是净利润最高的出版业上市公司，获得净利润24.57亿元。凤凰传媒进一步优化了产业结构，旗下学科网继续保持快速发展的趋势，净利润达4 285.82万元，同比增长76.17%，凤凰数据中心获得净利润5 234.87万元，专注于数字教育的凤凰创壹软件公司获得净利润3 052.19万元。

净利润降幅最大的是掌阅科技，同比下滑42.99%。由于掌阅科技加大了营销推广力度、中高层人才引进力度和技术基础设施建设投入，导致营业成本上升，净利润有所下降。净利润降幅较大的还有新经典，同比下滑40.53%。新经典的净利润下滑主要与其海外业务亏损增加、部分资产减值、政府补助减少等有关。

在27家出版业上市公司中，仅有天舟文化在2021年的净利润为负值，表现为亏损6.78亿元。继2020年天舟文化亏损9.23亿元后，天舟文化在2021年继续亏损，但亏损额减少。受新冠肺炎疫情及游戏产业监管环境趋严等因素影响，天舟文化大部分新游戏产品的研发、推广未能按计划展开。天舟文化部分运营中的游戏产品收入和利润同比下降，其业绩饱受影响。新华传媒则在2021年扭亏为盈。

（二）多数公司总资产增加，但政府补助普遍减少

27家出版业上市公司2021年总资产约为2 617.64亿元，较2020年增长10.92%（见表3）。4家出版业上市公司总资产超过200亿元，分别是凤凰传媒（286.72亿元）、中文传媒（265.67亿元）、中南传媒（240.62亿元）、浙版传媒（206.00亿元），其中，浙版传媒为新增总资产超过200亿元的出版业上市公司。总资产同比增幅最大的是内蒙新华，增长率为53.61%，这主要是因为其收到本期公开发行A股募集资金。总资产同比上年增幅较大的还有掌阅科技，同比增长51.15%，主要是其本期非公开发

行股票的募集资金到账所致。

表3 2021年出版业上市公司总资产情况

公司简称	2021年总资产（万元）	2020年总资产（万元）	同比增长率
凤凰传媒	2 867 162.25	2 564 994.51	11.78%
中文传媒	2 656 713.70	2 437 035.10	9.01%
中南传媒	2 406 156.61	2 314 191.56	3.97%
浙版传媒	2 059 991.99	1 613 135.48	27.70%
山东出版	1 961 634.22	1 762 198.00	11.32%
新华文轩	1 877 394.58	1 696 883.60	10.64%
皖新传媒	1 691 445.75	1 467 701.22	15.24%
中原传媒	1 490 741.04	1 364 989.52	9.21%
中国出版	1 449 953.09	1 377 827.46	5.23%
南方传媒	1 317 514.63	1 145 599.35	15.01%
长江传媒	1 169 086.56	1 094 509.23	6.81%
时代出版	742 349.45	703 875.99	5.47%
中国科传	653 537.62	603 215.73	8.34%
龙版传媒	468 784.12	420 314.06	11.53%
新华传媒	415 328.24	369 930.25	12.27%
出版传媒	415 301.96	383 952.35	8.16%
城市传媒	395 725.05	421 727.76	-6.17%
内蒙新华	361 178.16	235 127.14	53.61%
掌阅科技	345 283.35	228 439.63	51.15%
中信出版	338 505.70	289 992.40	16.73%
读者传媒	231 048.92	213 716.40	8.11%
中文在线	219 514.04	198 008.91	10.86%
新经典	218 842.73	223 563.91	-2.11%
天舟文化	199 214.39	283 092.29	-29.63%
读客文化	77 758.43	63 690.04	22.09%
世纪天鸿	77 486.70	74 094.52	4.58%
果麦文化	68 706.87	47 493.51	44.67%
合计	26 176 360.11	23 599 299.93	10.92%

有 3 家出版业上市公司总资产呈现负增长，分别是天舟文化、城市传媒和新经典。其中，总资产同比降幅最大的是天舟文化，降低 29.63%。天舟文化继 2020 年总资产同比下滑 28.37%后，2021 年总资产继续下滑，这主要与其加快处置低效业务和非主业资产，以进一步优化资产结构有关。

2021 年，27 家出版业上市公司计入当期损益的政府补助（与公司正常经营业务密切相关，符合国家政策规定、按照一定标准定额或定量持续享受的政府补助除外，以下简称政府补助）总额约为 9.68 亿元，同比下滑 13.60%（见表 4）。获得政府补助额最高的出版业上市公司是中国出版，约 2.11 亿元，其次是凤凰传媒，获得约 1.31 亿元。

表 4　2021 年出版业上市公司的计入当期损益的政府补助情况

公司简称	2021 年政府补助额（万元）	2020 年政府补助额（万元）	同比增长率
中国出版	21 062.87	14 176.81	48.57%
凤凰传媒	13 116.39	15 158.24	-13.47%
出版传媒	6 318.39	5 037.88	25.42%
南方传媒	6 290.51	8 531.74	-26.27%
中南传媒	6 005.93	9 821.59	-38.85%
山东出版	5 199.74	7 047.80	-26.22%
中文传媒	4 685.89	6 985.05	-32.92%
时代出版	4 123.79	4 398.64	-6.25%
长江传媒	4 075.87	4 374.10	-6.82%
浙版传媒	3 844.11	4 402.09	-12.68%
皖新传媒	3 530.20	5 515.98	-36.00%
内蒙新华	3 111.63	3 008.27	3.44%
中原传媒	2 926.97	4 300.71	-31.94%
龙版传媒	2 651.04	2 596.17	2.11%
新华文轩	2 263.86	2 719.34	-16.75%
城市传媒	1 719.68	2 939.70	-41.50%
读者传媒	1 255.73	1 461.22	-14.06%
新经典	1 082.66	3 621.97	-70.11%

续表

公司简称	2021年政府补助额（万元）	2020年政府补助额（万元）	同比增长率
中信出版	1 020.63	1 504.29	-32.15%
中文在线	672.97	503.95	33.54%
掌阅科技	581.18	994.11	-41.54%
果麦文化	456.00	240.45	89.64%
天舟文化	313.68	677.55	-53.70%
新华传媒	201.31	1 483.35	-86.43%
世纪天鸿	189.13	169.13	11.83%
读客文化	85.23	24.79	243.76%
中国科传	43.68	378.94	-88.47%
合计	96 829.08	112 073.87	-13.60%

在27家出版业上市公司中，有19家公司2021年获得的政府补助额低于2020年，8家出版业上市公司获得的政府补助额较2020年有所上涨。其中，读客文化的涨幅最大，同比增长243.76%，其获得的政府补助主要包括2020年上海领军人才培育计划60.00万元、2021年度科技型中小企业技术创新资金20.00万元、稳岗补贴2.23万元等。

获得的政府补助额降幅最大的是中国科传，同比下降88.47%，主要是因为其2021年度获得的稳岗补贴大幅下滑，且其于2020年获得的政府补助款、奖励扶持款等，在2021年不再继续获得。

（三）主营业务多数上涨，传统业务逐步复苏

在27家出版业上市公司中，仅有3家公司出现主营业务收入下滑的情况（见表5）。其中，天舟文化延续了2020年主营业务收入下滑的趋势，同比减少40.16%，即减少约3.38亿元，其主营业务中的"图书发行及其他"营业收入比上年减少35.87%，移动网络游戏业务的营业收入比上年下滑45.21%。主营业务收入较上年增长幅度最大的是读客文化，为29.99%，增加了约1.17亿元，其主营业务中的纸质书业务和数字内容业务营业收入同比均增长31%。

表5 2021年出版业上市公司主营业务营业收入情况

公司简称	2021年主营业务营业收入（万元）	2020年主营业务营业收入（万元）	同比增长率	占总营收比例
凤凰传媒	1 196 221.54	1 153 698.29	3.69%	95.57%
中南传媒	1 117 812.61	1 035 733.48	7.92%	98.65%
浙版传媒	1 114 027.98	959 644.61	16.09%	97.77%
山东出版	1 053 710.48	953 369.26	10.52%	96.75%
中文传媒	1 048 784.32	1 010 734.90	3.76%	97.88%
新华文轩	1 029 380.32	887 337.49	16.01%	98.41%
皖新传媒	983 753.04	858 342.42	14.61%	97.29%
中原传媒	896 180.18	933 444.61	-3.99%	96.77%
时代出版	782 158.76	638 322.72	22.53%	99.09%
南方传媒	733 048.90	663 846.24	10.42%	96.48%
中国出版	612 957.68	579 493.87	5.77%	97.23%
长江传媒	586 952.47	655 763.19	-10.49%	97.45%
出版传媒	280 296.50	242 877.39	15.41%	97.71%
中国科传	259 240.84	249 027.25	4.10%	98.45%
城市传媒	236 033.12	211 718.86	11.48%	97.73%
掌阅科技	207 078.43	206 065.88	0.49%	100.00%
中信出版	187 896.08	183 522.29	2.38%	97.76%
龙版传媒	174 137.24	149 082.68	16.81%	97.25%
内蒙新华	154 514.42	122 819.88	25.81%	97.07%
中文在线	117 820.46	97 100.26	21.34%	99.10%
新华传媒	116 356.09	115 660.58	0.60%	90.60%
新经典	91 992.15	87 464.35	5.18%	99.81%
读者传媒	74 381.21	62 175.38	19.63%	60.86%
读客文化	50 577.39	38 907.69	29.99%	97.41%
天舟文化	50 332.92	84 117.26	-40.16%	99.58%
果麦文化	45 037.08	34 822.62	29.33%	97.64%
世纪天鸿	40 804.71	35 435.12	15.15%	99.20%
合计	13 241 486.91	12 250 528.59	8.09%	97.14%

在主营业务收入占比方面，27家出版业上市公司中，掌阅科技的主营业务收入占总营收的比例高达100%，仅有2家公司主营业务收入占总营收比例低于95%，分别是新华传媒（占比90.60%）和读者传媒（占比60.86%），二者主营业务收入占总营收的比例较2020年有所增长。

主营业务毛利率排名前三的分别是中文在线、掌阅科技、新经典。中文在线以70.98%的毛利率位居榜首，不仅延续了2020年毛利率增长的趋势，而且毛利率增幅也是27家出版业上市公司中最大的，同比增加了8.23%。目前，中文在线已形成了"以数字内容生产与授权、IP培育与衍生开发为核心，知识产权保护及元宇宙探索为两翼"的业务体系，全面布局数字文化内容行业，在国内和国际市场都取得了不错的发展业绩。和中文在线一样，掌阅科技也是以数字出版为主营业务的出版业上市公司。掌阅科技主营业务的毛利率也较高，达52.50%，同比增加了6.56%。在数字阅读平台业务方面，2021年，掌阅科技以"付费+免费"模式提升数字阅读平台的商业价值，优化发展手机终端厂商预装业务，同时积极布局海外业务，实现了数字阅读平台业务营业收入提升及营业成本降低；在版权产品业务方面，2021年，掌阅科技通过运营网络原创文学版权从事版权产品业务，同时降低版权成本。掌阅科技的数字阅读平台业务和版权产品业务的毛利率都得到了提升。

2021年，出版业上市公司的传统业务逐渐复苏，大部分传统业务的营业收入出现不同程度的增长，传统业务的毛利率大部分与上年度持平。在27家出版业上市公司的传统业务中，浙版传媒的发行业务营业收入达92.52亿元，成为营业收入最高的传统业务。传统业务营业收入涨幅最大的是城市传媒的物流业务，同比增长90.00%。传统业务营业收入跌幅最大的是长江传媒的物资销售业务，同比下降63.23%，这主要是因为长江传媒对其业务结构进行调整，子公司湖北长江出版印刷物资有限公司目前与多家纸业公司存在销售合同纠纷。在新华传媒的主营业务中，报刊及广告业务的营业收入降幅也较大，同比降低43.63%，这是其子公司中润解放业务调整所致。

（四）数字出版业务营收普遍下滑，多数公司数字出版占比仍较低

从数字出版业务收入的增长率来看，营业收入增幅最大的数字出版业务是时代出版的数字出版及电子商务，同比增长74.55%（见表6）。2021年，时代出版加强数字

化驱动建设，大力推进出版单位有声资源、短视频直播资源、课后服务管理平台整合，数字平台矩阵初见规模。数字出版业务营业收入增幅较大的还有读客文化的数字内容业务，同比增长31.08%。读客文化的数字内容业务主要包括电子书业务和有声书业务，2021年，读客文化在有声书领域取得了显著进展，先后上架了包括多人有声剧《三体》、电视剧原著有声小说《大江大河》、全网8 000万粉丝IP"一禅小和尚"在内的有声情感治愈故事集爆款产品。

表6 2021年出版业上市公司主营业务中数字出版业务情况

公司简称	主营业务中数字出版业务	营业收入（万元）	同比增长率	占总营收比例	毛利率	毛利率同比增减
读客文化	数字内容	6 130.83	31.08%	11.81%	55.81%	-0.88%
	推广服务	1 342.78	-29.13%	2.59%	100%	4.21%
读者传媒	电子产品	2 364.13	11.57%	1.93%	-5.26%	-21.67%
凤凰传媒	游戏	1 267.29	-10.23%	0.10%	83.14%	4.32%
	软件	14 165.15	-0.37%	1.13%	40.82%	5.96%
	数据服务	24 939.78	16.04%	1.99%	61.01%	3.15%
果麦文化	数字内容业务	1 057.46	-1.54%	2.29%	66.62%	0.95%
内蒙新华	教育装备及文化用品	5 786.73	-26.24%	3.64%	20.15%	10.36%
时代出版	数字出版及电子商务	37 926.47	74.55%	4.80%	14.72%	-10.55%
天舟文化	移动网络游戏	22 352.73	-45.21%	44.22%	59.06%	6.65%
皖新传媒	教育装备及多媒体业务	71 065.08	-37.71%	7.03%	9.18%	-0.15%
	广告及游戏业务	16 420.36	10.32%	1.62%	29.40%	10.71%
新经典	数字图书	2 341.36	-2.79%	2.54%	61.46%	-1.39%
掌阅科技	数字阅读平台	155 575.25	1.44%	75.13%	47.88%	6.09%
	版权产品	48 293.00	-4.20%	23.32%	66.27%	9.28%
中南传媒	数字出版	13 220.50	-27.73%	1.17%	4.73%	-23.01%
中文在线	文化业务	113 761.96	25.19%	95.69%	71.04%	8.61%

备注：本表为不完全统计数据，有部分出版业上市公司年报中将数字出版业务归入"其他"或"新业态"板块，将数字出版业务与其他业务混合统计，未单独对数字出版业务进行统计，这部分数字出版业务数据未纳入本表；主营业务分析中与传统业务混合统计的数字出版业务数据也未纳入本表。

超过半数的数字出版业务营业收入有所下滑，其中，下滑幅度最大的是天舟文化的移动网络游戏业务，同比下滑45.21%。受新冠肺炎疫情暴发、游戏监管政策趋严、新游戏研发计划搁浅、原有的游戏收入下滑等多重因素影响，天舟文化的移动网络游戏业务营业收入大幅下滑。

从数字出版业务的毛利率来看，超过半数的数字出版业务毛利率在 50% 以上。其中，毛利率最高的是读客文化的推广服务，将近 100%。毛利率较高的还有凤凰传媒的游戏业务（83.14%）、中文在线的文化业务（71.04%）、果麦文化的数字内容业务（66.62%）。从毛利率的增幅来看，毛利率增幅最大的是皖新传媒的广告及游戏业务，同比增长了 10.71%。此外，还有较多的上市企业数字出版业务毛利率出现下滑，降幅最大的是中南传媒的数字出版业务，同比下滑了 23.01%。

从数字出版业务营业收入占总营收的比例来看，中文在线和掌阅科技两家公司的营收基本上都来自数字出版业务。除天舟文化（占比 44.22%）和读客文化（占比 14.4%），其余的出版业上市公司主营业务中数字出版业务营业收入占总营收的比例都低于 10%，甚至低于 5%。由此可见，多数出版业上市公司的数字出版业务营业收入占总营收的比例仍然较低。

（五）从业绩表现看，国企表现出色，民企两极分化

在 27 家出版业上市公司中，20 家为国有企业，其余 7 家为民营企业，分别是新经典、掌阅科技、世纪天鸿、天舟文化、中文在线、读客文化、果麦文化。2021 年，这 7 家民营企业营业收入、净利润、总资产、政府补助排名相对靠后。从营业收入、净利润、总资产、政府补助的增长率来看，部分民营企业表现出色，部分民营企业表现不佳，民营企业的表现两极分化明显。

20 家国有出版业上市公司 2021 年的相关数据为：营业总收入 1 302.29 亿元，同比增长 8.31%；净利润 163.36 亿元，同比上涨 15.96%；总资产 2 496.96 亿元，同比增长 11.07%；政府补助 9.34 亿元，同比下降 11.71%。由此可见，2021 年国有出版业上市公司除政府补助下滑以外，营业收入、净利润、总资产均上涨。

7 家民营企业 2021 年的相关数据为：营业收入 60.79 亿元，同比增长 3.37%；净利润 -1.40 亿元；总资产 120.68 亿元，同比增长 7.91%；政府补助 0.34 亿元，同比下滑 45.75%。7 家民营企业的营业收入总额和总资产同比均实现增长，但涨幅低于国有企业。7 家民营企业的政府补助总额也有所下滑，降幅高于国有企业。民营企业的净利润总额与上年一样，仍处于亏损的状态。民营企业中，天舟文化的营业收入、净利

润、总资产和政府补助明显下滑,其中,营业收入下滑40.37%,净利润 – 6.78亿元,总资产缩减了29.63%,天舟文化的业绩大幅拉低了民营企业的整体业绩。

但在民营企业中,也有表现出色的公司。2021年新增的出版业上市公司果麦文化和读客文化的营业收入、净利润、总资产和政府补助都明显上涨。此外,在2019年业绩表现不佳的中文在线,其业绩2020年出现回升后,2021年继续保持增长,营业收入、净利润、总资产、政府补助都实现了增长,尤其是净利润,同比上涨了101.93%。

(六)以特色优势推动出版走出去,以海外业务带动业绩上升

版权输出数量是衡量出版业上市公司走出去成效的重要指标。12家出版业上市公司在年报中披露了这一指标。在新冠肺炎疫情全球蔓延的背景下,出版业上市公司努力克服疫情的不利影响,在版权输出方面有不错的表现(见表7)。

表7　2021年部分出版业上市公司版权输出数量

公司简称	版权输出数量(种)
中国出版	1 000以上
新华文轩	563
时代出版	509
凤凰传媒	433
中信出版	412
中南传媒	314
南方传媒	305
山东出版	192
出版传媒	180
中国科传	177
长江传媒	136
中原传媒	82

中国出版的版权输出数量超千项,涉及42个语种、46个国家和地区,在"中国图书对外推广计划"年度综合排名中稳居全国第一。新华文轩积极适应"线上+线下"

版权贸易新常态，参加伦敦国际书展、法兰克福书展等 10 余场涉外书展，实现版权输出 563 项，同比增长 18%，实物书刊出口码洋 480 万元，同比增长 17%。时代出版着力做好中国共产党成立百年主题宣传图书的海外出版与推广，全年实现版权输出 509 项，旗下 6 家单位入选国家文化出口重点企业。

出版业上市公司还充分发挥自身特色优势，积极推动出版走出去。南方传媒充分发挥广东独特的地缘、人缘、语缘、商缘优势，通过整合海外发行网络，构建走出去产业体系，建设走出去服务平台等，实现了从单一引进到规模化输出、从版权贸易到多元化出口的转变。山东出版利用山东与日韩两国隔海相望的区位优势、传统文化的认同优势和版权贸易的基础优势，不断深化中日韩三国间的人文交流互鉴和文化产业合作，三方已达成了设立中日韩出版贸易联盟的初步意向。

出版业上市公司通过出版走出去提升了公司整体业绩。掌阅科技大力发展免费阅读业务，积极拓展海外业务，其免费阅读及海外业务增长带动营业收入同比增加 0.49%。中文传媒的游戏业务主要是自主研发和运营移动网络游戏，以及代理运营第三方研发的游戏，这部分游戏业务的营业收入来源主要是海外市场。中文在线在海外市场陆续推出互动式视觉阅读平台 Chapters、动画产品 Spotlight、浪漫小说平台 Kiss 等多类型产品，加速渗透全球市场。2021 年，中文在线的海外公司获得营业收入 59 974.72 万元，同比增长 19%，其海外公司 CMS 因海外业务发展良好，收入同比增长 19.14%，对公司净利润贡献增加。2021 年，读客文化成功向日本、韩国等国家及我国港澳台地区输出版权，获得营业收入 762.26 万元。

（七）主动承担社会责任，践行文化企业使命和担当

2021 年，围绕中国共产党成立 100 周年、全面建成小康社会等重大事件、重要历史节点，出版业上市公司推出了一大批优秀主题出版物，主动承担"举旗帜、聚民心、育新人、兴文化、展形象"的使命任务。中国出版以中国共产党成立 100 年为主线，策划主题出版物 300 多种，推出"六个一百"中国共产党成立主题项目，出版《中共党史十二讲》《百年革命家书》《1937，延安对话》等一批党史力作。凤凰传媒围绕中国共产党成立百年、全面建成小康社会，共策划主题出版选题 151 种，其中，《向北方》《锻造——党的建设 100 年》等 96 种选题完成出版。

2021年政府工作报告明确指出要"推进城乡公共文化服务体系一体建设，创新实施文化惠民工程，倡导全民阅读"。出版业上市公司主动提升公共文化服务水平，不断拓宽公共文化服务领域，深度参与公共文化基础设施建设，满足人民日益增长的美好精神文化生活需要。南方传媒参与了320个新时代文明实践中心（所、站）、5个岭南书院项目的规划建设，建成62个党员阅览室（职工书屋）。山东出版把农村图书发行工作与乡村振兴等工作结合起来，通过送书下乡、推广线上购书平台等形式，做好农村图书发行工作，丰富农村文化生活。内蒙新华建设流动书房，送书到基层，深入内蒙古偏远贫困区、边境、口岸，为广大农牧民提供送书服务，受到当地群众欢迎。

2021年，乡村振兴新征程开启。出版业上市公司积极投身于巩固脱贫攻坚成果、推动乡村振兴的工作中。城市传媒策划出版了一大批主题出版物，全方位、多角度地展示脱贫攻坚成果。在工作实践中，其不仅派出"第一书记"解决村民生活实际困难，而且开展图书下乡流动服务，广泛进行农村流动售书活动，推动乡村文化振兴。龙版传媒持续定点帮扶乡村，投资养殖项目，产生稳定效益，同时发挥主业资源优势，免费为乡村义务教育全科教师提供培训服务，惠及1 400余名教师。

此外，出版业上市公司还在坚持正确价值导向，节能减排保护环境，疫情防控安全生产，保障投资者合法权益，提升员工归属感、获得感、幸福感等方面积极履行社会责任，把社会效益放在首位，努力实现社会效益和经济效益相统一。

二、2021年出版业上市公司发展亮点

（一）持续拓展新业态，主动布局元宇宙

面对新技术革命浪潮，出版业上市公司积极进行前瞻性布局，将自有的内容优势与新技术结合，不断拓展新业态，寻找新的利润增长点，为满足用户精神需求提供更多元的选择。城市传媒致力于打造新一代互联网技术下的文化产品生态链条，基于5G、VR/AR、8K超高清视频等新兴技术，进行IP深度运营，开发海洋、航天数字科普相

关的 VR、3D 产品，并运用 AI 技术推动数字教育产品生态群不断完善，逐步形成数字教育、海洋、文博元宇宙方向的基础布局和技术储备。城市传媒自主开发的 VR 教育、3D 科普数字产品累计取得知识产权超过 50 项。

以游戏为主业的天舟文化加速游戏新业态布局，积极探索 VR 新产品的研发。天舟文化充分利用 VR 设备的沉浸体验感，打造休闲游戏新玩法，为用户提供优质游戏体验，形成新的收入增长点。天舟文化研发的 VR 游戏《EDM 风暴》计划于 2022 年上线测试。随着 5G 技术的发展，云游戏市场的不断壮大，天舟文化与华为开展合作，积极布局云游戏，目前已推出云游戏 PaaS 服务平台。

2021 年，元宇宙在全球范围内引起广泛关注。文学作品天然与元宇宙有共同的虚拟现实交互属性。中文在线结合自身拥有的海量优质数字内容优势，积极布局元宇宙相关业务，支持建设"清华大学新闻与传播学院元宇宙文化实验室"，设立元宇宙专项基金支持元宇宙业务探索。中信出版围绕未来 5 年的转型发展方向，开展元宇宙领域的研究和规划，积极探索元宇宙新兴内容和媒介。浙版传媒探索了数字技术、元宇宙等相关领域，出资 1.5 亿元投资浙江春晓数字出版基金，旨在推动数字出版生态圈的构建。

（二）加速线上营销布局，不断进行营销创新

新冠肺炎疫情暴发后，出版业渠道生态快速嬗变，出版业线上渠道的重要性愈发凸显。2021 年，出版业上市公司进一步加快融合转型升级步伐，加速线上营销布局，不断进行营销创新，通过自建平台和搭建新媒体矩阵获取私域和公域流量，以直播、短视频、社群等方式进行营销推广，培育新动能，积蓄新能量。

果麦文化在互联网销售方面，自建"2C"销售渠道，创立了领先于行业且新颖的"CBC"销售模式——依托互联网产品矩阵，连接用户，为其推送契合的内容和产品信息。在产品上市初期，果麦文化精准地找到用户并实现"2C"销售，引起话题和热度，同时通过搜索、转发、口碑传播等方式外溢到各大电商平台（当当、京东、天猫等）及代销渠道，实现"2B"销售。而在图书产品生命周期的中后段，对于代销商退库的图书产品，果麦文化通过内部互联网账号带货和外部达人带货，再一次实现滞销产品的"2C"销售，防止图书滞销和存货跌价，从根本上解决了"代销退货"的行业痛

点。2021 年，果麦文化的互联网"2C"销售收入为 6 709 万元，增幅达 95%。

浙版传媒持续发力图书电商，在渠道布局上，实现传统型电商渠道增长 46%、新兴电商渠道增长 160%。2021 年，其子公司博库集团线上销售收入 22.24 亿元，同比增加 7.13 亿元，增长 47.19%。在营销创新上，博库集团创建数字化营销新模型，实现全域流量提升 35%；在用户分析上，博库集团致力于数据链路挖掘与应用，2021 年首次实现渠道新老客户总数突破性增长，单店全年访客人数超 1 200 万人；在产品推广上，博库集团加大拓展优势细分市场，核心产品线增速达 68%。

皖新传媒开发了"皖新云书店"和"皖新云馆配"线上服务平台，打造 App、小程序、网上商城和微信公众号服务矩阵，推出"社群+社交+图书"经营模式，实现线上线下的会员融合、销售渠道融合、服务场景融合。

（三）5 家出版企业集中上市，扩大出版业的社会影响力

2021 年，5 家出版企业上市，其中，浙版传媒、龙版传媒、内蒙新华为国有企业，读客文化、果麦文化为民营企业。这是继 2017 年 6 家出版企业 A 股上市后，资本市场再次迎来出版企业上市热潮。

出版企业上市融资，既是顺应时代发展趋势、应对行业激烈竞争挑战的需要，也是探索多元化经营模式和资本化运作模式，实现新发展、新突破的机遇。在资本市场的助力下，上市出版企业将有更多资金用于做强主业、开拓新产业、建设平台、转型升级，以提升竞争力和影响力。上市融资还有助于出版企业规范管理、改善财务结构、激发经营活力、提升知名度，这将拉开上市出版企业与非上市出版企业之间的整体实力差距。在新冠肺炎疫情的影响下，出版企业的经营负担进一步加重，上市融资在一定程度上可以缓解出版企业的经营压力。

2021 年是"十四五"规划的开局之年，5 家出版企业的相继上市提振了行业信心，同时也扩大了出版业在社会特别是资本市场中的影响。未来一段时期，出版发行公司上市融资将成为业界集中发力的方向。出版发行公司上市后应充分利用好资本市场，不断做强做大，推动出版强国建设。

三、2021年出版业上市公司发展存在问题

（一）生产成本反复上涨，盈利能力饱受影响

新冠肺炎疫情暴发后，全球经济面临不同程度的危机，当前全球经济已进入高成本时期，出版行业也是如此。图书产品生产的主要原材料为纸张和油墨等，2021年，纸张和油墨的价格反复上涨，加上国家环保要求和市场对纸张质量需求的不断提高，图书产品生产的成本也随之增加。原材料价格的上涨，使出版业上市公司的盈利能力受到冲击，尤其是以纸质书出版发行为主业的出版业上市公司，更是受到直接影响。

以数字出版为主业的出版业上市公司则主要受到版权采集成本上升的影响。优质内容是数字出版的核心竞争力。近年来，随着数字出版行业盈利模式的逐渐成熟，优质内容的版权竞争日趋激烈，版权所有者要求的买断价格和版税分成比例也逐年上升。因此，出版业上市公司对优质内容版权采集的投入和支付给版权所有者的分成比例不断提高，但数字出版产品所带来的收益并未因此上涨，导致数字出版业务毛利率降低。此外，随着互联网行业格局的逐步成形，流量红利效应减退，流量成本进一步攀升，以数字出版为主业的出版业上市公司将面临更高的市场推广成本投入，公司盈利水平也因此受到影响。

（二）积极开拓海外业务，但部分海外业务表现不佳

面对竞争日益激烈的行业环境，一些出版业上市公司在挺拔主业的同时，积极开拓海外业务，推动出版走出去。虽然部分出版业上市公司因此带动了整体业绩的上升，但也有部分出版业上市公司因为海外业务市场反馈不及预期，整体业绩受到影响。新经典2021年净利润同比下滑40.53%，其中，海外业务净利润-3 006.59万元，较上年同期多亏损了2 253.95万元。

出版业上市公司开拓海外业务，不仅面临来自当地企业的市场竞争，还受到当地政策法规的管理。如果策划团队不能对市场趋势和政策环境作出准确研判，就会面临

新产品市场反馈未达预期的风险。尤其在海外业务拓展的起步期，出版业上市公司需要加大人员招募、版权获取、营销推广等环节的投入，加上内容产品的生产周期较长，生产内容和市场需求出现错位的可能性增大，导致海外业务亏损。

（三）政策波动直接影响出版业上市公司经营业绩

2021年政府宏观政策有两个方面对出版业产生直接冲击。

一是出版业的政府补助下降。出版行业长期以来在财政、税收等方面享受国家统一制定的优惠政策。但2021年出版业上市公司享受的政府补助下滑，27家出版业上市公司计入当期损益的政府补助总额同比下滑13.60%。其中，19家出版业上市公司2021年获得政府补助低于2020年，降幅最大的达到88.47%。部分出版业上市公司获得的税收优惠占公司利润总额的比例较高，对政府补助的依赖程度较高，政府补助的下降导致其业绩下滑。2021年，新经典的净利润同比下滑40.53%，就是受到了政府补助下降的不小影响，其获得的政府补助较上年同期减少2 539.31万元，同比降低70.11%。

二是"双减"政策影响了教辅图书的销售额。2021年7月，中共中央办公厅、国务院办公厅印发《关于进一步减轻义务教育阶段学生作业负担和校外培训负担的意见》，明确实施"双减"政策。"双减"政策对K12教辅行业带来巨大冲击，市场总体需求和规模大幅下滑，教辅市场的竞争格局面临重大调整。近年来，国家教育行政主管部门针对教辅行业颁发了一系列监管政策，旨在进一步规范教辅企业的业务经营行为，促进教辅行业的健康发展，出版业上市公司的教辅业务发展也因此受到影响。

四、对出版业上市公司发展的展望

（一）多措并举降低生产成本，减少成本上涨的负面影响

为尽量降低纸张、油墨等原材料价格上涨对盈利能力的影响，出版业上市公司应加强对原材料市场趋势的研判，与原材料提供方建立长期友好合作关系，签订长期采

购合约，减少价格大幅波动对公司的影响，确保出版用纸的质量和供应。此外，出版业上市公司也可以通过原材料集中采购方式，提高集体议价能力，控制生产成本，抵御原材料价格波动带来的风险，如继续扩大按需印刷（POD）生产规模，控制库存，缓解成本压力。

对数字出版业务面临的版权采集价格上涨问题，一方面，出版业上市公司应持续提升版权自主开发能力，同时充分挖掘公司现有版权资源价值，探索版权运营新模式，开发文字、图像、声音、视频等多媒体融合的内容产品，提高公司在版权原创和运营上的竞争力。另一方面，出版业上市公司应与优秀的内容创作者之间相互信赖，并保持长期合作关系，尽可能使版权的价格合理，并对版权的盈利能力作出合理评估，确保采集版权的未来收益，从而降低版权采集价格上涨对公司带来的负面影响。

（二）做好外部研判和内部管理，降低海外业务发展风险

出版业上市公司发展海外业务是积极推动出版走出去的表现，但发展海外业务面临诸多困难和风险。尤其在新冠肺炎疫情防控常态化、国际环境日趋复杂的背景下，出版业上市公司应深入分析当地的市场趋势和政策环境，进行全面的风险评估。

在做好外部环境科学研判的同时，出版业上市公司应加强海外业务的内部管理，与海外团队建立顺畅的沟通机制及实时经营跟踪与反馈机制，密切关注经营情况和相关项目进展情况，加强风险监控。此外，出版业上市公司还应不断优化海外业务团队的管理与考核，通过科学合理的收益共享机制激发团队活力，提升海外业务的经营效率。

为避免生产的内容产品和海外市场需求出现错位，出版业上市公司应建立完善的创作流程，引导内容创作者及时发布阶段性成果，并根据读者需求及时调整作品内容，提升内容产品的国际化运营水平和传播能力。同时，出版业上市公司应积极践行文化企业的社会责任，充分利用海外平台资源，讲好中国故事。

（三）主动适应政策变化，降低政策调整不利影响

出版业上市公司的市场规模、盈利水平、后续发展等都会受到政策调整的影响。

目前，出版业很多上市公司是全国文化体制改革试点单位，其在享受一般文化企业财税优惠政策的同时，也能享受国家对文化体制改革试点单位的财税优惠政策，这些出版业上市公司一旦不能享受目前的税收优惠政策，公司业绩就会受到一定影响。因此，出版业上市公司应保持对国家相关行业及税收政策调整的高度关注，将练好"内功"放在第一位，提高自身盈利能力，降低对优惠政策的依赖度。

"双减"政策及教辅行业相关监管政策落地后，出版业上市公司应尽快调整旗下教辅业务。一方面，出版业上市公司应根据政策导向调整教辅产品结构，去粗存精，提升教辅质量，以应对教辅行业面临的更为严格的监管；另一方面，出版业上市公司应加快教育出版的融合转型，开拓新的数字教育产品和业务模式，培育新的增长点，降低相关政策变化所带来的不利影响。

（程丽：广西桂林理工大学；
周蔚华：中国人民大学新闻与社会发展研究中心、中国人民大学新闻学院）

2021—2022 全民阅读发展报告

2022年4月23日,我国首届全民阅读大会主论坛在北京开幕,中共中央总书记、国家主席、中央军委主席习近平发来贺信,表示热烈的祝贺。这次大会是对我国全民阅读事业成就和典范的一次全面总结和展示,推动新时代全民阅读工作更加聚焦、更加精细、更能形成各部门协调联动的机制,也更能集结动员全社会的力量。这次大会的隆重召开,为各地全民阅读工作提供了一个可供参考的行动模式,山东、河南等地随后也召开了地方全民阅读大会。本文将对第十九次全国国民阅读调查的总体情况进行概述,进而重点探讨全民阅读的四种基础支撑力量:政策、行业、研究与技术,在此基础上概述2021—2022年我国全民阅读生态体系的总体面貌及发展方向。

一、第十九次全国国民阅读调查主要情况

(一)农村居民阅读水平稳步上升,城乡阅读鸿沟正在缓慢弥合

改革开放以来,我国城乡之间的经济鸿沟逐渐缓慢弥合,时至今日,城乡之间存在较大的精神文化鸿沟,尤其体现在城乡居民阅读方面的差异显著。从全国国民阅读调查数据来看,近年来,城乡居民之间的阅读鸿沟在以缓慢而稳定的态势逐渐缩小,具体表现为我国农村成年居民的图书阅读率稳步增长,城乡居民之间图书阅读量的差距逐年缩小。

首先,调查数据显示,2021年我国有半数农村成年居民阅读过图书,图书阅读率达到50.0%,较2017年的49.3%增长了0.7个百分点,呈稳定增长态势,全民阅读在农村地区初见成效。

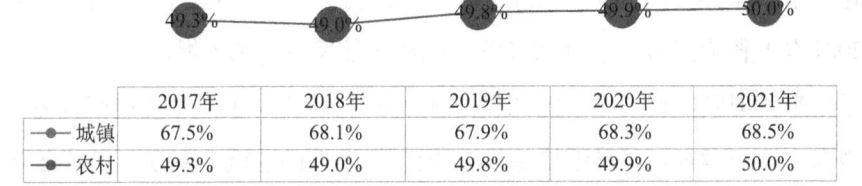

	2017年	2018年	2019年	2020年	2021年
城镇	67.5%	68.1%	67.9%	68.3%	68.5%
农村	49.3%	49.0%	49.8%	49.9%	50.0%

图 1　2017—2021 年城乡成年居民图书阅读率

其次，从 2017—2021 年我国农村居民的图书阅读量来看，虽然农村成年居民的图书阅读量自 2017 年的 3.35 本增至 2021 年的 3.76 本，增幅不大，但城乡居民之间图书阅读量的差距在逐步缩小。2017 年我国城乡居民之间的图书阅读量相差 2.48 本，到 2021 年，我国农村居民的图书阅读量（3.76 本）较城镇居民（5.58 本）少 1.82 本，虽然五年间只缩小了 0.66 本的差距，但从我国地区幅员辽阔，农村人口基数较大的实际情况来看，农村居民人均图书阅读量进步的"一小步"，意味着实际情况中农村全民阅读迈进的"一大步"，也就是说，城乡居民之间阅读状况的差距在逐渐消减，城乡之间的阅读鸿沟在逐步弥合。

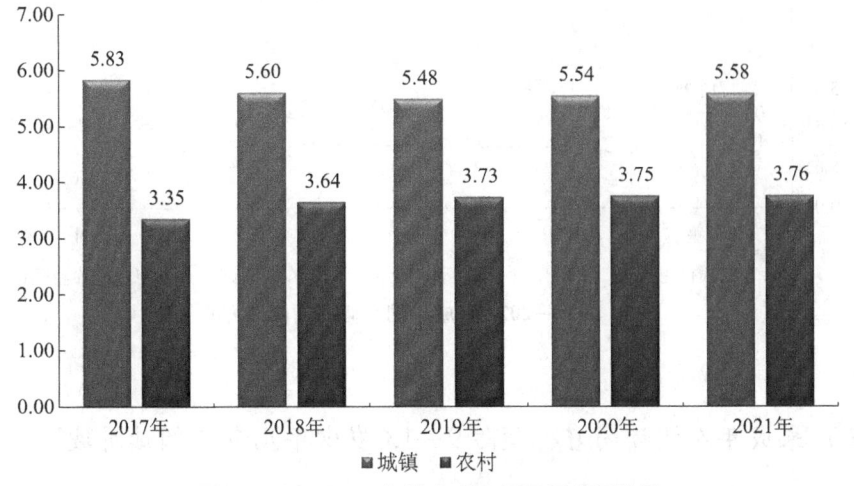

图 2　2017—2021 年城乡成年居民图书阅读量

（二）数字化阅读多元化发展，视频讲书成为阅读方式新选择

以手机阅读为代表的多种数字化阅读方式为越来越多的成年国民所接受，2021年，我国有近八成（79.6%）的成年国民通过各类数字化方式进行阅读，其中分别有七成以上的人进行过手机阅读（77.4%）和网络在线阅读（71.6%），分别有两成以上的成年国民在电子阅读器（27.3%）和iPad（平板电脑）上（21.7%）进行数字化阅读。此外，2021年我国有三成以上（32.7%）的成年国民有听书习惯。

对近年来我国成年国民倾向的阅读方式的调查发现，在各类主流阅读方式中，成年国民最喜爱的阅读方式还是纸质阅读，虽然青睐"在手机上阅读"的成年居民比例一度超越"拿一本纸质图书阅读"的成年国民，但从近两年的调查数据来看，纸质阅读在更多成年国民心目中占有更重要的位置。与此同时，其他阅读方式的受众群体规模也在逐渐扩大。值得注意的是，"视频讲书"作为新兴的数字化阅读方式也拥有相当比例的拥护者，在提及最喜欢的阅读方式时，有1.5%的成年国民选择"视频讲书"。视频讲书的出现，满足了读者对阅读体验的新期待，通过视频讲书与网友和作者互动的新阅读方式同时满足了"数字原住民"群体的社交和阅读需求。

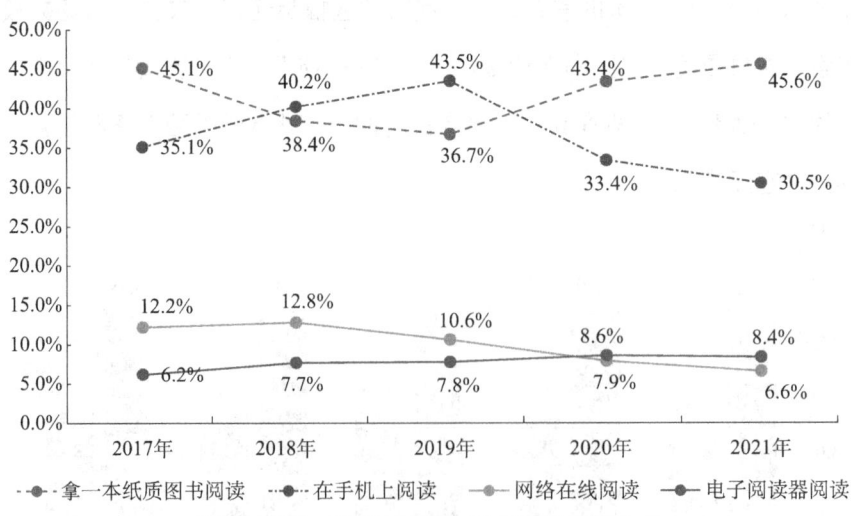

图3 2017—2021年成年国民倾向的阅读方式

（三）未成年人阅读向好，预防9—13岁少年儿童"阅读滑坡"

2021年，我国未成年人整体阅读状况较上年有所提升，具体表现为三个年龄段未成

年人的纸质图书阅读率、纸质图书阅读量均较上年有不同程度的增长。2021年，我国0—17周岁未成年人纸质图书阅读率为83.9%，较上年（83.4%）增长0.5个百分点。0—17周岁未成年人纸质图书阅读量为10.93本，较2010年的10.71本增加了0.22本。

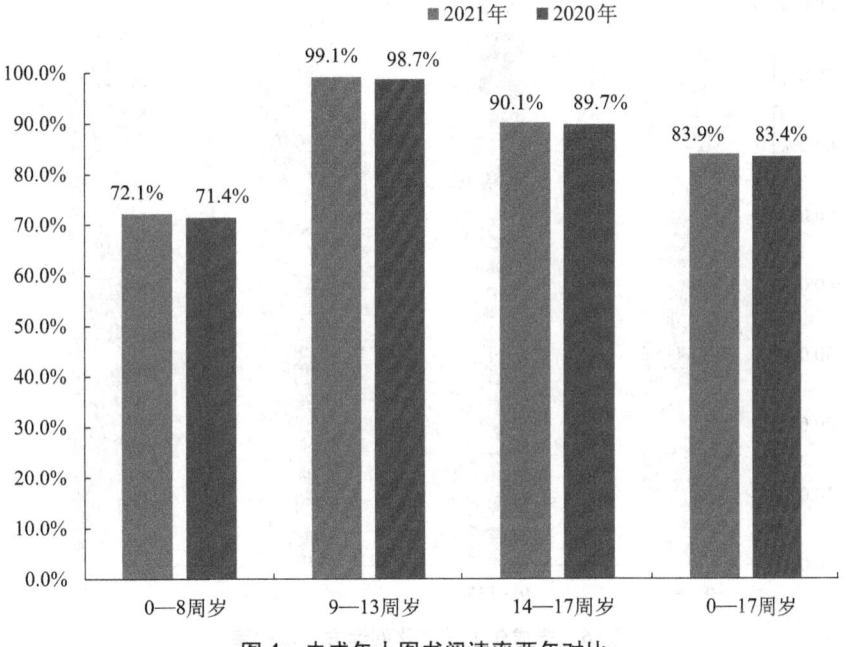

图4 未成年人图书阅读率两年对比

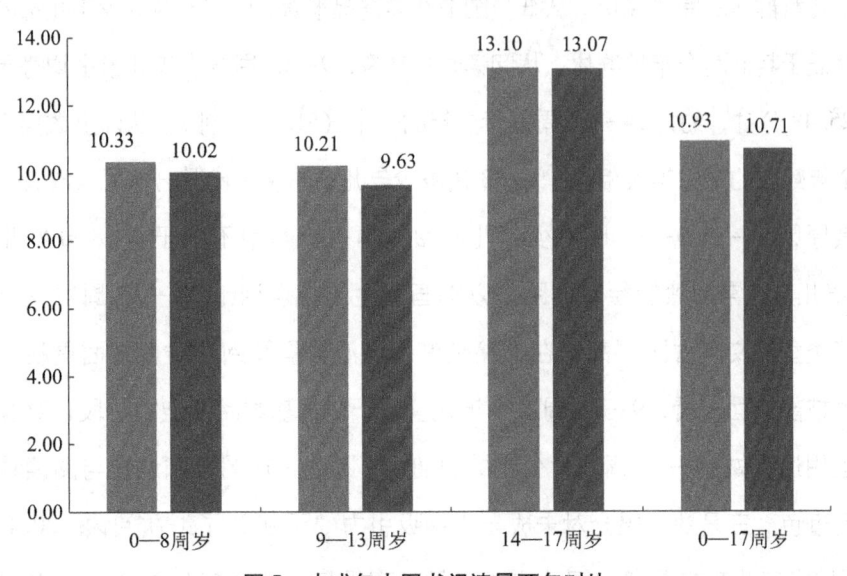

图5 未成年人图书阅读量两年对比

与此同时，依托于不同终端载体的数字化阅读方式为未成年人随时随地开展阅读提供了更多便利，越来越多的未成年人加入到数字化阅读大军之中，2021年，我国0—17周岁未成年人对各类数字化阅读方式的接触率为72.5%。

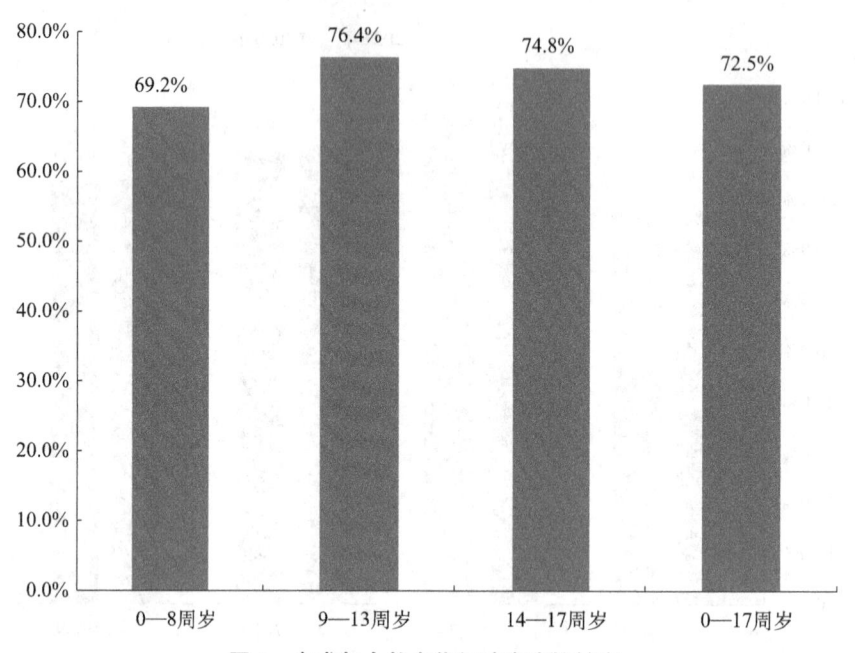

图6 未成年人数字化阅读方式接触率

在欣慰于越来越多的未成年人加入到阅读的队伍之余，我们还要进一步关注9—13周岁少年儿童群体的阅读现状。从纸质图书阅读情况来看，9—13周岁少年儿童的纸质图书阅读量低于其他两个年龄群体。从阅读时长来看，9—13周岁少年儿童平均每天阅读纸质图书25.48分钟，约为14—17周岁青少年的一半（51.90分钟）。从以上数据来看，与其他两个年龄段的未成年人相比，9—13周岁少年儿童的阅读状况出现了"滑坡"迹象。

究其原因，一是9—13周岁少年儿童阅读的书籍类型不同于0—8周岁儿童。与0—8周岁儿童经常阅读的绘本类图书以图画为主的特点相比，9—13周岁少年儿童阅读的书籍类型的文字占比更高，在书籍长度、词汇数量及阅读难度方面更胜一筹。二是从阅读技能方面来看，9—13周岁少年儿童处于初具基本阅读能力阶段，对各类阅读技能的运用远不如14—17周岁青少年更加娴熟，因此，在图书阅读量与阅读时长方面较之略显逊色。三是数字媒介对未成年人的吸引力"干扰"了纸质阅读。2021年我国9—13周岁少年儿童的数字化阅读方式接触率高于其他两个年龄群体，达76.4%。也就是说，数字媒介对纸质阅读的干扰作用对该年龄群体尤为显著。

无独有偶，基于对全美6—17周岁未成年人的抽样调查分析的《儿童与家庭阅读》报告显示，美国不同年龄段未成年人的阅读呈现出不同特征，其中之一就是"九岁滑坡"现象。该报告指出，美国9岁儿童中认为"为乐趣而阅读"非常重要的比例从八岁儿童的65%下降至57%，表示非常喜爱"为乐趣而阅读"的孩子比例由8岁儿童的40%下降至28%。作为反映美国儿童阅读趋势的关键指标——高频读者的比例，即每周阅读5—7天的儿童比例也由八岁儿童的57%降至35%。

由此可见，引导9—13周岁少年儿童合理地安排各类媒介的阅读时间，运用正确的阅读策略开展数字化阅读应当成为学校和家长预防该年龄段未成年人"阅读滑坡"的有效方式。

（四）全民阅读公共服务提质增效，居民参与体验良好

公共阅读服务设施和全民阅读品牌活动是公共阅读服务的两大支柱，第十九次全国国民阅读调查从公共阅读服务设施的政府建设、居民使用及服务质量三方面进行全面系统的考察。从调查数据来看，我国公共阅读服务供给水平稳步提升，居民的使用满意度和参与满意度持续增高，相对全面地反映出我国公共阅读服务质量的整体水平在逐步提升，公共阅读服务正经历由"量"向"质"的转变。

1. 基层全民阅读公共服务设施覆盖范围更广，居民使用满意度提升

基层公共阅读服务设施是居民享受公共阅读服务的基本保障，公共图书馆、社区阅览室的覆盖范围持续扩大，城镇居民表示在居住地附近有公共图书馆、社区阅览室/社区书屋/城市书房和报刊栏的比例由2020年的51.1%增至2021年的51.7%。其中，城镇居民对居住地附近公共图书馆和社区阅览室/社区书屋/城市书房的认知度较上年略有增加。

使用过居住地附近以上三类公共阅读服务设施的居民，表示满意的比例均高于上年。其中，居民对公共图书馆的认知度和使用满意度均高于其他公共阅读服务设施。与此同时，居民对于社区阅览室/社区书屋/城市书房的使用满意度也较高，超过七成的居民在使用后表示满意。

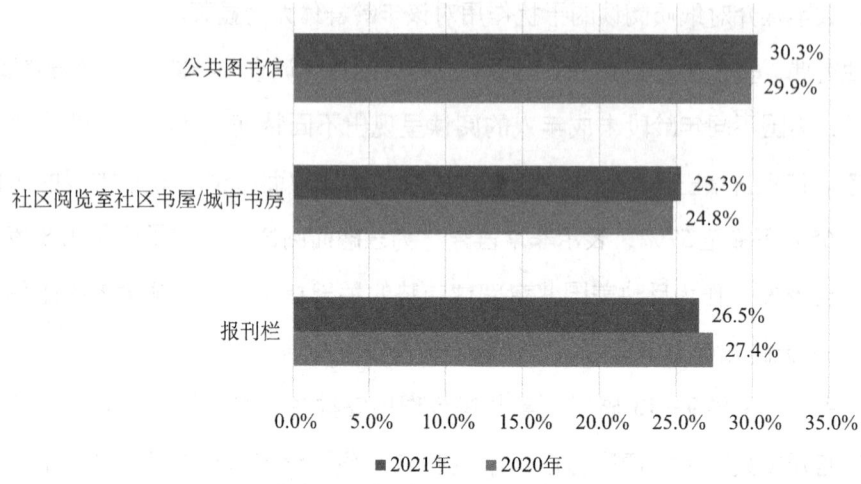

图 7 城镇居民对公共阅读服务设施的认知度

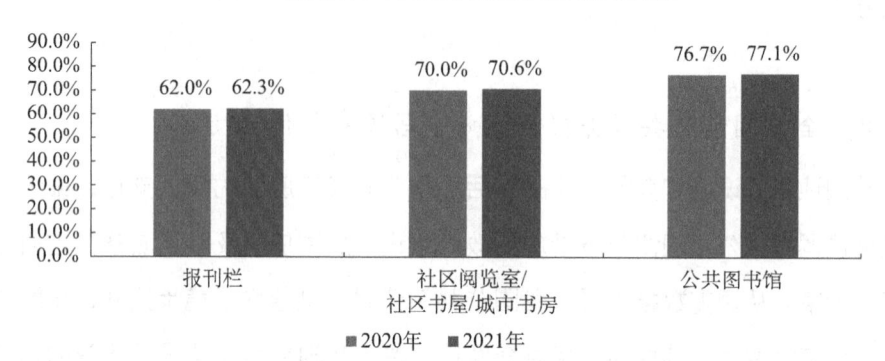

图 8 城镇居民对公共阅读服务设施的使用满意度

2. 全民阅读品牌活动效应持续增温，居民参与体验良好

2021 年，我国成年居民对全民阅读品牌活动的知晓率达到 73.1%，较上年（72.7%）增长了 0.4 个百分点；超过六成（65.4%）的居民参加过全民阅读品牌活动，较上年的 65.2% 略有增加；居民对全民阅读品牌活动的使用满意度达到 71.6%，超过上年平均水平（71.0%）。

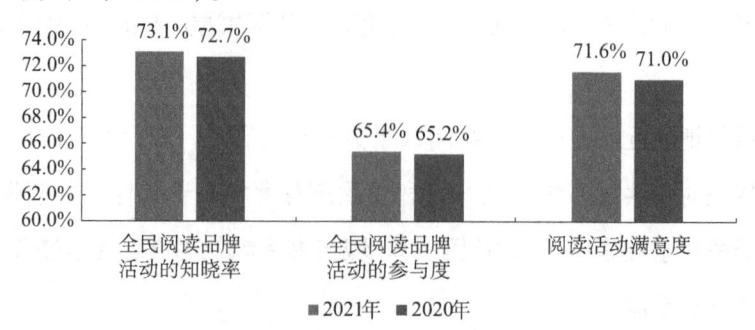

图 9 全民阅读品牌活动情况

研究显示，良好的阅读体验有助于居民阅读行为的产生与延续，在满足居民精神文化需求的同时，有利于居民良好阅读习惯的培养。从以上调查数据来看，一方面，作为深入基层的公共阅读服务设施，社区阅览室等公共阅读空间的定位应逐步从单纯提供阅读资料向提供高质量的阅读服务转变。另一方面，全民阅读品牌活动作为"盘活"公共阅读服务设施的内核应进一步贴近居民生活场景与媒介使用习惯，在切实了解居民的阅读需求基础上，开展居民喜闻乐见的阅读活动，有助于持续、深入地发挥基层公共阅读服务设施的作用，提升整体公共阅读服务水平。

二、全民阅读政策推动

2021 至 2022 年，是我国实施"十四五"规划、开启全面建设社会主义现代化国家新征程的重要时期，也是即将迎来中国共产党第二十次全国代表大会召开的重要时期，在此期间，以"奋进新征程 阅读再出发"为主题的全国首届全民阅读大会的召开，代表着党和国家对全民阅读的高度重视，是对于全民阅读事业具有里程碑意义的重要事件。

2022 年 4 月 23 日至 25 日，由中央宣传部（国家新闻出版署）、北京市委、北京市政府指导，中宣部出版局、北京市委宣传部主办的首届全民阅读大会在北京举行。习近平在贺信中指出，阅读是人类获取知识、启智增慧、培养道德的重要途径，可以让人得到思想启发，树立崇高理想，涵养浩然之气。中华民族自古提倡阅读，讲究格物致知、诚意正心，传承中华民族生生不息的精神，塑造中国人民自信自强的品格。习近平希望广大党员、干部带头读书学习，修身养志，增长才干；希望孩子们养成阅读习惯，快乐阅读，健康成长；希望全社会都参与到阅读中来，形成爱读书、读好书、善读书的浓厚氛围。中共中央政治局委员、中宣部部长黄坤明在开幕式上宣读了习近平的贺信，并在讲话中要求认真学习贯彻习近平总书记重要指示精神，加强阅读引领，涵育阅读风尚，构建覆盖城乡的阅读推广服务体系，推动全民阅读扩大覆盖、提升品质、增强实效，以书香中国建设促进文化强国建设，为奋进新征程、建功新时代注入强大精神力量。①

从 4 月 23 日到 25 日，首届全民阅读大会历时三天，共举办系列论坛、展览展示、新闻发布、主题活动四大类 23 项活动。4 月 23 日上午，首届全民阅读大会主论坛在京举行，中宣部副部长张建春在主旨演讲中指出，要深入学习贯彻习近平总书记关于全民阅读工作的重要指示精神，深刻把握新时代全民阅读工作的重要意义。全民阅读是满足人民群众精神文化生活新期待、促进精神生活共同富裕的有力支撑，是提高人民思想境界、建设社会主义文化强国的内在要求，是坚定"四个自信"、增强人民精神力量的重要抓手。他总结党的十八大以来全民阅读工作的三个重要经验：抓住全民阅读工作的"发力点"，不断完善全民阅读工作体系；连接全民阅读工作的"经纬线"，不断丰富优化阅读资源；扩大全民阅读工作的覆盖面，在全社会大力营造浓厚的读书氛围。这些成效经验，要久久为功坚持、守正创新发扬。在未来的工作要求中，张建春提出，要坚持以习近平新时代中国特色社会主义思想为指导，并从聚焦、温暖、精细、广泛、有力五个方面论述了如何深入推进新时代全民阅读工作，内容涉及政治思想、内容供给、设施完善、重点群体、阅读推广人队伍等具体方面，并提出要强化组织保障，积极制定全民阅读工作发展战略和规划，完善相关政策措施，加强组织领导。

在主论坛上，全国政协文化文史和学习委员会驻会副主任、全国政协委员读书活动指导组副组长胡纪源，教育部党组成员、副部长郑富芝，文化和旅游部党组成员、副部长张旭，中华全国总工会副主席、书记处书记、党组成员魏地春，共青团中央书记处常务书记汪鸿雁，全国妇联副主席、书记处书记、党组成员蔡淑敏，中国作家协会书记处书记邱华栋，中国残联党组成员、副理事长张伟，北京市委常委、宣传部长莫高义，中国出版协会理事长邬书林等分别就本部门本组织范畴内的全民阅读工作经验、计划进行了发言交流。② 总体看来，这次论坛规格之高、涉及领域之广，在我国全民阅读事业发展历史上尚属首次，是党和政府的政治视域下对全民阅读政策的全面总结和未来展望，为奋斗在各行各业的全民阅读工作者指明了方向。

---

① 习近平致信祝贺首届全民阅读大会举办 强调希望全社会都参与到阅读中来 形成爱读书读好书善读书的浓厚氛围. 新华社客户端 [EB/OL]. [2022-04-23]. http://www.news.cn/politics/leaders/2022-04/23/c_1128588119.htm.
② 左志红，袁舒婕. 首届全民阅读大会主论坛举行 张建春出席并作主旨演讲. [EB/OL]. [2022-04-26]. https://www.chinaxwcb.com/info/579031.

首届全民阅读大会的重头活动还包括："喜迎二十大 奋进新征程"新时代主题阅读推广分论坛；第十九次中国国民阅读调查结果发布会；数字阅读分论坛暨第8届数字阅读年会，会上发布《2021年度中国数字阅读报告》，数据显示2021年中国数字阅读用户规模达5.06亿，增长率为2.43%，其中44.63%为19—25岁用户，27.25%为18岁以下用户；首届全民阅读大会全民阅读倡议书签名活动；"阅读新时代"主题征文活动；乡村阅读推进论坛暨2022"新时代乡村阅读季"启动仪式；"书香中国万里行——媒体眼中的全民阅读"活动；"书香暖神州"图书捐赠仪式；年度最美书店发布活动；"全民阅读大会·全民购书节"；以"祖国、未来与我"为主题的青少年阅读分论坛；"关注老年阅读、关爱老年生活"银龄阅读分论坛；"阅读+"分论坛等。25日，大会在"阅读新时代·奋进新征程"全民阅读诵读活动中落下帷幕。以上活动可视为我国全民阅读事业中所涌现出来的具有开创意义的典范，长期实践验证了这些活动的有效性和生命力，它们组成了全民阅读广泛深入推进的重要内驱力。

首届全民阅读大会的会址设在北京中关村国家自主创新示范区展示交易中心，由中国出版协会牵头组织的全民阅读活动馆中举办了多个面向阅读推广专业人员和普通读者的成果展览和体验区，比如展现全民阅读活动成果的可视化数字内容平台数字全民阅读地图、优秀好书集中推荐、全民阅读 LOGO 墙、读书会活动区、儿童全息阅读体验馆、传统文化阅读区、数学阅读体验馆、优秀阅读项目展示区等。这些区域集结了全国各地全民阅读的优秀实践成果，有助于阅读推广的经验分享交流。

首届全民阅读大会既不同于既往全民阅读经验交流会、全民阅读品牌活动，也不同于在书展、书博会等活动平台上所组织的阅读活动，而是集成了政策解读、学术研讨、活动经验分享、成果检阅、大众参与体验等有关全民阅读的各项重要维度，是以全民阅读为主题的、对此前有关全民阅读各种政策文件的立体化、互动化、全景化演示，是一种基于全民阅读的全民性、公共性、专业性、活动性等特征而创造的全新模式。有关这次大会的内涵和构造，有待各级全民阅读政策制定者、阅读推广人和学术研究者进一步挖掘分析。

其后，一些省市区迅速召开了地方全民阅读大会。6月，贵阳市南明区全民阅读大会举报。8月17日至28日，由中共山东省委宣传部主办的"喜迎党的二十大 共享阅读新时代——首届山东省全民阅读大会暨齐鲁书香节"在济南举行。9月6日，青岛市全民阅读大会举办。9月22日，以"书香润万家、奋进新时代"为主题的书香河南首届全民阅读大会在郑州启动，省委书记楼阳生讲话并宣布开幕，省长王凯出席。全民阅读大会会在何种程度上影响各地全民阅读品牌活动，值得继续观察思考。

三、全民阅读行业与研究的发展

虽然疫情形势依然严峻，各种全民阅读项目、活动、学术论坛、基础设施建设仍然保持着发展态势和创新意识，从2021年到2022年，有许多新现象值得梳理总结。与全民阅读相关的学会等组织的发展、专业刊物的创刊，则展示了该领域在学术研究界影响的与日俱增，无论是全民阅读的理念、政策，还是实践中的经验成就，被出版学、文学、语言学、新闻传播学、图书馆学、社会学等多学科的研究者所关注。

2021年以来，地方品牌全民阅读活动共同彰显了为奋进新征程、建功新时代注入强大精神力量，为党的二十大胜利召开营造良好氛围的主题色彩；与省区市文化特色和建设目标贴合，扩充活动容量、丰富活动形式；注重应用数字化技术，让全民阅读的理念与内容可呈现、可扩散。总体看来，在各地活动开展中，各类图书馆、民间阅读推广组织、教育行业、社会组织作为活动策划和服务目标读者的中坚力量，成为地方品牌活动的支柱力量，在创新能力、阅读品质、服务精准性、自我可持续发展等方面呈现出越来越鲜明的阅读推广专业水平。陕西省文化和旅游厅主办的"全民悦读 最美三秦"第10届陕西省阅读文化节，推出了"跟着诗词游三秦"短视频征集活动。首都图书馆主办第9届"阅读之城"图书推荐活动，发布200本"城市荐读书目"，践行"为人找书，为书找人"理念。"书香迎盛会·荆楚谱新篇"——湖北省2022年9·28全民阅读活动周打造了"云启动、云讲座、云展示、云征文"等四大板块。昆明市于2021年建成昆明公共文化云平台，扩大阅读服务的辐射力。上海书展暨"书香中国"上海周指导委员会指导的"阅读走进如常生活"系列活动亦于9月启幕，在上海多个商圈地标、文创园区、实体书店等地开展，以"一场地一主题"为特色，打造"有故事的场景、新体验的阅读"。书香羊城全民阅读组委会遴选公布了广州首批公共阅读空间试点名录，包括2个全民阅读共建点、21个全民阅读示范点，参与首批公共阅读空间试点建设，加快推动"书香羊城"全民阅读工作。

2022年8月，全民阅读与融媒体智库推出《2021年度"书香中国"全民阅读品牌传播影响力大数据研究报告》，对我国31个省（区、市）和10个较早开展全民阅读活动的城市共41个地区的全民阅读品牌进行大数据分析，建立2021年全民阅读品牌传播影响力指数模型并发布了综合传播影响力榜单、传播力榜单、影响力榜单、美誉度榜单共4个榜单排名榜，并对31个省级全民阅读品牌特色进行了分析。该榜单的发布，有助于地方探讨进一步加强对全民阅读有效传播的方式方法，而提升全民阅读品牌的传播力，也是提高品牌高质量发展的重要构成和外在渠道。

作为全民阅读的重要推动力量，公共图书馆阅读推广工作在日益常态化的同时，也逐步建立起学术交流、实践创新、人才培养等行业内全民阅读工作机制，中国图书馆学会扮演着重要角色。2022年2月25日，中国图书馆学会十届三次理事会暨十届理事会党员大会以线上线下的方式举行，国家图书馆馆长熊远明当选为第10届理事会理事长、党委书记，并担任中国图书馆学会法定代表人。中国图书馆学会的6家分支机构：学术研究委员会、图书馆学教育委员会、阅读推广委员会、公共图书馆分会、专业图书馆分会、医学图书馆分会的代表汇报了各机构的工作情况和规划。[①] 8月10日，中国图书馆学会第14届全民阅读论坛在广东省东莞图书馆举办，论坛线上直播观众超过一万人次。

另一个有代表性的事件是中外阅读学研究专业委员会的成立。2022年4月23日，中国英汉语比较研究会中外阅读学研究专业委员会成立大会暨首届学术研讨会在北京召开。中外阅读学研究专业委员会的前身为1991年成立的中国写作学会的二级分会阅读学专业委员会，该会以中国阅读学研究会的注册名被国际阅读协会接纳为团体成员。会议选举郭英剑为首任会长，来自全国31个省区市教学科研及产业单位、学术刊物的80余名专家学者，通过线上线下方式参会。[②]

2021年6月，由国家新闻出版署主管、韬奋基金会主办的专业期刊《阅读与成才》

[①] 中国图书馆学会. 中国图书馆学会十届三次理事会暨十届理事会党员大会召开. 中国科学技术协会 [EB/OL]. [2022-03-04]. https://www.cast.org.cn/art/2022/3/4/art_380_180230.html.

[②] 中外阅读学研究专业委员会成立. [EB/OL]. [2022-04-24]. https://baijiahao.baidu.com/s?id=1730988404592878045&wfr=spider&for=pc.

获批创办，该刊为中文双月刊，创刊号于 2022 年 2 月出版。该刊发刊词开宗明义："以阅读的名义，我们创办一份新刊《阅读与成才》。"其办刊宗旨为：倡导青少年阅读和家庭亲子阅读，研究阅读理论，探索阅读方法，培养阅读习惯，提升阅读兴趣，营造崇尚阅读的社会氛围，以阅读助力人才成长。

2021 年至 2022 年，有关全民阅读的各种专业性、学术性研讨会议以更加多元的主题呈现，本文撮其要者兹录于下：2021 年 7 月由商务印书馆和《中国教育报》继续合作主办的以"文化传承与工具书阅读"为主题的"为中国未来而读——2021 阅读行动研讨会"，该研讨会已是第九次举办；2021 年 12 月，中国图书馆学会阅读推广委员会主办、佛山市图书馆学会等共同承办的图书馆与家庭阅读推广创新发展研讨会在佛山市图书馆举行；2021 年 9 月青岛全民阅读研究院主办的以"建设书香中国视野下的全民阅读理论研究"为主题的"首届全国全民阅读理论研究·青岛论坛"；2022 年 4 月，中国企业文化促进会主办、中国企业文化促进会阅读专委会等承办的"首届企业阅读推广战略研讨会"；2022 年 7 月在南宁召开的"红湾"主题阅读研讨会；2022 年 8 月人民邮电出版社童趣研究院联合中国儿童中心、中国新闻出版研究院全民阅读研究与促进中心共同举办第 2 届"童阅中国"阅读嘉年华儿童阅读主题研讨活动，本届研讨会的主题为"用分级阅读促进儿童阅读的科学化"。同时，我们也会看到有关阅读推广、全民阅读的话题成为各类新闻传播、编辑出版、图书馆学等学术会议的板块或议题之一，研究者们正推动相关研究从经验总结层面向理论架构层面跃迁。

四、全民阅读技术的趋势

从纸张的发明，到印刷术的扩散，再到数字技术的发展，知识生产与传播技术的一次次变革，是阅读群体不断扩大的重要推手。《全民阅读"十三五"时期发展规划》就曾强调："加强对数字化阅读的规范和引导，推动传统阅读和数字阅读相融合""支持建设一批数字化阅读服务平台，助力全民阅读普及，提升数字出版在公共文化服务体系建设中的支撑能力"。2021 年 10 月，因为脸书（Facebook）创始人马克·扎克伯格宣布将公司改名为 Meta（来源自元宇宙 Metaverse，意为元）等一系列事件，这一年也被称为"元宇宙元年"。这个概念引发中国全民阅读研究者及实践者的强烈兴趣，代表者如全民阅读研究专家徐升国，先后撰文《元宇宙时代的工作、生活与阅读》（见《阅读与成才》2022年第1期）、《元宇宙时代的阅读与出版》（《科技与出版》，2022年第4期），提出"'全真阅读'替代文字和音视频载体、沉浸式体验成为阅读的主要发展方向""阅读超越纸张、超越文字、超越知识，直抵大成智慧""这种阅读大爆炸、知识大爆炸引发的文化革命和科技革命，也将引领人类进入全新世、超人世、奇点世的全新时代"这样乐观而极具前瞻性的思考。许鑫和李泽在《元宇宙阅读会成为数字文化产业转型新方向吗》一文中，则将元宇宙阅读视为数字阅读发展的新业态进行了探讨，并提出有关阅读作品创作的产业垄断、虚拟化的元宇宙阅读有可能会限制想象力等方面的隐忧。①

2022年8月，中国仿真学会主办的2022世界元宇宙大会在北京开幕，期间，由2022世界元宇宙大会主办，全民阅读研究与促进中心、中国出版网协办的元宇宙数字内容新生态与出版融合创新论坛也在京召开，中国新闻出版研究院元宇宙出版与阅读实验室揭牌与签约仪式同期举行，研究院院长魏玉山在致辞中表示：元宇宙无论是作为虚拟空间，还是作为技术的集合，将极大地推动出版融合走向深入，其在出版领域的应用都将大有可为。据悉，实验室将在元宇宙多重技术的加持下，结合自身内容资源与生产创作优势，搭建集产学研用服五位一体的开放平台与资讯中心，为出版阅读在"元宇宙"时代的创新发展提供理论支持和平台保障。②

出版、图书馆等行业已经开始迅速将元宇宙的技术概念应用到阅读推广服务的场景设计之中。例如，在2022年首届全民阅读大会数字阅读分论坛暨第8届数字阅读年会中，中国移动展示了"VR云书店"——元宇宙首个24小时文化消费新空间。在该空间中，有咪咕虚拟偶像麟儿在线导览，用户可以从"中国好书榜单"中获得书目信息，可以在阅读休闲区360°在线畅读，也可以"一键同看"好友在读书目，体验社交阅读。③

---

① 许鑫，李泽. 元宇宙阅读会成为数字文化产业转型新方向吗［EB/OL］.［2022-09-23］. https://baijiahao. baidu. com/s？id=1744748752091232892&wfr=spider&for=pc.
② 尹琨. 元宇宙数字内容新生态与出版融合创新论坛在京召开［EB/OL］.［2022-08-29］. https://www.chinaxwcb. com/info/582017.
③ 元宇宙首个VR云书店亮相全民阅读大会，中国移动5G黑科技拓展阅读新可能［EB/OL］.［2022-04-24］. VR：http://vr. sina. com. cn/news/hz/2022-04-24/doc-imcwipii6164035. shtml.

在 2022 年 9 月举行的第 20 届北京国际图书节中,朝华出版社举行了"美猴王世界"元宇宙战略合作发布会,表示该社通过挖掘整理"美猴王系列丛书"原画资源,重新定义升级的经典美猴王 IP 形象体系,致力于打造中国特色元宇宙世界的太一集团投融资负责人表达了合作打造"美猴王世界"元宇宙的愿望,美猴王 IP 系列数字藏品将在太一数艺平台上线首发。[1]

2022 年 5 月,元宇宙与虚实交互系列论坛组委会、全球元宇宙大会中国移动通信联合会等共同线上举办了主题为"天堂的具象:图书馆元宇宙的理想"的元宇宙与虚实交互前沿系列论坛,各界专家共同探讨元宇宙下图书馆的发展图景,上海大学副书记段勇从技术人类学视角理解元宇宙,认为图书馆的宗旨、理念、使命与元宇宙相通,图书馆可从资源共享、场景共创、标准共建、责任共当的角度参与建构元宇宙。武汉大学信息管理学院副院长吴江认为元宇宙是人以数字身份参与的虚实融合的三元世界:信息物理社会融合系统(也就是 cpss),集成和融合信息空间、物理空间和社会空间的三元空间融合。华东师范大学教授范并思则指出当前元宇宙具有概念的不确定,以及元宇宙与图书馆关系的不清晰性。

总体看来,作为数字技术发展的前沿方向,元宇宙和人工智能、脑机连结、虚拟现实等技术一样,为全民阅读的实践与实现敞开了新的大门,但技术本身具有不确定性和复杂性,全民阅读亦具有自身的复杂性——比如儿童阅读有着迥异于成年人的生理机制和心理机制,如何双向顺畅而健康地衔接,不仅是关系着全民阅读发展方向的大事,也是人类知识生产和传播转型的大事,这更需要全民阅读政策设计者和推广实践者们勇敢尝试,小心验证,通过介入而将元宇宙等技术的应用导向更有益的方向。

五、总结与展望

随着党和政府对全民阅读重视程度的不断提升,全民阅读的社会参与力量、支持技术日益多元,设施服务的覆盖面积从城市到乡村日益扩张,目标读者群体、阅读服

---

[1] 北京国际图书节:"美猴王"也将有元宇宙. 澎湃新闻客户端:2022-09-03.

务类型也在不断细分，在这种局面下，更需要强调政策的体系化、研究的深入化和推广的专业化，唯有如此，才能建构一个高效率、高质量，能够实现信息、知识、人力、物力顺畅流动，能够实现"物种"优胜劣汰的全民阅读生态体系。在过去的一年中，乡村阅读、乡村儿童阅读、老年人阅读、数字化阅读、元宇宙阅读等成为媒体和学界的热词，随着实践和研究的不断深入，这些概念也会逐渐丰富完善。首届全民阅读大会，为我国全民阅读事业开辟了新的天地，所有关心和投入全民阅读事业的工作者，将在实践和研究中开启新的篇章，创造新的辉煌。

（张文彦　青岛大学文学与新闻传播学院；

田　菲　中国新闻出版研究院）

2021—2022少儿图书市场现状分析

"变革""困惑""机遇""探索",是2021—2022年中国少儿图书市场的关键词。

2021年,少儿图书依旧是中国零售图书市场上占比最大的细分领域,但增长趋缓;就少儿图书市场内部情况来看,少儿科普百科已经超越儿童文学,成为中国少儿图书市场的第一大细分板块,少儿科普、儿童文学、少儿绘本三足鼎立的市场态势已经形成;市场结构变化的背后反映了渠道角力的变化,实体店回暖乏力,线上销售已成主流,新媒体营销异军突起,但少儿出版的定价逻辑正在被打破。与之同时,时代对少儿出版发起了"主题出版"和"精品出版"的呼唤,少儿出版正在探索对接国家的主流价值、主流思想,面向特定的读者人群进行有影响力的呈现和表达;在一个"互联网+"的知识经济新时代,读者的阅读习惯和消费方式正日益多元,少儿图书也正在以内容和服务的丰富形态,满足少年儿童读者不断增长的多元阅读文化需求。

一、2021—2022年少儿图书市场的基本情况

(一)少儿主题图书与精品出版相结合

做好主题出版,打造少儿主题出版精品图书,是回应国家之需、时代之问。主题出版是一项国家战略,但也创造了新的市场需求和阅读需求。在具体实践过程中,从2021年、2022年少儿图书的出版情况来看,主题出版已经和各少儿社的精品出版牢牢结合起来。在新时代的主题出版中,少儿图书主题、题材和呈现方式等更加开放、多元,对出版社原创资源的要求非常高。

比如,接力出版社将在满足读者阅读需求和引领读者阅读需求当中,寻找选题定

位，做好选题创新和阅读引领；在抓好"中华先锋人物故事汇"系列丛书这套主题出版的图书基础上，加大力度开发、挖掘主题出版类选题，提升编辑主题出版类选题的组稿能力。为优化主题出版，江苏凤凰少年儿童出版社将其原创资源进行了全面融合。2021年，该社在主题出版方面实现了重大突破，其代表图书"童心向党·百年辉煌"系列，用绘本形式完成了主题出版的现代性呈现，进行了一次独特的国家叙事。明天出版社出版了茅盾文学奖得主、中国作家协会副主席徐贵祥的首部儿童文学作品《琴声飞过旷野》，从小切口处入手，从一个侧面描绘了中国共产党领导人民从战争走向和平、由弱到强的伟大历史画卷，献礼党的二十大、致敬伟大红军精神。此外，明天出版社将持续打破成人文学和儿童文学泾渭分明的现状，找到成人文学名家进行儿童文学创作的精准支点。

（二）原创儿童文学题材更为丰富多元

2021年，尽管中国少儿图书市场的第一大细分类别已经由儿童文学让位于科普读物，但作为人类永恒的情感伴侣，无论市场如何变化，儿童文学始终是我们观察少儿图书出版的重要切入点。

从2021、2022年的儿童文学图书出版来看，当一大批正处于上升期的中青年作家逐渐成为原创儿童文学的创作主力时，一线作家仍然保持了旺盛的创作激情和恒定的创作节奏，知名成人文学作家加盟儿童文学写作的趋势依旧延续。儿童文学创作主体的多元，也为儿童文学的题材书写和童年体验提供了更为多维的尺度。

张之路在天天出版社推出《棋门幻影》，结构精巧，内涵丰厚，是一部哲学性的少儿科幻小说；沈石溪最新创作的动物小说系列"沈石溪生命史诗三部曲"（浙江少年儿童出版社出版），以个体的生命轮回与物种进化故事，再现了地球环境的生态变化与时代发展的洪流轨迹；杨志军在二十一世纪出版社推出的儿童小说《三江源的扎西德勒》，蕴含三江源的生态保护、科学精神传承、民族团结与融合等丰富内涵；湘女在福建少年儿童出版社推出长篇童话《勐宝小象》，以2021年云南大象北上南归为题材，聚焦环保话题；薛涛在安徽少儿社出版的儿童小说《桦皮船》，以儿童视角折射社会生活变迁，关注民族文化传统。

(三) 原创图画书精品涌现

2008年被称为"原创图画书元年",从那时开始,原创图画书选题开始批量出现,近十年来,原创图画书已经成为少儿出版机构的重要选题构成,几乎所有的专业少儿出版社都成立了专门的图画书出版部室,原创图画书在书籍形态、文本构成、艺术表现和编辑水准上日渐成熟,不少原创精品开始涌现。

2021年、2022年出版的原创图画书精品中,如中国少年儿童新闻出版总社出版的于大武著、绘的图画书《中国》,气势磅礴、装帧精美,作者用三年以上的时间完成;《我的山野中国——草原寻马》(明天出版社出版)由鲍尔吉·原野著文,苗瑞绘图,共同演绎了一首悠扬舒缓的草原晨曲;彭懿著文、田宇绘图的荒诞幽默图画书《快逃!星期八》(接力出版社出版),聚焦幼儿园集体生活的热点问题;常立著文、陈露绘图的《百鸟衣》,为民间故事经典重述,由蒲蒲兰童书馆策划、新世界出版社出版。

值得注意的是,2021年少儿图画书市场中,超6成销量均来自引进版;新一代家长普遍热衷于给孩子购买图画书,其中,获得国际大奖的图画书更受读者欢迎。本土原创作品还有待营销发力,进一步被市场和读者看到。

(四) 少儿科普成为最大细分类

2021年少儿出版一个引人注目的特点是,少儿科普取代儿童文学成为中国少儿图书市场的最大细分类别。

20年前的新世纪之初,少儿科普读物是少儿图书出版和销售的主体,尽管当时的科普图书多为从国外引进的"硬科普"。之后十多年,儿童文学细分市场的码洋比重、动销品种一直保持高速增长;儿童文学细分类在整个少儿图书零售市场的码洋比重一度超过40%。但是,从2017年开始,儿童文学细分市场的码洋比重连续5年下滑,现在,少儿科普图书再度成为少儿图书市场的新宠。

梳理畅销的少儿科普图书,大体可以分为三类:其一是IP类科普图书,如《马小跳学数学》《打开故宫》等;其二是低成本的原创科普图书,如《和爸妈游中国》《藏起来的小秘密》等;其三是引进版科普图书,如《DK博物大百科》《小狗钱钱》等。

可见，多种原因拉升了少儿科普的市场。其一是儿童文学 IP 的溢出和迁移，即出版方用畅销的儿童文学 IP 开发科普读物；其二是少儿图书市场的渠道变迁。直播带货成为少儿图书市场中后来居上的营销方式，少儿科普百科码洋比重的增加离不开短视频电商的发展。短视频电商往往下沉至三、四线城市或者县域地区，相对于其他少儿图书，科普知识类图书更易击中中小城市父母的"痛点"，让他们觉得对孩子成长、学习有用，从而在视频或直播中脱颖而出。其三，故事化的表达方式和人文科普读物的出现，共同助推了少儿科普市场的成长，如中国少年儿童新闻出版总社出版的《我们的祖先——中华姓氏的故事》、少年儿童出版社出版的《古诗里的丝绸之路》、长江文艺出版社出版的《科学家故事 100 个》、接力出版社出版的《我在古代当神探》等。其四，少儿科普领域编写与设计更为多元，少儿科普图书的趣味性、互动性增强，比如各式各样的漫画类、绘本类图书已悄然成为少儿科普图书的市场主流。

二、2021—2022 年少儿图书市场的主要特点

（一）持续增长，但增长趋缓

根据开卷数据，从 2021 年各类图书的码洋构成来看，少儿图书类仍然为零售图书市场码洋比重最大的类别，占比约为 28.2%。和 2020 年相比，少儿图书的码洋比重下降了 0.1 个百分点，但依然高于 2019 年同期水平。

开卷自 1999 年开始提供全国图书零售市场终端数据。数据显示，1999 年，少儿图书所占整体零售图书市场比重仅为 8.60%；2016 年，少儿图书超越社科图书，成为全国零售图书市场的最大细分市场，码洋比重达 23.51%；2019 年，少儿图书码洋比重上升为 26.35%，占整体零售图书市场的 1/4；2020 年，少儿图书码洋比重上升为 28.3%。

从近六年来看，少儿图书市场每年以 1 个百分点左右的增幅不断上扬，码洋比重从 2015 年的 20.22% 上升至 2020 年的 28.3%，直至 2021 年规模跌落 1 个百分点。从开卷 20 年来的书业数据来看，新世纪以来的 20 年，中国少儿出版以年均两位数的速度

增长；20年来，无论是绝对增幅还是相对优势，少儿图书都优于整个图书大盘增长，成为推动中国书业发展的重要力量之一。

从数据统计的角度来看，在全球大部分零售图书市场中，童书市场的表现都优于整体市场；就市场份额而言，童书在澳大利亚市场中份额最大，达到46%；在印度市场中份额最小，只有22%。相较于中国少儿图书目前28%的市场份额，中国少儿图书还有一定的上升空间。中国少儿出版的主要问题集中在网络销售的恶性低价竞争和如何满足读者的多元化阅读需求等方面。

（二）图书板块比重微调

从2021年的少儿图书市场来看，图书板块比重微调的趋势值得关注。

从市场构成来看，2021年的中国少儿图书市场中，少儿科普占比约为24.7%，儿童文学占比约为22.8%，少儿绘本占比约为18.4%；2020年的全国少儿图书市场中，码洋规模最大的前三类依次是少儿文学、少儿科普百科和少儿绘本，码洋比重分别为23.71%、21.42%和18.56%。

可见，少儿图书市场图书板块的三足鼎立之势已成。少儿科普已经取代儿童文学，成为中国少儿图书市场的最大细分类别。

对比新世纪以来20年间整个少儿零售图书市场细分板块的比重变化，2012年是明显的分水岭。之前，儿童文学占比不断上升；之后，少儿卡通/绘本/漫画和少儿科普百科持续增长。新世纪第二个10年以来，前七八年图画书市场的成熟，后三四年少儿科普百科市场的成熟，是中国少儿出版延续黄金期的重要推动力。

细分市场份额的变化，与营销渠道的变化息息相关。在实体书店占据主流销售形态的时候，围绕儿童文学作家的成熟推广机制，如读者见面、作家讲座、营销宣发等模式，极大拉动了儿童文学图书的销售；从图画书的发行来看，仅仅通过传统的书店上架难以成功，往往需要有计划的导读、阅读演示等方法推广，从2010年开始高速发展的网络销售平台如当当网加大了对图画书的营销力度，图画书成为网店少儿图书销售品类的最大细分类（相较而言，儿童文学是实体书店少儿图书销售品类的最大细分类）；少儿科普百科码洋比重的增加离不开短视频电商的发展，相较于其他平台，短视频电商中少儿科普是码洋占比最高的。相对于其他偏阅读类的少儿图书，这类图书更易找到卖点，从而在短短几秒的视频或者直播中脱颖而出。

（三）渠道变化剧烈

根据开卷的数据，在网店三个细分渠道中，少儿图书市场码洋占比都是第一名，其中短视频电商渠道中少儿图书码洋占比近60%，不仅远高于少儿图书市场在其他渠道电商的占比，也远高于其他门类在短视频电商渠道的占比。

数字技术和移动互联网的飞速发展，以及疫情之下对实体店的影响，给书业带来的最明显变化就是加速了营销变革步伐。如果说，十五六年前的2004年、2005年，书业销售还是实体书店的天下；那么，2010年前后，当当、京东等平台电商崛起，以淘宝、天猫为代表的自营渠道发展壮大；近四五年来，社群电商、短视频平台等新零售渠道后来居上，销售下沉，抖音带货、大V带货、网红带货、社群团购蜂起，销售渠道立体化、多元化、网络化，同时去中心化。

客户入口日益被互联网垄断，但互联网销售模式也在迅速地自我迭代。比如，移动互联时代，互联网销售就规模化地进入个人入口时代。基于社交媒体这种广泛的个人力量的崛起，市场在一定意义上被重新定义。少儿图书通过对接如此广阔的网状销售体系，增加了与读者的接触面，增加了流通的管道；当然，当世界从趋于中心化来到了一个去中心化的超级网状结构，对于生产者来说，也是挑战。其一，营销成本（如人力物力）成倍增长；其二，要做超级产品越来越难，营销已经越来越趋向于在一个小空间里完成商业闭环；其三，价格体系越来越难以控制，新媒体营销争抢流量的方式方法越来越激烈。

当少儿图书成为中国零售图书市场第一大细分市场之际，零售渠道变革对少儿书业的冲击，是最为直接和猛烈的。

（四）融合出版成新亮点

随着新技术的迅速发展，我国少儿出版从传统纸质出版向融合发展转型升级的步伐不断加快，生产方式和产品形态不断创新，一种内容多种媒介复合出版成为行业的常态。比如，儿童有声故事品牌，少年儿童在线课程和知识付费课程等。

如何以优质内容为延伸点，为优质少儿内容服务寻找更多的价值呈现平台？如何以内容和服务的丰富形态，满足当下少年儿童读者不断增长的多元阅读文化需求，实现内容指数效益型的"高质量发展"？这些都是中国少儿出版要实现持续发展必须要思考的问题。

互联网时代，文化产业的运营结构从单向的供应链模式向泛中心的网络化、动态化、平台化生产模式转型。从 2021 年、2022 年的出版实践来看，对于出版上游而言，重新定位自身的角色，与社会资源进行互动，实现内容价值链的延长，从传统的内容提供者转变为阅读服务者、数据分析使用者、IP 孕育开发者，正在进入少儿出版人的实践。

比如，浙江少年儿童出版社自有平台"浙里听听"数字童书馆，是创新驱动发展、数字化转型的重要阵地与孵化器，肩负了三方面重任：其一，依托数字内容吸引读者、沉淀用户。"浙里听听"数字童书馆一年已累积超过 6 万用户，付费用户超过 8 300 人，付费转化率 14.5%；同时可依据用户进场体验时间及行为动作，完成群体分类及基本用户画像。目前，浙少社在自有平台已经上线原创精品有声童书、儿童视频超 9 000 集，总时长超 63 000 分钟，含近百种付费专辑，重点打造面向低龄用户的睡前故事，面向中小学生的精品有声书、视频课程，以及面向全网用户的名家直播。其二，"浙里听听"数字童书馆承担纸电声视同步出版的在线功能支撑。通过扫描纸书二维码，可在"浙里听听"收听收看相关内容，实现少儿融媒阅读体验。其三，搭建营销、直播、培训平台。在"浙里听听"，浙少社已开展九期面向渠道的新品"云荐会"，邀请名家名师向读者在线直播，该平台也是进行员工在线培训的专属平台。

目前，长江少年儿童出版社集团已经建设完成"少儿个性化阅读平台"——"课外时光"小程序。该平台依托长江少年儿童出版社多年积累的作者资源，专业的编辑力量，电子书、音视频、微课等数字化资源，以及规模化数字内容开发能力和跨平台运营的经验，根据中小学《新课程标准》关于阅读能力的标准要求，建设包括内容资源、测评系统、分发系统在内的少儿数字阅读体系，通过课堂内外、学校家庭、线上线下等多种场景、多种渠道服务中小学师生，探索出了一条面向中小学阅读教育专业领域的数字内容资源知识服务"长江模式"。该模式具体为：利用微信小程序在获客、营销、收费等方面的优势，打通"内容服务-平台服务-通路服务-移动端服务-营销目标"的上下游环节,打造出自有的"精品少儿数字资源阅读平台"。

再如,经过十年的培育,福建少年儿童出版社与福建广电影视集团合作的"拇指班长系列"融合出版项目已现曙光。双方投资1 000万,同时整合各自在传媒和出版行业的优势资源,将在"拇指班长"IP形象确立、推广以及文创开发项目等方面开展深度合作。比如,"拇指班长"卡通家族的综艺节目、少儿频道VI体系植入、故事音频短剧、动漫短视频、融媒推广等。同时,一系列文创空间将落地,如少年先锋队主题馆、"大拇指"文创空间、"大拇指"轻餐饮、海峡两岸青少年活动基地、教育培训基地等。

三、少儿图书市场存在的问题及对策建议

(一) 少儿图书市场存在的问题

2021年9月27日,抖音主播刘媛媛在一场图书直播中以惊人的"1元直播卖书",让整个出版界"震动"。刘媛媛称,"准备了50万册10元以下的书,10万册1元的书"。刘媛媛此场直播中,绝大部分是少儿读物。

互联网时代尤其是移动互联时代的到来,毋庸讳言,出版业的发行渠道已经发生巨变,电商渠道成为零售图书市场销售的主渠道。如果说,新世纪的第一个10年是传统电商平台的天下,进入新世纪的第二个10年,随着互联网入口、支付系统以及技术驱动的改变,社交电商借助社交平台中的低成本流量快速扩张;近两三年,随着短视频、直播的兴起,同属社交电商的短视频直播带货成为近年来最红火的图书电商模型。

由于少儿图书是全国零售图书市场的最大细分市场,也是直接面向读者的大众出版;同时,因为500多家出版社竞相出版少儿图书,少儿图书市场竞争激烈,视频电商模式走红后,一大批少儿图书的出版商纷纷涌入赛道,迅速拥抱直播电商的风口。根据开卷的数据,视频电商中,少儿图书的码洋规模远远高于其他类型的电商,占比达到58%;在平台电商中,少儿图书占比27%;自营电商中,少儿图书占比为34%。抖音平台的数据也佐证了开卷的数据。从抖音平台的数据来看,2021年热门图书品类

主要集中在少儿读物，码洋比重占据 50%，其次是心理自助类和生活类图书。

如果说，2004 年、2005 年，书业销售还是实体书店（包括民营书店）的天下；那么，2010 年前后，当当、京东等平台电商崛起，以淘宝、天猫为代表的自营渠道发展壮大；近四五年来，互联网规模化进入个人入口时代，基于人际传播的新电商形态如社群电商、短视频平台等新媒体零售渠道后来居上。实体书店式微，传统网店增长乏力；各类新平台崛起，网购下沉，直播带货、抖音带货、大 V 带货、网红带货、社群团购蜂起。然而，每一次书业互联网新渠道的兴起，都伴随着以激烈的低折低价来吸引流量。

在直播带货、短视频售书等新兴模式中，部分网红主播会要求出版社以 4.0 折甚至更低的折扣结算，这已经逼近了正常图书产品的直接成本。再扣掉主播的坑位费和佣金，出版社已经无利可图。

刘媛媛式的"价格杀"，貌似消费者受益，但如果在欧美日等经济体中，会被定性为不正当竞争、市场倾销，原因如下：其一，低于成本价格的销售，本身就属于恶意竞争；二是通过价格将竞争对手扫荡出局的企业，反倒会获得事实上的定价权，在缺乏竞争的市场里肆意妄为，重新让消费者付出更高代价，这样的过程，中国的互联网用户曾经经历；三是超乎寻常的低价会破坏行业生态，让行业陷入恶性循环，上游实体制造业没有正常利润涵养创新，有品质的好书会因为成本高而淡出市场，出书的门槛越来越低。

所以，既要发展数字新兴经济，又要保护各类市场主体、实体经济和其背后的亿万就业；既要鼓励新兴产业市场，又要维护市场秩序，保障市场主体的公平开放竞争，避免流量操纵，垄断者通吃。新经济的崛起，不应以吞并传统经济模式、消灭传统经济就业岗位为代价，其中价格体系是关键。比优、比精、比好，都胜于只是比价。

（二）推动少儿图书市场健康发展的对策建议

1. 落实图书价格立法，重建市场生态

2021 年 12 月 28 日，国家新闻出版署印发了《出版业"十四五"时期发展规划》，其中明确提出"加强出版物价格监督管理，推动图书价格立法，有效制止网上网下出

版物销售恶性'价格战',营造健康有序的市场环境"。这的确是抓住了当前严重影响出版业健康发展的一个十分重要的问题。

十九届五中全会提出到 2035 年建成文化强国的战略目标。十五年时间,由出版大国迈向出版强国,完成从规模数量型向质量效益型发展模式和动力的转型,目前来看,障碍与阻力之一,就是出版的发展环境的问题。

首先,因为无形的智力、创造性的成本无法充分体现,直接导致"劣币驱逐良币",有品质的好书因为成本高而逐渐淡出市场;其次,在电商渠道的恶性折扣战中,即使是拼命压缩管理成本,大部分出版社已经处于不做书不行,做了也毫无利润可言的困境中,而好书和优质内容是需要时间和成本来涵养的。另一方面,随着整个出版界利润的一再降低,出版界的骨干编辑不断流失、出走到其他行业,也已经成为出版业的一大"景观"。长此以往,令人担心。

另据笔者了解,仅四川新华文轩零售事业部一个省级书店的零售部门,就解决了 2 500 人的就业。电商突破图书成本底线的无序价格战,已经构成了对实体书店的不正当竞争。拥有了稳定的价格体系后,网店销售才真正和实体店站在同一起跑线上,由此才会过渡到真正高质量的竞争,即由图书好坏和服务水平的高低而确立的竞争上来,即零售体系品牌化、服务化,从"价格竞争"转向"价值竞争"。

"文化例外"是世界上许多国家立法时遵循的基本原则之一,法国、德国、意大利、西班牙、日本等诸多出版业较为发达的国家均有类似的立法,它们所规定的"限折"时间大都在半年到 2 年之间,而折扣区间大都在 8.5—9.5 折之间。实践证明,相关立法有效保护了其出版业的良性发展,不仅有利于出版社和实体书店健康生长,读者的合法权益也得到了充分保障。国家相关部门应尽快抓紧制定落实《出版业"十四五"时期发展规划》中提出的"有效制止网上网下出版物销售恶性'价格战'"的具体措施,强化执法检查,以维护图书市场的正常秩序及书业的可持续发展。

2. 自建少儿图书出版流量入口

当互联网日益进入个人入口时代,当更多的商业闭环在一个私域通道里完成,中国的少儿出版也应当在互联网的流量平台上找到自己的流量入口,建立自己与读者的直接互动关系,这也是出版业态升级,提供端对端多元阅读服务和内容服务的前提和基础。

建立用户数据库，在之前的传统业态的供应链中几乎是不可能实现的，每一个在书店购书的读者最终都会消失在茫茫人海；PC 端互联网销售平台阶段，其大手笔的资金投入和平台建设，也是单一的出版机构无法企及的；当然，头部出版商可以通过自己在特定读者群中的强大影响力，自建渠道，触达 C 端。然而，社群电商和直播带货电商时代的到来，让大部分图书供应商依托平台的大流量建立自己的私域流量池成为可能。

有能力处理 C 端用户的供应商是有限的，它们一般都是头部供应商，凭借自己的影响力和流量分发能力，不需要对接当当、京东或社群，自己就能达成销售。比如，中信出版集团有自己的中信书店，包括线上和线下，也是出版商中最早开始做天猫旗舰店，直接对接 C 端用户的。

另一条路径就是依托平台的大流量建立自己的私域流量池。基于平台流量越来越贵，如何不依靠平台发展，才是最为稳妥的方法。私域流量可以免费、随时、自由触达；但是私域的积累需要慢慢沉淀，最好在个体店铺原有的基础上先转化一部分，后续再开始从各方面进行引流。

大部分少儿出版社在通过加大与抖（音）快（手）平台的达人合作，采取短视频传播带货的同时，也建设自有直播间和自有直播出口，通过自播积累私域流量。很多出版社已经成立专门部门、招聘专职主播，以开展"自播"业务。据笔者了解，"接力出版社"抖音号在 2021 年共直播 150 场，直播累计时长超过 860 小时，总销售额超过 300 万元，场均销售额 2 万元左右。浙江少年儿童出版社 2021 年直播 160 场左右，单场最高销售额突破 10 万 +；浙少社为短视频电商平台定制的《亲近历史　上下五千年》全年销售突破 87 万册。

总之，在掌握了用户群和流量入口之后，传统企业本身已经具备了全产业链或服务链的端到端的整合能力。接下来需要思考的就是如何实现供应链的柔化，快速高效满足不断个性化的需求端等。当出版机构进入到平台化的生产模式之后，需求收集系统和生产供给系统将达成精准匹配——满足消费者需求的过程就是解决消费者问题的过程。

3. 重塑少儿图书出版业态

图书是出版发展的核心根基，但随着出版融合的不断深化，图书将不再是唯一的产品形态，内容和服务才是出版业的主要产品。对于少儿出版机构而言，给广大读者提供的更多的是一种解决方案：可以是实体产品，比如，书或阅读机器人、阅读器；可以是信息咨询、培训课程，比如阅读服务解决方案或知识付费课程；或者个性化的服务。这就是少儿出版业态的重塑。

当然，需要明确的是，相较于多媒体融合阅读产品，纸质童书对少年儿童视力的保护、独特的阅读体验，决定了纸质童书在一定时期内不会被取代；而且纸质图书长期延续的出版模式、分配机制、版税机制，会让它在相当长的时间范围内成为阅读服务提供的核心内容来源。由此，纸质童书与多媒体童书长期共存，是一个可以预判的事实。

（陈　香　中华读书报）

2021 年 VR/AR 出版情况分析

虚拟现实技术的快速发展为新时代出版业带来了传播形式与模式的改变，使出版产业边界不断延展，呈现出多元化、市场化等特点，为出版融合应用提供了新的方向。随着出版内容和虚拟现实技术的进一步渗透，"纸质书＋电子书＋有声书＋短视频＋AI＋VR"的多媒体传播形态，将为人们带来更加丰富的生活和阅读体验。虚拟现实技术由以资本为主导进入到以应用为主导的发展阶段。

一、出版与虚拟现实技术融合发展的基本情况

（一）国家政策为虚拟现实产业发展提供保障

蓬勃发展的虚拟现实产业离不开政策红利的支持，作为战略性新型产业，国家高度重视虚拟现实技术发展，积极规划和重点布局，在"十四五"规划纲要中将虚拟现实技术列为数字经济重点产业。中央层面，国务院印发的《"十四五"数字经济发展规划》，指出要探索发展跨越物理边界的"虚拟"产业园区和产业集群，加快产业资源虚拟化集聚、平台化运营和网络化协同，构建虚实结合的产业数字化新生态。深化人工智能、虚拟现实、8K 高清视频等技术的融合，拓展社交、购物、娱乐、展览等领域的应用[①]；工业和信息化部等十部门联合印发《5G 应用"扬帆"行动计划（2021—2023年）》，指出要推动虚拟现实、增强现实等沉浸式设备工程化攻关，重点突破感知交互、内容制作等关键核心技术，重点支持建设与 5G 结合的人工智能、增强现实/虚拟现实

---

① 中华人民共和国中央人民政府网站."十四五"数字经济发展规划［EB/OL］．［2022 - 01 - 12］． http://www. gov. cn/zhengce/content/2022 - 01/12/content_5667817. htm.

(AR/VR) 等共性技术平台[①]；教育部等七部门联合印发《"十四五"特殊教育发展提升行动计划》，指出要鼓励充分应用互联网、云计算、大数据、虚拟现实和人工智能等新技术，推进特殊教育智慧校园、智慧课堂建设；国家新闻出版署印发《关于开展出版业科技与标准创新示范项目试点工作的通知》，指出要加强虚拟现实技术在出版领域的创新应用和研究；中共中央宣传部印发《关于推动出版深度融合发展的实施意见》，意见围绕加快推动出版深度融合发展，构建数字时代新型出版传播体系，坚持系统推进与示范引领相结合的总体思路，从战略谋划、内容建设、技术支撑、重点项目、人才队伍、保障体系等6个方面提出20项主要措施，并对未来一个时期出版融合发展的目标、方向、路径、措施等作出全面部署，提出明确要求，为以书报刊为主要产品形态的出版业，进一步指明了出版融合发展的方向。[②]

地方层面，北京、江西、上海、江苏、云南、四川、贵州、河北、青岛、深圳、杭州等地均出台了相关政策以加强虚拟现实技术的应用和产业融合。虚拟现实技术以对真实世界数字化映射的特性，在出版应用、爱国教育、文化传播、远程医疗、工业制造、外贸商务等产业边界不断延展，逐渐发挥泛在的影响力。

（二）数字化经济需求推动虚拟现实产业发展

人工智能、虚拟现实、增强现实等技术助力产业发展实现远程协作、非接触数字化场景，成为企业对外展示平台、保障生产加工、提升时间效率、降低运营成本、加快数字化转型的新方式。以应用服务、终端器件、网络平台和内容生产为重点领域的产业迎来了新的机遇。在国内，以腾讯、抖音、网易、中文在线、掌阅科技、咪咕阅读等为代表的网络文化企业，加速布局元宇宙平台，为剧本杀、虚拟偶像、虚拟数字人、数字藏品、虚拟教育等新型线上产品打开了更加广阔的商业潜能。虚拟现实技术作为支撑多领域数字经济产业生态全链条的"新基建"，通过虚拟与现实的完美连接，有效促进了新知识生产与信息技术的发展，社会价值不断释放。在未来一段时间内，

---

① 工业和信息化部网站. 5G应用"扬帆"行动计划（2021－2023年）[EB/OL]. [2021－07－12]. https://www.miit.gov.cn/zwgk/zcwj/wjfb/txy/art/2021/art_8b833589fa294a97b4cfae32872b0137.html.

② 国家新闻出版署网站. 关于推动出版深度融合发展的实施意见[EB/OL]. [2022－04－24]. https://www.nppa.gov.cn/nppa/contents/279/103878.shtml.

依托我国数字经济产业基础与市场活力,虚拟现实技术将与数字出版在更广范围、更深程度、更高水平上实现智能化转向升级。可以预见,以出版应用为源头,弘扬中华优秀文化、反映科学技术进步、体现时代精神的产品形态将更加丰富。

(三)人才培养强化产业支撑

"十四五"规划纲要对虚拟现实产业发展做出顶层设计,将"虚拟现实和增强现实"列入了数字经济相关重点产业,提出以数字化转型整体驱动生产方式、生活方式和治理方式变革。据《虚拟现实产业发展白皮书(2021年)》研究数据显示,涵盖职业教育、本科教育、硕士/博士培养的虚拟现实人才培养体系基本建立。在人力资源和社会保障部会同市场监管总局、国家统计局联合发布的新职业门类中,"虚拟现实工程技术人员"正式上榜。[1] 自2018年9月,教育部正式宣布在《普通高等职业教育(专科)专业目录》中增设"虚拟现实应用技术"专业之后,2020年2月,教育部首次将"虚拟现实技术"纳入《普通高等学校本科专业目录(2020年版)》,截至2021年,开设"虚拟现实应用技术"专业的院校已经增至178所。这意味着,在虚拟现实技术与新工科、新文科等相关学科深入融合、交叉发展中,2023年首批虚拟现实应用专业毕业生即将上岗。与此同时,随着软硬件技术的突破,中国VR/AR创作大赛、"红谷VR精英杯"虚拟现实产业创新大赛、中国虚拟现实大赛、"星鲨杯"全球虚拟现实内容大赛、山东2021"虚拟现实设计与制作"大赛、第5届江苏省大学生虚拟(增强)现实技术大赛等各类虚拟现实创新创业大赛活动的相继举办,为项目、人才、地方政府提供了展示、对接的平台。

二、出版与虚拟现实技术的融合应用

(一)虚拟现实技术赋能新闻报道

在国家有关政策的引导下,我国以新闻出版为代表的传统媒体潜心探索信息传播

---

[1] 中国电子信息产业发展研究院网站. 虚拟现实产业发展白皮书(2021年)[EB/OL]. [2021-10-20]. https://www.ccidgroup.com/info/1096/33779.htm.

的新形态、新模式、新内容、新场景，逐步实现从报纸、期刊、广播的单一传播到富媒体全面联动的转变，并在发展过程中积极与虚拟现实、云计算、人工智能、区块链等高新技术相结合，进一步释放信息传播潜能。在知识采集、生产、传播和大众数字阅读习惯不断变化的因素驱动下，媒体对新闻事件的报道方式愈加立体、丰富。2021年6月，中国青年报社记者深入云南省西双版纳傣族自治州、普洱市、玉溪市，以及北移亚洲象群安全防范及应急处置指挥部，采访了近60位与象打过交道的村民、专家、志愿者等，通过虚拟现实技术、交互地图等视觉设计和编程手段，完整、立体讲述亚洲象北移事件。《大象，回家了》一文，以沉浸式体验向读者展现了中国生态保护进程中人与自然和谐共生的故事，成为中国青年报媒体融合改革的一次生动实践，为全球生物多样性保护提供了独特的观察视角。2021年11月，沈阳遭遇暴雪天气，沈阳广播电视台以"VR直播+新闻"，将TECHE全景相机装置搭载至除雪车上，进行了8K、VR全景直播。与传统的二维新闻报道相比，VR新闻报道打破了拍摄/直播视角的局限性，观众不再受时空限制，在手机上就能观看到立体式720度全景。开放性的视野为观众带来了身临新闻发生现场的沉浸式体验，为新闻报道带来更加便携深入的传播效果。《江西日报》植入虚拟主播"江小端"，推出AR直播报纸，引导读者扫描报纸上南昌之星摩天轮和南昌三大VR产业基地图片，将立体3D的摩天轮、产业基地全景图神奇地呈现在手机屏幕上，打破了新媒体与纸媒之间的受众界线。中国日报为迎接中国共产党成立100周年，推出AR特别报道，以纯正地道的英文阅读和介绍，让全球的阅读者瞬间"穿越"百年，使南湖红船、石库门会址等一大重要场景跃然纸上。解放军报推出的"全息报道"将融图文、视频、音频等新媒体与VR技术结合，通过高效共享的"标签化"编目检索系统，打通报纸、电视、广播、网络媒体各平台之间的界限，使报纸从平面到立体全息展现，满足了受众多维度需求。与此同时，虚拟现实技术还出现在科技发展、两会、国庆阅兵等重大主题类新闻报道之中，新华社、人民日报、财经传媒、中央电视台、北京日报、长江日报、青岛日报等媒体充分把握科学技术为新闻传播带来的新机遇，在探索中践行责任与使命。此外，广州日报、辽沈晚报、潇湘晨报、大连晚报、郑州晚报、青岛晚报、重庆商报、沈阳晚报、海南日报、生活报、重庆晚报、法制晚报等12家报社共同成立VR新闻实验室。江苏经济报开设VR/AR工作室，组建新华"90VR"团队，运用虚拟现实技术、增强现实技术进行新闻出版内容的创新。从未来发展的方向看，将沉浸式内容和交互模式运用到新闻报道中以专题报道的形式真实呈现事件热点，已成为新闻传播的发展新契机。

（二）虚拟现实技术推动内容平台建设

2021年，国家新闻出版署启动出版融合发展工程，从产品、平台、机构、人才4个方面设置子计划，为出版融合发展提供了根本保证。虚拟现实技术作为出版业高质量发展融合发展的重要手段，成为传统出版突围的重要方向。在贯彻新发展理念、构建新发展格局的大方向引领下，甘肃日报报业集团推出甘肃省融媒体省级技术平台，通过结合虚拟现实、大数据、云计算等技术，在直播的过程中实现短视频生产，并实时推送至新甘肃云客户端、抖音等第三方平台，打开了直播带货、线上商城、社群营销的新局面。四川日报报业集团以人才、科技、内容为根本，打造智能媒资创新平台将传媒边界拓展到泛文化领域。在线上线下双渠道沉浸式展览中，通过虚拟现实、裸眼3D、全息投影等技术载体将文物所处时代的历史风貌以及背后的文化通过故事听筒、体感翻书等设施以互动交互的形式展现，开启了以"科技＋传媒＋文化"为主导的矩阵传播。大众报业集团旗下大众网、齐鲁晚报等媒体相继建立一体化运行平台，推出一大批主题鲜明、内容扎实、形式新颖的报道和新媒体产品。其中大众网刊播的《行走黄河滩·我的迁建故事》，以融媒形式展现黄河滩区迁建全景，以写意长画卷为主体，巧妙运用了短视频、航拍以及VR等技术，用迁建一线的感人故事讲述脱贫攻坚的宏大故事。在冬奥会倒计时100天之际，光明网联合延庆区融媒体中心立足赛区场馆实际，共同打造《VR全景——北京2022年冬奥会延庆冬奥村》，对延庆冬奥村进行360°VR可视化全景展现，为延庆冬奥村的特色亮点进行了强有力的独特传播，极大丰富了区融媒体中心传播形态。基于虚拟现实技术的应用，各地出版机构正以内容供给侧结构性改革为主线，全面构建以新科技为主轴的全媒体生产传播平台，推动传统媒体和新兴媒体融合发展。

（三）数字出版迎来多元增长势头

《2021年中国数字阅读市场研究报告》显示，"2021年中国数字阅读产业总体规模达 415.7 亿元,增长率达 18.23%",在 5G、虚拟现实、大数据、人工智能、区块链等技术赋能下,数字出版在不同领域加速融合,其内容生态不断在打破和重塑中提升,具体来说有以下几大特点。

1. 主题出版形式更加多样

以 VR 视角追忆百年党史的文献资料和党史研究成果内容更加丰富。例如,江苏凤凰少年儿童出版社的《童心向党·百年辉煌》系列图书,将 AR/VR/MR 等技术与内容相结合,实现了从文字到身临其境的阅读体验,充分调动了读者的阅读积极性。咪咕数字传媒积极寻源引入最新党政学习材料,通过虚拟现实、增强现实、人工智能等新技术为主题出版带来新读法、新听法、新看法,全面展现 5G 赋能之下的红色阅读新场景。解放军出版社以融媒体形式创新再版的《星火燎原》配套 H5、AR 产品,以书中《从藏身洞到地道战》一文为基础将地道战知识的普及与用户的互动充分结合在一起,成为奋进新时代精气神的源泉。广东省出版集团推出《梦想起航:中国共产党创立的故事》,将图书、党史教育与现代 VR 融媒技术有机融合,使青少年读者在 VR 融媒党建云课堂中,获得富有感染力、震撼力的 VR 一体机体验、VR 交互机体验和沉浸式红色剧场体验。

2. VR/AR 童书亲子共读趋势显著

在"双减"政策引导下,越来越多的家长开始重视素质教育,对科普、认知、历史类读物的需求持续升温。基于此,诸多童书作者、出版商和新媒体技术人看到了新的机会,承载着玩具、游戏、音频、视频等多种功能和形式的 VR/AR 亲子类童书重回大众视野。VR/AR 童书呈现出体量扩张、业态多元的增长势头。立体化图像的信息传递让孩子想象力延展,例如,中国电信联合新国脉数字文化股份有限公司推出《AR 魔法图书》,除 AR 互动外,还提供了与图书内容对应的 AR 趣味游戏,培养小读者的词汇量、观察力和记忆力。同时,与贝塔斯曼、牛津大学出版社、孩之宝出版社、美泰等多家著名出版商合作,引入《蓝精灵》《小鲨鱼克拉克》《小马宝莉》《小猪佩奇》《芝麻街》《托马斯火车》等系列经典优质 IP,将书面故事与虚拟 3D 形象融入现实场景,解决了少儿读者对文字内容较难理解以及注意力难以长期保持的问题。

3. 融媒体教育引发关注

疫情期间,在"停课不停学"的号召中,各出版机构加快调整产品研发方向和营销模式，不少拥有互联网思维、技术和商业模式的企业也加大力度进入高等教育、职业教育与人文社科等教育类图书出版行业。以AR技术赋能智慧课堂，使教材、教具和教学内容等资源相互建立起强关联，辅助教师将抽象的学习内容形象化、可视化、直观化地展示出来，进而引导学生自主探索，提升其思维能力。黄山书社推出《AR四大名著》，使经典文学内容可视化、互动化，提升了可读性和传播性；黑龙江人民出版社开发的《黑龙江红色交通线融媒体资料库》，为用户提供近20万字史实材料、近百幅历史图片、10余部专家讲解视频和历史地理遗迹视频。人民教育出版社联合Realmax推出《k9全栈式课程》，聚焦"AR+教育"，创新课程内容和教学模式。与此同时，苏州梦想人软件科技有限公司推出了"AR融媒体教育平台"，为AR/VR融合出版解决方案。伴随我国教育信息化持续加快，由一到多、由点及面的多形态的融媒体产品纷至沓来。

（四）虚拟现实技术与文化传播

长期以来我国图书等文化类产品主要集中在实体空间和网络平台，形成了较为固定的经营模式，但随着以虚拟现实技术为主的沉浸式、数字化阅读场景优势凸显，VR主题展以多元的呈现方式走入大众视野。从文化传播的角度看，虚拟现实技术使内容有了更多的呈现形式，增强了表达维度和深度，实现了出版与文化的智慧融合。青岛出版集团为引导青少年党史教育活动向更深层次开展，将爱党爱国主题教育与海疆海防知识融合，推出了"童心向党"VR主题展。通过图片展览、展具学习等形式，重点展示了新时代在党的领导下我国在海洋科研方面取得的重大成果以及在海洋国防方面取得的伟大成就。广西出版传媒集团与广西大学、广西移动合作，设立5G校园智慧书店"漓江书院·彤书屋"，积极打造多种5G、VR智慧场景，将彩虹、太空、海底等景象"搬"进书店，成为数字化与社交化阅读的伸展台。中文在线借助5G、AI、AR/VR等技术的赋能，打造了全新自主知识产权VR产品，推出适用于图书馆、学校、党建等场景。在博物馆文化的线上传播方面，天津市文旅局与中国联通展开合作，通过数字孪生技术，以AR/VR方式为群众打造身临其境的线上展。

（五）虚拟现实技术为重大历史事件提供互动体验

在党史学习教育中践行初心使命，是推进中华民族伟大复兴历史伟业的必然要求。

越来越多的出版单位尝试将党建与科技融合,通过 VR 技术和智能终端设备来回顾党与人民群众共同成长的百年历程,为重大历史事件提供互动体验。在具体实施过程中,权威性强、内容丰富,具备实时更新能力和专业背书的机构相对更受青睐。由红色地标公司研发的《中国共产党领导力 VR》项目,将古田会议作为重要内容,运用 VR 技术真实还原了古田会议召开前后的历史场景,为党的领导力可视化转换和呈现方式创新提供了新角度。中国计量大学图书馆推出全景 VR 党史党建馆,实现虚拟空间上的理论学习、视频播放、3D 展示、游戏互动和在线分享,利用 VR 沉浸式、交互性体感,使师生身临其境感受,突破传统党史党建展馆时间与空间局限,进一步提升党建科技感和趣味性。基于此,以虚拟现实技术为重大历史事件提供互动体验的学习方式,使爱国主义教育不只是符号化地记住年代、人物、事件,正在与人们形成情感上的共鸣。

三、出版应用与虚拟现实技术融合发展中存在的问题

(一) 虚拟现实技术效能发挥不足

素质教育的兴起为虚拟现实出版迎来了上升期,但上下游产业链的协作还在培育,虚拟现实技术未能发挥出最大效能。就目前发展来看,虚拟现实出版应用有着较高的关注度及热度,但与高昂的开发成本相比利润率偏低,尤其受选题同质化、技术复杂性等原因影响,收益未能达到市场预期。在出版产业的格局、模式和生态的发展前景向好的大环境下,VR/AR 出版应用与大量传统畅销、常销出版物动辄上百万套的销量相比,还未形成具有口碑效应的品牌及产品。原因在于优秀出版物的推出不仅需要构建高精度三维数字模型,还需在此基础上将海量数字内容压缩存储到较小的空间中形成知识化空间数据库,该过程需要耗费大量的人力、物力、财力。高额的花销使规模较小的出版单位在不具备相应技术条件的情况下,无法通过自身力量打造 VR/AR 出版产品,尤其在出版内容分镜头呈现、高清晰度还原真实性场景方面。虚拟现实技术效能发挥不足,成为行业面临的一大考验。

(二) 出版应用交互能力尚需优化

与教育、体育、游戏、医疗等领域相比，虚拟现实技术在出版业的应用还停留在浅层，在创设虚拟原生应用场景中内容交互能力较弱。一方面原因在于制作成本高昂、制作周期长，既能呈现 VR 技术独特叙事空间又能展现丰富内涵的出版物为少数；另一方面在于沉浸阅读产生的晕眩和续航问题尚未得到有效解决，精确传感、动作跟踪、3D 光学成像、专业视觉计算芯片等关键技术还在搭建阶段。整体来看，VR/AR 出版仍以游戏为主，传统意义上的出版物在与音频、视频、文本域等富媒体信息的多维度融合表达方面未能充分展现出交互阅读、立体阅读的传播样貌和优势。读者在使用过程中，虽然可以感受三维沉浸模式下的视听体验，但时有捕捉立体空间中细微信息不足的情况。以新技术为体验从而增加高品质消费升级的举措不再可取，出版单位应迅速补齐短板，加快适配需求和交互能力方面的建设，针对不同环节可能衍生出的相关问题提出解决方案，将出版内容从小众化探索向全民阅读的新形态推进。

(三) 虚拟现实技术出版标准体系急需完善

现阶段虚拟现实、增强现实、混合现实、外部跟踪、全息影像、裸眼 3D 等新兴技术的应用日益广泛、多元，出版业在与其融合中呈现出跨领域等特点。和传统多媒体内容相比，高动态范围沉浸式内容的数据呈倍量增加，尤其在出版物的生产、制作、数据格式、计算机图形、图像处理等方面标准化体系急需完善。例如，在 VR/AR 出版物的版权方面，因其内容场景和三维模型设计尚未准确定义，没有细分合法的身份，出现了作者利益受损、创造积极性下降等问题。由此，各大制造商、引擎商和内容平台等相关企业针对虚拟现实技术标准碎片化等问题自主制定各项标准的需求逐渐强烈。虚拟现实出版如何快速制定相关的行业准则，打造更加健康的发展环境是业界急需面对和解决的问题。

(四) 专业化编辑供给不足

数字技术的蓬勃发展催生了大量的新业态、新职业，在近两年人社部公布的 56 个新职业中，绝大多数都与数字技能相关，这些新职业市场需求巨大，数字化人才已成为企业争夺的焦点。出版单位在数字化内容建设和内容创新生产方面也存在相应问题，专业化编辑供给不足成为阻力之一。目前，在传统的叙事模式中，内容主要以线性方式展开，也被动地被消费，而虚拟现实技术在融入超媒体叙事后，内容模式由非线性讲述转换成为多个相互联系、相互影响的整体。由于行业技术间的差异性，传统出版编辑人员尚不能将虚拟现实技术沉浸感、交互性和构想性等特点完全释放，未参与到VR/AR场景、音效、配乐、互动等制作过程中。在内容策划、数据分析和创意能力方面薄弱，专业化编辑人才供给速度未能跟上市场对专业化数字技能人才的需求增速。

四、数字出版与虚拟现实融合发展的对策与建议

（一）以优质内容推动出版产业发展

随着我国政策红利释放以及资本助推，以5G为支撑的大连接为VR/AR技术在数字出版领域长远发展创造了有利条件，产业融合已成为出版业发展的必然趋势。出版单位在新格局和新业态带来的发展机遇下，积极探索多元化融合变革路径，在内容资源、技术手段、运营模式上不断推陈出新。以优质内容为根本的出版应用和虚拟现实技术进一步渗透，为新时代个性化阅读提供了新的形态。在国家发展新媒体相关政策推动下，北京、上海、重庆、陕西、青岛等地相继建立数字内容产业基地，阿里、腾讯、华为、抖音等企业利用自身优势加大虚拟现实内容产品的投入力度，建立良性、可持续的内容生态体系。专注内容衍生的发行商，不仅与出版单位展开合作开发虚拟现实类优质内容，还与头部创作者围绕知识IP提供出版服务及VR体验。据智研咨询发布的《2021—2027年中国VR/AR行业市场深度评估及投资机会预测报告》数据显示，VR/AR消费级内容市场持续呈现高速增长态势。一系列以优质内容为需求寻找技术手段实现差异化出版的举措，使读者得到了耳目一新的体验。此外，中国电信、移动、联通三大运营商，依托5G云资源优势，将VR内容所需的渲染处理从本地设备迁

移到云端处理，持续完善 VR 内容平台、云游戏、5G 智慧商业综合体、XR 娱乐空间站等应用。未来，不论是出版单位自主创新还是与知识 IP、文化和游戏展开多元合作，优质的虚拟现实内容更容易引起受众的喜爱。

（二）为数字文化传播带来新契机

虚拟现实技术的出现改变了人们信息获取方式，为数字文化传播提供了难得的发展机遇。随着科技的不断发展，数字化经济进程加速，产业边界日渐模糊，VR 云书店购物、VR 图书馆借阅、VR 党建活动体验、VR 安全知识科普、VR 智慧书房、VR 剧本杀等应用生态日渐繁荣。诸多出版单位依托互联网思维采用线上线下结合的方式，将三维建模、虚拟现实、全息投影等技术融入其中，通过刺激人的感官和双向互动认知体验，使文化传播不再局限于文字性描述或工作人员讲解。咪咕数媒搭建一站式知识文化服务云平台，借助云端运营赋能实体书店，为大众提供更丰富、更便捷、更多元的知识获取路径。北京出版集团与中图云创、中国电信天翼数藏，用数字技术打造原创虚拟北京文化吉祥物《兔儿爷多福》，以 VR 有声数字藏品的形式展现了传统非遗兔儿爷金盔金甲形象。在文化交汇中，以社交为主的沉浸式剧本杀深受年轻人喜爱，伴随着市场扩张和多方投资其规模逐步扩大，越来越多的内容创作者涌入。根据从业人员介绍，VR 剧本杀利用科技手段与剧本类型进行结合，使读者从书本走进故事里，打破线下房间场景固定化模式，将数字文化传播带向了更广阔的空间。与此同时，阅文集团、掌阅科技、爱奇艺等也以创作者为基础，先后将优质 IP《庆余年》《37 度战队》《元龙》《萌探探探案》等改编为剧本杀，加速线上线下衍生场景布局。一些有相关内容业务的大厂和头部公司，如腾讯、万达等则主要通过 IP 授权与合作等方式试水，探索 VR/AR 全形态版权开发。据《中国沉浸式剧本娱乐行业研究报告（2021—2022）》分析认为，部分城市的核心商圈已出现以沉浸式剧本娱乐行业为主的集群，书店、咖啡馆、景区、酒店、影院等成为推动文化应用新场景。从中长期来讲，随着博物馆、商业综合体、娱乐场馆等的数字文化应用进一步拓展，与社交相关的内容创作会有更多变现的机会。

(三) 加快推进虚拟现实职业培训模式

近年来，虚拟现实技术在新闻、出版、教育、文化、健康、展览等行业领域广泛应用，给人们生活方式带来了前所未有的变革。在这种变革的推动下，加快推进虚拟现实职业培训模式，将信息化技术融入高效无风险的职业实训环境中，成为开展优质教育及建设工作的重要举措。梦想人科技依托增强现实技术领先优势，仅2021年内就服务于江苏、河南、山东、河北、北京等多地约30余所院校，助力打造AR数字化教材、虚拟仿真实训及远程专家双师教学等5G新场景。伴随教育元宇宙概念发展，杉达-煦象VR教育联合实验室在上海落成，在"双减"背景下打造VR教育内容课程和VR教师技能训练平台，向中小学输出多种类型的VR教学体验课和VR课程师资。广州逆渡信息技术有限公司先后在中山大学和暨南大学等高校构建多学科专业的虚拟仿真实验室，并推出VR消防安全教育软件《消防达人》等几十款教育应用。由此可见，虚拟现实技术已突破传统的教学场地、设备、师资等众多因素的限制，正以更直观易懂的方式从学科教学的角度在科学、工程、医学和操作技能方面拓展职业培训，虚拟现实职业培训业也将迎来更加广阔的发展前景。

(四) 开启元宇宙与出版融合新模式

2021年以虚拟现实技术为核心的元宇宙概念热度高涨，各行各业围绕元宇宙的探讨和探索不断。元宇宙作为集成了互联网、大数据、云计算、人工智能、区块链、虚拟现实、物联网等技术的新消费平台，在发展中得到了我国政策上的支持。据不完全统计，全国共计14个市级行政单位及有关部门出台了明确支持元宇宙产业发展的相关规划或政策，总数达23项。除各市政府工作报告规划元宇宙产业外，各地市级行政单位及有关部门出台了16项政策支持元宇宙产业。出版行业作为社会生态中的一部分，不仅为元宇宙的建构提供了必不可少的信息、数据、知识等要素供给，也成为元宇宙空间中传播知识、传承文明、传递文化不可或缺的组成部分。目前，出版单位在国内积极应用新技术，以AR/VR内容为元宇宙平台奠定基础，进一步转化数字出版增长动能，激发上下游产业动力。其中，中国新闻出版研究院推出首届虚拟现实新闻出版融合发展案例征集活动，对VR教育、VR职业培训、VR教材、VR童书、VR文化传播、VR党建等典型应用提供知识服务。国家行政学院音像出版社智慧党建系统空间落地了国内首个"元宇宙+党建"系统，实现多人远程同空间中的党组会议、党员互助、党史学习、红色体验、成果展示等活动。未来，出版业只有打破固有思维模式，认识和把握出版融合发展呈现出的新的阶段特征，才能将优质的内容与先进的技术有机融合，开启出版业转型升级融合发展的新赛道。

（邓　杨　中国新闻出版研究院）

2021—2022 民营书业研究报告

民营书业是新闻出版业发展的重要力量。随着产业链条不断完善延伸，民营书业在出版全链条上加强布局，同时企业规模、管理水平、产品研发能力与日俱增，尤其在渠道融合与新媒体、新业态等技术层面均保持较高水准，不断发挥生力军的作用。

但外部环境不断变化，疫情反复、渠道变革，市场形式变化迅速，民营书业面临着前所未有的挑战。挑战之外亦有机遇，宏观层面，文化强国建设、全民阅读推广、文化消费升级、"双减"政策落实，进一步打开了行业发展空间；微观层面，民营书企在巩固主营优势的基础上，依托新技术、新渠道开发新产品，加快实施融合发展，拓宽发展边界，给行业发展注入新的动力。

一、民营书业的发展现状

（一）民营书业总体规模不断扩大

国家新闻出版署发布的《2020年新闻出版产业分析报告》显示，2020年，新闻出版行业共有14 2481家企业法人单位，其中国有全资企业13 547家，较2019年增长3.6%，占企业法人单位数量的9.6%；民营企业124 745家，增长3.8%，占比86.9%。从数量结构来看，民营书企占比持续扩大。

在出版物发行企业中，民营企业在营业收入、资产、利润中所占比重持续提高。数据表明，截至2020年，在出版物发行企业中国有全资企业营业收入占行业营业收入的23.9%，民营企业占72.8%；国有全资企业资产总额占行业资产总额的29.1%，民营企业占68.0%；国有全资企业利润总额占行业利润总额的33.0%，民营企业占

63.8%；国有全资企业纳税总额占行业纳税总额的 21.4%，民营企业占 72.9%。[1]

另据国家新闻出版署发布的《2020 年全国新闻出版业基本情况》中的数据，从发行网点来看，2020 年全国出版物发行网点 183 540 处，其中新华书店及其发行网点 10 610 处；出版社自办发行网点 400 处；邮政系统发行网点 35 859 处；其他批发网点 15 575 处，集个体零售网点 121 087 处，其中集个体零售网点即指民营发行网点，其占出版物发行网点的比例近 66%。[2]

由此可见，无论是在总体数量还是实际营收方面，民营书企已经占据行业的半壁江山，发挥着不可忽视的重要作用。

（二）头部民营书业登陆资本市场

自 2020 年证监会和深交所发布对创业板改革并试点注册制的系列制度文件后，读客文化、果麦文化、荣信教育、磨铁文化等民营图书公司相继递交招股书。2021 年是出版行业的上市大年，民营书企中，读客文化于 7 月 19 日在深交所挂牌上市，8 月 30 日果麦文化也登陆创业板。资本的进入加速了两家民营书企的规模扩张，据 2021 年年报显示，读客文化 2021 年实现营业收入 5.19 亿元，同比增长 27.25%；实现归母净利润 6 725.45 万元，同比增长 30.46%。[3] 果麦文化 2021 年营业收入 4.61 亿元，较去年同期增长 29.83%；实现净利润 5 672.73 万元，较去年同期增长 38.73%。[4] 在北京开卷提供的 2021 年零售市场图书公司实洋占有率 Top10 中，读客文化和果麦文化均榜上有名，且排名均有所上升，其中，果麦文化较 2020 年上升了 12 个位次，作为头部民营出版机构，读客文化和果麦文化的上市给民营书企注入了一剂强心针。

表 1　2021 年零售市场图书公司实洋占有率 TOP10

排名	排名变化	民营出版公司	实洋占有率
1	↓3	北京曲一线图书策划有限公司	1.70%

---

[1] 国家新闻出版署. 2020 年新闻出版产业分析报告［N］. 中国新闻出版广电报，2021-12-16.
[2] 国家新闻出版署. 2020 年全国新闻出版业基本情况［J］. 出版人，2021-12-17.
[3] 读客文化. 读客文化股份有限公司 2021 年年度报告［R］. 东方财富网，2022-04-22.
[4] 果麦文化. 果麦文化传媒股份有限公司 2021 年年度报告［R］. 东方财富网，2022-03-03.

续表

排名	排名变化	民营出版公司	实洋占有率
2	↓1	新经典文化股份有限公司	1.63%
3	↑3	北京磨铁文化集团股份有限公司	1.61%
4	↑2	读客文化股份有限公司	1.13%
5	↑1	中南博集天卷文化传媒有限公司	1.06%
6	—	海豚传媒有限公司	0.98%
7	↑4	北京华章图文信息有限公司	0.88%
8	↑12	果麦文化传媒股份有限公司	0.82%
9	↓5	北京智慧熊文化传媒有限公司	0.79%
10	↓9	荣信教育文化产业发展股份有限公司	0.78%

注：此"图书公司"的监测范围并不包含教辅类民营书企。

民营书企在投融资领域不断深入探索，有赖于政策对于开放、支持、鼓励资本化的态度不断明朗，创业板试点注册制也为磨铁文化、荣信教育融资提供了契机。2021年7月，磨铁文化递交招股书，2022年3月，深交所恢复磨铁集团的上市审核，此次拟募资9.0327亿元，其中5.73亿元用于版权运营建设。少儿出版品牌乐乐趣的母公司荣信教育则已成功过会，静待证监会审批通过。除此之外，在知识付费领域，"得到"App、"罗辑思维"微信公众号的母公司北京思维造物信息科技股份有限公司即思维造物在2022年3月再度更新创业板招股书，计划募集资金超过10亿元，主要投入知识服务平台优化升级项目、人工智能基础研发中心建设项目、技术平台建设项目、得到学习中心系列拓展项目等。

（三）"双减"对民营书业产生影响

2021年7月，中共中央办公厅、国务院办公厅印发《关于进一步减轻义务教育阶段学生作业负担和校外培训负担的意见》，明确提出有效减轻义务教育阶段学生过重作业负担和校外培训负担的总体目标。随着"双减"政策落地，教培市场收紧，教育出版也受到了较大影响。一方面，随着对学校教材管控的加强，教辅总量下降、学科类教辅品种数下降。另一方面，课内作业的减少增加了学生自由支配的时间，家庭教育类相关需求增加。民营书企作为我国教辅出版市场中重要的组成部分，其受到的冲击不言而喻。在民营工委"'双减'政策对教育类民营书企的影响情况"问卷调查中，有65.85%的教育类民营书企认为2021年业绩波动与"双减"政策强相关；60.9%的教育类民营书企在"双减"政策之后营收下降；70.7%的利润下跌。

"双减"政策对教育类民营书企具体影响主要体现在业务营收、产品结构、内容研发、营销销售、竞争主体、人才管理等六大方面。政策落地之后，教育类民营书企开始寻求内容策划上的转变，在内容研发方面加大力度，着力优化产品结构。教培机构的大量崩盘导致优质人才开始流向出版行业，为教育类民营书企注入一定的新鲜血液。过去因在线课程和在线题库被挤占的传统教辅资源市场在"双减"之下，其作用和市场潜力被再度激发与审视。但另一方面，教培机构也纷纷开始转型，依靠强大的教育资源，开始布局教辅出版版图，一定程度上竞争主体开始增多，给不少教育类民营书企带来了危机感。

在调查问卷中，有48%的教育类民营书企认为"双减"政策给教育出版带来的影响是正面的，52%则持负面态度，有61%的教育类民营书企肯定了教培公司的转型给教育出版带来的机遇大于挑战。在线教育机构基于自身优势开拓教辅业务的同时，传统教辅企业也在拥抱数字化方向。以世纪天鸿为例，其2021年加快了其"教育内容AI系统"等精准教学项目的进展，在题库建设、软件开发、对外合作、用户体验、学校试点等方面不断增加投入，其相关产品已在山东、河南、四川等高考大省的学校进行试用。[1] 整体而言，教育类民营书企对于"双减"政策落地后教育出版发展仍抱有较高的信心，对于自身企业的发展也持续看好。

(四) 渠道变革加速民营书业转型

后疫情时代读者的消费习惯被加速改变，更多人转向线上。在经历了疫情初始的2020年，一大批独立书店宣布倒闭，而在2021年末，知名连锁书店言几又被曝欠薪，引发系列反应，实体书店的颓势已难以阻挡。2021年，图书电商的内部格局发生了颠覆性的变化，传统电商渠道虽仍是销售的主要阵地，但增长势头愈发疲软，短视频电

---

[1] 吱吱. 新老选手同场竞技，教辅市场如何满足多元需求. 鲸媒体 [EB/OL]. [2022-05-16]. https://baijiahao.baidu.com/s?id=1732969889549131942&wfr=spider&for=pc.

商则进入赛道跑马圈地，野蛮生长。《2021年抖音电商图书消费报告》发布的数据显示，每天通过抖音电商售出的图书超过45万本。

早在2020年中，出版业便对抖音这一新渠道开始关注，随着达人的带货能力被出版机构认可，找达人带货成为2020年的"新气象"。但折扣、佣金等高成本让出版机构利润微薄，难堪重负，2021年出版机构纷纷投入自播，试图扩大自营渠道，而民营书企作为最活跃亦最灵活的市场主体，首当其冲，优先布局。其中，磨铁文化的抖音账号"铁铁的书架"定位青春文学，2021年新增粉丝50万，月直播销售额稳定维持在200—300万元。除此之外，中南博集天卷打造的"博集青春booky"、大星文化的"作家榜经典名著"、果麦文化的"果麦书单"等均是民营书企在抖音布局的典型案例。

在《2021年抖音电商图书消费报告》中，60%以上的图书商品为童书，因受众群体形成的天然壁垒，童书在抖音中细分品类最为丰富、覆盖范围也更为广泛，在K12中还可以再进行细分，因此少儿类民营书企成为新渠道中最庞大的竞争主体，荣信教育布局"傲游猫图书旗舰店""乐乐趣官方旗舰店"，青豆书坊打造"青豆书坊图书专营店"，海豚传媒的"DOLPHINMEDIA图书旗舰店"在《出版人》每月打造的书业抖音带货能力指数排行榜中均名列前茅。

(五) 疫情导致新书出版品种收缩

2022年疫情反复，书号、审稿、印刷以及物流环节均受到不同程度的影响，每个环节所需要的周期更长，不少民营书企开始缩减新书品种，海豚传媒2022年上半年品种数量相较2021年同期减少30%；阳光博客2022年的出版品种约缩减50%。除了品种收缩，单品种的首印量也有所下滑，囿于传统电商自然流量的大幅下滑，以竞争货架资源的思路开发新书的方法不再奏效，一些民营书企曾经首印万册以上的图书也被压缩至六七千册[①]。对于民营书企而言，加强精细化运营，计算投入产出比，保证毛利率、现金流和利润率是在整体经济下行和市场萎缩中安身立命的根本，控制新书出版品种，在选品上精挑细选出更优质的品种，能有效地提高品效，也更有益于发展品牌的良好口碑。

---

① 孙珏. 2022上半年民营品牌策划机构生存状态不完全调查 [R]. 中国出版传媒商报, 2022-06-29.

二、民营书业的发展趋势

(一) 政策引导促民营书业高质量发展

2021年,生育政策、税收政策和教育政策等进一步指引出版业走向高质量发展,其中对于民营书业的指导意义更甚。2021年5月,中央政治局会议提出进一步优化生育政策,实施一对夫妇可以生育三个子女政策及配套支持措施,各地纷纷制定出台具体实施方案,政策效果或将逐步显现,教育出版市场规模也将在未来发生变化,为民营教育出版企业和少儿企业提供了较大的市场空间。

财政部税务局发布的图书税收优惠政策持续,自2021年1月1日至2023年12月31日,免征所有图书批发、零售环节增值税,提振业界信心,民营书企在"黑天鹅"疫情面前抗风险能力远不及国有出版机构,免征增值税能够有效缓解民营书企的压力,促进民营书业恢复元气。

除此之外,教育政策给民营书业带来的机遇和挑战最大。2021年6月15日,教育部办公厅发布关于成立校外教育培训监管司的通知。加强对教育培训行业的监管,同年7月,"双减"政策落地,为义务教育阶段的学生减负。10月26日教育部召开新闻发布会,邀请多个相关部门介绍儿童青少年近视防控工作情况。全国综合防控儿童青少年近视工作联席会议机制办公室主任、教育部体卫艺司司长王登峰在会上表示,为了儿童青少年的健康成长,在"双减"落实的同时也在推动"双增",即增加学生参加户外活动、体育锻炼、艺术活动、劳动活动的时间和机会,增加接受体育和美育方面课外培训的时间和机会。2022年4月教育部发布2022年版义务教育课程方案和课程标准,课程标准的修订变化体现在优化了课程内容结构、研制了学业质量标准、增强了指导性。除此之外,修改了语文等16门学科课程的标准。义务教育阶段的相关政策出台,对家庭教育、幼小衔接、配套教辅等出版领域形成利好,为民营书业企业的业务发展指明了方向。

在职业教育方面,2021年10月,中共中央办公厅、国务院办公厅印发了《关于推动现代职业教育高质量发展的意见》，提出主要目标为：到2025年，职业教育类型特色更加鲜明，现代职业教育体系基本建成，技能型社会建设全面推进。2022年4月20日，十三届全国人大常委会第三十四次会议在京举行闭幕会。新修订的《中华人民共和国职业教育法》获得通过，并于2022年5月1日起施行。新职业教育法明确了职业教育是与普通教育具有同等重要地位的教育类型，着力提升职业教育认可度，更好推动职业教育高质量发展。

除此之外，图书价格立法的提案也给民营书业带来了新的信心和期望。2022年全国"两会"期间，全国政协委员潘凯雄、谭跃和赵东亮联名提交的《关于加速推动图书价格立法的再提案》引发行业关注。"图书价格"与"折扣"作为出版业市场交易最为重要的要素之一，一旦通过立法予以规范，不仅会迅速改变出版机构的定价策略，更可能带来图书行业市场格局的调整变化。

第七次全国人口普查数据显示，我国60岁及以上人口已达2.64亿人，占总人口的18.7%。随着我国老龄化逐渐加重，对于老年人阅读的现实需求也是民营书企需要关照的。2022年2月国务院印发《"十四五"国家老龄事业发展和养老服务体系规划》，其中对于丰富老年人文体休闲生活提出明确要求，扩大老年文化服务供给，鼓励编辑出版适合老年人的大字本图书，加强弘扬孝亲敬老美德的艺术作品创作。

（二）发展新媒体直接触达读者

新媒体的日渐成熟深刻影响了知识与信息的传播方式，民营出版企业在这一背景下，也日益重视新媒体上内容与影响力的传播。从开通微信公众号发布图文信息，到注册抖音、快手布局短视频赛道，输出内容、创造价值、扩大影响力直至变现，都成了民营出版机构日常工作的重要内容。图书业务在新媒体时代不再是唯一的重点，而是作为民营书企布局的根本，在此基础上形成全面开花的业务格局。

表2　2021年民营书业机构微信公众号影响力Top10

排名	公众号	认证主体
1	书单来了	读客文化股份有限公司
2	看理想	北京看理想文化传媒有限公司

续表

排名	公众号	认证主体
3	影单来了	读客文化股份有限公司
4	易中天	果麦文化传媒股份有限公司
5	飞乐鸟	成都飞乐鸟教育咨询有限公司
6	万唯中考	陕西万唯教育传媒有限公司
7	理想国 imaginist	北京理想国时代文化有限责任公司
8	新经典	新经典文化股份有限公司
9	极简史	新经典文化股份有限公司
10	67 高中学习	北京理想树教育科技有限公司

在《出版人》发布的 2021 年度书业微信公众号影响力指数排行榜和抖音短视频影响力排行榜中，通过对民营书企再做细分可以发现，头部民营企业的新媒体账号均榜上有名。其中读客文化的公众号"书单来了""影单来了"在微信生态中触达能力超前，通过推荐书单和影单，与受众形成强链接；看理想文化的公众好"看理想"也通过对公共议题与社会热点的捕捉与深度报道，在 2021 年的微信公众号中脱颖而出。[①]

2021 年抖音日活跃用户近 7 亿，是新晋的流量之王。抖音成为民营出版机构的布局重点。在经历了一年的短视频传播，磨铁文化所开发的抖音账号"铁铁的书架""小玄夜说书"表现不俗，除此之外，民营教辅类如陕西万唯打造的"万唯中考"，民营少儿类如青豆书坊的同名账号"青豆书坊"均凭借在抖音良好的短视频传播触达更多下沉市场的读者群体。[②] 短视频不仅在品牌宣传、新书营销上发挥了巨大作用，也成为大众类图书销售增长的重要通路，且常常体现在对于库存书的拯救，果麦文化一本名为《长大了就会变好吗？》的库存书仅靠其旗下达人小嘉的一条抖音短视频推送，不仅将 1.7 万册库存清空，且加印 3 万册。

[①] 亢姿爽. 2021 年书业微信公众号影响力指数排行榜［J］. 出版人，2022（1）：58-59.
[②] 亢姿爽. 2021 年书业抖音短视频影响力指数排行榜［J］. 出版人，2022（1）：60-61.

表3 2021年民营书业机构抖音短视频影响力Top10

排名	抖音号	认证主体
1	铁铁的书架	北京磨铁文化集团股份有限公司
2	万唯中考	陕西万唯传媒有限公司
3	小玄夜说书	北京磨铁文化集团股份有限公司
4	昀仔非读book	果麦文化传媒股份有限公司
5	天星教育	河南天星教育传媒股份有限公司
6	秃头老板	读客文化股份有限公司
7	看理想vistopia	北京看理想文化传媒有限公司
8	白马青春书社	北京白马时光文化发展有限公司
9	新东方大愚图书	北京新东方大愚文化传播有限公司
10	青豆书坊	青豆书坊（北京）文化发展有限公司

2021年大众出版爆款频出，其中大部分的畅销书多依靠新渠道的变革和新媒体的运营。民营出版机构意识到自营渠道建设的重要性，为满足消费者阅读需求的变化积蓄私域流量，大力建设新媒体直播团队和新媒体矩阵，寻求解决消费者痛点、触达更多消费者的最佳方式。头部经典的大众图书产品无论面对怎样的人群和社会环境，往往都有稳定且持续的市场需求。但随着新渠道活力迸发，激发出了新读者们新的阅读需求，这些阅读需求包括但不限于动漫、游戏、青春文学等，甚至偏向具有一定阅读门槛的经管与社科。

（三）技术融合推进民营书企数字化转型

2021年5月，国家新闻出版署印发《关于组织实施出版融合发展工程的通知》，启动实施出版融合发展工程。清华大学出版社副社长庄红权提出，"融合出版"主要指纸质图书应用二维码、AR技术等新的技术手段，链接智能终端实现跨媒体传播的出版方式。而近年来，民营书企对于新技术、新媒介的探索与应用尤为重视。如馆配作为民营书业的业务重点之一，是产业链上下游的重要链接。其中人天书店、湖北三新作为老牌民营馆配商历经20余年的发展，在技术探索、数字化转型方面一马当先。2021年，人天书店围绕图书馆馆藏资源的学术化建设，革新技术与服务，开发图书采访工具，打造知识发现系统，同时，人天书店正在研发核心书目系统。未来，人天书店的服务将全面涵盖图书馆从资源采购、资源管理、资源应用、使用统计分析到图书馆自有大数据积累等全过程的管理。湖北三新则搭建了"三新数字智慧图书馆系统"，实现了出版社、图书馆信息互通、资源交互，并完成了在馆配图书、教材、期刊、电子书、音像制品、出版服务等领域的多元化发展布局。

（四）拓展对外传播，积极推动中国出版走出去

随着我国综合国力和影响力的显著提升、国际社会对中国关注度的日益提高以及我国出版人的共同努力，我国出版走出去工作取得了显著成果。民营出版机构也积极践行中国文化走出去的战略，进行优质版权的输出。在传统图书方面，磨铁文化走出去的海外版权输出重点成果包括王蒙《天下归仁：王蒙说〈论语〉》《写给年轻人的中国智慧》、于丹《庄子心得》、蒙曼《四时之诗》等。数字阅读业务、影视剧策划与开发业务也在积极践行文化走出去。2021年读客文化成功向日本、韩国等多地输出版权共计14次。其中包括弘扬中国历史传统的《古代人的日常生活》、让孩子了解哲学的《让孩子像哲学家一样会思考》和公司自主研发的"小学生安全漫画系列"等。这些输出内容以灵活的方式带动国外读者主动了解中华文化，打造出中国的文化软实力。

新经典文化依托海外平台，在走出去方面也积极贡献力量。2021年先后出版了余华、格非、王安忆、李敬泽、李娟、余秀华、申赋渔等一批中国当代作家的英语、法语、日语等多语种作品，并基于当地市场开展充分营销宣传。李娟的《冬牧场》英文版、日文版自出版以来，《纽约时报》《科克斯书评》《出版商周刊》《周刊报道》等报刊和多家新媒体发表了书评、专题文章，《华盛顿邮报》将其评为2021年度最佳旅行文学；中国原创绘本《洛神赋》英文版获评国际儿童阅读美国促进会2021杰出国际图书奖。

在网络文学方面，2021年网络文学海内外影响力持续攀升，成为讲述中国故事、建构和传播中国形象的重要载体。阅文旗下起点中文网推出的以向海外读者提供优质网文为宗旨的起点国际截至2021年底共上线约2 100部中国网络文学的翻译作品，培育海外原创作品约37万部。各家网络文学平台亦在不断完善谋划海外布局，继日韩、

东南亚和欧美地区大量网文授权成功获益之后,中国网文的出海产业链打造和海外原创也在不断发力,越来越多的 IP 出海和本土精品表现出中国网文的实力。①

三、民营书业的发展亮点

(一) 中小型民营书企依靠新渠道崛起

以抖音为代表的新电商渠道对畅销书的塑造明显,畅销书的逻辑正在发生改变。2021 年的大众图书市场迎来了一批以渠道为主导的畅销书,这些图书对于渠道的依赖程度远远大于内容质量。其中最典型的案例便是由民营出版品牌快读慢活打造的《减糖生活》,该书在抖音单月销量过百万,而开卷数据显示,2021 年全年销量过百万的畅销书品种仅 28 个。《减糖生活》依靠抖音短视频走红,通过垂直精准的大规模流量投放,实现了多平台的溢出效应。流量不仅决定了渠道销售,也在逐渐影响上游的选题策划。而这对于中小型图书公司而言,正是生存和崛起的最佳时机。成本严格控制、流量精准投放、快速回款的做书方式让一些图书公司能够迅速地打造爆款。反而是原先有品牌影响力和市场规模的公司在当下更加挣扎,版权与印制成本、内容调性和原有的渠道优势有时反而会成为掣肘,旧有的业务经验在新渠道面前也荡然无存。②

青豆书坊便是其中的代表性案例。2021 年 2 月青豆书坊开始尝试自播业务,在抖音直播间的带货品类主要以家教图书和童书为主。作为一家以家庭教育、心理自助及文学为主要策划方向的小型民营书企,通过把握新渠道新方向快速转型,依托抖音庞大的受众在 7 个月累计销售额达 250 万元,其用户黏性和整体购买力及复购率相当可观。目前青豆书坊的直播团队由 16 人组成,包括短视频文案团队、短视频制作团队、拍摄团队、主播团队、调配物流发货团队以及运营团队等,已经形成相对成熟完备的队伍。

---

① 中国社会科学院. 2021 中国网络文学发展研究报告 [R]. 中国社会科学网, 2022 - 04 - 08.
② 黄璜. 2021, 书业不破不立的一年 [J]. 出版人, 2022 (1): 15 - 19.

（二）民营书企布局新媒体品牌矩阵

随着品牌化建设的不断加强，加之新媒体对于品牌宣传呈现出的正向作用，民营出版机构开始在新媒体发力传播品牌，通过矩阵化来实现从作品、作者到出版主体的品牌化运营。微信、微博、抖音、快手、小红书等新媒体的发展将流量和受众的注意力分散，民营书企紧跟变化，结合新媒体的发展，打造出了一系列极具市场影响力的新媒体品牌矩阵。有着互联网基因的果麦文化一直将"出版+互联网"作为企业战略，截至 2021 年 12 月 31 日，公司互联网用户数达 6 300 万，运营的互联网新媒体产品账号超过 70 款，包括微博账号"知书少年果麦麦""果麦文化"，抖音账号"果麦书单""小嘉啊""戴建业""刘同"，快手账号"琪琪的奇书馆""小亭不停课"，微信公众号"2040 书店""易中天""罗翔说刑法""张皓宸""榕榕姐姐读童书""庆山""杨红樱"等，推送基于公司内容数据库研发的图、文、音频、视频等互联网内容，吸引粉丝，连接用户。

抖音账号"小玄夜说书"是磨铁图书 2021 年 7 月份打造的悬疑推理方向 IP 新号，首月获赞百万，35 天突破 10 万的粉丝，在 2021 年共计发布 166 个短视频作品，获赞数超 623 万，累积粉丝 71.2 万，为磨铁图书在新媒体品牌建设上做了新的突破。除此之外，磨铁文化也在公众号、快手、小红书等平台开设了官方账号，直接触达读者进行品牌宣传。

IP 作为品牌建设的主要表现形式之一，已经成为头部民营书企的重点发力方向。读客文化运营了"书单狗""影单猫""秃头老板""熊猫君"等优质的 IP 形象，其中"书单来了""影单来了"等微信公众号，累积超过了 800 万的粉丝群体。2021 年读客文化凭借积累的 IP 形象，开始进入短视频领域，成功复制了原来公众号的运营经验，迅速积累起新的品牌营销阵地。

"bibi 动物园"则是新经典文化在 IP 创作及运营模式探索方面的突出案例。通过打造优质产品，形成全链路的发展，2021 年由"bibi 动物园"结集出版的《忍不住想打扰你》登上各大电商平台畅销榜；原创 IP 形象 coco 精灵也在报告期面世，获选"2021 北京文化消费品牌榜·十大文化消费创意 IP"。

四、民营书业发展面临的挑战

(一) 人口增长迎来拐点，民营书业增长引擎亟需迭代

根据《中国统计年鉴2021》，2020年全国人口出生率为8.52‰，首次跌破10‰，同期全国人口自然增长率（出生率-死亡率）仅为1.45‰，均创下了1978年以来的历史新低。这一数据意味着中国已经进入了人口零增长的阶段，并有可能迎来人口负增长。人口红利的消失，对于民营教辅出版公司而言无疑影响巨大，少儿民营图书公司在未来如何维持高增长也存在一定的疑问。与整体出版业相同，教育、教辅出版是民营出版业的基石，少儿出版是民营书业大众出版市场持续多年的增长引擎，因此，民营书业需要新的增长逻辑与增长动力。

(二) 价格体系屡遭冲击，民营书业控价难

自2019年以来，各大电商在图书这个品类上从大促五折到日常五折，读者已然形成了"非大促、非五折不下单"的用户习惯，加之流量成本的急剧上升、内容化策略收效甚微，不少出版机构来自传统图书电商的收入增速放缓甚至出现负增长。以抖音为代表的新渠道成为重要的增长方向。但是在新渠道上，出版业的价格体系屡遭冲击，2021年出版业新渠道销售折扣已经逼近3.9折，可以说书业的定价机制、折扣体系已然千疮百孔，民营书业作为新渠道反应最迅速、投入最积极的中坚力量，同样深受其苦。在头部主播的直播间里，"全网最低价"是基本门槛，"历史最低价"才值得一提，售价9.9元乃至1元的书也从去库存逐渐蔓延到了新书乃至头部品种，加上直播佣金和流量成本，民营出版机构在新渠道上多数是"增收不增利"，甚至是"赔本赚吆喝"。

(三) 疫情反复带来经营困难

在疫情冲击的影响下，图书产业链供应链堵点卡点增多，民营书业生产和销售的秩序普遍受到冲击。一方面，图书的入库出库遭遇困难。由于防控政策的要求，多地

民营出版的库房运输车辆无法进入，导致生产入库和发货都遭遇困难。另一方面，由于长期居家办公，图书生产连续性、稳定性难以得到充分保障，效率进一步下降。加之图书消费终端配送困难，市场需求难以充分释放，民营图书公司生产经营困难进一步增加。

五、推动民营书业发展的对策建议

（一）加强复合型人才队伍建设

人才是出版业中不可或缺且需重点开发的对象。出版物的数量和质量很大程度上取决于作者和编辑。高素质的编辑队伍以及专业的市场营销人员对于一个出版企业的发展是至关重要的。然而面对当下快速发展的新兴技术以及变化莫测的市场环境，生产方式、传播方式、技术应用、企业管理等多方面均产生较大变化，传统出版企业所培养的仅具备专业素养和语言文字能力的出版人才已经难以符合当下时代的要求。因此，出版企业需要打造一批具有抗风险能力的复合型人才队伍。民营书业可以通过为不同层级、不同岗位、不同年龄的员工定期提供不同的培训机会，建立培养复合型人才的培训体系，不断加强人才培养力度、优化人员结构，向团队化、复合化、年轻化方向发展。

（二）进一步加强自营渠道建设，把握话语权

受疫情影响，近两年实体书店受冲击较大，加之新型电商的快速崛起给传统电商带来冲击，出版机构传统的渠道布局正在遭遇前所未有的挑战。达人直播带货的兴起让出版机构看到了希望，但高昂的佣金极大压缩了出版机构本就微薄的利润，因此自营渠道的建设迫在眉睫。民营书企具备较高的自由度和灵活度，在对于自营渠道的把控上可以多方尝试。除天猫旗舰店外，可有效拓展微店、有赞、拼多多、抖音、快手、学习强国、唯品会等多平台矩阵。自营渠道的构建不仅可以作为企业形象展示的窗口，也是新书发布和告知的有效渠道，在市场数据信息采集方面也可成为新的触手。民营

书企可以合理利用自营渠道，结合平台特点更新产品，结合产品特点定制活动。在以抖音为代表的新渠道中，发展自营，一方面能有效进行品牌传播，直接触达读者，另一方面也能减少中间成本，不受制于人，把握话语权和主动权。

（三）加强版权管理，提高管理和开发策划能力

出版行业以内容为王，版权是一个出版机构安身立命的核心资源。加强对版权的把控、管理和开发对于可持续发展具有重要的战略意义。近年来民营书业之所以能快速发展，得益于抓住了优质的版权内容，推广出一大批叫好又叫座的图书产品。把控住版权，可深度挖掘版权价值，对其进行有效开发，尤其在数字化发展迅速的当下，图书内容可有效延伸至电子书、有声书、知识付费、影视剧改编、动漫游戏等，以消费者为导向，打造一批贴近人民群众精神文化需求的、积极向上的原创内容产品，不仅能够提升品牌价值，也能获得社会效益和经济效益，版权具有无形性，提高对版权的开发策划能力，以版权应用为抓手打通全产业链，促进跨界融合，形成可持续发展机制。

（中国出版协会民营工作委员会）

2021—2022 出版物市场治理情况

2021年,"扫黄打非"战线深入贯彻党的十九大和十九届历次全会精神,聚焦重点难点,狠抓专项整治,依法严厉打击各类非法出版传播行为,全面扫除网上网下文化垃圾,积极营造风清气正的社会文化环境。全国共查缴各类非法出版物1 500万件,处置淫秽色情、凶杀暴力以及宣扬历史虚无主义等网络有害不良信息1 900万余条,查办"扫黄打非"案件1.3万起。

一、2021年出版物市场治理成效

(一)打击网络淫秽色情信息和不良内容取得显著成效

扎实开展"净网2021"专项行动和"净网"集中行动,全国处置淫秽色情低俗等有害信息1 000万余条。

1. 专项治理有害网络直播

深入整治网络直播打赏乱象,严禁炒作"天价打赏"行为,紧盯"美女直播""热舞""主播PK"等问题多发板块,处置低俗直播诱导打赏行为,坚决打击非法地下直播平台。各地面对不法分子反侦查意识强、犯罪团伙核心人员和服务器藏匿于境外等诸多困难,深入分析研判案件特点,创新工作方法,查办了一批重大案件。河南查办"魅爱"直播平台传播淫秽物品牟利案,对771名涉案人员采取刑事强制措施,该案是近两年来查办的影响力最大的直播类案件。浙江杭州查办"黄瓜视频"传播淫秽物品牟利案,抓获犯罪嫌疑人260余名,查明涉案资金3亿余元。

2. 专项治理有害网络游戏、网络文学

严厉打击传播淫秽色情、暴力血腥等有害内容的网络游戏,严肃处置人物衣着暴露、以打"擦边球"为噱头的网络游戏，着力查处未经批准擅自运营的网络游戏，禁止直播未经审批的网络游戏。从严查处导向不正确、内容低俗的网络文学作品，对通过网络文学作品为淫秽色情网站引流行为追查源头，坚决打击制售传播淫秽色情网络文学作品行为。针对游戏"江南百景图"抹黑英雄形象、游戏"钢铁雄心4"未经批准擅自上线等问题，从严处罚相关运营企业。依法处罚"17K小说网""纵横中文网""疯读小说""狸猫阅读""菠萝阅读""凝香阅读网"等网络文学平台。其中上海查办"疯读小说"App刊载淫秽色情信息案，对运营企业作出罚款约50万元的行政处罚。

3. 专项治理网络社交平台、搜索引擎传播有害信息

重点打击通过群组传播有害信息活动，及时关停违法违规群组。督促有关互联网企业完善防控机制，依法依规强化有害信息拦截措施。加大对搜索引擎、浏览器等平台的监管力度，督促其有效屏蔽有害弹窗广告。着力整治微博、贴吧、公众号、论坛等平台推广淫秽色情网站行为。全面排查微博评论区传播淫秽色情信息线索，有关地方查处相关刑事案件8起。针对百度、360、搜狗等搜索引擎引流淫秽色情网站等问题，组织开展整治，封堵非法下载站点近百个，对一批涉淫秽色情App线索落地查人。

4. 重点治理网络不良内容

各地各部门通过巡查、监测、受理群众举报、督促平台自查，着力清理正能量不足、价值观不正、审美情趣不高的信息，删除一大批影响恶劣的不良信息，有力扶正网络风气。四川查删一批"达州惊现乞讨团队""五千块钱买来一个媳妇"等违背公序良俗短视频，处置"四川傻妞""成都妖王"等违规自媒体账号20余个。江西集中整治"软色情"等低俗广告，监测互联网广告110万余条（次）。陕西处置"撒大声地我问问"等低俗有害公众号230余个。北京、天津、海南、江西、新疆等地查处一批侮辱抹黑志愿军英雄烈士、中印边境戍边烈士等案件，关闭多个自媒体账号，有力遏制了网上错误价值观的传播势头。

（二）打击非法有害少儿出版物及相关信息取得良好效果

扎实开展"护苗2021"专项行动，全国收缴非法有害少儿出版物120万余件、盗版教材教辅260万余件。

1. 重点治理出现反弹的"儿童邪典"视频

网上"儿童邪典"视频出现反弹后,各地快速反应,北京组织清理有害视频、图片4万余个(张),删除相关链接8万余条,对7家违规网络平台予以了行政处罚。上海责令3家视频平台进行整改,并要求属地15家重点网络平台自查清理涉未成年人有害信息。广东责令问题视频平台进行整改,全面清理有害视频,对违规用户予以限期封禁。浙江、山东、福建等地对有害题材作品加强监测查处,行政处罚多个涉案网站和个人,坚决遏制有害文化向未成年人渗透。

2. 严肃查处重点案件

高度重视涉及未成年人案件线索的核查处置,执法部门迅速、有力查处了四川遂宁"5·03"利用淫秽视频猥亵未成年人案、天津某网络公司提供含有淫秽内容动漫产品案、浙江临海彭某某贩卖传播淫秽物品牟利案等一批重点案件。为破解未成年人网络沉迷难题,各地"扫黄打非"部门大力配合管理部门加强对网络企业落实防沉迷措施情况的监督检查。北京、上海对不履行实名验证的网络游戏运营商作出了行政处罚。江苏加大对非法出租出售游戏账号行为的打击力度,查办南京"9·30"非法出租游戏账号案,抓获犯罪嫌疑人40余名。

3. 组织开展"护苗"系列宣传活动

各地各部门加强正面宣传引导,调动各方力量组建"护苗联盟",广泛开展"绿书签""开学季""网络安全进课堂"等宣传活动超10万场,建立各类"护苗"工作站5.3万个,凝聚全社会保护合力,积极引导广大青少年热爱阅读、文明上网。全国"扫黄打非"办公室通过"净网直通车"机制,布置重点网络平台严格落实未成年人网络保护责任,及时发现处置涉未成年人的有害不良信息,积极创新宣传方式,开展形式多样的"护苗"主题活动。一批网络平台认真履行主体责任,加强内容审核,上线青少年模式,主动参加"护苗"宣传。北京、上海、广东分别指导重点互联网企业发挥优势,举办"护苗有我""护苗·三方课"等宣传活动,提升未成年人网络安全素养,扩大社会影响面。

(三)规范和维护新闻出版传播秩序取得新的成绩

扎实开展"秋风2021"专项行动,全国收缴非法报刊19万余件。

1. 有力打击"三假"活动

查处制售假新闻记者证、假采访证行为，查处假冒新闻机构、新闻记者从事非法活动，取缔、关闭一批非法设立的报刊编辑部、新闻记者站（工作站）及网络平台，严惩涉案犯罪团伙。山西查办太原"6·11"非法经营案，犯罪嫌疑人在未获得某期刊授权的情况下，以每篇稿件240元至300元不等的收费标准，通过网络征集稿件，安排人员对所征集的稿件进行编校、审核、排版、印刷，累计非法出版期刊90余期，发表论文4万余篇，非法印刷期刊8 000余册，涉案金额600万余元。

2. 有力打击自媒体从事虚假新闻、有偿新闻活动

保持打击"网络水军""黑公关"制作发布负面新闻、有偿发帖删帖等行为的高压态势，清理关闭注销一批违法违规自媒体账号，查处幕后串联人员等环节，斩断黑色产业链。山西查办吕梁"12·17"自媒体敲诈勒索案，犯罪嫌疑人成立网络媒体公司，注册微信公众号、百度账号、微博账号，收集、编造、拼凑、炮制虚假信息，向有关单位敲诈勒索10余次，涉案金额40万余元。

3. 有力打击侵权盗版活动

各地坚决有力打击侵权盗版活动。辽宁、山东等地及时查办相关侵犯著作权案件5起，保障了党史学习教育指定用书正常发行秩序。河南查办开封"2·21"制售侵权盗版教辅案，打掉非法窝点6处，犯罪嫌疑人组织非法印制各类盗版图书，通过微信、QQ等对外推销至全国10余个省区市，涉案金额7 000万余元。全国"扫黄打非"办公室指导有关地方严惩网络侵权盗版行为，查办涉电商平台网店销售盗版图书案件45起。

二、2021年出版物市场治理典型案例

（一）全国"扫黄打非"办公室发布的2021年全国"扫黄打非"十大案件

1. 河南周口"魅爱"网络直播平台传播淫秽物品牟利案

2021年10月，根据全国"扫黄打非"办公室转办线索，周口市公安局破获一起传

播淫秽物品牟利案件。经查，2020年10月以来，犯罪嫌疑人利用聚合类软件在境外搭建"魅爱"等黄赌网络直播平台，非法牟取利益。目前，包括平台开发、运维客服、代收代付、推广代理、黄赌主播在内的771名犯罪嫌疑人被采取刑事强制措施，案件尚在进一步查办中。

2. 浙江杭州"黄瓜视频"传播淫秽物品牟利案

2021年11月，杭州市公安局治安支队破获一起传播淫秽物品牟利案件，抓获平台博主、家族长、主播、技术支持、第四方支付等犯罪嫌疑人260名。经查，"黄瓜视频"App通过付费点播淫秽视频、淫秽直播表演非法牟利3亿余元。案件在进一步查办中。

3. 上海浦东"青山汉化组"等传播淫秽物品牟利案

2021年8月，上海市公安局浦东分局破获一起传播淫秽物品牟利案件。经查，王某等犯罪嫌疑人组建"青山汉化组""大帝国汉化组""超能汉化组"等多个汉化组，从欧美、日本、俄罗斯等境外网站获取大量淫秽游戏进行专业破解、转译，通过社交软件招募会员玩家，以互联网分享方式向玩家提供淫秽游戏下载，目标受众为广大青少年学生群体，涉案金额310万余元。案件在进一步查办中。

4. 广州"5·06"重特大走私淫秽物品案

2021年11月，广州海关缉私局破获一起重特大走私淫秽物品案件。经查，2020年以来，以杜某为首的走私揽货团伙大肆走私来自境外的淫秽物品、非法出版物。海关总署缉私局部署31个直属海关缉私局对通关、揽货、货主等实施全链条集中收网，共抓获犯罪嫌疑人91名，现场查扣涉嫌淫秽书籍约25万册、非法出版物约28万册。案件在进一步查办中。

5. 山东枣庄"12·03"制售非法出版物案

2021年上半年，枣庄市公安局破获一起制售非法出版物案件，打掉一个专业制售非法出版物及盗版书籍的犯罪集团，查明涉案金额7亿余元，非法获利3 200万余元。公安机关抓获犯罪嫌疑人126名，打掉制售窝点27处，查扣印刷设备131套，收缴非法出版物10万余册、侵权电子书20TB。案件在进一步查办中。

6. 安徽蚌埠"4·25"制售非法出版物案

2021年4月，蚌埠市怀远县公安局、文化执法等部门破获一起制售非法出版物案件。经查，宋某某等犯罪嫌疑人以牟利为目的，委托胡某某等人印刷制作非法出版物，通过电商平台销售，累计制售非法出版物 69 种、10 万余册，涉案金额 100 万余元。5 名犯罪嫌疑人被抓获，案件在进一步查办中。

7. 江苏徐州成某某等人侵犯著作权案

2021 年 3 月，徐州市公安局鼓楼分局破获一起侵犯著作权案件。经查，该案出版物的电子版来源于高校图书馆，犯罪嫌疑人成某某通过论坛等渠道搜集部分高校图书馆的账号密码，登录后使用采集软件批量下载馆藏电子书 378 万余种，廖某某向其购买后转卖给邹某等人，邹某等人印刷后通过电商平台销售牟利。15 名犯罪嫌疑人被抓获，案件在进一步查办中。

8. 山西朔州"12·22"假记者敲诈勒索案

2020 年 12 月，朔州市公安局破获一起假记者敲诈勒索案件。经查，2012 年以来，犯罪嫌疑人师某以其注册的公司为依托，成立"法制与监察杂志社"，自建"法制与监察""法制与反腐""法制观天下"等 6 家网站，伙同他人假冒新闻工作者收集企事业单位负面信息，以公开报道为由，有组织地实施敲诈勒索和强迫交易等犯罪活动，作案 70 余起，非法获利 220 万余元。15 名犯罪嫌疑人被逮捕，案件在进一步查办中。

9. 江苏南京"9·30"非法出租游戏账号案

2021 年 8 月，南京市公安局建邺分局破获一起非法租售网络游戏账号案件。经查，犯罪嫌疑人蒋某雇用多人非法获取公民个人信息、经非法渠道搜集多款游戏账号，采取非法技术手段将 400 余个游戏账号通过成年人实名验证后，向包括未成年人在内的网民出租牟利，涉案金额 300 万余元，涉公民个人信息 6 万余条。47 名犯罪嫌疑人被抓获，案件在进一步查办中。

10. 北京某科技公司传播含有危害未成年人身心健康内容的广播电视节目和网络信息案

2021 年 9 月，北京市文化市场综合执法总队在工作中发现，某科技公司经营的视听平台向用户提供含有宣扬淫秽色情内容的广播剧、动画片、电视剧。2021 年 11 月，北京市文化市场综合执法总队依据《未成年人保护法》对该公司作出警告、罚款和没收违法所得的行政处罚。

（二）全国"扫黄打非"办公室、全国"打假治敲"专项行动办公室2021年12月通报的12起典型案件

1. 河北邯郸翟某磊等假冒记者敲诈勒索案

邯郸市公安局收到举报线索，自称某正规杂志执行主编的人以媒体监督名义向某企业敲诈。经查，2019年8月，翟某磊化名"褚某娟"伙同牛某注册一家传媒公司，以该公司名义与第三方北京某书店签约取得某经贸杂志广告代理权及该杂志官方网站管理权限，并对外招收前端代理和后端编辑人员（均无记者证）。2020年以来，该团伙成员在翟某磊组织下，以该经贸杂志为依托，以杂志记者身份在河北、山东、陕西、山西等地，借媒体监督为名敲诈勒索企业和个人钱财累计64次，已查实20余起、涉案金额30余万元。案件在进一步查办中。

2. 北京冯某等假媒体诈骗案

冯某伙同他人于2015年5月至2019年3月间，先后以"中国法治新媒体法治实施编辑部""法治中国"名义，谎称可以帮助上访人员解决涉访问题及为涉诉人员实现诉求，骗取相关人员的信任后，进而再伙同他人从被害人处骗取钱财，共计骗取40万余元。西城区人民法院一审判决被告人冯某犯诈骗罪，判处有期徒刑7年6个月，剥夺政治权利1年，并处罚金人民币8万元。该案经北京市第二中级人民法院二审维持原判。

3. 陕西渭南杨某攀假记者诈骗案

2021年3月，渭南市临渭区公安机关根据报案开展侦查。经查，杨某攀曾为某报社临时聘用人员，离职多年，从未取得正式记者证。其假冒记者身份以能为他人办事为由，对刘某等7人实施诈骗，涉案金额31万余元。渭南市临渭区人民法院作出判决，判处杨某攀有期徒刑5年6个月，并处罚金人民币2万元，责令其退赔各被害人全部款项。

4. 山西朔州假记者团伙成立假记者站敲诈勒索案

2021年8月底，朔州市中级人民法院对"4·30"假记者团伙敲诈勒索案依法作出

终审裁定：驳回上诉，维持原判；判处被告人刘某海等人有期徒刑11年7个月至1年3个月不等，罚金5万元至5 000元不等；没收被告人退缴的违法所得和作案工具，责令退赔受害人敲诈勒索款项22.7万元。经查，2017年以来，刘某海、李某春先后设立"新闻讯——法制与新闻""中国交通在线——山西频道""2020新正闻"微信群及注册自媒体账号，成立虚假记者工作站，通过编发朔州市相关党政机关、企事业单位和个体经营者负面新闻等方式，实施敲诈勒索、强迫交易等犯罪活动。

5. 河南卢某友等人依托假媒体敲诈勒索案

2021年11月8日，信阳市中级人民法院对该系列案件进行了二审宣判：卢某友被判处有期徒刑11年并处罚金20万元，其他人员被判处有期徒刑10个月至6年不等。经查，2017年以来，犯罪嫌疑人卢某友创建"金鹰快报"等自媒体网络平台，以非法占有为目的，纠集田某、卢某贵、胡某勇、胡某鹏等人，冒充记者身份，以检举、揭发相关企业破坏环境、违规生产为由在网上发布负面文章，以删除文章需要支付费用为手段，先后实施新闻敲诈勒索犯罪28起，涉案金额55.1万元。

6. 辽宁丹东假冒电视台栏目组诈骗案

2021年7月1日，根据丹东市"扫黄打非"办公室移交线索，市公安局查获王某、赵某静等人以"中国中央数字电视丹东工作组"为名，假冒新闻记者从事新闻采访，经查其上线为施某旭。进一步查明，2020年至2021年期间，施某旭、林某、刘某明以中视传媒（大连）公司名义成立"中国中央数字电视'关心下一代'栏目组"，并建立标识"CCTV、中国中央数字电视"等字样的网站，先后在辽宁、江西、内蒙古、河北等地进行诈骗，非法获利超45万元。3名犯罪嫌疑人被依法刑拘，案件在进一步查办中。

7. 陕西韩城"6·12"系列假冒记者敲诈勒索案

2020年6月以来，根据举报，韩城市公安机关对龙门工业园区企业被假记者敲诈勒索的同类线索进行核查摸排，侦破系列假冒记者敲诈勒索案件。经查，段某某等一批人，虚构记者身份，以反映环保问题为由，以负面曝光相要挟，敲诈该园区多家化工企业钱财，涉案金额100万余元。

8. 湖北黄石黄某某等假冒记者敲诈勒索案

2021年1月31日，公安机关抓获黄某秋、陈某胜。经查，黄某秋等3名犯罪嫌疑人成立假媒体"《中国纪录》黄石采编中心",假冒记者身份,对当地有负面舆情的机关、企事业单位,以网上曝光相要挟,再以有偿删帖并开展正面宣传的名义与涉事单位签订合同实施敲诈。截至 2020 年 7 月案发,3 名犯罪嫌疑人共同或单独作案 50 起,涉案金额 50 万余元。

9. 安徽宿州查获"2·26"假冒央视频道诈骗案

2021 年 2 月,宿州市公安机关对一起涉嫌假冒央视记者违规发布虚假新闻的线索进行核查。经查,周某君等人在网上私自制作"CCTV 高清综艺娱乐频道",常年在各地流窜,以新闻采访名义拍摄、剪辑相关视频信息的方式行骗。初步核查涉及安徽、河南、江苏、山东等地多名受害人,涉案金额 10 万余元。案件在进一步查办中。

10. 重庆"国际新闻联盟"假媒体诈骗案

重庆市江津区公安局侦破该案,抓获犯罪嫌疑人 3 人,取缔非法新闻机构 3 处,收缴假记者证(主编证)12 本及其他假证件。经查,2019 年 8 月,王某君用其名下公司注册自媒体"国际新闻联盟海外国际频道",由王某君、谢某、殷某纲等人对外宣称为正规新闻媒体,非法设置分支机构。该团伙主要利用"CCTV"等标识开展采访并设立两个自媒体网站进行宣传,还自行发放记者及主编证在各地行骗。截至案发,累计骗取受害人两万余元。

11. 吉林"中国 9 频道新闻"假媒体案

2021 年 9 月,根据转办线索,吉林省委宣传部对"中国 9 频道新闻"及其主办单位吉林女某某影业文化传媒有限公司进行了调查。经查,该公司开设"中国 9 频道新闻"网站、注册"中国 9 频道新闻"自媒体账号,大量发布、转载新闻报道,并先后在吉林多地挂牌设立记者站。吉林省委宣传部依法关闭"中国 9 频道新闻"网站和相关账号,取缔其在各市设立的 10 个记者站。

12. 海南某传媒公司假冒媒体案

2021 年 3 月,根据转办线索,海南省旅文执法局立案调查一起涉嫌假借新闻机构进行新闻采访活动案。经查,张某星与北京某传媒公司合作成立海南基地公司,在某网站开设《亚洲品牌新闻会客厅》《直通海南自贸港》专栏,擅自以新闻机构名义从事新闻采访活动。6 月 17 日,执法部门责令当事人立即改正违法行为,作出警告并处 2

万元罚款的行政处罚。

三、2021年出版物市场治理特点

(一) 突出打管结合，持续促进相关行业规范发展

全国"扫黄打非"办公室与公安部、文化和旅游部、国家版权局等联合挂牌督办大案要案374起。坚持打击与治理并重，在查处大量网络直播平台案件的同时，中央网信办、全国"扫黄打非"办公室等联合下发《关于加强网络直播规范管理工作的指导意见》，促进网络直播行业规范发展；督促电商平台加强内容安全管理，优化举报受理流程，扩充审核巡查队伍，落实企业主体责任。

(二) 突出以打开路，积极参与重点领域综合治理

落实文娱领域综合治理任务，浙江、山东、福建等地查处多个传播暴力血腥和色情等信息的有害网站。着力防止未成年人沉迷网络游戏，加大对非法出租出售游戏账号行为的打击力度，各地积极落实属地管理责任，监管执法力量深入开展网络监测巡查，严肃查处违法违规问题。

(三) 突出抓点带面，不断增强基层工作质量

强化"扫黄打非"与综治、新时代文明实践中心和融媒体中心等平台的结合融入，筑牢群防群治基础。积极推广借助融媒体中心壮大基层"扫黄打非"工作力量的创新做法，越来越多的县级融媒体中心承担起"扫黄打非"职责任务，融媒体中心记者、编辑成为"扫黄打非"联络员、信息员、宣传员。推广基层"扫黄打非"工作与新时代文明实践中心建设结合融入的创新做法，各地纷纷组织志愿者、信息员、"扫黄打非"妈妈工作队、"五老"义务监督员等队伍，形成全社会共同参与"扫黄打非"工作的生动局面。进一步发挥示范点引领作用，不断提升示范点创建、运行的制度化、规范化水平。

（四）突出运用新媒体，有力营造良好宣传声势

注重把握时度效，围绕重要行动部署、进展、成果和典型案件查处组织开展主题宣传。拓展新媒体宣传手段，"扫黄打非"微信公众号、微博、头条号等政务新媒体影响力日益扩大，粉丝数达350万，发布消息4 000余条，其中"全国'扫黄打非'办通报'抖音'平台被行政处罚"话题阅读量超2.8亿人次，"全国'扫黄打非'办通报'净网'集中行动阶段成果"话题阅读量超2亿人次，及时通报一批重点案件查处情况，社会反响好。

四、2022年出版物市场治理重点

2022年，"扫黄打非"战线围绕迎接党的二十大工作主线，以"扫黄打非"集中行动为平台，勇于担当、积极作为，统筹做好打击、防范和治理工作，紧紧抓住人民群众反映强烈的网络涉黄涉非热点问题，严厉打击网络淫秽色情信息、非法有害少儿出版物和信息，大力扫除各类文化垃圾，坚决斩断不良内容和有害信息接触影响未成年人的途径，为党的二十大胜利召开营造良好社会文化环境。

（一）专项整治涉未成年人有害出版物及信息

重点查处网络传播"儿童邪典"等有害视频，严厉打击网上网下制售盗版儿童绘本和中小学教材教辅等行为。加强对动漫、网剧、网络综艺节目等的内容监管，推动对新兴文化产业形态的规范管理。

（二）专项整治网络社交平台

针对微博、微信公众号等社交平台账号发布有害信息，评论区引流淫秽色情网站等问题，强化"政企联动"模式，深化"净网直通车"协调机制。充分利用企业大数据优势，进一步发挥机制在线索核查、数据分析、案件查办等方面的重要作用，有效

提高线索"成案率"和案件"侦破率"。综合运用通报、约谈、查处等手段，倒逼企业履行义务，推动企业落实用户实名制，清存量、控增量，提升管理水平。

（三）专项整治电商平台

针对电商平台销售非法出版物反复出现、屡打不绝问题，完善处置机制，提高管理能力，对大型平台和问题多发平台，开展现场督办。责成平台落实证照核验等责任，增加审核巡查人员，优化举报处理流程，提高平台"自洁"能力。推动加强管理，清理无证网店，严厉打击制售假证行为。

（四）专项整治网络搜索引擎

针对搜索引擎引流淫秽色情网站等问题，督促企业增强识别、处置效能，反复清查，确保直接展示的内容积极健康；建立非法弹窗网站防范机制，提高有害广告过滤能力。加强网络攻坚，深挖通过搜索引擎推广的不法平台线索，坚决落地打击。

（五）专项整治网络游戏

全面清理游戏中涉淫秽色情、暴力血腥等内容。加大执法办案力度，重点打击非法出租出售游戏账号、未经审批擅自运营游戏行为。督促企业严格落实防沉迷措施。

（舒　彧　全国"扫黄打非"办公室）

2021—2022 新闻出版标准化综述

2021年是我国出版业"十四五"规划的开局之年。面对疫情的冲击与挑战，新闻出版行业标准化主管部门和行业内各类标准化机构迎难而上，积极应对，标准化各项工作取得了可喜的成绩。

标准制修订工作有条不紊地开展，多项国家标准和行业标准研制任务完成，团体标准制定工作持续推进。我国出版标准化组织在国际标准化活动中的参与度和活跃度不减。标准化科研成果丰硕，科研成果转化力度提升。标准化工作运行、管理和服务再上新台阶。新闻出版标准化工作呈现出新特点、新趋势的同时也面临着新的挑战。面对不断出现的新挑战、新问题，行业内各类标准化机构应深挖行业需求，扩大标准化工作格局，保障标准有效供给，为实现出版业"十四五"发展目标提供支撑。

一、标准化工作基本情况

（一）各级各类标准的制修订与发布

2021年，虽然受疫情影响，但新闻出版标准制修订的各项工作仍有条不紊地开展。新闻出版领域标准制修订工作紧紧围绕出版业新阶段的发展目标，研制完成多项标准，不少标准填补了领域空白。

1. 国家标准

2021年1月至12月，我国新闻出版领域发布国家标准12项（含部分标准），主要涉及印刷技术、期刊文章标签集、新闻出版知识服务、数字版权保护等方面，见表1。

表1 2021年1—12月新闻出版领域发布的国家标准

序号	标准编号	标准名称	技术归口单位	发布日期	实施日期
1	GB/T 17934.1—2021	印刷技术 网目调分色版、样张和生产印刷品的加工过程控制 第1部分：参数与测量方法	全国印刷标准化技术委员会	2021.05.21	2021.12.01
2	GB/T 17934.2—2021	印刷技术 网目调分色版、样张和生产印刷品的加工过程控制 第2部分：平版胶印		2021.05.21	2021.12.01
3	GB/T 17934.3—2021	印刷技术 网目调分色版、样张和生产印刷品的加工过程控制 第3部分：新闻纸冷固型平版胶印		2021.12.31	2022.07.01
4	GB/T 17934.5—2021	印刷技术 网目调分色版、样张和生产印刷品的加工过程控制 第5部分：网版印刷		2021.12.31	2022.07.01
5	GB/T 17934.7—2021	印刷技术 网目调分色版、样张和生产印刷品的加工过程控制 第7部分：直接使用数字数据的打样过程		2021.05.21	2021.12.01
6	GB/T 17934.8—2021	印刷技术 网目调分色版、样张和生产印刷品的加工过程控制 第8部分：直接使用数字数据的验证印刷品制作过程		2021.05.21	2021.12.01
7	GB/T 41197—2021	印刷技术 印刷纸张特性沟通交流规则		2021.12.31	2022.07.01
8	GB/T 40959—2021	期刊文章标签集	全国新闻出版信息标准化技术委员会	2021.11.26	2022.06.01
9	GB/T 40949—2021	数字版权保护 可信计数技术规范	全国新闻出版标准化技术委员会	2021.11.26	2022.06.01
10	GB/T 40953—2021	数字版权保护 版权资源加密与封装		2021.11.26	2022.06.01
11	GB/T 40985—2021	数字版权保护 版权资源标识与描述		2021.11.26	2022.06.01
12	GB/T 40989—2021	新闻出版 知识服务 知识对象标识符（KOI）		2021.11.26	2022.06.01

其中，国家标准GB/T 40959—2021《期刊文章标签集》、GB/T 40949—2021《数字版权保护 可信计数技术规范》、GB/T 40953—2021《数字版权保护 版权资源加密与

封装》、GB/T 40985—2021《数字版权保护 版权资源标识与描述》、GB/T 40989—2021《新闻出版 知识服务 知识对象标识符（KOI）》均属于科技部国家重点研发计划"国家质量基础的共性技术研究与应用"重点专项——数字出版技术标准研究的项目成果。

2018年，数字出版技术标准研究项目被列入科技部国家重点研发计划项目启动标准研制工作。经过3年的研制，5项数字出版技术国家标准于2021年11月由国家标准化管理委员会批准正式发布，并于2022年6月1日起正式实施。GB/T 40959—2021《期刊文章标签集》对数字化期刊文章的XML文件的结构、元素标签集合元素属性集作出规定，并提供了元素标签首字母索引，为数字化期刊的加工和出版提供了指南。GB/T 40949—2021《数字版权保护 可信计数技术规范》对版权资源交易过程中用于可信计数的数据元集合进行规范，并对其可信性提供了证实方法。GB/T 40953—2021《数字版权保护 版权资源加密与封装》规定了版权描述信息在版权资源中封装的元数据，并给出具体的数据定义和扩展说明及数字内容加密的原则。GB/T 40985—2021《数字版权保护 版权资源标识与描述》规定了基于版权资源内容的版权资源标识的编码组成、分配及版权核心元数据描述。三项数字版权保护标准主要为数字出版领域开展数字版权保护工作提供支持。GB/T 40989—2021《新闻出版 知识服务 知识对象标识符（KOI）》规定了知识对象标识符的标识范围、编码结构、显示方法、元数据、分配原则和注册解析等。知识对象标识符可有效解决知识资源重复，鉴别知识真伪，并利于系统之间的交互操作，为新闻出版领域开展知识服务工作提供支撑。

2021年发布的7项印刷技术国家标准（含部分）均来自国际标准采标。国际标准转化增强了我国出版印刷领域标准与国际标准的协同程度。实施先进标准也将为我国出版印刷业发展提供助力。

与此同时，一批在研阶段的国家标准有序推进。截至2021年12月底，新闻出版行业新立项与研制中的国家标准14项，涉及新闻出版知识服务、数字教材、印刷技术、中国出版物在线信息交换、数字版权唯一标识符等多个方面，见表2。这些标准将在未来一两年内完成研制工作。

表 2　2021 年 1—12 月新闻出版领域立项与在研国家标准

序号	立项标准名称	技术归口单位	标准状态（截至 2021 年 12 月 31 日）
1	新闻出版　知识服务　知识本体构建流程	全国新闻出版标准化技术委员会	起草阶段
2	新闻出版　知识服务　知识元提取		起草阶段
3	新闻出版　知识服务　知识体系建设与应用		起草阶段
4	数字教材　中小学数字教材元数据		报批阶段
5	数字教材　中小学数字教材质量要求和检测方法		报批阶段
6	数字教材　中小学数字教材出版基本流程		报批阶段
7	印刷技术　网目调分色版、样张和生产印刷品的加工过程控制　第 6 部分：柔性版印刷	全国印刷标准化技术委员会	起草阶段
8	印刷技术　印刷工作流程的颜色一致性	全国印刷标准化技术委员会包装印刷分会	起草阶段
9	印刷技术　印前数据交换　第 4 部分：宽色域显示的标准彩色图像数据［Adobe RGB（1998）/SCID］	全国印刷标准化技术委员会书刊印刷分会	起草阶段
10	印刷技术　印前数据交换　第 3 部分：CIELAB 标准彩色图像数据（CIELAB/SCID）	全国印刷标准化技术委员会书刊印刷分会	起草阶段
11	印刷技术　专色阶调值的测量与计算	全国印刷标准化技术委员会	起草阶段
12	中国出版物在线信息交换　图书产品信息确认格式规范	全国出版物发行标准化技术委员会	起草阶段
13	中国出版物在线信息交换　图书产品信息格式规范		报批阶段
14	数字版权唯一标识符	全国版权标准化技术委员会	报批阶段

其中，《数字教材 中小学数字教材元数据》《数字教材 中小学数字教材质量要求和检测方法》和《数字教材 中小学数字教材出版基本流程》3 项国家标准已完成报批，并于 2022 年 4 月由国家标准化管理委员会批准发布，2022 年 11 月 1 日将正式实施。

3 项数字教材国家标准均属于科技部国家重点研发计划"国家质量基础的共性技术

研究与应用"的项目成果。早在2017年,我国出版领域就发布了3项中小学数字教材行业标准。党的十九大以来,中央高度重视教材工作,并推出了一系列加强教材出版的重要措施,数字化教材也纳入教材管理之中。同时,我国教育出版数字化转型升级加速,数字教材成为教育出版的重要工作。数字教材的加工、制作及产品质量检测急需标准引领。2018年底,全国新闻出版标准化技术委员会根据行业发展需求,在行业标准的基础上积极组织开展中小学数字教材国家标准研制工作。未来,3项国家标准的实施将对提升我国教育信息化水平,促进数字化教材高质量发展发挥积极作用。

2. 行业标准

2021年,新闻出版领域行业标准实现"量""质"齐升。全年共发布行业标准16项(含1项指导性技术文件),新立项行业标准14项。2项行业标准入选国家新闻出版署出版业科技与标准创新示范项目标准创新成果。

新发布的16项行业标准涉及知识服务标准、标识符标准、智能印刷标准等行业新兴领域。标准及时补位,引导新技术、新业态健康发展。16项行业标准均于2021年11月1日起正式实施,见表3。

表3 2021年1—12月新闻出版领域发布的行业标准

序号	标准编号	标准名称	技术归口单位
1	CY/T 236—2021	知识关联服务编码	全国新闻出版标准化技术委员会
2	CY/T 237—2021	信息内容通用位置标识符	
3	CY/T 238—2021	ISLI服务编码和ISLI编码申请管理	
4	CY/T 239—2021	ISLI数据质量检测	
5	CY/T 240—2021	ISLI与CNONIX数据互通	
6	CY/T 241—2021	印刷智能制造术语	全国印刷标准化技术委员会
7	CY/T 242—2021	印刷智能工厂参考模型	
8	CY/T 243—2021	印刷智能工厂构建规范	
9	CY/T 244—2021	印刷智能工厂 制造执行系统(MES)功能体系结构	
10	CY/T 245—2021	印刷产品智能设计与仿真指南	
11	CY/T 246—2021	数字印刷 书刊印制信息交换规范	
12	CY/T 247—2021	线装书籍要求	

续表

序号	标准编号	标准名称	技术归口单位
13	CY/T 29—2021 代替 CY/T 29—1999	骑马钉装书刊要求	全国印刷标准化技术委员会
14	CY/T 248—2021	印刷类柔性透明薄膜电子器件质量要求	
15	CY/Z 249—2021	纺织品网版印花分色制版数字文件制作要求	
16	CY/T 250—2021	绿色印刷 转移接装纸印制过程控制要求	

新立项的行业紧紧瞄准行业标准化需求，既规范传统出版，又为数字化转型提供技术支持。标准的内容主要涉及出版产品的加工技术要求、检测、评价方法等。其中，《汉语辞书出版规则》《中小学数字教材 管理与服务平台建设要求》和《数字教育资源评价指南》由全国新闻出版标准化技术委员会归口。《纸质印刷品平压平模切过程控制要求》《纸质印刷品烫印过程控制要求》《折叠纸盒制盒过程控制要求》《纸质包装印刷品印制质量视觉检测系统使用要求》《标签外观质量智能化视觉检测系统构建指南》《绿色印刷 食品类塑料软包装印刷品生产过程控制要求》《图书精细化印制质量要求及检测方法》《图书精细化印制评价规范》由全国印刷标准化技术委员会归口。《网络游戏防沉迷实名认证技术要求》《移动互联网音乐超高清音质技术要求》《网络游戏术语》由全国新闻出版信息标准化技术委员会归口。这批标准的研制工作将在2022年启动，预计未来几年内将陆续完成并向社会公开。

值得关注的是，《有声读物》和《数字版权唯一标识符》两项行业标准被评为2021年出版业科技与标准创新示范项目的标准创新成果，标准支撑行业技术创新成效明显。CY/T 183—2019《有声读物》行业标准包含3个部分，规定了有声读物录音制作、平台发布技术要求和质量要求、评测方法，填补了我国有声读物产品标准化的空白。该标准于2019年5月由国家新闻出版署批准发布，2019年7月开始实施。据报道，该项标准实施以来，已得到近百家有声读物制作出版机构和听书平台采用执行，行业使用覆盖率超过80%[①]。CY/T 126—2015《数字版权唯一标识符》为我国数字作品的版权标识符（DCI 编码）提供技术规范。该项标准实施至今已应用于100万余件

---

① 左志红，尹琨. 用科技与标准为出版业插上腾飞翅膀［N］. 中国新闻出版广电报，2022-03-07.

数字作品版权登记。

3. 团体标准

2021年，新闻出版领域的团体标准在数字化出版方面持续发展。T/CADPA 14—2021《网络游戏适龄提示》、T/CADPA 15—2021《游戏版权维权指引》、T/CADPA 16—2021《游戏音频设计与开发流程》和 T/CADPA 17—2021《数字化教育资源评价》4项团体标准由中国音像与数字出版协会发布。

我国游戏产业快速发展，青少年网络游戏用户比例不断增长。未成年人的网络游戏沉迷问题越来越成为管理部门、网络游戏企业和广大家长群体关注的焦点。中国音像与数字出版协会组织50余家企事业单位制定了团体标准《网络游戏适龄提示》。在缺少相应国家标准、行业标准的情况下，该标准的及时出台解决了网络游戏合规出版、合理使用的燃眉之急。不仅填补了网络游戏出版标准化领域的空白，也通过团体标准的研制，吸引更多网络游戏公司参与标准化工作，有效提升了网络游戏生产企业的标准化水平。

4. 国际标准

2021年，受疫情影响，大量国际标准化活动转为线上开展。尽管如此，我国出版标准化组织在国际标准化活动中的参与度和活跃度不减。在主导和参与国际标准制定、参加国际标准化活动和积极采用国际标准等多个方面取得了成效。

（1）参与国际标准制修订

我国出版标准化组织在积极履行国际标准化工作组成员的义务的同时深度参与国际标准制修订工作。据统计，2021年1月1日至12月31日，与ISO/TC 130对应的我国印刷标准化机构全国印刷标准化技术委员会（SAC/TC 170）共完成国际标准制修订各类投票65项。其中3项NP投票、5项CD投票、6项DIS投票、7项FDIS投票、3项DTS投票、24项CIB投票和17项SR投票任务，投票率达到100%，并对国际标准制修订中的技术性问题，及时向ISO/TC 130反馈我国意见、表达我方诉求。

（2）参加国际标准化会议

2021年，受疫情影响，国际标准化组织会议由现场会议改为网络视频会议。我国出版标准化组织在国际会议中的活跃度和影响力不减，全国印刷标准化技术委员会参加了ISO/TC 130组织的春季和秋季两次工作组会议，并组织召开了ISO/TC 130第35

次全会。2021年12月8日,我国专家以主席身份主持了 ISO/TC 130 全会,我国代表团团长和相关专家在会上就重大事项进行了表决。

2021年,全国新闻出版标准化技术委员会参加了由国际标准化组织（ISO）信息与文献标准化技术委员会（TC46）组织的第48届线上年会和研究活动标识符（WG17）、国际标准内容标识符（WG18）等相关标准工作组会议。

（3）国际标准跟踪与转化

2021年,我国新闻出版标准化组织持续开展国际标准跟踪,积极推动先进适用的国际标准转化为我国国家标准,增进我国标准与国际先进标准协同。

在出版标准化方面,全国新闻出版标准化技术委员会与国际标准化组织持续保持交流和沟通,密切关注与本领域相关的国际标准制修订工作进展。重点跟踪研究活动标识符（WG17）和国际标准内容标识符（WG18）标准的编制情况,及时传递最新资讯,拓展国际化视野,为推动我国数字出版转型升级提供助力。

在印刷标准化方面,截至2021年12月,已转化印刷类国际标准30项,被列入转化计划14项。2021年发布的7项印刷技术国家标准均由国际先进标准转化而来。

（二）标准化科研与标准化工作运行

2021年,新闻出版标准化科研取得丰硕成果,众多技术创新成果转化为标准并在行业中得到推广、应用。标准化工作运行管理再上新台阶,标准化科研和标准化技术服务水平持续提升。

1. 标准化科研

标准化科研是开展标准化工作的前提和基础。2021年,新闻出版领域各技术委员会都将标准化科研作为重点工作之一,深入开展标准预研究、国内外标准跟踪研究以及产业政策、行业发展趋势和本领域标准体系研究,及时调整、优化标准体系结构,进一步提高标准质量。

2021年,全国印刷标准化技术委员会秘书处全程跟踪5项印刷团体标准预研工作,并参与完成了中国新闻出版研究院标准化课题《印刷企业标准体系建立、运行及评价》。

全国新闻出版信息标准化技术委员会和全国新闻出版标准化技术委员会联合业内多家权威企业，共同完成科技部国家重点研发计划"国家质量基础的共性技术研究与应用"重点专项——数字出版技术标准研究项目。该项目研究形成了25项数字出版技术标准、26篇科技报告、2篇论文并申请了多项发明专利。标准涉及内容资源数字化加工与传播、知识服务、数字教育和数字版权保护等多个重要领域。这些成果不仅为出版企业数字化转型提供了有效的技术方法，对推进新闻出版行业数字化转型升级和高质量发展做出了贡献，也使行业标准化工作优化升级、提质增效。

国家数字复合出版工程为新闻出版重大科技工程项目。2014年，全国新闻出版标准化技术委员会秘书处单位承担了复合出版工程项目中的标准化项目。2021年10月，标准化项目通过了中宣部新闻出版重大科技工程项目领导小组办公室组织的评审验收。经过7年的技术攻关，完成了38项工程标准、51项标准符合性测试工具和1套标准符合性测试集成服务系统。项目研制过程中，共有51家单位259人次参与，不但有效地支撑和规范了工程建设，更带动了出版企业积极参与新闻出版领域标准化活动的热情，对提高出版企业标准化意识，创建出版企业标准化良好行为产生了积极效果。

2021年10月，中国新闻出版研究院、全国新闻出版标准化技术委员会组织编著的《出版业知识服务转型之路——知识服务国家标准解读》一书正式出版。该书对《新闻出版 知识服务 知识资源建设与服务工作指南》《新闻出版 知识服务 知识资源建设与服务基础术语》《新闻出版 知识服务 知识资源通用类型》《新闻出版 知识服务 知识关联通用规则》《新闻出版 知识服务 主题分类词表编制》《新闻出版 知识服务 知识元描述》和《新闻出版 知识服务 知识单元描述》7项国家标准的核心条款进行了详细解释。该书既是知识服务标准化研究的重要成果，也是出版企业开展知识服务工作的重要指南。

2. 标准化工作运行

（1）开展标准复审工作

标准复审工作有利于增强标准的适用性，淘汰落后标准，提高标准质量。2021年，全国印刷标准化技术委员会组织部分业内知名技术专家对81项印刷标准开展了复审工作。其中，国家标准复审项目44项，行业标准复审项目37项，国家标准和行业标准复审完成率均为100%。

(2) 标准化机构建设与管理

2021年，新闻出版领域的标准化机构建设持续推进，标准化机构运行更加顺畅。全国出版物发行标准化技术委员会、全国新闻出版标准化技术委员会完成了换届工作。第2届全国出版物发行标准化技术委员会（SAC/TC 505）于2021年4月批复成立，委员共计41名。2021年7月，全国出版物发行标准化技术委员会第2届委员会成立大会召开。2021年9月，全国新闻出版标准化技术委员会（SAC/TC 527）第2届委员会成立大会召开。第2届委员会由33名行业领导和专家组成，顾问4人，注册专家66人。第2届全国新闻出版标准化技术委员会进一步强化了委员会管理工作和标准的制修订工作，修订了技术委员会章程和秘书处细则，为未来标准化各项工作顺利开展奠定了良好基础。

此外，2021年12月，新一届全国印刷标准化技术委员会（SAC/TC 170）换届组成方案获得国家标准化管理委员会批复。全国印刷标准化技术委员会迄今已四届，新一届技术委员会成立大会将于2022年召开。

3. 标准宣贯培训及标准应用服务

2021年9月，全国印刷标准化技术委员会在广东东莞召开行业标准宣贯会议。培训采用线上直播和线下互动相结合的方式，标准推广成效显著，参加标准培训人员达3 500余人。2021年6月，全国新闻出版标准化技术委员会在山东省青岛市举办了"新闻出版行业标准化综合知识培训班"。培训对象主要为出版单位中高层管理者，涵盖57家出版单位。培训围绕新闻出版行业标准化发展和标准化工作实践，从新闻出版行业标准化整体情况、标准化相关政策、标准制修订基础知识、出版单位如何开展标准化工作等方面进行详细介绍。培训增强了出版企业管理者对标准化工作的整体认识和运用标准化手段强化管理、提升效率的能力。

2021年，全国印刷标准化技术委员会、全国新闻出版标准化技术委员会、全国新闻出版信息标准化技术委员会、全国出版物发行标准化技术委员会均对各自归口管理的重点国家标准录制了标准解读视频课程，并上传至国家标准化管理委员会标准云课平台，供社会各界人士学习使用。标准云课使出版领域的重要标准得到了更为广泛的宣传和推广，极大地促进了标准化效能的发挥。

二、新闻出版领域标准化发展特点、趋势与面临的挑战

（一）发展特点与趋势

1. 标准引领出版高质量发展成效显现

当前，新闻出版领域发布实施的标准更加贴近行业高质量发展目标和"十四五"规划要求。不少标准已成为产业高质量发展的支撑工具和质量监管的重要依据，标准化引领行业高质量发展成效逐渐显现。《出版业"十四五"时期发展规划》将标准化列入出版业高质量发展的保障措施中，并明确提出"优化行业标准体系结构，建立符合出版业发展要求的高质量标准体系，推动标准工作提档升级，强化出版技术支撑"。《规划》还提出，开展出版业科技与标准创新示范项目，将每年评选确定一批出版技术研发、标准研制等方面的优秀成果和一批在出版科技与标准应用方面具有示范作用的单位。

新冠疫情对人们生活方式产生了深远影响，大众线上娱乐需求不断提升。同时，人工智能、5G 技术的加持以及用户知识付费意识逐渐增强，有声读物迅猛发展。据报道，有声读物市场规模由 2016 年的 23.7 亿元上升到 2020 年的 95 亿元[1]。有声读物市场急剧扩大也引起了广大用户群体、出版、制作机构对产品质量的关注。2019 年，《有声读物》行业标准及时出台，为我国有声读物出版产品加工、制作树立了"标杆"。《有声读物》行业标准发布实施至今已用于有声读物的制作项目数量 1.2 万多（项）个[2]，标准对促进产业健康有序发展的作用进一步显现。

开展"全民阅读"活动是贯彻落实党中央关于建设学习型社会要求的一项重要举措。有专家指出，儿童阅读是全民阅读工作的重中之重，要尊重儿童发展规律和阅读规律[3]。符合儿童发展和认知规律就需要为不同年龄阶段的儿童提供适合其年龄特点的

---

[1] 中华网. 有声书市场规模达 95 亿元 声音变现市场发展迅猛 [EB/OL]. [2021-08-26]. https://tech.china.com/article/20210826/082021_861230.html.

[2] 左志红，尹琨. 用科技与标准为出版业插上腾飞翅膀 [EB/OL]. [2022-03-07]. https://zgcb.chinaxwcb.com/info/577859.

[3] 叶雨婷. 专家表示：儿童阅读是全民阅读工作的重点 [EB/OL]. [2020-10-01]. https://baijiahao.baidu.com/s?id=1679310017768660293&wfr=spider&for=pc.

图书。2021年，全国发行标准化技术委员会组织制定完成了行业标准《3—8岁儿童分级阅读指导》。该标准的发布将为作家和出版机构创作和出版儿童分级读物提供指南，也能为发行单位向不同年龄阶段的儿童精准推荐优质图书以及为教师和家长更有针对性地选择图书提供帮助。此外，《8—12岁儿童分级阅读指导》《8—12岁儿童分级能力测评》等针对儿童分级阅读的标准也列入了标准制定计划，为推动全民阅读深入开展提供技术支撑。

为保障图书质检结果客观、公证，促进图书出版单位实现"双效合一"，2021年，全国新闻出版标准化技术委员会加紧研制图书编校质量判定标准，并完成了征求意见稿。该项行业标准自立项以来受到出版界的广泛关注，21家出版单位积极参与标准的制定。该标准主要解决图书质检工作中判错、计错宽严尺度不统一的问题，最大限度降低图书质检操作主观性，将为我国图书质量检验提供科学依据。该标准将于2022年完成研制工作。

2. 标准化与出版产业技术创新的联动机制基本形成

2021年10月，中共中央、国务院印发了《国家标准化发展纲要》，提出实施新产业标准化领航工程，开展新兴产业、未来产业标准化研究，制定一批应用带动的新标准，培育发展新业态、新模式。在新闻出版标准化领域，配合人工智能、大数据、区块链等新一代信息技术在出版领域的应用，不断加大新技术标准的研制，形成了以科技项目为带动，以标准为牵引，推动数字出版技术创新的局面。

2021年，由11家单位联合承担的科技部NQI"数字出版技术标准研究"项目完成，发布了24项国家标准和1项行业标准，这些将为出版单位数字化转型升级和技术创新提供支持。此外，一批数字教材、知识服务等标准也在加紧研制。在出版印刷领域，《印刷智能制造术语》《印刷智能工厂参考模型》《印刷智能工厂构建规范》等印刷智能化领域的行业标准发布，为推进印刷智能化改造升级提供了指导。数字印刷标准、印刷智能制造标准、绿色印刷标准和印刷电子标准等新兴领域标准将成为今后标准研制的重点方向。

3. 标准、检验检测与实验室逐渐协同

标准与检验检测、实验室绑定，共同推进产业技术创新成为标准化工作的新亮点。标准为检验检测提供科学依据，检测活动和实验室为标准提供验证并进一步提升标准

化的服务能力。2021年，全国新闻出版标准化技术委员会联合全民阅读研究所获批中宣部新闻出版业科技与标准重点实验室，以实验室为依托，完成了《护眼出版物认证实验室管理体系建设》《基于大数据的全民阅读评价指标体系及标准研究》和《数字教育出版产品质量规范》3项首批实验室开放课题的研制工作。全国版权标准化技术委员会依托DCI技术研究与应用联合实验室，积极推进与人工智能、区块链、云计算等新技术相融合的相关版权标准的研究工作，推动现有技术标准应用成果转化，解决困扰我国版权产业高质量发展的瓶颈问题，以提升我国互联网版权治理体系和治理能力现代化水平。出版印刷方面，一些检测类标准通过质检部门的使用向整个行业广泛推广。例如，2021年发布的CY/T 247—2021《线装书籍要求》和CY/T 29—2021《骑马订装书刊要求》等标准已成为行业的通行要求。

（二）标准化工作面临的挑战

随着信息化技术的深入发展，云计算、大数据、5G、人工智能和物联网等新技术迅速进入出版领域，产品形式和服务模式不断演变，技术工艺不断创新，新概念、新术语不断涌现，但现有标准仍不能满足行业快速发展的需求，新兴出版领域的标准还存在巨大缺口。同时，新技术在出版领域中的广泛应用也使跨领域、跨行业联合制定标准的需求激增。此外，新技术迭代加快对标准制定的效率提出了挑战。

三、推进新闻出版领域标准化工作的建议

（一）加大对行业标准需求的调查力度

发挥标准化对出版业的引领作用，必须深入行业，挖掘新产品、新业态、新模式对标准化的新需求，强化以需求为导向的标准研究。一是结合我国国民经济和社会发展第十四个五年规划部署和2035年远景目标以及《出版业"十四五"时期发展规划》等重大战略，了解行业管理需求，制定一批提升出版行业发展质量的公益性

标准。二是重点围绕行业转型升级、"两个融合"和大数据建设等目标任务，深入调查出版企业在数字化转型和融合发展中的标准化需求，制定一批应用带动型的技术标准。

（二）形成开放融合的标准化工作格局

2021年10月，中共中央、国务院印发《国家标准化发展纲要》提出，到2035年全面形成政府引导、企业为主、社会参与、开放融合的标准化工作格局。要满足出版融合趋势下逐渐增加的标准化需求，制定区块链、云计算、人工智能、大数据等关键新技术在出版领域应用中的急需标准，就需要解决跨领域、跨行业、多部门通力合作的问题。目前，标准制定的参与主体以传统出版单位、学术研究单位为主，还需要吸收更多技术性较强的民营企业参与。带动技术领先的民营企业与传统出版单位通过优势互补，共同开展国家标准、行业标准的研制工作。2021年研制完成的《内容资源数字化加工》等6项国家标准第一起草单位均来自专业性和技术性较强的民营数字出版技术企业，大大增强了标准的先进性和适用性。

（三）实行动态管理，保障标准有效供给

标准体系是标准研制的总体目标和行动指南。标准体系表更新周期过长，标准体系规划布局跟不上行业发展速度制约了标准化作用的发挥。要提高标准制定效率，增强标准的适用性需要从以下几方面改进。

一是各技术委员会应缩短标准体系表更新周期，每年复盘一次本领域的标准体系表和现行标准。及时淘汰技术落后标准，补充亟需的新标准，避免标准体系表的僵化、固化。二是按照出版业"十四五"发展目标进行整体规划，调整标准体系结构和布局，保障标准的有效供给。2021年，新闻出版领域中的出版、印刷、发行等标准化技术委员会纷纷根据行业发展和标准化改革的新形势、新任务、新要求，结合《出版业"十四五"时期发展规化》，组织委员和专家深入探讨本领域标准体系，对原有的标准体系表进行了调整。以出版领域的标准体系表为例，本着结构合理、急用先行、覆盖全面、适应行业发展需求的原则，在原有的标准体系表的基础上增加了数字教材、区块链、

融媒体、出版产品质量、知识服务等方面急需制定的关键技术标准,并变更了部分标准研制的优先级别,增强标准体系的战略性和前瞻性,为未来重点标准编制指明了方向,充分保障新兴出版领域技术标准的供给。

(张　沫　全国新闻出版信息标准化技术委员会;
李　旗　中国新闻出版研究院)

2021年出版专业教育现状、新形势与变革趋势

我国出版教育历经新中国成立初期的缓慢发展，到改革开放后的繁荣昌盛，再到21世纪出版专业教育覆盖高等教育各阶段，已经构建了高等职业教育、本科生教育、硕士研究生教育和博士研究生教育共生共存的多层次人才培养体系。2021年，在出版学拟增设为一级学科的呼声中，在疫情常态化的后疫情时代里，在文化强国战略的推动下，在融合出版技术进步浪潮中，面对出版融合时代的出版市场人才需求，我国出版专业教育也相应发生了一些变化。

一、2021年我国出版专业教育的现状分析

（一）出版专业高等职业教育

笔者登录全国职业院校专业设置管理与公共信息服务平台查看"职业教育专业目录"下的"高等职业教育专科专业"，通过检索得知新闻传播大类下共设置22个专业，其中新闻出版类专业6个，分别是数字图文信息处理技术、网络新闻与传播、出版策划与编辑、出版商务、数字出版、数字媒体设备应用与管理。与2020年相比，新闻出版类专业减少了"版面编辑与校对""出版与电脑编辑技术"和"出版信息管理"三个专业；增设了"出版策划与编辑"专业；将"图文信息处理"专业更名为"数字图文信息处理技术"。

通过对比2018、2019和2020年"职业教育专业目录"，笔者发现，2021年职业教育层面新闻出版类专业设置有一些新变化。首先比较明显的变化是新闻出版类专业数

量的减少。过去的三年（2018、2019、2020年）新闻出版类专业数量每年均是8个，2021年专业数量变为6个。其次是通过设置宽泛化专业名称来体现出版融合时代行业人才的新需求。比如，在2021年新闻出版类职业专业目录中，采用比较宽泛的"出版策划与编辑"专业名称取代了"版面编辑与校对""出版与电脑编辑技术"和"出版信息管理"这三个专业。最后，通过专业名称调整强化数字时代的出版人才培养。比如将"图文信息处理"专业名称调整为"数字图文信息处理技术"，以适应当前出版行业数字化发展的人才需求特征。

在此平台查看"高等职业教育专业设置备案结果"，并从中检索2021年度的新闻出版类专业备案数据，统计出2021年教育部备案的高职高专出版专业开设情况。较之2020年，2021年全国高等职业教育院校在出版类专业设置上有了一些变化，具体情况如下：

开设"数字图文信息处理技术"专业的共9所院校，分别是深圳职业技术学院、江苏联合职业技术学院、江西传媒职业学院、山东传媒职业学院、晋城职业技术学院、上海出版印刷高等专科学校、四川文化产业职业学院、天津现代职业技术学院、重庆商务职业学院。与2020年开设"图文信息处理"专业院校相比，减少了宿州职业技术学院、安徽新闻出版职业技术学院2所院校，增加了深圳职业技术学院、江苏联合职业技术学院2所院校。

开设"网络新闻与传播"专业的共57所院校。与2020年相比，增加了15所院校，分别是北京网络职业学院、山西工程科技职业大学、辽宁广告职业学院、辽宁理工学院、安徽商贸职业技术学院、江西泰豪动漫职业学院、山东服装职业学院、山东轻工职业学院、枣庄职业学院、河南艺术职业学院、广州南洋理工职业学院、广东信息工程职业学院、南宁职业技术学院、西安工商学院、兰州外语职业学院。同时也减少了5所院校，分别是唐山职业技术学院、山西金融职业学院、江西软件职业技术大学、广东工商职业技术大学、成都理工大学工程技术学院。

开设"出版策划与编辑"这个新增专业的共4所院校，分别是安徽新闻出版职业技术学院、江西传媒职业学院、东莞职业技术学院、四川文轩职业学院。

开设"出版商务"专业的共5所，分别是安徽新闻出版职业技术学院、广西教育学院、上海出版印刷高等专科学校（该校开设有2年制和3年制的出版商务专业）、四川文轩职业学院南充职业技术学院。与 2020 年相比，减少了湖北第二师范学院、四川文化产业职业学院。

开设"数字出版"专业的共 10 所院校，分别是北京北大方正软件职业技术学院、东莞职业技术学院、深圳职业技术学院、广东轻工职业技术学院、湖南大众传媒职业技术学院、苏州工业园区服务外包职业学院、江苏联合职业技术学院、山东传媒职业学院、上海出版印刷高等专科学校（该校开设有 2 年制和 3 年制的数字出版专业）、成都工业学院。与 2020 年相比，减少了江苏城市职业学院。

开设"数字媒体设备管理"专业的共两所院校，分别是吉林科技职业技术学院和安徽绿海商务职业学院。与 2020 年相比，两所院校均为新增院校。

较之 2020 年，2021 年我国出版类高职教育开设院校整体数量略有减少，一个重要的原因是撤销了"版面编辑与校对"和"出版信息管理"和"出版与电脑编辑技术"这三个专业。"数字图文信息处理技术"（原图文信息处理）专业开设点院校无增无减；"网络新闻与传播"专业增加了 10 余所开设院校，变动最大；新增的"出版策划与编辑"专业仅 4 所院校开设；"出版商务"专业开设点院校减少 2 所；"数字出版"专业开设点院校减少 1 所。

（二）编辑出版学本科教育

截至 2021 年底，全国共有编辑出版学本科专业建设点 64 个，通过查询教育部每年公布的"普通高等学校本科专业备案和审批结果"数据，可以清楚地看出：近年来我国编辑出版学专业建设点有所减少，且呈持续下降趋势。2019 年有 2 所院校备案撤销了编辑出版学专业，分别是湖南工商大学与青海师范大学，该年无新增。2020 年虽然在辽宁传媒学院新增 1 个编辑出版学专业办学点，但有 3 所院校在教育部备案撤销了编辑出版学专业，它们分别是中国人民大学、安徽新华学院以及广西民族大学。[①] 2021 年延续了前两年的趋势，编辑出版学专业建设点再度缩减，有 4 所院校在教育部备案撤销了编辑出版学专业，它们分别是吉林艺术学院、湘潭理工学院、广西民族大学相思湖学院和昆明文理学院。

---

① 据笔者了解，中国人民大学的编辑出版学专业早在 2020 年之前已经停止招生。

同时，笔者关注到，与编辑出版学专业点数量剧变相伴随的是编辑出版学本科教育的优势发展。随着国家级一流专业建设的持续推进，专业设置点数量相对较少的编辑出版学专业"国家级一流专业"建设点数量在稳步增加。继 2019 年中国传媒大学、北京印刷学院、武汉大学、河南大学和上海理工大学这 5 所高校的编辑出版学专业入选"2019 年度国家级一流本科专业建设点名单"后，2020 年编辑出版学国家级一流本科专业建设点增至 8 个，新增的 3 个专业建设点分别设在浙江传媒学院、陕西师范大学、吉林工程技术师范学院。2021 年，又有 3 所高校的编辑出版学专业入选"国家级一流本科专业建设点名单"，它们是河北大学、内蒙古大学和湖南师范大学。至此，我国高校的编辑出版学专业建设点有 12 个是国家级一流专业建设点，这意味着全国高校近五分之一的编辑出版学专业建设点达到国家级一流专业的建设水平。

反思近几年我国高校编辑出版学专业建设点的动荡表现，笔者认为这是在"双一流"建设政策引导和当今人才市场需求变化下，我国高校本科专业发展进入"大浪淘沙"阶段的一个缩影。一方面，部分高校想集中优势力量和资源打造、建设与时代潮流紧密结合的新兴特色专业；另一方面，当今的出版产业发展迅猛，产业的转型升级周期缩短，对人才的需求也在不断发生变化。当前一些高校的编辑出版学专业人才培养目标与业界的实际需求不匹配，无法顺应和满足出版业智能化发展的人才需求。

（三）数字出版本科教育

2020 年，北京印刷学院数字出版专业入选国家级一流本科专业建设点。这是数字出版专业第一次有学校入选，标志着数字出版专业得到了国家层面的认可，为未来数字出版专业的发展树立了良好的典范。2021 年，中南大学的数字出版专业入选国家级一流专业。

截至 2021 年底，全国开设本科数字出版专业的院校共 24 所，其中，2019 年新增 2 所，分别是山西传媒学院与闽南师范大学，2020 年新增 2 所，分别是南京传媒学院与山东政法学院。2021 年新增一所，为中国传媒大学。自首批数字出版专业建设点开设以来，数字出版专业开设点数量一直在稳步增长，每年都会有院校增设数字出版专业，这说明社会各开办高校比较关注近年来出版行业的发展变化，看到了社会层面数字出版人才的缺口。从开办学校整体情况来看，由于数字出版专业开办时间短，在开办院校数量上不是很多，开办学校多为普通本科院校和民办院校、独立学院。

（四）出版专业硕士生教育

据"出版学一级学科论证报告写作组"统计，截至2019年，全国至少有北京大学、四川大学等52个学术型硕士点明确招收出版方向的研究生。[①]其中，仅有6所高校将"出版"单独列为二级硕士点开展人才培养，分别是：中国传媒大学、四川大学、北京印刷学院、上海理工大学、武汉大学和南京大学。其中，中国传媒大学、四川大学、北京印刷学院和上海理工大学在文学门类下新闻传播学一级学科下开设出版学二级硕士点，而武汉大学和南京大学则在管理学门类下图书情报与档案管理一级学科下开设出版学二级硕士点。除以上几所高校将"出版"单独列为二级硕士点外，其余高校均采用在其他专业（如传播学）二级硕士点下设置编辑或出版研究方向。2021年，由于出版学一级学科认证工作还在继续，出版学仍然处于缺乏独立学科地位的窘境中，出版学学术型研究生人才培养依旧采用"挂靠"的模式。

通过查询中国研究生招生信息网硕士专业目录得知，目前全国共26所高校开设出版专业学位硕士授权点并招生，较2020年的28所高校相比，减少了华中科技大学和苏州大学两所院校，其中华中科技大学2020年招生10人，而苏州大学在2020年未招生。结合院校授权点2020、2021年公布的硕士研究生录取名单，统计近2年各授权点招生情况如下（表1）。

表1 全国出版专业学位硕士点开设院校及2020、2021年招生情况

序号	学校名称	获批时间	开设院系	2020年招生人数	2021年招生人数
1	南京大学	2010年7月	信息管理学院	30（含9推免）	17
2	武汉大学	2010年7月	信息管理学院	17（含3推免）	15（含5推免）
3	复旦大学	2010年7月	中国语言文学系	24（含7推免）	22（含7推免）
4	南开大学	2010年7月	文学院	1	1
5	四川大学	2010年7月	文学与新闻学院	15（含3推免）	7（含1推免）
6	北京印刷学院	2010年7月	新闻出版学院	51	63

① 陈丹，徐露. 全国高校出版专业教育现状调研与发展路径分析［J］. 出版发行研究，2021（2）：19-27.

续表

序号	学校名称	获批时间	开设院系	2020年招生人数	2021年招生人数
7	中国传媒大学	2010年7月	新闻传播学部传播研究院	27（含1推免）	30（含2推免）
8	河北大学	2010年7月	新闻传播学院	16	22
9	河南大学	2010年7月	新闻与传播学院	20（含2非全）	16
10	湖南师范大学	2010年7月	新闻与传播学院	21	20（含1推免）
11	吉林师范大学	2010年7月	新闻与传播学院	12	10
12	安徽大学	2010年7月	新闻传播学院	15	24
13	青岛科技大学	2014年5月	传媒学院	48（含14非全）	38（含2推免12非全）
14	华东师范大学	2014年5月	传播学院	20（含9非全）	20（含10推免）
15	上海理工大学	2014年5月	出版印刷与艺术设计学院	24	24
16	南昌大学	2014年5月	新闻与传播学院	8	7
17	陕西师范大学	2014年5月	新闻与传播学院	21	30（含1推免）
18	辽宁大学	2018年3月	新闻与传播学院	10	15
19	南京师范大学	2018年3月	文学院	37（含2推免）	35（含6推免）
20	暨南大学	2018年3月	文学院	30（含4推免）	23（含2推免）
21	济南大学	2018年3月	文学院	12	8
22	华南师范大学	2018年3月	文学院	25	12
23	广东财经大学	2018年3月	人文与传播学院	33	25
24	广西师范大学	2018年3月	文学院	23	25
25	昆明理工大学	2018年3月	艺术与传媒学院	6（含2非全）	9
26	云南民族大学	2018年3月	民族文化学院	3	15
			总计	549	533

通过对比不难发现，2021年较之2020年，大多出版专业硕士授权点的招生数量变化不大，总招生人数也变化不大，除去停止招生的华中科技大学和苏州大学的因素影响，其他院校总体来说依旧延续了之前的扩招趋势。相对来说，扩招趋势较大的院校有：北京印刷学院2020年招生51人，2021年招生63，增加了12人；云南民族大学2020年招生3人，2021年招生15人，增加了12人；安徽大学2020年招生15人，2021年招生24人，增加了9人；陕西师范大学2020年招生21人，2021年招生30人（含1推免），增加了9人。究其原因，一方面，在疫情的持续影响下，为缓解就业压力，教育部发布关于研究生教育改革的通知，其中明确表明为了提升教育素质，将扩

大招生规模。于是各高校纷纷响应国家政策号召，增加研究生招生名额。另一方面，报考研究生的人数逐年增加，考研的形势日趋严峻，许多考生的心态也发生变化，从报考时的"选名校"到后来的"有学上"，各校的调剂生数量明显增多，这也为出版硕士研究生数量的增加提供了条件。

（五）出版专业博士生教育

笔者通过查阅中国研究生招生信息网博士目录板块，以出版专业或出版研究方向为关键词进行检索，辅以博士点导师研究方向查询，得出 2021 年我国目前开设出版专业和出版研究方向的二级博士点院校共 16 所，如表 2 所示。

表 2　全国出版专业学位博士点开设院校（高校排名不分先后）

序号	学校	院系	专业代码	研究方向
1	武汉大学	信息管理学院	1205Z1 出版发行学	01（全日制）出版营销管理
				02（全日制）数字出版
				03（全日制）编辑理论研究
				04（全日制）中国编辑思想史
				05（全日制）数字出版与新媒体
				06（全日制）科技出版与科学交流
				07（全日制）近现代出版史
				08（全日制）阅读史与阅读文化
				09（全日制）数字出版
				10（全日制）数字人文
				11（全日制）科技信息资源服务
				12（全日制）数字学术出版
2	中国传媒大学	传播研究院	0503Z4 编辑出版学	不区分研究方向
3	南京大学	信息管理学院	120500 图书情报与档案管理	18 出版理论与历史
				19 数字出版与相关文化产业发展
				20 出版经济与管理
				21 数字出版与知识服务
				42 出版营销管理
				43 智能出版

续表

序号	学校	院系	专业代码	研究方向
4	北京外国语大学	国际新闻与传播学院	0502Z8 国际传播	69 传播效果评估研究/国际出版传媒研究/中外出版文化
5	北京师范大学	新闻传播学院	050106 中国现当代文学	03 数字出版与数字人文
6	中国科学院大学	文献情报中心	120501 图书馆学	03 数字出版与传播研究
6	中国科学院大学	文献情报中心	120501 图书馆学	06 少数民族骨干计划人才专项计划-数字出版与传播研究
7	武汉理工大学	计算机科学与人工智能学院	081200 计算机科学与技术	06 数字传播与数字出版
8	中国人民大学	新闻学院	0503Z1 传媒经济学	数字出版研究
8	中国人民大学	新闻学院	0503Z1 传媒经济学	当代中国出版研究
9	河北大学	新闻传播学院	050300 新闻传播学	02 文化传播
10	浙江大学	人文学院	050106 中国现当代文学	编辑出版与当代文化
11	陕西师范大学	新闻与传播学院	0501Z1 文艺与文化传播学	04 出版文化与社会发展
12	南开大学	文学院	050106 中国现当代文学	04 中国现代文学与传播
13	湖南师范大学	新闻与传播学院	050300 新闻传播学	04 编辑出版学
14	北京大学	信息管理系	120520 图书情报与档案管理 （编辑出版学）	（全日制）不区分研究方向
15	华东师范大学	传播学院	050302 传播学	01 编辑出版研究
16	安徽大学	新闻传播学院	050300 新闻传播学	03 媒介文化史

据统计，目前我国有 16 所高校依托一级学科博士点开设了出版学专业或出版研究方向的博士点，隶属于不同的专业、不同的院系。这一统计结果与 2020 年相比无太大变化。相较于国家整体的教育规模，当下的出版专业博士培养是在"出版学"没有学科名分的情况下采取挂靠方式开展，整体出版博士教育规模依然较小，的确无法满足

我国出版业高度发展后对高质量、高层次出版人才的客观需求。

二、2021年出版教育新形势

（一）疫情防控常态化使在线教育持续平稳发力

2020年初新冠肺炎疫情暴发，给整个社会带来巨大冲击。然而时至今日，新冠肺炎疫情的形势依然严峻，疫情防控已成为常态化。这种形势对于包括出版业在内的各行各业都产生了巨大的影响。传统出版产业由于许多不可避免的因素导致线下生产停产停工，不得不进行产业结构的调整和升级。其实传统出版产业结构的调整升级一直都在进行中，但是更多停留在政策和建议方面，并没有真正地落地实施。此次疫情引发的行业危机，才使各出版企业真正认识到实现产业结构优化，推进传统出版与数字出版融合发展的必要性。疫情暴发伊始，许多在线教育平台如雨后春笋般纷纷创建，为教师线上授课、学生线上学习和职工居家办公搭建平台并提供便利。在疫情防控常态化背景下，数字出版业务全线上操作流程的高效优势充分凸显，在线教育持续平稳发力。

作为数字出版行业的新兴板块之一，在线教育一直是具有教育资源的出版机构关注的重点。在疫情防控常态化背景下，传统出版机构在线教育产品的优势得以显现，在教育教学方面发挥了越来越多的作用。原先有在线教育业务的出版机构继续加大在此业务上的各项投入，许多原本没有在线教育业务的出版机构也开始搭建在线教育平台，开展在线教育业务。众多在线教育业务的出现必然带来市场份额的竞争，众多参与到此次竞争中的出版机构不断地完善在线教育产品的性能，使得更多高质量、人性化的在线教育产品服务于包括出版专业学生在内的大中小学生群体。

新冠肺炎疫情暴发以来，全国各类各种学校的教学形式发生了变化，网络授课的在线教育模式成为首要选择。随着疫情防控的常态化，包括出版专业学生在内的大中小学生都已经慢慢适应与熟悉了线上学习模式。在线教育已然成为新型授课方式改革的趋势。出版专业教育理应继续保持危机意识，对教学管理体系、内容实施、考评体系等作出相应的调整，制定适时的预备方案，对教学模式、教学平台、教学设计进行更新和优化，以此提升专业人才的培养水平，推动专业人才培养转型。

（二）文化强国战略下出版专业人才培养目标亟待更新

文化是一个国家、一个民族的血脉和灵魂。进入新时代，文化的意义进一步凸显。2011年10月中国共产党第十七届中央委员会第六次全体会议审议通过《中共中央关于深化文化体制改革、推动社会主义文化大发展大繁荣若干重大问题的决定》，其中最大的亮点就是提出建设"文化强国"长远战略。2020年10月党的十九届五中全会明确提出了到2035年建成文化强国的远景目标，对"十四五"时期推进社会主义文化强国建设进行了战略部署。出版工作是意识形态工作，意识形态工作是党的一项极端重要的工作，意识形态关乎旗帜、关乎道路、关乎国家政治安全。党和国家高度重视出版工作的意识形态属性，要求把培育和提升出版人才队伍的思想政治觉悟和能力摆在重要位置。出版事业是文化强国建设的排头兵，人才是支撑出版强国、文化强国建设的决定性因素。从这个层面上来讲，无论是本科阶段传统的编辑出版学教育与新兴的数字出版教育，还是出版硕士教育与出版职业教育，都要立足于服务国家文化强国战略，不断凝聚教育资源，优化专业结构，在出版人才培养目标、理念与模式等方面全面升级。

（三）融合出版时代的人才需求新变化呼唤出版教育新变革

2014年8月，中央全面深化改革领导小组第四次会议审议通过了《关于推动传统媒体和新兴媒体融合发展的指导意见》，将"媒体融合发展"提升到国家战略层面。2015年4月，国家新闻出版广电总局、财政部联合发布《关于推动传统出版和新兴出版融合发展的指导意见》，明确提出我国出版媒体融合的工作目标："立足传统出版，发挥内容优势，运用先进技术，走向网络空间，切实推动传统出版和新兴出版在内容、渠道、平台、经营、管理等方面深度融合，实现出版内容、技术应用、平台终端、人才队伍的共享融通，形成一体化的组织结构、传播体系和管理机制。"

随着数字技术的快速发展和媒介融合深入出版产业形态，出版产业融合化发展趋势日趋明显，融合出版模式应运而生，出版业进入到融合出版的新阶段。融合出版，是在媒介融合的学术语境下、顺应现代出版发展趋势、基于数字化技术和互联网思维产生的新兴出版现象，是解决传统出版和数字出版融合发展问题的新兴出版范式。融合出版以媒介融合为基础，涉及内容、渠道、平台、经营管理等多方面的融合。

新的技术变革，必然推动生产力发展；而生产力发展，必然会要求新的生产关系与之匹配。融合出版是一种新的出版范式，这种出版范式对国家宏观层面的规制、出版产业的组织、出版企业的产品设计研发、人才需求都提出了新的要求。为了更好地适应融合出版时代新业态、新模式对人才技能的新需求，越来越多高校出版教育开始向融媒体、数字出版、新媒体运营等人才培养方向转型探索。然而，由于新兴培养方向师资欠缺和相关课程体系不成熟，传统编辑出版学科面向融合出版时代的人才培养转型并不理想，难以顺应融合出版背景下行业转型的新需求。

三、出版专业教育未来变革趋势

（一）结合疫情常态化现实构建出版专业人才教育新路径

1. 搭建智慧平台，整合教学资源

从疫情暴发到如今全社会进入疫情常态化阶段，全国大中小学生的教学方式发生了巨大变化，线上教学成为一种重要的教学方式。从最初老师、学生甚至学生家长普遍质疑线上教学的不足，如师生缺乏互动、对网络与智能设备过度依赖、师生视力受损、学习效率低以及学习效果差等，到后来大家逐渐适应并接受了线上教学，再到如今线上教学已成为一种近乎主导性和常态化的教学方式，线上教育产业迅速发展，各种线上教育平台如雨后春笋般创建，腾讯会议、钉钉等头部在线教育平台占据巨大市场份额。就出版教育而言，各学校在教学平台的选择上存在较大差异，并没有相对统一的在线教育平台选择与使用标准，更没有搭建适合本专业教学特点的智慧平台。

当前，各教育出版机构与在线教育平台联合推出了众多的优质教学资源，但是这些教学资源相对涣散与凌乱，有较多教学资源以碎片化的形式存在，不利于知识的整合与利用。再者，即使部分出版教育高校可能建立了自己的出版教育数字资源库，但是不同高校出版专业教学侧重点不同，相应的数字资源库的机构与内容也存在差异，再加之高校之间并未实现资源库的开放与共享，所以，笔者认为，建立一个全国性的出版教育的数字资源库很有必要。从全国出版教育本科专业建设点情况看，编辑出版学和数字出版专业建设点整体数量比较少，如果组织得当，各高校之间可以在数字技术支持下实现教学资源线上共享，比如，各出版高校可以联合平台研发机构，根据出版专业教育教学特点搭建一个出版教育智慧平台，以实现出版教育的课程共享、师资共享和资源共享。出版专业教师可以发挥专业优势，对自己高校的资源和信息进行归纳整理，并根据教学内容、课程性质等条目将相应的教学资源进行整合分类，然后上传到出版教育智慧平台的数字资源库中，并在日常的教学实践活动中，不断丰富资源库中的教学内容。出版教育智慧平台不仅可以满足本校教师的日常教学活动，实现丰富的教学资源整合和调用，还可以开拓教师视野，在了解全国出版专业教育状况与特点的情况下开展教学活动，更能迅捷地学习兄弟院校先进的办学经验，借鉴其先进做法，不断提升自身的教学水平。

2. 建立人性化、多样化的课程评价标准与考核体系

在疫情背景下，线上教育的教学模式逐渐得到大家认可，但是教学模式转变后相应课程的评价标准和考核体系却并未建立，出版专业教育也不例外。一方面是由于人们对于疫情常态化这一现状认识不足，认为疫情只是短时间存在，没有必要改变学生通过在线教育方式所学课程的考核方式。的确，疫情暴发伊始，虽然较多高校都采取了线上教学的方式，但还是以辅助作用为主，到了课程考核时，较多高校学生都已重返校园，所以对于课程的考核依然沿用传统的方法。另一方面，改变原有的出版专业课程的评价标准与考核体系并不是一件容易的事情，需要多方的努力和较长的时间成本。所以，对于出版教育高校来说，基于疫情常态化现实，尽快确立培养方案中在线教育课程的评价标准和考核体系是比较紧要和迫切的一项工作。

其实，随着对出版专业人才需求的变化，出版专业课程的评价标准与考核体系一直都在不断完善。但是，在疫情常态化的大背景下，出版教育专业院校应该从线上教育模式中有所启发，建立人性化、多样化的课程评价标准和考核体系。从课程评价标准来说，出版专业教师要熟练运用信息化技术创新教学手段，利用移动互联技术和现

代信息技术，以培养具备专业实践能力的复合型创新人才为目标，深入改革课程教学内容，围绕课程教学目标开展教学设计，结合线上线下教学，与学生积极互动，在将新媒体技术融入教学推动学生学习的同时，强化对学生信息技术能力的培养，构建个性化协作式的学习环境，拓展信息技术学习的优势，以寻求良好的教学效果。从课程考核来说，出版专业教师要完善多样化的考核体系，将学生的平时表现、课堂互动情况、实践能力、创新意识等都纳入成绩的考核中，而不是一味地以期末测试卷或是结课论文作为单一的考核方式。

（二）落实文化强国战略，探索出版专业人才培养新思路

1. 以思政教育为引领，合理构建出版专业课程体系

出版活动的本质是人类社会文明、文化的积累、传播和传承，出版活动富有鲜明的意识形态属性。编辑出版人通过出版物的生产活动，承担起国家政治使命和文化精神的传播，从而实现自我情怀追求。出版人的中国情怀就是热爱国家和人民，以传承和发展中华优秀传统文化、社会主义先进文化和弘扬时代主旋律为使命。文化强国战略背景下，党和国家高度重视出版工作的意识形态属性，强化出版人才的思想政治教育、提高出版专业人才的政治素养是新时代出版专业人才培养的前提和基础。

顺应文化强国战略对人才能力提出的新需求，出版人才的培养要强化思想政治教育，为党育人、为国育才，培养德智体美劳全面发展的社会主义出版事业建设者和接班人。要以马克思主义的价值观和方法论引领出版教育，在培养过程中加强马克思主义新闻出版观的讲解与注入，坚持正确的政治导向、价值导向和文化导向，为出版人才打牢思想基础、校准价值起点。要结合出版教育实际，做新做优"自选动作"和"创新动作"，合理构建出版专业课程体系，构建"思想政治工作+"模式，将思想政治工作与出版人才培养体系全方位对接，贯穿出版人才培养全过程。

2. 注重出版人才内核，培育公共精神与工匠精神

在激烈的人才竞争市场背景下，出版专业培养的人才不仅要有坚定正确的思想政治信念，还应该注重出版人才的内核，培育出版专业人才的公共精神和工匠精神。

近年来，出版专业教育在强调技术性的过程中逐渐忽视甚至掩盖了自身所应承载

的公共性问题，导致公共精神培养缺失，影响到了出版精神的锻造，这已成为出版专业教育的重大隐忧。当前，出版教育工作者应注意培养出版专业学生的公共精神。在思维层面，要强化出版专业学生的新闻传播伦理教育，培养学生的公共理性精神。在专业层面，可以通过在专业课程中融入公共精神的人文因素等方式，培养学生的公共关怀和公共责任感。在实践层面，可以通过一些实践环节或者创新课程设计等方式，引导学生参与社会调查、志愿者服务、实习等社会实践活动，不断开阔学生视野，增强出版专业学生的公共参与和公共服务精神。

高质量的出版人才是在不断实践训练中成长起来的具有工匠精神的一类人才。所谓的工匠精神，是从业者在工作过程中体现出的职业道德、职业能力和职业品质，是从业者的一种职业价值取向和行为表现。在价值判断层面，工匠精神被表述为敬业、精益求精、专注、创新等正向词汇。出版专业教育要围绕培养学生的工匠精神开展相关工作。比如，学生入学之初就及时开展专业教育，专业教育的重要任务就是向学生讲明出版专业的人才培养理念：编辑出版学专业不但需要精通专业课程的理论与技能，更为重要的是培养学生精益求精的精神。同时要将"树立良好的编辑观念，热爱编辑工作，热爱出版事业，严谨且认真的做事态度"等信念教育贯穿于培养过程。教师更要以身作则，率先垂范，用一丝不苟、精益求精的言传身教为学生树立良好榜样。

（三）面向融媒体时代，打造出版专业复合人才新实践

1. 探索"双导师制"的出版专业人才培养模式

融媒体时代，融合出版行业站在了时代的风口，也向出版人才培养工作提出新要求。目前，在数字技术助力之下，出版行业发展可以用日新月异来形容，较之行业的快速变迁，出版教育领域的变化相对平稳。长期以来，出版教育者对自身与业界之间关系认识一直比较多元，加上一些出版专业教师大多没有业界从业经验，而高校一些体制机制壁垒使"教师深入行业实践"并未深入落实，因此，在高校教师很难走出去的情况下，如何贴近行业、有效落实出版专业教育的强实践性成为出版教育者必须思考的一个问题。"双导师制"是解决这一问题的一个有效路径。所谓的"双导师制"即在培养过程中为学生配备一个校内导师和一个校外导师。校内导师由所在学校的专

业教师担任，校外导师由业界从业人员担任。校内导师负责专业理论知识传授和人文素养教育，校外导师则引领学生到出版实践现场，学习实务技能。"双导师制"是近年来部分出版教育高校谋求高质量培养出版专业人才的有力举措。从实际运行情况看，解决好学界、业界跨界互相支持的机制问题依然是保证"双导师制"实施效果的关键。

2. 加强与业界联系，着眼于"大出版"人才培养

融媒体时代，基于工业时代的传统出版流程分工已经被破除，基于万物互联、媒介融合的"大出版"格局已经形成。高校出版人才应密切关注出版产业发展变化，加强与业界联系，借鉴业界智力资源，与业界联手培养"大出版"人才。基于此目标，高校应不断加强校外实习实践基地建设，并通过小学期实践课、年度专业实习、毕业综合实习等方式形成常态化的实习实践机制，让学生反复多次进入实习实践基地、接触业界实践，不断提升其实践操作能力和解决出版实际问题能力。高校教师在教学过程中应加强"大出版"最新知识的传授，比如在课程中加强出版产业领域最新出版现象和典型案例的讲解与讨论，定期邀请业界不同层次的专家进课堂开办讲座或者授课。"大出版"人才培养客观上要求各高校要善于整合教学资源，加强与业界联系，构建出版人才培养的产学互动互促机制。

3. 对普通高校本科专业名称目录所设的出版专业保持清醒认知，构建出版融合时代出版人才培养共同体

上文已经提到，在教育部颁布的相关本科专业目录中，出版类专业分设为编辑出版学和数字出版两个专业。而这样的专业划分更多基于传统工业时代的出版工作分工。随着数字技术的发展，出版融合发展已经成为出版行业现实，传统编辑出版和数字出版在实践层面很难清晰划分。从业界看，编辑出版和数字出版已经是你中有我，我中有你或者说两者已经融为一体，所以，无论是编辑出版人才还是数字出版人才，在业界更多被描述为有更具体某项出版技能或者创新能力的出版人才，并不进行编辑出版人才或数字出版人才的严格界定区隔。

在出版教育层面，基于教育部的专业目录，我国一些高校设有编辑出版学专业或者数字出版专业，还有一些高校比如在北京印刷学院出版学院和中国传媒大学电视学院，编辑出版学和数字出版两个专业都开设。客观而言，学界的出版专业细分式培养与业界复合型、融合式出版人才需求不太匹配，所以，出版教育者首先应对基于传统

出版产业分工的编辑出版学、数字出版专业划分要有清醒的认知，并在教育实践层面注重两个专业的融合共通与互通有无。同时，出版融合时代要求出版人才具备知识复合型和能力融合性等特质，而这类人才的培养不仅要打破编辑出版学和数字出版的专业壁垒，同时也要求突破新闻传播学的学科边界，采用跨专业、跨学科的人才培养模式。具体而言，各出版专业设置高校应立足大出版人才培养，充分利用所在学校其他优势学科的学科资源和师资力量，为我所用。

参考文献

［1］陈丹，徐露．全国高校出版专业教育现状调研与发展路径分析［J］．出版发行研究，2021（2）：19－27．

［2］李舒，陈菁瑶．文化强国背景下的出版硕士教育：目标、理念与模式［J］．现代出版，2021（5）：90－96．

［3］张文红．出版融合背景下我国编辑出版学本科教育的再思考［J］．出版广角，2020（4）：33－36．

［4］戴竹君．公共精神：新闻出版教育应有的向度［J］．吉林工程技术师范学院学报，2021，37（10）：77－80．

［5］杨艳霞．论编辑出版教育与工匠精神培育［J］．传播力研究，2020，4（13）：102－103．

（张文红　博士，教授，北京印刷学院编辑出版系主任；
朱龙虎　北京印刷学院2021级出版专业硕士研究生）

2021—2022 出版走出去发展报告

2021年是"十四五"时期开局之年,也是到2035年建成社会主义文化强国远景目标的起步之年,出版业积极响应《国民经济和社会发展第十四个五年规划纲要》(以下简称"十四五"规划),出台一系列政策措施,推动走出去进一步走深走实,加强我国国际传播能力建设,提升中华文化软实力。出版走出去各项指标平稳发展,国际合作交流机制不断完善,文学、少儿图书国际影响力不断增强,中国学术话语权不断提升。疫情防控常态化新形势下,我国出版企业积极创新数字出版走出去新模式,深度参与出版本土化,拓宽国际主流营销渠道,探索走出去参与新路径,为出版走出去打开新局面作出了积极努力。

一、2021年出版走出去基本情况

(一)"十四五"政策出台,为出版走出去提供指引

"十三五"时期,出版业走出去广度不断扩大、深度继续拓展,在增进中外文化交流互鉴、扩大中华文化感召力和影响力、提升中华文化软实力方面作用显著增强。在百年未有之大变局和全球新冠肺炎疫情不断反复的影响下,出版走出去面临严峻的挑战和困难。"十四五"时期是我国开启全面建设社会主义现代化国家新征程的第一个五年,也是实现到2035年建成社会主义文化强国远景目标的起步阶段。为推动出版走出去提质增效,2020年,一系列政策措施相继出台。2020年10月,"十四五"规划发布。"十四五"规划提出"到3035年建成文化强国,国家文化软实力显著增强"的发展目标,明确"充分利用国内国际两个市场两种资源,以讲好中国故事为着力点,创新推进国际传播,加强对外文化交流和多层次文明对话"的任务。2021年5月31日,

中共中央政治局就加强我国国际传播能力建设进行了第三十次集体学习。习近平总书记发表重要讲话指出："讲好中国故事，传播好中国声音，展示真实、立体、全面的中国，是加强我国国际传播能力建设的重要任务。要深刻认识新形势下加强和改进国际传播工作的重要性和必要性，下大力气加强国际传播能力建设，形成同我国综合国力和国际地位相匹配的国际话语权，为我国改革发展稳定营造有利外部舆论环境，为推动构建人类命运共同体作出积极贡献。"同时，面对新形势、新任务，总书记讲话从加强顶层设计和布局，广泛宣介中国主张、中国智慧、中国方案，深入开展各种形式的人文交流活动，如何提升国际传播效能等方面为出版走出去工作提出了指引。2021年12月，国家新闻出版署印发《出版业"十四五"时期发展规划》（以下简称"《规划》"）。《规划》进一步明确将"建成出版强国"作为2035年远景目标，提出将"出版走出去取得新成效"作为"十四五"末目标之一，重点部署"推动出版业高水平走出去，包括加强出版走出去内容建设，拓展出版走出去方式渠道，增强出版国际竞争力影响力"的工作任务。

在国家顶层规划设计下，部分地区、出版集团结合地区地缘特点、统筹自身资源优势，进一步制定规划实施方案，细化工作内容，配合资金扶持，积极发挥制度规划对产业发展的引领作用。如，广西出版集团积极实施《广西出版传媒集团贯彻落实国际传播能力建设发展规划实施方案》的各项工作任务，并由省委宣传部监督引导；中南出版传媒集团及时优化内部走出去整体规划和扶持制度，持续推进《中南传媒重点出版工程和国际出版工程支持办法》，结合时政热点及市场需求，主动策划优质内容和优势项目，统筹内外资源，形成出海合力；山东出版集团持续实施集团内部奖励扶持机制，不断加大集团制度和资金投入，引导下属出版社主动策划，鼓励优秀走出去项目成功落地，充分发挥出版单位自主性，推动优秀传统文化海外传播。

（二）出版走出去各项指标平稳发展

据不完全统计，2021年我国出版物版权贸易持续增长，全年完成出版物版权贸易30 000余项，其中版权引进16 000余项，版权输出14 000余项，版权贸易逆差趋于平衡。2021年全国共向100多个国家和地区输出版权，向美国、俄罗斯、新加坡、越南、韩国、埃及、英国、德国、日本、印度、土耳其等国家输出数量较多，占输出总量的近一半；随着我国与"一带一路"国家交往进一步加深，全年向 60 余个"一带一路"国家输出版权 8 000 余项。同时，大陆出版机构与港澳台地区出版业保持较好的交流合作，全年达成版权贸易仅 3 000 余项，不断加深港澳台同胞的国家认同和文化认同。实物出口方面，面对国内国外新冠肺炎疫情反复的困难、国际形势变化的艰巨挑战，2021 年全国出版物进出口经营单位出版物实物贸易保持平稳发展，各进出口经营单位海外自营渠道不断拓展，海外市场大体回归疫情前水平。

国内出版单位全年参加的各类书展、综合性展会、专业领域展会近 20 个，参展形式多样。2021 年 9 月 14 日至 18 日，第 28 届北京国际图书博览会采用线下展会为主、线上线下结合的方式举办，同时开通线上交易平台，成为全球疫情下首个线上线下结合办展的重要大型国际书展。展会规模进一步扩大，共有 105 个国家和地区约 2 200 家展商参展，参展的"一带一路"沿线国家和地区数量较 2020 年进一步增加。在人员出访受阻的情况下，国内出版单位以线上参展，人员线上、图书线下，借助海外合作伙伴带书参展等多种方式，全年共参加伦敦书展、法兰克福书展、莫斯科书展、巴黎图书沙龙、意大利博洛尼亚书展、伊朗德黑兰书展、约旦安曼国际书展、马来西亚国际书展、阿布扎比国际书展、巴格达国际书展、巴林国际书展、阿尔巴尼亚地拉纳国际书展、阿联酋沙迦国际书展等 10 余个书展活动，积极参加中国国际进口博览会、中国国际版权博览会、中国国际服务贸易交易会等大型综合性国际展会。国内出版机构结合各单位地缘、资源优势，参加东南亚书展中国巡回展、马栏山版权保护与创新论坛、第 15 届亚洲儿童文学大会等其他专业性或区域性展会，从多角度、多维度积极拓展国家交流合作机会。

国际营销渠道不断拓展。"中国出版物国际营销渠道拓展工程"子项目——亚马逊中国书店 2011 年 9 月启动以来，建立起庞大的中国图书中英文信息数据库，上线图书品种规模已突破 100 万种，品种丰富、供货快捷，为海外读者提供了优质的信息服务和良好的购买体验。经过多年发展，国内有关出版单位已在全球超过 60 个国家和地区设立"中国书架"近 500 个，如，五洲传播出版社已在海外 47 个国家和地区建有 400 余个"中国书架"；中国图书进出口（集团）有限公司在 20 多个国家设立 50 余个"中国书架"。在国外主流书店设立书架的基础上，"中国书架"已进驻多家大型央企海外分支机构，如中国铁道建筑集团有限公司（埃塞俄比亚、尼日利亚）、中国电建集团海外投资有限公司（巴基斯坦）、中国石油天然气集团有限公司（缅甸）、中国铁路工程集团有限公司（印尼）、沙特中国石化中东研究中心、中油国际管道公司中哈天然气管道合资公司、中国建材集团等，并已成功向其配送中国优质内容图书。设立实体"中国书架"的同时，中国图书进出口（集团）有限公司还建立了"中国书架"阅中国综合服务平台，旨在推动中国出版物走出去实现线上管理、展示和销售，包括阅中国出版物信息发布云平台、中国书架平台、中国出版物海外发行服务平台、阅中国移动端App及相关衍生产品数字阅读器等。江苏凤凰出版集团实施的"凤凰书架"项目，已在海外10国建成12家"凤凰书架"，覆盖欧美及"一带一路"沿线国家，旨在提升凤凰精品图书在海外主流智库机构的影响力。

为贯彻落实习近平总书记在亚洲文明对话大会上提出的"中国愿同有关国家一道，实施亚洲经典著作互译计划"重要倡议精神，由中宣部负责实施的"亚洲经典著作互译计划"于2019年正式启动，经过前期充分调研、书目确定等一系列准备工作，2020年12月中国与新加坡签署了首份《中华人民共和国国家新闻出版署与新加坡共和国文化、社区及青年部关于经典著作互译出版的谅解备忘录》，2021年与巴基斯坦、韩国、伊朗、老挝、亚美尼亚等五国先后签署《经典著作互译出版备忘录》，约定未来五年内，中国与各亚洲国家将共同翻译出版50种各国经典著作，为中国与亚洲各国读者和人民奉献更多精神文化产品。《备忘录》签署后，中宣部根据国内出版单位优势，成立各国合作备忘录工作专班，参与各国互译计划具体实施、翻译出版优秀图书，积极推动项目成功落地。

（三）积极做好习近平新时代中国特色社会主义思想和建党百年重要成果等图书宣传推广

国内各出版单位集中优质资源和力量，积极推动习近平新时代中国特色社会主义思想的对外译介出版发行，充分展现习近平总书记治国理政的政治智慧和科学方法，彰显习近平新时代中国特色社会主义思想的力量，全方位生动展示习近平总书记的坚定信仰信念、真挚为民情怀、强烈历史担当。中国外文局全年共举办5场习近平总书记重要著作海外宣介推广活动，包括线上签署《习近平谈治国理政》第三卷国际合作翻译出版备忘录、以线上线下相结合的方式举办习近平总书记重要著作首发式、线下举办习近平总书记重要著作上合组织国家语言文版推介会等。截至目前,《习近平谈治国理政》已翻译出版36个语种,海外发行覆盖170多个国家和地区,进入130个国家和地区的500余家高校和公共图书馆。人民出版社的《习近平新时代中国特色社会主义思想基本问题》《习近平调研指导过的贫困村脱贫纪实》《习近平新时代中国特色社会主义思想学习问答》等图书完成了多语种签约,包括《习近平新时代中国特色社会主义思想基本问题》英文、法文、阿文和马来文等7个语种,《习近平新时代中国特色社会主义思想学习问答》英文、阿文、俄文、泰文、乌尔都文等5个语种,《平"语"近人》(第二季)英文、德文、法文和韩文等15个语种。中国社会科学出版社出版的"习近平新时代中国特色社会主义思想学习"丛书12卷与施普林格·自然集团等国际知名出版机构合作签约8种,与俄罗斯、波兰、韩国、印度、尼泊尔和孟加拉等"一带一路"沿线国家合作签约共15个语种,其中《生态文明建设的理论构建与实践探索》英文版、《习近平新时代治国理政的历史观》尼泊尔文版、《走中国特色社会主义乡村振兴道路》《全面从严治党永远在路上》《构建中国特色社会主义政治经济学》韩文版已出版。在加快"习近平新时代中国特色社会主义思想学习"丛书既有语种出版进度的同时,持续推介丛书西语、葡语、日语等更多语种译介出版,更广泛地向世界读者介绍习近平新时代中国特色社会主义思想的系列重要成果,共享中国思想、中国智慧、中国方案。浙江人民出版社出版的《之江新语》目前已出版西班牙文版、英文版、德文版、法文版、日文版、俄文版、西语古巴版等精装和平装版;阿拉伯文版、葡萄牙文版、罗马尼亚文版已在翻译出版中。中国出版集团通过伦敦书展在线书展、香港书展、法兰克福在线书展积极推介《习近平扶贫故事》,已累计输出42个语种;《习近平讲故事》《平语近人》《论坚持推动构建人类命运共同体》《习近平扶贫故事》等总书记相关著作版权代理业务持续推进;《习近平谈治国理政》(第三卷)通过中国图书进出口(集团)有限公司海外发行渠道进入70多个国家和地区,涉及近200家客户,海外发行近10万册。

2021年适逢中国共产党成立100周年,一批内容质量高、市场覆盖面广的出版物输出海外,包含外文出版社《志同道合:中国共产党的海外挚友》《延安精神:革命建设的经典》《100个词读懂中国共产党与中华民族伟大复兴》《走向2049年的中国》等

15个文种，新世界出版社《你了解中国的政党制度吗?》《中国共产党如何应对挑战》《中国共产党如何治理国家》输出韩、土耳其、俄、法等10个语种，人民出版社《中国共产党如何改变中国》《中国共产党100年奋斗历程》韩、英、日文版等主题图书，人民出版社的《中国共产党简史》《中国共产党100年奋斗历程》《百年大党何以能》等社科学术类图书，南方出版集团所属出版社出版的《岭南万户皆春色：广东精准扶贫纪实》、上海文艺出版社《革命者》等纪实文学图书，中少总社《我们的母亲叫中国》、江苏少年儿童出版社《童心向党·百年辉煌》书系、广东教育出版社《理想的足迹：党的故事青少年读本》等少儿图书，以及北京语言大学出版社策划的《100年的100个关键词》（中文版、英文版）、新星出版社策划的《独一无二的中国》等外国人写作中国图书，从多视角、多维度向世界阐释中国共产党百年来积累的宝贵经验，向世界讲好中国共产党百年来作出卓越贡献的故事。

在向全世界宣传中国特色社会主义思想和中国共产党百年成果的同时，积极向港澳台地区宣介国家重要制度政策、阐释十九届六中全会精神、推广"四史"学习教育精神，不断增强港澳台同胞的国家认同感和文化认同感也是出版走出去的重要目标之一。《中共中央关于党的百年奋斗重大成就和历史经验的决议》《中国共产党简史》《改革开放简史》等一批图书繁体版在港澳台地区成功出版发行。

（四）线上线下结合的交流机制确保后疫情时代出版国际交流合作平稳发展

在世界各国因病毒变异引起的疫情快速传播、疫情持续反复的影响下，我国与各国之间人员往来受阻仍将存在，甚至在一定时间内都无法恢复，在此疫情常态化防控背景下，国内出版单位为与各国出版机构保持良好沟通交流，保持我国向世界各国宣传推广优秀中国内容不停顿，积极完善国内外协作机制，在日常沟通交流、重要国际节展等方面不断开拓线上线下结合的多种方式，保持各方紧密联系。一方面，国内各出版单位与已建立合作关系的重点海外出版社联系人、国外作者、译者持续保持着良好的沟通合作关系，通过邮件、视频会议、微信、电话等方式举行阶段性线上沟通会，及时发现和解决在翻译加工、营销预热、宣传推广等关键环节的问题，积极推动合作拓展、图书出版、图书推广等工作。科学出版社为了保障国际合作的有序进行，增进与各大国际科技出版商的国际交往和合作深度，创新工作方式，打通线上"云"沟通渠道，构建常态化线上会议机制，利用 Zoom、Microsoft Teams、腾讯会议等多种方式，与国际合作伙伴展开交流，彼此交换国际出版时讯、洽谈版权贸易合作、深入探讨后疫情时代国际出版业突围之路和创新合作机制等富有建设性意义的话题。

另一方面，在人员无法实际走出去的情况下，国内出版单位着力在危机中育新机，在"变局"中探索国家交流合作的"新局"，各类国内国际图书展会、版权贸易展会及综合性国际展会以线上线下结合或线上"云展会"的形式举办，国内出版单位积极办展参展，向全世界宣传推广优质中国内容。第 28 届北京国际图书博览会期间，共举办 300 余场线上会议、近千场专业大众活动，达成版权贸易成果 7 300 余项，其中版权输出意向和协议超过 4 800 项。如江西中文天地出版传媒集团实现《中国当代文学海外传播研究丛书》《我们最好的时光》《送瘟神：新中国抗击血吸虫病纪实》等 73 项版权输出及意向；山东出版集团下属出版社举办了如《论语智慧》《中国儿童百年发展研究（1921—2021）》《梁晓声童话》《兔博士与小金豆》系列等图书的多语种版新书发布会及版权输出签约仪式；广西出版集团通过北京国际图书博览会平台设立"中国—东盟版权贸易服务平台"合作图书展示专区，吸引了更多国内外出版相关机构加入，整合出版资源，为做好走出去的下一步工作打好坚实的基础。国际书展方面，2020 年多个国际书展取消或延期举办，美国书展宣布永久取消线下书展，2021 年，伦敦书展、法兰克福书展、博洛尼亚书展、莫斯科书展、阿布扎比书展、伊朗德黑兰书展等相继举办，国内出版单位"云参展"，通过线上平台展览展示中国图书，并举办多场线上推介、首发、签约等活动。外文出版社全年举办 5 场习近平总书记重要著作海外宣介推广活动，线上签署《习近平谈治国理政》（第三卷）国际合作翻译出版备忘录、以线上线下相结合的方式举办总书记重要著作首发式、线下举办总书记重要著作上合组织国家语言文版推介会。2021 年伦敦书展，人民出版社携《平"语"近人——习近平总书记用典》《习近平调研指导过的贫困村脱贫纪实》《百年大党是怎样炼成的》等重点图书参展；中国人民大学出版社《大道之行：中国共产党与中国社会主义》《大国的责任》《全球治理的中国担当》《构建人类命运共同体（外交卷）》等图书完成版权输出。约旦安曼国际书展、马来西亚国际书展、巴格达国际书展、巴林国际书展、阿联酋沙迦国际书展等线下举办的书展，以北京师范大学出版社、中国人民大学出版社等为代表的国内出版单位，以委托其海外合作伙伴参加线下书展或举办文化活动等方式实现

"人员线上参展、图书线下参展"。

在充分利用已有海外平台的同时，国内出版单位积极建设自有交流平台，探索海外图书推广新方式。广西科技出版社基于"中国—东盟版权贸易服务平台"的项目建设，加强平台改进和推广，推动图书多种形式的传播，2021年平台新增30余家国内外优秀合作出版机构，上线图书总数近2 000种。同年，广西科技出版社借助平台举办"携手共进 合作共赢"国际图书版权圆桌对话活动，邀请国内外出版社代表、参与平台共建的东盟国家出版社代表，积极探索后疫情时期版权市场的特点与发展方向，朝多维度、宽领域开展更多合作。2021年9月，接力出版社与中国图书进出口（集团）有限公司共同举办第2届中国—东盟少儿出版阅读论坛，来自东盟6个国家13家出版机构的代表和来自南亚2家出版社的代表及23家来自中国的少儿出版社代表参加此次论坛，围绕"后疫情时代中国和东盟童书市场的变化及合作策略"主题进行深入讨论。论坛期间，启动"中国—东盟童书合作计划"，促进中国与东盟各国之间的出版合作。2018年成立的中国—中东欧国家出版联盟（"17＋1出版联盟"），2021年在疫情常态化形势下，通过线上方式举办了中方成员单位交流会，各单位沟通疫情背景下业务发展困境与应对方法，并为出版联盟年度论坛献计献策。第4届中国—中东欧国家出版联盟论坛以线上线下相结合的方式在北京外国语大学成功举办，论坛以"深化出版合作互惠，助力文明交流互鉴"为主题，深入探讨了出版业、作家、翻译家之间如何通过交流与合作，促进中国和中东欧国家之间的人文交流、跨文化理解和文明互鉴。2021年凤凰出版集团通过加入该联盟，已就25种涵盖文学、社科、少儿、教育等领域的图书达成联合输出意向，涉及法语、西班牙语、葡萄牙语、俄语、马其顿语、尼泊尔语等6个语种，进一步扩大了其合作范围。2017年成立的"一带一路"共建国家出版合作体，截至2021年共有来自56个国家的319家成员单位，其中国外成员单位263家，合作体成员已推动近5 000种中国图书在"一带一路"共建国家翻译出版发行。2021年，"一带一路"共建国家出版合作体高峰论坛以线上线下相结合的方式在中国人民大学举办，论坛以"文明互鉴、合作共赢"为主题，聚焦疫情时代的出版发展经验、探索出版合作新方式，创新数字出版模式、助力出版业高质量发展两个议题开展深入探讨。

（五）国内原创作品输出能力和市场化运作能力持续增强，国际影响力稳步提升

2021 年，随着国内原创图书品牌集群初步形成，图书版权输出能力和市场化运作能力不断增强，学术话语权逐步提高，文学、少儿图书屡获国际奖项，多种汉语教材进入对象国国民教育体系，中国图书走出去国际影响力获得稳步提升。

2021 年，国内学术出版社在学术和科技领域持续深耕细作，不断开拓欧美主流渠道，一批展现我国科技发展前沿成果的原创多语种图书、期刊进入国际主流渠道、海外一流高校图书馆，向世界展示中国不断增长的综合实力和科研创新力量，中国学术国际话语权不断提升。清华大学出版社与爱思唯尔出版集团、施普林格出版集团、新加坡世界科技出版集团、英国劳特里奇出版社等国际一流出版机构合作出版《智能科学（第 3 版）》《文本数据挖掘》等学术著作的英文版，将中国智慧推向世界。同时，依托中国顶尖大学的优质资源，积极扩大中国高等教育的国际影响力，努力推动优质教材和高校人才培养成果进入国际学术圈。2021 年，清华大学出版社"薛定宇教授大讲堂"系列《Simulink 建模与仿真》、"全球优博论文项目"等持续输出。高等教育出版社与国际知名学术出版机构合作出版的"当代科技前沿专著"系列取得了良好的社会效益和经济效益。其中，与德国施普林格出版社合作出版的图书《无线网络安全理论与应用》《昆虫学研究进展：从分子生物学到害虫综合治理》《模式识别、机器智能与生物测定学》等图书出版以来下载量均已超过 50 000 次；与美国约翰威立国际出版公司合作出版的图书《计算机体系结构与安全》已销售近千册，销售码洋约合人民币 80 万元。高等教育出版社出版的涵盖基础科学、生命科学、工程技术和人文社会科学等领域的"前沿"（Frontiers）系列英文学术期刊，截至目前共有 13 种被 SCI 收录，6 种被 EI 收录，2 种被 MEDLINE 收录，1 种被 AHCI 收录，累计下载量破 1 000 万篇次，海外收入逐年增长，影响力日渐提高。外语教学与研究出版社 2021 年将推动高水平的学术期刊走出去作为版权输出的一项创新举措，依托北京外国语大学多语种学术研究优势，与德国德古意特出版社达成战略合作，联合出版 8 种多语种国际期刊，全部采用开放获取形式，涵盖语种包括英语、俄语、德语、西班牙语、葡萄牙语和阿拉伯语。多语种学术期刊的国际推广对推动中外学术交流，提升中国学术国际话语权，让世界

更好地了解中国、认识中国、读懂中国具有重要意义。

通过持续的市场化运作，中国文学的"朋友圈"不断扩大，优秀文学作品国际影响力继续增强。2021年，中国教育图书进出口公司（以下简称"中教图"）与托尔图书出版社提前续约《三体》三部曲英语版，并预付版税125万美元。这一数字创造了中国文学作品海外版权输出的新纪录，向世界证明了中国文学作品的价值。《三体》三部曲外文版销量不断突破新高，累计销量已超过330万册；《暗黑者》系列外文版累计销量约5.8万册。刘慈欣《乡村教师》短篇集、《三体Ⅱ·黑暗森林》等多语种版相继获得美国诺提勒斯图书银奖（Nautilus Award）、爱沙尼亚科幻协会2021年潜行者奖（Stalker）最佳长篇翻译小说奖。《流浪地球》英文版、《暗黑者》印尼语版，得到《纽约时报》《Antara News（安塔拉通讯社）》《Kompas（罗盘报）》《〈出版人周刊（Publishers Weekly）〉书单》等当地知名媒体推广和主流图书媒体及榜单推荐。江苏凤凰文艺出版社凭借通俗文学版权输出获得稳定的海外销量和经济收益。2021年，作家张洁的文学作品《祖母绿》输出泰国南美出版社，并由诗琳通公主亲自翻译，这已是凤凰文艺出版社与泰国诗琳通公主的第三次合作。同时，凤凰出版传媒集团旗下出版社《香蜜沉沉烬如霜》《楚乔传》《孤城闭》《匆匆那年》输出泰国、马来西亚等东南亚国家，并通过纸质书、电子书、有声书、影视剧、漫画改编、游戏改编等进行全媒体开发。广东花城出版社与泰国biblio Publishing出版社合作，以在泰国网络平台连载的方式，翻译一章上线一章，连载完成了长篇仙侠小说《燃魂传1：侠烈无疆》，实现了"一鱼三吃"（纸质、电子书和电子书网络连载权）的创新输出方式。

2021年，为了加快中国优秀原创文学走向世界，中教图于2021年初步建成"文名国际版权贸易服务平台"，持续推进中国优秀类型文学走出去基地建设。该平台汇集国内优秀文学作品资源，建设统一的对外展示窗口，形成中国文学作品走出去合力，服务国内出版社和作者。同时，中国作家协会为充分调动地方文学资源，与广西、南京等地作协、宣传部门共同协商建立中国—东盟文学交流中心、南京国际文学交流中心等，密切与东盟的文学交流，发挥南京"世界文学之都"的国际影响力，切实推动中国文学在东盟国家、东亚和欧洲国家的传播。

国内少儿出版社以内容建设为核心，坚持出版高品质的原创童书，通过原创童书的广泛传播增加海外青少年读者对中国文化的亲近感，原创童书在海外市场的竞争力、影响力不断提升。2021年，接力出版社面向13个国家输出图书版权157种，其中尼泊尔语版《中华先锋人物故事汇：中国女排》《中华先锋人物故事汇：钟南山》刊登在尼泊尔重要报刊《纳亚当代周报》头版重点版面，得到大力宣传推介。中国少年儿童新闻出版总社约请国际知名团队艾琳·亨特执笔，联袂创作极富中国特色的动物奇幻小说《熊猫武士》系列，目前已授权全球10种语言及地区，英文版由Harper Collins出版。2021年，中少总社《恐龙妈妈孵蛋》一书获得2021年德国青少年图书馆白乌鸦奖、《伟大的吉米》中文版入选"2020年IBBY荣誉榜单"、《我是花木兰》瑞典语版入选瑞典艺术委员会海外资助项目。上海少年儿童出版社依托众多儿童文学大家优质资源，持续输出多部优秀原创儿童文学作品，2021年共输出30项图书外译版权，《男生贾里全传》《小青春》（保加利亚文版）等邀请保加利亚著名汉学家Veselin Georgiev Karastoychev先生进行翻译，确保了作品的翻译质量，图书一经出版就得到大批当地读者的肯定和喜爱。

一批优秀中国传统文化图书成系列输出，品牌效应不断扩大，推动海外市场认可度不断提升。外语教学与研究出版社出版，由国家语委、教育部等12个部委（单位）参与的"中华思想文化术语传播工程"系列图书迄今已达成法语、波兰语、西班牙语、僧伽罗语等32个语种的版权输出，其中18个语种已在海外出版。2021年，由俄罗斯"全俄出版商协会"主办的"2020年最佳图书"评选揭晓，由尚斯国际出版社出版的《中华文明史》俄语版获得"文明对话组"优秀图书奖和"优秀文化对话类出版物"称号。《中国历史十五讲》阿拉伯文版获得"谢赫哈马德翻译与国际谅解奖"翻译一等奖。由上海新闻出版发展有限公司承担的国家文化走出去重点项目——外语版"文化中国"丛书目前已出版400余个品种，覆盖全球43个国家和地区的主流市场。其中45个品种被翻译成49种他语版本出版，销售共计近26万册。中国大百科全书出版社的《中国大百科全书（第三版）》网络版中国主题专题英文版上线，并与施普林格·自然出版集团签订《中国大百科全书（第三版）·矿冶工程》卷英文版合作出版协议。

一批对外汉语学习教材形成品牌，进入多个国家国民教育体系，国际影响力提升。北京语言大学出版社的国别化多语种版本汉语教材开发，促进了国际中文教育的推广与发展，如与沙特教育部合作开展的《新概念汉语》《轻松学中文》阿语版合作；与伊朗德黑兰大学签署《尔雅中文》系列汉语教材波斯语版权输出协议，是该国首次以引进版权形式开发的本土化中文教材。浙江联合出版集团教材走出去持续推进,《你好喀麦隆》汉语基础教材海运至喀麦隆,在疫情影响下继续为西非学校的孩子们提供汉语教育的教材。高等教育出版社《体验汉语中小学系列教材》是我国历史上第一套大规模进入外国国民教育体系的汉语教材,在泰国已累计销售逾 600 万册,共收回版税 2 100 多万元人民币。语文出版社以《普通话 1 000 句》为蓝本,在英、俄、日、法、西班牙、阿拉伯语等 6 个语种的基础上,翻译出版了韩语、泰语和德语 3 个语种的对照版,并根据汉语水平考试(HSK)大纲和汉语水平口试考试(HSKK)大纲,延伸开发出版了《HSK 标准会话教程》(1—4 级,共 5 册)。

二、2021 年出版走出去发展亮点

(一)海外分支机构和海外中国图书编辑部作用不断深化,出版走出去的本土化程度大幅提升

近年来,国内出版单位把国际合作出版、本土化出版作为推动图书走出去的重要抓手,设立海外分支机构或设立中国主题图书编辑部,经过一段时间的发展和经营,海外机构借助国外出版机构成熟的编辑队伍、稳定的营销渠道和丰富的推广经验,合作编译出版了一批适合国外读者需求和阅读习惯的中国主题内容图书,依托当地发行商的本土化优势,进入国际主流销售渠道,出版走出去的本土化程度得到了大幅提升,达到了"借船出海"的效果。据不完全统计,目前,我国出版单位在海外设立的分支机构已超过 500 家,与海外合作出版机构在外建立的中国主题图书海外编辑部也已有近百家。

科学出版社东京株式会社经过多年的努力,已经在日本落地生根,被日本的读者、学术界和出版界普遍接受。不仅建立了完整的作译者、编辑、排版、印制体系,还成功进入了日本的主流发行渠道,成为中国文化走出去的桥头堡。科学出版社收购 EDP Sciences 后,采取国际化本土化思维与理念,统筹运用 EDP Sciences 原有资源,推动中国科技图书和期刊走出去,发挥出最大的协同效应。该社整合利用国内知名科学家资

源和 EDP Sciences 译者资源以及国际化出版平台,已累积选题 103 种,已出版 30 种。

中国社会科学出版社在构建海外学术出版平台方面,积极筹划建立国际尖端出版基地,聚集资源的国际布局思路。依托中国社会科学出版社智利分社,启动出版本土化的拉美地区推广计划,在当地组织多场学术研讨会、学术讲座、学者对话等交流活动,截至目前,已签约出版西文图书共 14 种。中国社会科学出版社法国分社 2017 年成立以来,以中国社会科学院中国研究中心为依托,与当地多家学术研究机构、出版机构开展交流。目前,已出版《历史上的中法大学》《莫名恐惧》等多种法文版图书。

浙江少年儿童出版社收购的澳大利亚新前沿公司经过多年发展,新前沿品牌已打入英语主流图书市场。截至 2021 年底,新前沿澳大利亚公司和新前沿英国公司实现纸质书版权贸易 203 种、数字版权交易 24 种,涵盖 40 多个国家和地区,获得 40 余次英国和澳大利亚国家级奖项,其中《我爱你》入选 2021 年英国阅读推广机构"全球少儿图书精选书单";《阿诗有块大花布》英文版北美销售首批订单 3 000 册;抗疫科普图画书《病毒病毒快走开》英语版在英国、澳大利亚、新西兰出版销售,并以实物出口的形式销往北美地区。2021 年,中文传媒旗下二十一世纪出版社集团在克罗地亚首都萨格勒布成立了海外子公司熊猫出版社,聘请当地出版人参与公司管理和编辑出版工作,专门打造符合当地阅读习惯的中国元素作品,并以克罗地亚为支点将作品销售辐射到欧洲其他国家。接力出版社埃及分社已出版 83 种图书,累计印刷 83 000 册,累计销售 45 000 余册。

2021 年,中国外文局局属出版社与亚洲、欧洲、北美洲、南美洲、非洲、大洋洲等 41 个国家的 61 家出版机构建立的中国主题图书海外编辑部已达到 69 家,合作出版超过 500 种中国主题图书,取得了良好效果。泰国海外编辑部出版的重点教材《你好,汉语》于 2021 年全部完成,发行量达两万多册,已成为目前泰国最畅销的中文学习图书之一;土耳其卡努中国主题图书海外编辑部出版《珍藏方大曾》《中国关键词:治国理政篇》等土文版图书,并在脸书上投放宣传信息,总阅读量超过 17 000 次;土耳其海外编辑部还克服疫情困难,组织了《中国关键词:治国理政篇》土文版图书研讨会,当地记者、编辑、翻译等百余人参加。2021 年,广西美术出版社日本编辑部合作出版的《流光异彩——平山郁夫藏丝路古代玻璃精选》、"工笔新经典"系列(5 种)和"中华国学经典读本"系列(3 种)等图书日文版出版,并在日本主流书店及销售平台实现线上线下同步销售。南方传媒在新加坡运营的"中国主题国际编辑部"以项目制方式在全球出版发行了《粤港澳大湾区规划和全球定位》《钟南山谈健康》等多种图书的英文版，并聚焦"粤港澳大湾区前沿科技"、中医药等系列图书，致力于把编辑部打造成有特色的国际出版品牌。

（二）通过设立多种实物出口或图书销售平台，国际主流渠道范围不断拓宽

国际主流营销渠道是推动图书落地、促进图书销售的重要平台渠道。2021年，国内出版物进出口经营单位、各出版单位积极拓展发货渠道，通过海外合作出版机构、海外华人书店、海外华人学校以及自建数字销售平台等多种渠道拓宽了中国图书海外销售的渠道，并且进入海外当地主流渠道，从而实现图书走出去到走进去的效果。

中国图书进出口（集团）有限公司持续提升服务能力，通过钻研市场、抓住客户需求、围绕市场热点，编制多种类型专题目录，稳定老客户，开拓新客户，稳固订单量；通过举办"第2届中版好书云展销"、中国出版物采选平台"云馆配"、首届"阳光阅读计划"等主题展销活动和新书优推等活动，加大促销活动频率，不断增加订单；海外数字销售针对亚马逊、Google和苹果三个主要的大众渠道，采取单本精细化销售、渠道内容优化提升、积极开展营销推广等策略，不断提升其出版物进出口能力。2021年，北京语言大学出版社作为具有出版物进出口经营资质的单体出版社，不断开发和培育具有潜力的新兴"一带一路"沿线国家市场，新增摩洛哥、哥斯达黎加、喀麦隆、立陶宛、哥伦比亚、冰岛、挪威等涉及3个大洲7个新国家市场，海外市场覆盖国家增加到了85个，直营渠道客户达到450家左右，自营渠道发货总额占比不断扩大，自营渠道健康有序发展，海外市场自主性得到进一步增强。与此同时，五洲传播出版社、外文出版社、宁夏智慧宫等一批我国出版企业图书通过北语社自营渠道成功走进更多国家市场。

中国人民大学出版社、清华大学出版社等学术出版社通过与其合作的国际一流出版机构的强大全球发行网络，其图书出版后则直接进入世界多个国家和地区的主流书店、重点图书馆和主要线上销售平台等，如美国巴诺书店（Barnes & Noble）、美国Walmart书店、加拿大Indigo书店、英国Book Depository书店、英国水石书店、德国Hugendubel书店、荷兰Bol.com书店、瑞典Adlibris书店、澳大利亚Booktopia、澳大利亚Dymocks

书店、新西兰 Mighty Ape 书店、日本乐天书店（Rakuten）、韩国阿拉丁书店（Aladin）等主流实体书店，亚马逊全球销售网络、Ebay 全球销售网络、Kinokuniya 书店全球销售网络、电讯报网上书店、美国 bookdepository 平台、德国 abebooks 平台、博库书城（bokus）等成熟的线上销售渠道，以及 SpringerLink、Science Direct、worldcat、vitalsource 等专业数据库，从而走向全球主流传播市场和图书馆。

浙江联合出版集团加快升级"芸台购"境外版，首创开发出 Alma 系统的中文图书采购模块，与全球图书馆主流采购平台 Alma 系统成功对接。Alma 系统用户包括清华大学、哈佛大学、哥伦比亚大学、普林斯顿大学、香港大学、新加坡南洋理工大学等全球几百家大学图书馆，"芸台购"境外升级版，优化了境外中文图书订购流程，使图书出口从传统的 B2B 贸易升级到 B2C 跨境贸易，为境外客户提供选书、下单、购买、集货、发运全流程服务一站式服务。

南方出版集团克服疫情影响，另辟蹊径，将《诗韵童年》（6 册）等印尼文版图书，通过教育渠道把新书送进印尼的华文学校，在"Atisa dipamkara 学校"（佛教三语学校，www.atisa.sch.id）以及"八华三语学校"（pahoa.sch.id）进行推广介绍。2019年，中文首次被列为俄罗斯"高考"科目，人民教育出版社在 2021 年主动与俄罗斯知名的语言类图书经销商 Eurokniga LLC 公司合作，利用该公司强大的营销网络，以实物出口的方式将人教版国际中文教材和人教版童书打入俄罗斯主流图书市场，《快乐汉语》（俄语版）、《跟我学汉语》（俄语版）、《最美中国》系列、汉语考试系列等图书 1 500 余册，已经采购至莫斯科多所公立中学汉语课堂使用。广西人民出版社主动邮寄《驻村画记》已成功版权输出柬埔寨，正在积极筹备柬埔寨文的翻译工作，通过开拓国际营销渠道，在带动图书海外销售的同时，更实现了以实物出版带动版权输出的效果。

（三）适应数字技术发展，数字版权及数字资源走出去成为新增长点

随着融媒时代的到来，数字技术与互联网经济的发展不断地拓展着出版形态的边界，新媒体技术发展推动数字出版产业规模不断壮大，逐渐成为出版走出去的又一重点领域。同时，受新冠肺炎疫情影响，数字阅读与传统纸书相比，以更快、更广、更易于被接受等特点受到越来越多读者的喜爱，人们的阅读习惯发生较大变化，这也为数字产品走出去提供了新的机遇。2021 年国内出版企业在数字版权、电子书、有声书、

纸数融合产品、在线数字资源等策划开发以及输出方面做出了积极的尝试。

2021年，新华文轩领域旗下各出版单位纸质和数字出版物齐发力，实现版权输出563项，其中纸质图书版权445项，非纸质图书版权118项，总数较2020年增加18%；上海世纪出版集团加快开拓海外数字出版市场，版权输出形式更加多元，电子书、有声读物等输出数量较2020年有大幅增长，增幅超过140%；安徽时代出版集团持续推进重点项目的数字版权输出与运营，重点推动围绕展示中华文化独特魅力、中华优秀传统文化历史价值，传播中华文化、彰显中国形象的重点选题、少儿原创电子绘本选题，如《中华经典文化盲童听书馆》《别为我哭泣》等有声书、数字版权成功实现版权输出，部分图书已获得版税收入；中国外文局下属华语教学出版社积极探索新的版权合作模式，以数字版权带动版权输出数量及收入的提升，筛选优质的海外合作方进行数字版权授权，全年海外电子授权图书下载量累计40万余次，电子版权收入已逾5万美元；中国少年儿童新闻出版总社向5家海外出版社输出44项数字版权，输出规模较往年逐渐扩大，如《爷爷的打火匣》日文版、《羽毛》英文版等图画书在继续输出纸书的基础上增加音频书、电子书版权输出，《白鱼记》《神秘的快递家族》《紫雾心谜》等儿童文学作品电子书、有声书已成功输出海外，有效缩短了中外小读者之间的距离；人民卫生出版社积极开发走出去图书多语种版本，探索走出去图书的全媒体出版形式，开拓图书全媒体销售渠道，目前人卫社出版的中医药多语种图书已涵盖纸质图书、App、多媒体电子书和纸数融合产品等多种形式；北京大学出版社2021年尝试与新加坡和德国两个在线教育平台就海外少儿中文培训、跨国企业语言文化培训等方面进行合作，《我的中文小故事》《我的科学小故事》《新丝路商务汉语教程》《新汉语水平考试HSK攻略系列》等80余个品种成功输出；高等教育出版社国际中文数字资源受到外方青睐，2021年与美国、新西兰相关教育平台和教育机构签署了一批国际汉语教学数字资源版权合作协议，以及"Cool Panda少儿汉语教学资源"AR&VR版权合作协议。

2021年，北京语言大学出版社设立"OCT BLCUP""北语社国际教育"公众号，成为面向全球中文教师和学习者宣传推广的两大平台，北语社开发了"名师讲坛""一课一备"等系列线上讲座，全年累计组织开展图书推介、教学指导及备课等各类讲座33场，建立了32个线上客户群，入群用户5 000余人。与此同时，针对《轻松学中文》系列教材共组织了 7 场营销讲座,实现销售超过 100 万码洋,实现了质的突破;针对《HSK 标准教程》系列教材组织的线上讲座实现销售码洋近 750 万。为了减少疫情对全球高等教育的巨大影响,2021 年高等教育出版社爱课程国际平台累计上线课程 417 门,同比增长 18%;"智慧职教"平台在"一带一路"沿线国家和地区建设了 17 个"鲁班工坊",打造中国职业教育国际品牌,国际频道将实现项目展示、资源汇聚、课程学习、远程教育和院校交流五大功能,以充分满足疫情防控常态化后对在线教育的各种需求。

(四)参与各类援外项目,积极探索走出去新路径

国内出版企业除在出版走出去领域不断努力外,还创新发展思路,通过参与国家援外项目、区域性合作项目或印刷服务、事业培训等方式,推动中国出版业在各国的认知和认可度不断提升,从而进一步推动出版走出去国家交流合作。文化援外方面,中南出版传媒作为中国首个文化教育援外项目的实施方,再次中标国家援外项目,实施"援柬埔寨教育技术援助项目"。该项目涵盖教材教辅的编写与印制、配套数字资源体系建设、教育数据中心建设、国家考试数字化资源开发等方面,2021 年 9 月由中柬双方政府正式签署相关协议文件并启动实施。未来中南传媒将继续开拓教育援外市场,为中国教育理念和教育技术的海外传播做出贡献。上海世纪出版集团继小学《数学》教材成功走入英国后,集团所属上海教育出版社先后中标由商务部主导的"援南苏丹教育技术援助二期项目""援老挝农村教师素质能力提升工程项目"和"援老挝远程教育工程(技术援助部分)项目"。三个项目均为国家综合性教育援外项目,是上海世纪出版集团服务国家战略、助力中国教育"走出去""走进去"的一次突破性尝试。教育援外项目的实施在提高当地基础教育水平的同时,也为推动树立良好的中国国际形象,加深相关国家"Z 世代"对中国的认同感和亲近感,进一步扩大中华文化影响力,增强中华文化感召力做出积极的贡献。澜湄合作专项基金于 2016 年澜湄合作首次领导人会议提出设立,基金将在 5 年内支持东南亚澜沧江和湄公河沿岸六国中小型合作项目。云南教育出版社依托其地缘优势,深耕澜湄合作主题出版,目前已完成了《共饮一江水——澜湄合作简明知识读本》《手绘澜湄》等图书的老挝文、缅甸文、泰文、越南文、柬埔寨文、中外文对照等多语种纸质书和电子书的出版,并多次获得

"澜湄合作专项基金"支持，为宣传推广澜湄合作作出了贡献。

受疫情影响，海外出版印刷业务继续遭遇寒冬，国际货运与物流严重受阻、成本激增，原材料价格飞涨、汇率风险激增、海外市场需求下跌、订单缩减，海外方来华验收难以成行、交付困难等种种不利因素持续产生影响，中南出版传媒集团通过积极协调湖南省外办、商务厅等各口线资源，克服阻力，立足非洲市场，承接喀麦隆教育部国家通用教材印制任务，2021年顺利向喀交付近30万册教材；加纳KWADWOAN出版公司基于中南出版传媒长期优质服务，大幅增加教材印量需求，2021年共有40个品种69万册教材持续生产。凤凰出版集团旗下凤凰职教有针对性地介绍一批适合当地技术工人培训的职业教育类产品，如与亨通集团合作开发的"互联网+光电缆专技人才培训系列课程"配套教材同步搭建海外网上远程培训平台，建设"一带一路"务工人员职业教育学习平台等，通过电子书、有声书、数字教材、智慧教辅、网络课程等多种形式实现走出去。

（五）整合优质资源，区域化合作不断拓展，社会效益与经济效益实现双丰收

2021年，国内出版企业区域化发展优势进一步显现，图书版权输出持续积累，教材教辅图书使用范围持续扩大，人文交流合作持续开展，在社会效益获得大幅提升的同时，经济效益也取得初步成果。如，北京师范大学出版社依托其约旦分社在阿拉伯地区积累的各类资源，先后启动建设"北京扎耶德中心文库""中阿友好文库""一带一路友好合作文库"等3个项目，开展图书版权输出、中外图书互译以及人文交流活动，实现社会效益与经济效益双丰收，搭建了中阿互相了解的桥梁。截至2021年底，"北京扎耶德中心文库"已出版《中国经典阿拉伯语译丛》《中国文学名家阿拉伯语译丛》和《文明交流互鉴译丛》三个书系，语种涵盖阿文、中文和英文，现已出版33个图书品种，进入阿拉伯国家主流销售渠道，并通过各大阿拉伯书展和书市进行销售；"中阿友好文库"已出版11个图书品种，包括文学系列、中阿理论丛书和童书绘本系列，语种涵盖中文、阿拉伯文、英文和法文；"一带一路"友好合作文库自2017年成立以来，开展了"一带一路"系列文化活动、共同建设"'一带一路'友好合作文

库"、启动"一带一路"友好使者项目,向双方人民介绍对方的文化,讲好丝路故事、传播友谊之声,宣扬互利共赢的理念,分享发展进步的方法。

南方出版传媒集团依托其在粤港澳大湾区的地理优势,积极做好港澳教材和文化读本的出版发行工作。澳门小学《中国语文》各类用书及其数字资源共60册已正式出版,全部进入学校使用,有超过60%的一年级学生使用该教材;《小学常识》教材于2021年9月全面使用和试用。澳门初、高中《中国语文》教材于2021年秋全面进校试用,使用率为30%—50%。《中国娃娃》粤港澳大湾区学前读本30册已在大湾区100家幼儿园试用。由香港中华书局出版的《我的家在中国》(48册)繁体中文版已成为香港学生国情读本,香港特区政府教育局将本套图书作为教辅材料赠送给全港900余所中小学校。同时,南方出版传媒集团积极参加2021年香港书展,以"阅岭南"为主线,展示《红色广东丛书》等红色文化主题图书,以增强香港同胞的国家意识和爱国精神;2021年南国书香节期间,南方出版传媒集团在澳门设立分会场,举办了多场以"粤澳文化分享"为核心内容的新书发布和文化活动,进一步深化粤澳两地文化合作。

黑龙江出版集团持续加大对外资金投入,依托韩、俄出版社的落地和本土化,发挥外部窗口作用,实现出版业务良性发展,进一步辐射对东北亚地区出版走出去。如,借助对外优势,旗下黑龙江朝鲜民族出版社在韩国设立了中国语言出版社,充分利用双语出版基地的优势,既为出版基地开拓市场,又对出版基地开发新产品起到了导向作用;集团积极与俄罗斯远东大学乌苏里斯克分校展开合作,并在俄罗斯乌苏里斯克市设立了文化中心,不断增强对俄出版业务;积极推进"俄罗斯全媒体出版公司建设"项目,在数字出版方面围绕建设俄文版中国数字内容运营平台,推进全媒体俄文数字出版,利用互联网技术打造跨境经营的中俄文化交流与服务平台,实现数字产品和服务走出去。黑龙家出版集团积极建设"边疆文化港口",发挥齐齐哈尔"鹤之魂"绿色书店、牡丹江书城、普希金书店等"国门书店"的作用,充分利用这些平台,推出创新度高、参与度广、趣味性强的文化活动,促进了中俄两国人文交流。利用中俄博览会平台举办"中俄精品图书展",展出中国、俄罗斯的精品图书。同时,组织策划举办"东北论坛",就东北地区发展和东北亚各国扩大互利共赢合作等问题展开学术讨论和交流。这些活动的举办,促进了中俄两国文化交流,为深入合作奠定了良好的基础。

三、推动出版走出去的对策建议

（一）加强翻译人才队伍建设，提升翻译质量

翻译壁垒是阻碍文化输出的最主要原因之一。当前，西方文化仍在世界文化中占据主导地位。中华文化走向世界，尤其是中国出版走出去，需要克服翻译带来的种种误解。目前，我国出版走出去过程中，图书的海外翻译出版绝大部分是由我国的非母语译者完成翻译，因目标国家文化与我国文化等各方面的差异性，造成了翻译译文的思维方式、表达习惯、语言使用习惯等都与输出国目标读者的阅读表达习惯有较大的差距，从而影响输出图书在目标国家的读者受众，导致翻译作品在国外的关注和认可受到极大的影响。同时，一部分科技类等专业研究领域图书翻译出版，虽然科技类图书版权输出或合作出版语种多为英文，但这类图书译者不仅要具备较高的外语水平，同时还要具备丰富的专业知识，在此情况下原作者则是译者的最佳选择，但作者常常由于时间投入等各方面的因素无法进行图书的翻译，这就为出版社提出了更高的要求，因此，科技类或专业出版社需要不断积累各方面专业领域翻译人才，从而确保科技类图书翻译出版的准确性。

目前，我国年版权贸易总数近30 000项，输出国家覆盖超过100个，输出语种涉及50余个，每年在海外出版的图书层出不穷，因此对于翻译人才的需求极大，尤其是在我国与"一带一路"国家大力开展出版交流合作的情况下，小语种翻译人才更是亟需解决的问题。出版社需要在积累有良好中文基础的外国国籍翻译人才、翻译家、汉学家的同时，长期培养对各国文化背景熟知的国内翻译人员，做到中外翻译人才有效配合，同时加强翻译质量审读，实现出版走出去的翻译内容既能够达到忠于原文，又能符合目标读者的阅读表达习惯，使海外读者更易于接受。

（二）拓展海外宣传途径，加大海外宣传力度

目前，虽然每年有一些中国图书会在海外获得一些奖项、得到主流媒体推介或产

生一定影响，但图书市场的国际竞争日益激烈，中国图书尚未在海外市场形成大气候，尤其是在欧美等出版大国中，海外图书翻译出版的市场占有率极小，因此，海外宣传推广是提升图书海外关注度和国际影响力的重要手段。《中国出版传媒商报》一项数据调查显示，在受访的70余家国内外出版社中，近90%出版社表示是以合作的海外出版社为主力，通过国外书业媒体和社交媒体宣传的书业机构占比超过50%，通过社会性媒体宣传的机构数量不足50%。从出版物在海外效果情况看，86%的机构注重社会效益和经济效益"双效益"并重的效果，其中得到书业媒体及社会媒体宣传或进入当地榜单的书业机构等代表市场化程度指标的机构占比均不到50%。同时，该调查还对出版机构在海外宣传方面投入的资金额度进行了调查，数据显示，超过60%的机构在版权输出或制作出版协议中规定以资源互换的形式进行宣传，出版机构不单独投入资金；全年投入在5万元以下的约占30%，在有资金投入的选项中数量最多。

国内出版机构应加强市场化运作意识，针对各类图书主动开展专业化宣传推广，增加宣传推广资金投入力度，积极邀请各领域专业人士在专业媒体、报刊发表书评；在重点海外平台进行广告投放；积极参加国际学术会议、高校研讨等专业学术研讨，并对图书进行宣传；增加海外社交媒体，如推特、脸书等宣传推广；通过翻译制作样章、样书、制作宣传册等积极推广等，不断加大海外推广力度，提升中国图书的海外关注度和影响力。

（三）加强走出去效果评估，增强出版走出去实效

经过多年发展，出版走出去目前已进入提质增效阶段，建立一套科学合理、可量化、可行的效果评价指标体系是当前的一项重要工作，从而检验出版走出去的实际落地效果，为政府顶层设计提供有效数据支撑，为企业决策实施提供行动指引。图书是跨文化传播的重要载体，出版走出去是跨文化传播的重要形式，是向世界讲好中国故事、传播好中国声音的重要手段。出版走出去效果评估体系应从通过出版物版权输出、实物出口等数量指标评价体系判断走出去效果，向建立社会效益和国际影响力指标评价体系转变，从而更好地反映中国出版走出去的落地效果，切实提升国际传播能力和中国文化软实力。

从出版走出去领域划分，可以版权贸易、实物出口、数字产品走出去、企业投资和本土化、渠道拓展等作为一级指标，将经营状况、国际影响力、价值引导，即经济

效益、社会效益和国际传播能力等三个维度作为二级指标，将数量指标、质量指标、实效指标、成本指标、经济效益指标、社会效益指标、可持续影响指标等作为三级指标进行评价。如，在版权贸易指标中，可设立版权输出数量、版税收入、国际一流出版机构合作数量、海外出版数量、外文版图书海外销售数量、外文版图书海外销售金额、版权输出海外国家和地区覆盖数量、外文版图书海外译者数量、海外宣传推广数量、重点海外媒体推介次数/篇数等具体指标，为优化版权输出语种、品种及区域结构等提供数据支撑；实物出口指标中，设立实物出口数量、实物出口金额、海外实际销售数量、海外营销渠道数量、主流营销渠道数量等指标，提出分类、分国别拓展海外营销渠道策略；数字产品走出去设立数字文献数据库出口数量、电子书出口数量、数字产品海外收入、海外用户数量、海外用户点击阅读量、海外用户付费下载量、数字资源平台建设数量、海外主流平台合作数量等进一步打开数字产品走出去新局面；企业投资和本土化，设立海外投资规模、企业经营收入、人员本土化规模、产品本土化规模、营销网络本土化数量、主流媒体关注度、本土化产品影响力等指标，不断优化企业投资、经营方向，推动走出去向走进去的不断深化；渠道拓展方面，通过设立海外中国书架数量、中国书架落地国家数量、向海外供书种数、向海外供书数量、中国内容图书销售数量、参与海外重点国际书展数量、举办中国图书海外展览展销数量、中国图书国际影响力等，力图以多维度、多角度、多层次的指标评估分析，为出版走出去提供数据支撑，进一步推动出版走出去高质量发展。

参考文献

［1］中华人民共和国国民经济和社会发展第十四个五年规划和2035年远景目标纲要.

［2］出版业"十四五"时期发展规划.

［3］戚德祥，许琴，孙红.中国出版走出去效果评估体系构建：原则、框架与路径［J］.出版发行研究，2021（10）：62-68.

［4］渠竞帆.73家出版机构调查采访：中国图书走出去有四大痛点［N］.中国出版传媒商报，2022-06-11.

（刘莹晨　中国新闻出版研究院）

第四编

中国香港特别行政区、澳门特别行政区、台湾地区出版业发展报告

2021年中国香港特别行政区出版业发展报告

2020年底暴发新冠肺炎疫情以来,情况反复不定,严重影响香港社会的正常生活,以及与境外的经济活动,出版业也难幸免。香港出版业在跌宕动荡中前行,在困境中寻求生存空间。进入2021年以来,疫情稍为稳定,出版业一面为适应形势而自我求新,一面趁机推动内部转型。香港最庞大的出版集团——联合出版集团并入文化央企紫荆文化集团,为香港出版业注入新能量。

一、在克服疫情中奋力前行

(一)继续努力争取政府支持

2020年因疫情缘故,香港书展史无前例地两度被迫取消。书展是出版业界每年最重要的销售平台,临时取消一方面严重影响业界生意,一方面让已投入布展的参展商损失惨重。香港出版总会率业界代表向政府反映,努力争取书展补偿,最终政府愿意给予支持,津贴每位参展商的参展费上限10万。这笔津贴延至去年书展使用。另外,出版总会又努力向政府商经局争取,获得局方发放1.5万元津贴予每名参书商,资助"开拓网上等其他渠道促进销售",支援及鼓励业界转型;总会争取到政府同意将"中小企市场推广基金"套用于香港书展项目。以上均有助于减轻参展商的开支。

(二)恢复举办香港书展,线上线下同步举行

2021年疫情稍见平稳受控,香港书展恢复举行。书展是文化盛事,可说是万众期

待。但要举办一场既安全又热闹的书展，是主办方面临的最大挑战。书展按照政府严格的防疫措施执行，包括：入场需配戴口罩、控制人流与人数、入场读者要打两针、严禁场内饮食、参展商工作员需每天快检等，最终书展获得圆满成功，参展人次达83万，达到了预期目标。本次书展由于获得政府资助参展费，吸引了一些小微出版社、独立出版社首次参展，书展面貌与内容更是百花齐放。

配合疫情下线上商贸趋势，书展主办方同时增加了网上展销App，实行线上下同步，供出版社上载新书和活动资讯，令书展更充实。联合出版集团旗下的文化电商平台"一本"，于香港书展期间也同步举办全港最大型网上书展。

（三）举办"国际童书出版论坛"

为保持与各地出版业的联系和接轨，香港出版总会于书展期间，特别举办了"国际童书出版论坛"，邀请不同国家和地区的业界精英担任讲者，包括：国际儿童读物联盟主席张明舟致辞、内地接力出版社总编辑白冰、台湾小天下出版社总编辑李党、英国DK出版社中国及东南亚销售总监Caroline Purslow、香港新雅文化董事总经理兼总编辑尹惠玲，共同探讨国际童书出版业在疫情之下的最新发展。出版总会会长李家驹会前致辞，认为香港儿童普遍阅读能力不错，但阅读兴趣则有待提高，并期望香港与各地出版界日后能维持持久的沟通和合作，为需求正旺的童书提供更多创意与点子。

（四）国际书展的"香港馆"取消或转线上

由于香港防疫要求较高，回港人士需要进行14天隔离，加上外地疫情仍然严峻，出版界虽获得"创意香港"支持，计划在一些国际书展设立的"香港馆"也无法成行，包括：意大利波隆那、广州南国书香节、北京、法兰克福等。部分只能转为参加网上书展。取消香港馆一定程度影响了业界交往和洽谈版权的机会。

（五）"香港出版双年奖"成功举办

第3届"香港出版双年奖"颁奖典礼定于2021年7月14日即书展期间成功举办。活动继续获得行政长官林郑月娥女士担任主礼嘉宾，并邀请社会各界人士莅临颁奖典礼，一同见证本地及华文出版界盛事。项目筹委会主席兼总会会长李家驹赞扬是届参选作品水平超卓，寄语出版界同业把握香港的优势，勉励同业在香港新定位上扮演重要角色，携手再创高峰。

（六）推行"阅读先导计划"

业界与康文署合作的"阅读先导计划"有序进行。此计划主要目的，是配合香港图书馆电子化发展，并促进读者运用网络资料借阅图书，推广阅读。业界为图书馆提供已采购图书的电子资料及阅读活动的视频，康文署为出版界提供一定的资助。项目委托香港版权协会为执行机构，第一、二期拨款已完成，双方合作愉快，均满意进度和成果。项目加强了业界与康文署的协作关系，不仅有助促进香港阅读，特别是疫情下线上阅读的需要，同时能给予业界一些金额资助，可说一举两得。

（七）获奖备受认同

2022 年香港出版迭获佳绩，获得一些国内和国外图书奖项，包括：香港教图公司的《活学普通话》获国家教育部评选优秀教材，是港澳地区唯一获奖的教材。此外，中华书局出版冼玉仪教授的《穿梭太平洋——金山梦、华人出津与香港的形成》，获得韩国主办的第 1 届亚洲图书奖的"年度最佳亚洲图书奖"（人文及学术书籍）。这些成绩反映了香港出版所具有的创意和水平。

二、业界的变化与整合

在持续的疫情影响下，经营条件转差，业界有不同的反应，有的选择结束，有的选择改造提升。

（一）结业与开业

2021 年有多家书店先后结业。屹立香港 33 年的教育出版社"小树苗"，是香港活跃的童书出版社之一，宣布于2021年年底结业。此外，还有多家独立书店结业，包括已逾60年历史、主打二手书的精神书局、独立英文书店"清明堂"，以及设于南丰纱厂内结合咖啡店和书店的文化空间Book B等。以上各书店结业，应当与持续的经营条件转差，以及社会情况变化有关。

在疫情下，联合出版集团则借机为书店重新布局，提质增效：一方面，因处所长期暂停开放，将多家位于公立图书馆、博物馆与香港戏曲中心的书店停业；另一方面，积极开设新型书店，包括：尖沙咀商务印书馆图书中心，以全新形象亮相，线上线下协同运营，旨在打造"城市会客厅、书店样板房、文化人直播室、读者打卡地"；重新布局青衣三联全新形态社区书店，服务在地社群；又在部分实体门市引入网上自助业务和机器人服务，以科技和创意为书店赋能；将深圳"本来书店"升级为"联合书店本来艺文馆"，与广州联合书店携手打造湾区特色书店。

（二）老牌童书出版社甲子庆典

在小树苗出版社结束营业的同时，本港另一家重要的童书出版社——新雅文化事业公司去年则迎来甲子庆，矢志加强发展，服务社会；该出版社伴随几代人成长，影响了香港几代读者。新雅以"童心出发，创造未来"为主题，强调初心不变。在60周年庆典活动中，邀请了政府局政局、立法会议员、学者专家，以及不同年代的新雅领导人参与，一起回首当初，细说新雅图书对自身成长的影响，同时见证出版对于时代和社会的文化价值。

（三）联合出版集团发行与零售整合

联合出版集团继2020年将三中商书店组成联合新零售公司，加强统一管理，产生更大协同效应后，去年进一步推进2.0版改革，将零售与发行物流板块整合，优化布局，提质增效。改革后，联合出版集团旗下接近50家书店，与发行形成书业矩阵，在香港以至大湾区将产生更重要的影响力，服务业界和社会。

（四）加强跨界合作，拓展空间

出版能提升社会的文化素质，跨界别合作极为重要。去年，联合出版集团先后与多个重要社团和机构达成策略合作协议，推广阅读和文化发展，包括：与香港最重要的教师团体——香港教育工作者联会签订战略合作框架协议，双方合作打造"教师生活馆"，于2022年7月开馆，为香港教师提供丰富多彩的生活服务和文化体验；联合出版集团又先后与中银香港、中国太平、中石化（香港）、中国移动香港、浦发银行等多家重量级机构开展战略合作，共同服务社会，为"一国两制"行稳致远加油助力。

（五）首个出版资助计划圆满完成

为突破本港市场狭小的制约，香港出版总会推动了"想创你未来——初创作家出版资助计划"。项目获得创意香港的支持，资助初创作家出版，出版具有创意、多元而立体的作品，一方面补足现有出版的缺门项目，一方面助力培育初创作家，为香港出版增添活力与作者资源。

获选项目可获得最高50万元资助，可用于创作、出版纸本书、编制电子书和有声书，以及推出各种知识付费服务，也可用于推广和参加境外国际书展，以促进版权输出，开拓国际市场，转型升级，进一步提升香港作为华文出版中心的地位。项目于2020年启动，经过专业评审后选出9个出版项目。初创作家与出版社在专业、资深出版人指导下，新书于去年书展前已全部出版。为扩大宣传，项目筹委会举办了新书发布会。获得资助的新书与作者在香港书展及海外国际书展展出宣传；部分图书畅销并多次重版，有的则已售出版权或获得图书奖项，成绩令人鼓舞。

（六）加强与内地融合及合作

香港出版业由于市场狭小、成本攀升等现实困难，发展受限。为此，香港出版总会响应业界诉求，积极推动拓展内地图书市场。在国家有关部门的大力支持和积极协调下，出版总会获准遴选符合资格的香港出版社与广东相关出版社开展合作，推动在内地出版发行图书。计划目标是：①加强香港出版界与内地同业合作，出版适合内地读者的图书品种，扩展出版版图，丰富内地出版市场，达成互助及互补的效果；②通过两地业界的出版合作与努力，加强文化与阅读的交流，促进知识普及与传播；③香港出版物获得内地出版的机会，促进香港出版业发展，加强培育新作家。

香港出版总会为项目的统筹机构，负责制订框架与施行步骤，于2021年底推出。广东省三家出版社参与，给予最多60个书号，供香港符合资格的出版社申报选题。第一批图书预计在2022年底出版。此计划意义重大，一方面加强了两地出版合作，一方面有助于拓展香港出版市场间隔。

香港出版界一直重视拓展内地图书市场，并积极配合香港融入国家大局。如何促进港版图书进入内地市场销售，是香港出版界关心的课题。为便利港版图书进入内地市场，为内地提供优质港版读物，同时推动两地出版业深入交流合作，香港出版总会应会员要求，向内地拥有图书进出口许可权的机构调研相关情况后，草拟了《便利港版图书进入内地市场有关指引》。《指引》根据国家进口境外图书有关法律法规，结合内地进出口图书公司多年的工作经验整理而成，内容具体和实用，供业界参考。

三、履行社会责任

（一）团结业界，出版选委顺利诞生

在完善选举制度下，出版界在"体育、演艺、文化及出版界界别分组"（简称为"体演文出"）中获分配7个选委名额。香港出版总会被特区政府肯定，授予为"体演文出"之指定团体，可提名3名选委。出版总会考虑到，代表出版界的提名选委需有较广泛的代表性，遂提名香港出版总会、香港图书文具业商会，以及教育出版界各一代表担任选委。最终，香港出版总会会长李家驹、香港图书文具业商会会长吴静怡，以及香港教育图书零售业商会会长黄钲凯获业界推选。其后，4名业界代表，包括：香港出版学会会长尹惠玲、香港出版总会副会长苏惠良、资深传媒人卢永雄、香港印刷业商会副会长杨国强竞选胜出，担任出版界选委。7人将代表出版界在2021年立法会和2022年特首选举中投票。同年12月，霍启刚先生以大票数获选为立法会"体演文出"界别的议员。

(二) 为业界向政府提出诉求

经历近几年疫情的煎熬，加上图书出版的经营持续下行，出版界一直向政府提出强烈诉求，期望推出"短期资助，中长期扶持"的政策。在出版选委诞生过程中，业界形成了政纲共识，包括以下八项：

①配合国家规划，推动香港成为"中外艺术文化交流中心"，争取更多便利出版及印刷界进入内地发展的条件；

②要求设立"文化体育旅游局"，制定长远产业政策，重视和支持出版业成为重要的文创产业之一；

③争取政府成立"出版发展基金"，推动业界有效升级和转型；

④面向数字时代，争取政府投放更多资源，协助业界发展数字出版和网销；

⑤争取政府持久资助香港书展租金及出版业参与国际书展；

⑥提升阅读气氛，打造书香城市，向"全民阅读"目标努力；争取政府提高公共及中小学图书馆的年度购书预算；

⑦促进政府重视与教育出版界的伙伴关系，在课程规划、教科书送审和出版、电子学习上加强沟通协作；

⑧应对行业转型，加强人才培训。

业界选委会按此努力争取，向上反映，为出版业界争取合理的权益。

(三) 解读"十四五"规划的内涵与意义

国家第十四个五年发展规划，为香港融入国家发展大局提供了广阔空间和重要机遇，充分体现了中央对香港的坚定支持和对港人福祉的高度重视。为助力业界人士把握这重要的发展机遇，更好融入大湾区发展格局，开拓业界自身发展空间，香港出版总会、香港图书文具业商会、香港书刊业商会举办"'十四五'规划与业界新机遇"分享会，特邀中联办宣传文体部领导、商务及经济发展局副局长陈百里博士、立法会议员马逢国先生解读和分享国家"十四五"规划纲要以及规划中涉港内容的深远含义，以便业界人士在融入大湾区发展方面打开思路，拓宽视野，把握先机。交流会参与者众，反应热烈，圆满成功。

四、勉力推广阅读

（一）"全民阅读调查"与"自家慢读"

香港出版学会多年来进行"香港全民阅读调查"，追踪阅读的情况与趋势。2021年，学会成功访问了2 040名10岁至84岁的市民，以了解他们的阅读习惯。调查结果显示，市民阅读习惯较疫情前总体有所上升，七成半受访者保持纸本阅读的习惯，阅读时间较疫情前上升近一成；有电子阅读习惯的受访者达七成，其中近七成更认为使用电子媒介增加了他们的阅读时间。调查结果反映了纸本阅读和电子阅读两者相辅相成下，有阅读习惯的市民以及阅读时数都正在增加，结果算是正面，符合预期。出版业界呼吁政府与各界持续携手推动全民阅读风气，正视"电子阅读"的现象和趋势，并需特别关注青少年的阅读习惯，培养电子阅读素养。

出版学会与出版总会于去年世界阅读日，继续大力推动"自家慢读"行动，邀请作家、知名人士牵头在网页分享阅读，鼓励市民留家避疫时享受慢读乐趣，借以减压并净化心灵。阅读工程是细水长流、润物无声的事业，业界会努力坚持下去，进一步推动政府牵头，社团支持，民间参与。

（二）《读书杂志》创刊

阅读与出版息息相关，培养阅读风气是出版人应有之义。有感于香港长期缺少高质素的阅读杂志，去年三联书展启动《读书杂志》创刊筹备工程。《读书杂志》以"文化清泉"为定位，配合香港图书百花齐放的特色，为读者推介阅读主题、书评和文化阅读话题。香港书展前夕推出了"试刊号"，获得外界的肯定和赞誉。其后陆续出版两期，主题分别是："香港的前世今生——物质与非物质文化遗产""东×西——衣食住行中的中西文化体验"。《读书杂志》是出版界推广阅读的平台，期待能进一步有效团结作者、出版社和读者，为提升社会文化与阅读素质作出贡献。

(三) 推广阅读的其他重要措举

在疫情下，出版界为推广阅读而努力不懈。联合出版集团举办"书香万家"大型文化公益活动，赠送逾万册精品图书至学校和社区。集团成立的SUPer青年营，设立"行走的图书馆"公益图书车，驶进全港各区中小学校举行书展；又与"团结香港基金"、香港教育工作者联会等合办四场"香江阅读论坛"，由多个网络平台同步直播，联通线上线下，推广阅读。新民主致远基金会"悦读社区"定期举办社区书展和主题漂书，介绍当代国情。

五、出版风貌与特征

(一) 出版量

去年疫情较为缓和，出版社出版量同比略有增加，但与正常相比仍较为审慎。根据香港康乐及文化事务署辖下公共图书馆的"书刊登记组"（负责管理国际出版书号的政府部门）数字，2021年全年登记的新书书号（中英文，卖品）共9 520种，相比前一年的7 548种，增加了1 972种。其中中文图书出版量较高的三个类别，分别是教科书、文学、儿童和青少年读物；英文图书出版量较高的两个类别，分别是教科书、儿童和青少年读物。同比出版量增加，估计应与去年香港书展能如期举行有关，特别是6月至7月的出版量。维持较合理的出版量，是业界保持体质的重要因素，也反映了业界对未来的信心度。

(二) 出什么书？

2021年值得一书的，是有关"主题出版"，多家出版社致力于讲好香港故事、中国故事的题材，以传扬中华文化。去年有一些特色题目具有时代意义，较受瞩目的出版物有以下：

在"说好中国故事"方面，习近平主席多本重要著作的繁体版在港先后出版，包括：三联出版的《之江新语（精装）》、中华出版的《习近平谈一带一路（平装）》、《习近平谈一带一路（精装）》、《习近平调研指导过的贫困村脱贫纪实（平装）》、

《习近平调研指导过的贫困村脱贫纪实（精装）》、《论中国共产党历史（平装）》、《论中国共产党历史（精装）》、《习近平扶贫故事（平装）》、《习近平扶贫故事（精装）》、中和出版《论坚持全面深化改革（精装）》。以上系列出版，能加深港人对习近平主席思想的认识和理解，有助人心回归。对于中小学生，也有国情历史图书的出版，其中由中华书局出版的精美童书《我的家在中国》（10 册）系列，获得香港教育局的认可，采购以赠送全港中小学生。

在"说好香港故事"方面，有中华书局与团结香港基金合作的《香港志》，堪称传世出版工程。此系列有 10 个部类，66 卷篇目，近 300 个单元，约 2 500 万字，预计 2027 年香港回归 30 周年时全部完成。2021 年，《香港志·总述大事记》及《香港参与国家改革开放志》率先出版，为此项大型文化工程开启序幕。另有由三联出版的《我住在这里的 N 个理由》及《香港特别行政局维护国家安全法读本》。前者由旅居内地的日本导演竹内亮撰写，以外国人眼睛描绘中国最新的发展，值得关注，此书尝试以国际读懂、易接受的话语方式表述。后者由一批内地法律专家执笔，是深入浅出地解读国家安全的普及作品，可读性高。去年由三联出版的《保育黄霑》引起了文化界的热议和关注。香港著名文化人黄霑先生于 2004 年去世后，多位学者启动了"黄霑书房"计划，整理他的专栏文章、学术论文、手稿、乐谱、传真、信件等珍贵文献，不止是向黄霑先生致敬，还借此反映香港时代与文化的流变。

2021 年适逢东京奥运会，香港运动员获得有史以来的佳绩，为港增光、激励人心的国际级运动员如张家朗、李慧诗都出了新书：《剑击成就了我——奥运冠军张家朗》与《身上每道伤疤》，细说运动员的奋斗故事和心路历程。

六、改革教材出版

（一）"公社科"取代"通识"，需重新送审教材

香港教育局下定决心，颁布新课程"公民与社会发展科"，取代新高中"通识教育科"。新科维持核心与必考的安排，改为合格与不合格评级，并规定新科目的教科书需

要通过送审，才可供应学校使用。课程于2021年9月在校推行，教科书编写与出版要待2022年才获准分批送审。换言之，学校开始采行公民与社会科时仍缺教材，因此教育局"破天荒"地自编教材，供应学校使用。出版社围绕新课程重新编订新科教材，预见市场会重新洗牌。

（二）其他教育出版热点——国安教育

政府颁布国安法之后，香港教育局要求学校在2021至2022年间全面落实推行国安教育。国安教育是重大的议题，一些出版社应社会需要而策划编制。去年，联合出版集团旗下的香港教育图书公司，与香港教育大学开始协商，一面设计适用于基本法和国安教育的课程框架，一面着手编订由小学至初中的教科书和教材；期待在2022年分阶段推出小学教科书，应学校所需。

七、结语："行之不辍，未来可期"

"得道者天助之"。外部环境时不与我之时，更应决心自我革新与提升。疫情使生活与经济模式转变，与其等待恢复正常，不如主动求变。物竞天择，适者生存，与时并进，从来都是硬道理。

回顾2021年业界发展历程，深刻体会到这恒常不变之道。出版是为社会而生，需迅速回应社会所需，配合社会与文化的发展。近两三年来面对各种挑战，香港出版业界更清醒、更自觉、更团结。今后，聚焦推广阅读、追求转型提升、开拓境外市场，加强与内地融合，是香港出版界未来应行、可行、要行的出路。

执笔之际，已是2022年8月。今年刚始，即暴发了第五波疫情，变种病毒出现，是始料未及之事。迎来香港回归25周年之际，社会渐趋稳定平和，共识是要尽力追赶之前泛政治引来的落后。套用习近平主席出席香港回归庆典时的赐言，正好供出版与社会各界共勉，只要拥有自信，"行之不辍，未来可期"。

（李家驹　香港出版总会会长）

2021年中国澳门特别行政区出版业发展报告

　　2021年，在新冠肺炎疫情的持续影响下，澳门特别行政区的财政收支大幅减少，部分政府部门为节省开支，转为线上出版模式。由于文创社团失去政府资助，对出版图书带来一定的经济压力，社团出版物的数量大减。虽然如此，作者因为疫情而减少出门，有更多时间及灵感进行创作，并以自费及电子书的模式出版书刊。以下为2021年度澳门的出版概况。

一、出版物统计

　　本统计的数据源主要是综合了澳门公共图书馆、澳门大学图书馆及澳门主要出版机构网上目录而得来的。截至2022年6月24日，2021年出版数量，分别有992种图书及7种期刊，共计999种，比较2020年出版的图书961种，期刊15种，其中图书增加了16种，期刊则减少8种。本年度有申请国际书号图书801种及国际期刊号16种，共计820种。较去年753种图书增加48种，而期刊只减少了1种。在澳门，2021年每天约有2.737种书刊出版。

　　本年度图书出版形态也有所改变，共有70种图书以电子书形式出版，较去年40种增加了30种，其中有59种申请了国际书号，较去年多21种。至于疫情期间仍保持较高的申请国际书号的数量，主要原因是有出版单位出版一套多册的学生教科书，共138种，而去年有74种，本年度大幅增加64种。

　　此外，在年度出版物方面，如年刊、年报等，计有202种，较去年239种减少了

37 种，是因为部分出版单位受疫情影响，没有举办年度的活动，因此没有出版年度的活动册。

其他特别类型的出版物有展览特刊 27 种、纪念特刊 22 种、视频光盘 19 种及会议论文集 13 种、法律文本 45 种、绘本 16 种、漫画 14 种、乐谱 2 种等。

二、图书出版情况

（一）主题分析的统计

表 1 为 2021 年澳门出版书刊按主题分析的统计表，可见文学类共有 206 种，排在榜首；第二为艺术类 98 种；第三为语文类 95 种；第四为教育类 84 种；第五为历史类 82 种；第六为法律类 69 种；第七为社会类 65 种；第八为经济类 55 种；第九为公共行政类 54 种；第十为宗教类 47 种。

表 1　2021 年澳门出版书刊按主题分析统计表

排行	主题	数量	百分比（%）
1	文学	206	24.1
2	艺术	98	11.5
3	语文	95	11.1
4	教育	84	9.8
5	历史	82	9.6
6	法律	69	8.1
7	社会	65	7.6
8	经济	55	6.4
9	公共行政	54	6.3
10	宗教	47	5.5
	总计	855	100

表 2 为 2020 年澳门出版书刊按主题分析的统计表，同比 2020 年前 10 个主题，科

学类书刊跌出前十位，其余只是在排名的位置有变动。排名上升的类别计有语文类，从第七位升到第三位；教育类由第五位升至第四位；法律类由第八位升到第六位；而下降类别中，社会类从第六位跌至第七位；经济类及公共行政类由第四位分别跌至第八位及第九位；宗教类由第八位下降至第十位。

表2 2020年澳门出版书刊按主题分析统计表

排行	主题	数量	百分比（%）
1	文学	172	20.4
2	艺术	135	16.0
3	历史	94	11.1
4	公共行政	72	8.5
4	经济	72	8.5
5	教育	58	6.9
6	社会	54	6.4
7	语文	52	6.2
8	宗教	51	6.0
9	法律	43	5.1
10	科学	41	4.9
	总计	844	100

（二）主题内容分析

排在第一位的文学类书刊有206种，较去年172种，增加了34种，主要来自银河出版社、国际炎黄出版社、项狄文化传播有限公司等出版单位，出版内地作家的作品集，而英文作品则由澳门故事协会邀请国外作家在澳门出版，共10种；累计本地作家出版书刊有49种，约占本类别24%，比重不高，主要来自文化局、澳门基金会、文学社团。以及本地葡文出版单位，如COD顾问有限公司、Ipsis Verbis、Livros do Meio（中之书）、PraiaGrande Edições, Lda、东方文萃等，包括葡文作品13种；还有网络作家程裕升继续出版其网络小说"金山：赵诧利传奇"系列，本年度已出版了24集。

排行第二的为艺术类书刊98种，较去年135种，大幅减少37种，正好见证了疫情之下，不少艺术展览活动停办，如本年度出版的展览目录有24种，较去年少了7种。

私人出版社，主要以中国艺术出版社、中国艺文出版社等单位出版内地艺术家作品集为主；政府部门以澳门基金会出版"澳门艺术家丛书"10种及文化局8种。至于艺术类书刊的主题，以中国书画17种为最多、摄影集16种次之、西洋画及国画各14种再次之、漫画及绘本共12种、书法作品有9种，其他还有艺术总集、版画、陶瓷、视觉艺术及设计、茶艺、花艺等主题。本地艺术家作品有71种，占71.7%。较去年96种（70.6%）略微上升1.1%。

排第三位的为语文类，共95种，较去年激增43种，主要内容为汉语、英语及葡语教科书，共81种，包括由教育及青年发展局出版的中国语文教材76种。此外，为打造澳门成为中葡平台，建立良好的外语学习语境，澳门理工大学共出版了13种葡语学习与中英翻译的书刊，部分更可免费在该校教学平台使用。

排第四位的为教育类，共84种，较去年增加了26种，主要内容为教育文集、教育机构特刊及年报、升学指南、教科书等。其中以澳门启元出版社出版的"小学常识"教科书36种为最多。教育研究则以高等教育研究4种为本年主要研究方向。

第五位为历史类书刊，共有82种，虽然较去年94种少了12种，但是仍以澳门历史研究为主流。主要的出版单位有：澳门理工大学中西文化研究所的抗战时期的澳门系列研究；文化局的大型历史展览、口述历史及历史研究丛书；澳门国际研究所的土生葡人的历史及街道掌故；文化公所的澳门口述历史丛书；澳门文物大使协会、澳门文遗研创协会及澳门遗产学会等社团所出版历史保育的研究论集。虽然历史类题材局限于澳门，但是作者在内容上引入较多新元素及第一手数据，加上排版精美悦目，有利于读者阅读及欣赏，在外销市场上有较好的发展。

第六位为法律类，共69种，较去年43种增加了26种，主要为澳门法律与法规专书，共计46种，占了法律类图书的66.7%。本年度有7种是为青少年编写的普法教科书，如"澳门基本法儿童绘本""宪法教育"；而为澳门法学学生编写的教科书有3种，由于澳门法律图书往往成为本地法律从业人士及修读法律系学生的教材与参考书，其中以澳门大学及司法培训中心出版的书刊，在本地市场有一定的需求，为书店业带来一定收入来源。而João António Valente Torrão更以个人自费出版10种法律电子书。

第七位为社会类，共65种，较去年增加了26种，半数是社团机构的特刊，共28

种,其他题材有预防滥药、负责任博彩等社会议题、青年政策、听障人士及智障人士家长教材套。

第八位为经济类,共55种,较去年72种,减少了17种,主要是统计暨普查局出版的统计调查、各金融机构的特刊及年报、经济研究等题材,由于政府资助收缩,过去几个重点经济研究社团出版量大减,如澳门经济学会、澳门学者同盟及澳门发展策略研究中心。本年度较有特色的出版物为中国与葡语国家经贸合作论坛(澳门)常设秘书处出版的10种葡语国家投资指南,充分体现澳门作为葡语国家的桥梁作用。

第九位为公共行政类,共54种,较去年72种,减少了18种。其作品内容以政府部门的年度工作报告及倡导政制为主,共计44种,其中审计署出版的多种审计报告最具参考价值。有关政论及政策研究的书刊只有7种。

第十位为宗教类,共47种,较去年减少了4种。

(三) 书刊出版的语种

在书刊出版语种方面,参见表3为2021年澳门出版书刊按语种分析统计表,本年度分别有中文681种、葡文88种、中英文73种、中葡文53种、英文49种、中葡英46种、葡英文3种,另有中法、中意西、中英西、中葡缅、中英藏及越南文各1种,少数语种的出版物以本地的东南亚外地劳工为对象。

表3 2021年澳门出版书刊按语种分析统计表

排行	语种	数量
1	中	681
2	葡	88
3	中英	73
4	中葡	53
5	英	49
6	中葡英	46
7	葡英	3
8	中法	1

续表

排行	语种	数量
8	中意西	1
8	中英西	1
8	中葡缅	1
8	越南	1
8	中英藏	1
总计		999

表4 2020年澳门出版书刊按语种统计表

排行	语种	数量
1	中	655
2	中英	99
3	葡	72
4	中葡英	55
5	中葡	47
6	英	43
7	马来西亚	2
8	中日	1
8	中英拉	1
8	葡英	1
总计		976

虽然澳门被定位为国际休闲中心，外资博企在澳门有一定的影响力，加上澳门为葡语地区交流的平台，理应出版较多的外文著作，可是历年来外文的出版物数量偏低，参见表5为2020及2021年澳门出版书刊中葡英三语种分析表，2021年总计有中文857种，占总体70.1%；葡文191种，占总体15.6%；英文173种，占总体14.2%。同比2020年中文为857种，占总体69.7%；葡文174种，占总体14.1%；英文199种，占总体16.2%。由于读者群偏向以中文为阅读媒体。中文出版物数量大幅拉开外文书刊，说明市场需求与政府的葡语推广政策仍有一定落差，未能有条件打进国际市场。

表5 2020及2021年澳门出版书刊中葡英三语种分析表

语种	2021年	2020年
中	857	857
葡	191	174
英	173	199
总计	1 221	1 230

三、出版单位类型及出版数量

（一）概况

表6为2021年各类型出版单位数量及出版数量统计表。可见本年度有271个出版单位，共出版了999种书刊。从不同类型出版单位的出版数量来看，第一为私人出版单位，共88个，出版389种；第二为政府部门，共46个单位出版书刊363种；第三为社团，共104个单位出版194种图书；第四为个人自费出版，共24人，出版41种；最后为学校，9个单位出版12种。同比2020年度，虽然出版单位数量轻微减少了17个，但是出版数量增加了23种。整体来说只有个人自费出版有上升，政府部门出版单位持平，但出版数量增加了58种，主要由于各部门为节省成本及传播力度更广，出版电子书刊方便更多读者阅读；而社团、学校及私人出版社因疫情及资助减少，暂不出版图书，所以均有下降。本年度再次出现私人出版社出版数量多于政府出版单位，说明澳门出版业已步入市场导向、企业经营的阶段。

表6 2020、2021年各类型出版单位数量及出版数量统计表

年度 出版单位类别	2021年 单位数量	2021年 出版数量	2020年 单位数量	2020年 出版数量
私人出版社	88	389	89	408
政府部门	46	363	46	305
社团	104	194	119	214
个人自资	24	41	19	24
学校	9	12	15	25
总计	271	999	288	976

（二）私人出版社出版情况

表7为2021年私人出版社出版数量排行榜（前五位）。本年度有88家出版单位，共出版了389种。较去年89家，出版408种，稍为下降一点，出版单位仍然以文化公所出版57种，排行第一；第二位为澳门启元出版社，共出版36种，主要出版小学常识教科书；第三位为上年排第二位的银河出版社，共28种，主要以中英对照出版国内新诗诗人的诗集；第四位为国际炎黄文化出版社，共23种，主要出版国内作者不同题材的著作；第五位为项狄文化传播有限公司21种，主要以简体字出版内地文学家的作品。可见出版规模较大的出版社，均以国内作者为对象，出版其著作。

表7　2021年私人出版社出版数量排行榜（前五位）

排行	出版单位名称	数量
1	文化公所	57
2	澳门启元出版社	36
3	银河出版社	28
4	国际炎黄文化出版社	23
5	项狄文化传播有限公司	21
总计		165

私人出版单位在最近三年有显著的增加，而且出版数量已超越政府部门出版的图书，渐渐有走向市场导向的趋势。表7为2021年私人出版单位出版数量排行榜（前五位），共出版165种，占该类别的42.5%。表8为2020年私人出版社出版数量排行榜（前五位），共出版163种，占40%。

表8　2020年私人出版社出版数量排行榜（前五位）

排行	出版单位名称	数量
1	文化公所	54
2	银河出版社	36
3	微宏数据分折（澳门）有限公司	27

续表

排行	出版单位名称	数量
4	人民科学出版社有限公司	25
5	中国艺术出版社	21
总计		163

（三）政府部门出版情况

表9为2021年政府部门出版数量排行榜（前五位）。第一位为教育及青年发展局95种；较去年增加了49种，主要原因是该局出版大量的小学中文、葡文及爱国教育的教科书；第二位为澳门大学，共33种，主要为澳门大学图书馆出版的博雅讲座的DVD，14种；第三位为统计暨普查局，30种；第四为澳门理工大学27种，主要为葡文教材，并为节省开支，共出版了18种电子书；第五为为文化局24种，以艺术、文学、历史等学术著作为主；前五位的出版量总计为209种，占政府出版物数量的57.6%。表10为2020年特区政府部门出版数量排行榜（前五位），共148种，占48.5%。

表9　2021年政府部门出版数量排行榜（前五位）

排行	出版单位名称	数量
1	教育及青年发展局	95
2	澳门大学	33
3	统计暨普查局	30
4	澳门理工大学	27
5	文化局	24
总计		209

表10　2020年政府部门出版数量排行榜（前五位）

排行	出版单位名称	数量
1	教育及青年发展局	46
2	统计暨普查局	31
3	文化局	25

续表

排行	出版单位名称	数量
4	澳门理工大学	24
5	澳门大学	22
总计		148

(四)社团出版情况

表11为2021年社团出版数量排行榜(前五位),第一位为澳门国际研究所17种;第二位为澳门故事协会10种;第三为澳门聋人协会8种;第四为澳门中华传统文化学会7种;第五为圣公会港澳教区5种,首五位共计出版48种,占社团出版数量的24.7%;表12为2020年社团出版数量排行榜(前五位)。同比去年61种,占28.5%,减少3.8%。

表11 2021年社团出版数量排行榜(前五位)

排行	出版单位名称	数量
1	澳门国际研究所	17
2	澳门故事协会	10
3	澳门聋人协会	8
4	澳门中华传统文化学会	7
5	圣公会港澳教区	6
总计		48

表12 2020年社团出版数量排行榜(前五位)

排行	出版单位名称	数量
1	澳门国际研究所	16
2	思路智库	10
3	澳门智慧人文励政会	9
4	澳门池畔书艺研习社	6
5	圣公会港澳教区	4

续表

排行	出版单位名称	数量
5	澳门中华学生联合总会	4
5	澳门出版协会	4
5	澳门明爱	4
5	澳门书画艺术联谊会	4
总计		61

(五) 个人自费出版情况

2021年个人自费出版数量是历年之最，共24人41种，较去年19人24种为多。第一位为自费出版葡文法律专著，第二位为网络小说，第三位为文学作品。基本上前三位的作品均为电子书，共计出版20种，占出版数量的48.8%。

(六) 学校出版概况

本年度的学校出版物数量不多，内容以学校毕业特刊及学校的学生作品为主，受疫情影响，为了节省成本，部分转为电子版发行，加上学校出版物为内部发行，有部分出版仍未收集得到，需要日后再作补充。出版数量最多是澳门大学附属应用学校，出版3种书刊；排第二位的为澳门国际学校，共2种；其他学校，包括：澳门坊众学校、氹仔坊众学校、澳门粤华中学、广大中学、澳门培正中学、鲍思高粤华小学、镜平学校各1种。

四、新成立出版单位情况

2021年，澳门共有新成立出版单位54家，包括个人自费出版19个（2020年为16个）、社团17家（2020年为16家）、私人出版社17家（2020年为22家）、政府部门1家（2020年没有新出版单位）。同比2020年54家，数量持平。

五、报纸及期刊出版情况

澳门出版的报纸及期刊约有 200 种,大部分以机构的通讯为主。其中较重要的有报纸 10 种及期刊 30 种,题材以澳门旅游、时事为主。学术期刊有 60 多种,内容以文史研究、法律、经济、教育等类别为主。澳门大学图书馆将 60 种较重要的学术期刊编入澳门期刊网的电子检索系统内,可供读者查阅。

本年度澳门镜湖护理学院出版中心、中西医结合护理杂志社主办,珠海市人民医院、珠海市护理学会承办的"京澳珠护理科研暨护理学术期刊创新发展论坛"于珠海市人民医院召开,主办双方签订《中西医结合护理》与《澳门护理杂志》合作协议。

2021 年创刊的期刊有 7 种。对比 2020 年 10 种,减少了 3 种,只有 1 种申请 ISSN 号码,本年度创刊的期刊不多,其名单可参见表 13 的 2021 年创刊的报刊名单。

表 13 2021 年创刊的报刊名单

期刊名称	责任者	出版单位	出版日期	刊期	ISSN
ZA 志	发掘(澳门)有限公司	发掘(澳门)有限公司	2021	不定期	27885437
作·主青年	天主教澳门教区	天主教澳门教区	2021.03.19—	月刊	
黄洁贞立法议员第 6 届立法会第三会期工作汇报	黄洁贞立法议员办事处	黄洁贞立法议员办事处	2021	年报	
剧场·生活·观察	澳门卓剧场	澳门卓剧场(Dirks Theatre)	2021	季刊	
澳门美术	社长徐永智	中国艺文出版社	2021.07	双月刊	
亲职教育中心通讯	教育暨青年局亲职教育中心	教育及青年发展局	2021.03—	季刊	
体报	粤澳传媒(澳门)有限公司	粤澳传媒(澳门)有限公司	2021.09.18—	周刊	

六、出版业界交流

澳门从事图书出版及销售的从业者不足2 000人，分别在近300多个出版单位工作。其中有近40%为社团及业余性质的出版人。另约有500人从事报刊的出版与编辑工作。

澳门每年的三次大型书展，分别在3月、7月及11月举行，先后由澳门出版协会及一书斋举办，每次均展出逾万种图书，平均每次入场人数约2万人。其主要客源为图书馆及个人读者。本年度增加一场"首届'南国书香节'澳门分会场"书展，展出内地和澳门新图书1 000多种。

在推广交流方面，本年度澳门媒体涉台报导负责人参访团到访湖南日报集团；同时分别参加"第28届北京国际图书博览会的云书展"、广州的"南国书香节"、"第31届香港国际书展"，向内地及海外读者推广澳门的优秀出版物。此外，业界为全面开展粤港澳大湾区的出版业务，开展了不少合作的项目，包括：由广东省出版集团、南方出版传媒股份有限公司和澳门文教出版协会联合主办的"二〇二一粤澳合作出版成果发布会"；澳门濠镜文化传播有限公司与培生教育出版亚洲有限公司组建的培文出版社有限公司签订合作协议，期盼在湾区内推动英文教材出版业务；广西师范大学出版社集团与文化公所合作共建的澳门分社，近日成功入选商务部主办的2021至2022年"国家文化出口重点项目"；图书馆业界接待青岛出版集团，探讨如何有效提供图书馆采购服务。

七、书店业

2021年，虽然受到疫情及游客减少的影响，澳门书店业的格局基本依旧，没有太大变化，只有1家书店"慢调书旅"结业，目前共有门市书店及代理公司38家，包括澳门文化广场（2家分店）、澳门星光书店（2家分店）、宏达图书中心、浸信书局、圣保禄书局、葡文书局、文采书店、一书斋、珠新图书公司、信息店、环球书局、耶路撒冷书城、活力文化、新城市图书中心、环亚图书公司、大丰啤令行、竞成贸易行、学术专业图书中心、澳门政府书店、知乐馆、大众书局、悦学越好有限公司、井井三一儿童绘本书屋、正能量书房、游乐、文化公所、边度有书、愉阅屋、开书店、鞠智绘本屋、新桥荣德书店、艺文书局、吸引力书店、RS485一人有限公司、成翰一人有限公司（没有门市）及凼仔龙环葡韵内的万象画廊书屋。澳门的二手书店约10家、漫画店约12家（老地方漫画店、一雄动画漫画游戏专门店、漫画馆、漫画Teen地、四人帮漫画店（宏开）（中星）、漫画1/2、少年漫画、达富漫画、漫画馆（下环）（裕华）（贾伯乐）。部分玩具店及报摊，如Miku通贩、一雄玩具亦有少量漫画销售；报刊批发商约6家。不少书店为谋求多元化经营、在售书之外拓展其他新的业务，成为复合型书店。

由于受疫情影响，在线订购成为订购书刊的主要渠道，本地可直接在网上订购的书商有澳门政府信息中心（印务局）、澳门国际研究所、市政署、地图绘制暨地籍局、星光书店、学术专业图书中心、乐仁网上书店及文化局网上书店。本年度文化局及印务局联合推出了自助售书机，更方便读者选购两局出版的图书。

八、结　语

2021年，澳门图书出版数量近1 000种，而且新出版的单位亦是历年之第二位，可见业界于本年度延续2019年的升幅，有着快速的发展，可惜遇上疫情，澳门政府紧缩开支，减少对出版的资助，原预计在2021年的出版数量将有一定数量的减幅，结果并没有出现，这是由于作者转为自费出版及电子书形式出版。书店业由于没有受到旅客减少所影响，反而因为大部分读者都留在澳门消费，门市营销畅旺。面对疫情，澳门出版业将继续尝试以电子图书及纸本图书共同出版的模式，借着新媒体的优势，将产品推广至世界各地。总结2021年出版业界转以内地及香港合作出版形式，目标是打开粤港澳大湾区市场，业界更期望澳门出版的图书可以在横琴深合区发行，作为开展国内市场的第一站。

（王国强　澳门大学图书馆副馆长、澳门出版协会副理事长）

2021年中国台湾地区出版业发展报告

一、台湾地区出版产业整体概况

根据"新书资讯网·ISBN/CIP 各年度统计"的数据显示，2021 年申请 ISBN 之出版机构较 2020 年增加 179 家，台湾新书出版总（种）量，增加 22 669 种，新书成长率 64.69%，有显著回升趋势。2021 年申请 ISBN 新书 57 710 种，依图书资料类型区分，主要为纸本图书、电子书及有声书。其中电子书有 17 453 种，占年度新书总量 30.24%，另，2021 年有 40 家出版机构申请有声书 ISBN，出版有声书计 442 种，在疫情期间，有声书吸引了更多的消费者尤其是年轻人。相较于其他地区有声书的快速发展，台湾有声书尚在起步阶段，但成长速度也成为出版产业另一个焦点，博客来网络书店在 2021 年 10 月推出有声书服务，开馆后营收成长 6 倍多；读墨电子书平台统计在 2021 年上架的有声书增加 900 种，数量成长 67.6%，销售金额成长 92.5%。台湾有声书以往通常以光碟形式出版，近年来因应网络发达，数位有声书逐渐取代实体，2020 年申请有声书 ISBN 出版品仅个位数，2021 年已超过 400 种，在疫情期间，减少人与人接触就能取得阅读资源的需求下，以数字形式出版的电子书及有声书成为阅读首选，双双成为出版的新焦点。

表 1 是依图书馆分类来统计申请 ISBN 图书，2021 年计有 4 873 家出版机构（含政府机关团体、个人等）申请新书 ISBN，出版新书数量计 57 710 种。依照一般图书馆常用的分类，以总类、哲学类、宗教类、自然科学、电脑与资讯科学、应用科学、社会科学、史地/传记、语言文学、儿童文学及艺术类等分类统计，出版量最高的为"语言/文学"类图书，有 12 718 种，占全部新书总数的 22.04%；其他新书出版量占比超过一成的图书类型包括"社会科学"（10757 种，占比 18.64%）、"艺术（含各种艺术、娱

乐休闲等）"（9 516 种，占比 16.49%）及"应用科学"（7 352 种，占比 12.74%）。出版量最少的是"总类"图书（包括目录学、图书资讯及档案学、国学与群经、百科全书）有 493 种，仅占全部新书总数的 0.85%。

表1 申请 ISBN 图书统计——依图书馆分类法

序号	图书类别	年度 2019	2020	2021
		图书种数		
1	总类	530（1.44%）	316（0.90%）	493（0.85%）
2	哲学	1 706（4.63%）	1 799（5.13%）	2 663（4.61%）
3	宗教	2 094（5.69%）	1 974（5.63%）	2 964（5.13%）
4	自然科学	1 404（3.81%）	1 439（4.11%）	3 133（5.43%）
5	电脑与资讯科学	1 033（2.81%）	986（2.81%）	1 199（2.08%）
6	应用科学	5 654（15.36%）	5 328（15.21%）	7 352（12.74%）
7	社会科学	5 975（16.23%）	5 604（15.99%）	10 757（18.64%）
8	史地/传记	2 202（5.98%）	2 102（6.00%）	3 460（6.00%）
9	语言/文学	7 611（20.68%）	7 298（20.83%）	12 718（22.04%）
10	儿童文学	2 896（7.87%）	2 755（7.86%）	3 455（5.99%）
11	艺术	5 705（15.50%）	5 440（15.53%）	9 516（16.49%）
	合计	36 810	35 041	57 710

"语言/文学"类图书出版量向来独占鳌头，每年统计占比都超过二成，根据《110 年台湾阅读风貌及全民阅读力年度报告》显示，台湾 22 县市公共图书馆 2021 年借阅统计，"语言/文学"类图书也是民众最喜爱阅读的类型，包括各国的翻译小说、语言学习、散文、文学评论及诗词等，年度借阅册数逾 3 319 万册，借阅量占公共图书馆年度总借阅量近五成（47.57%）。另外，"应用科学""艺术"及"社会科学"在公共图书馆的借阅统计也同样受到读者欢迎。

表 2 是根据台湾出版业界常用的图书分类来分析 2021 年台湾的出版概况。根据表 2 可以发现，2021 年图书出版类型是以"考试用书（含升学、考试等参考用书）"最多（共 6 910 种，占全部新书总种数 11.97%）；其次分别为"人文史地（含哲学、宗教、史地、传记、考古等）"（共 6 534 种，占全部新书总种数 11.32%）、"漫画"（共

6 154 种，占全部新书总种数 10.66%）、"小说（含轻小说）"（共 5 895 种，占全部新书总种数 10.22%）及"儿童读物（含绘本、故事书等）"（共 5 759 种，占全部新书总种数 9.98%）等主题居多，不过在畅销书排行常见的"心理励志"与"商业管理"等两个类别的图书出版，都占全部新书总种数不到 5% 的比例。

表 2 台湾地区近三年（2019—2021）图书出版类型统计

序号	图书类型	2019	2020	2021
1	文学	2 351（6.39%）	2 252（6.43%）	3 302（5.72%）
2	小说	3 497（9.50%）	3 289（9.39%）	5 895（10.22%）
3	语言	1 054（2.86%）	1 048（2.99%）	1 321（2.29%）
4	字典工具书	119（0.32%）	107（0.31%）	122（0.21%）
5	教科书	1 938（5.26%）	1 910（5.45%）	3 883（6.73%）
6	考试用书	2 558（6.95%）	2 377（6.78%）	6 910（11.97%）
7	漫画	2 738（7.44%）	2 821（8.05%）	6 154（10.66%）
8	心理励志	1 361（3.70%）	1 601（4.57%）	2 331（4.04%）
9	科学与技术	2 146（5.83%）	2 156（6.15%）	2 787（4.83%）
10	医学家政	2 078（5.64%）	1 929（5.51%）	2 847（4.93%）
11	商业管理	1 492（4.05%）	1 193（3.40%）	1 763（3.05%）
12	社会科学	3 790（10.30%）	3 500（9.99%）	4 839（8.39%）
13	人文史地	4 269（11.60%）	4 177（11.92%）	6 534（11.32%）
14	儿童读物	3 887（10.56%）	3 937（11.24%）	5 759（9.98%）
15	艺术	2 806（7.62%）	2 507（7.15%）	2 957（5.12%）
16	休闲旅游	676（1.84%）	197（0.56%）	263（0.46%）
17	其他	50（0.14%）	40（0.11%）	43（0.08%）
	合计	36 810	35 041	57 710

根据台湾在《儿童及少年福利与权益保障法》第 44 条的规定，出版人应对出版物进行分级，因此"国图"书号中心会要求出版业者自行填写新书的"分级注记"与"适读对象"，由 2021 年申请 ISBN 的新书中，注记"限制级"的图书有 3 679 种，占

新书总种数约6.37%。表3整理了近三年台湾出版图书适读对象的统计分析，根据表3可以知道，在2021年的出版新书当中，属于"成人（一般）"类的图书最多（共有36 646种，占全部新书总种数的63.50%），而属于"青少年"类的新书则有8 150种，占全部新书总种数的14.12%，至于属于"成人（学术）"类的图书则只有5 493种，占全部新书总种数的9.52%，虽然台湾已经迈入高龄化社会，但是属于"乐龄"类型的图书却是最少，仅有55种，不到新书总数的0.10%。

表3 台湾地区近三年（2019—2021）出版图书适读对象分类分析

适读对象	图书出版适读对象分类数量与比例		
	2019	2020	2021
成人（一般）	23 728（64.46%）	22 746（64.91%）	36 646（63.50%）
成人（学术）	5 046（13.71%）	4 530（12.93%）	5 493（9.52%）
青少年	3 506（9.52%）	3 232（9.22%）	8 150（14.12%）
学龄儿童	3 441（9.35%）	3 199（9.13%）	5 084（8.81%）
学前幼儿	1 067（2.90%）	1 314（3.75%）	2 282（3.95%）
乐龄	22（0.06%）	20（0.06%）	55（0.10%）
合计	36 810	35 041	57 710

台湾出版新书所使用的语言有94.67%以正体中文为主（共54 636种），其他出版新书所用的语言以英文的1 187种最多，占整体新书的2.06%，其他语系则有简体中文（418种）、日文（127种）、德文（10种）、法文（15种）以及韩文（9种）。此外，历年来台湾出版书籍中有相当大的比例是翻译书，且翻译书的比例有逐年增加的现象，2021年台湾所出版的57 710种新书中，有16 991种图书为翻译图书，占全部新书总种数的29.44%，其中日本翻译书有9 738种，占所有翻译图书的57.31%，其次为英语系的美国（3 634种，占翻译图书的21.39%）与英国（1 307种，占7.69%），而韩国翻译书的比例在近几年的比重也稳定成长，2021年台湾出版的翻译书中，韩文就有884种，占翻译图书的5.20%。

表4整理台湾翻译书出版类型的统计分析结果，由表4可以发现"漫画书"是翻译书比例最高的书种，共5 645种（占所有翻译书的33.22%），且漫画书这类型的翻

译书占该类图书的比例达到九成（91.73%），其来源绝大多数来自日本漫画；其他翻译书超过该类图书比例三成的类型有"商业管理（占42.77%）""心理励志（占41.14%）""医学家政（占36.81%）""儿童读物（占36.76%）"与"小说（占31.40%）"。

表4 翻译书出版类型统计分析

	新书总数	翻译书总数	翻译书占新书比例	翻译书占该类比例	日本	美国	英国	韩国	其他
文学	3 302	557	3.28%	16.87%	177	132	86	37	125
小说	5 895	1 851	10.89%	31.40%	1 197	281	161	50	162
语言	1 321	117	0.69%	8.86%	54	10	7	39	7
字典	122	18	0.11%	14.75%	6	4	2	2	4
教科书	3 883	97	0.57%	2.50%	7	76	11	0	3
考试用书	6 910	40	0.24%	0.58%	19	12	2	7	0
漫画	6 154	5 645	33.22%	91.73%	6 154	5 525	4	1	59
心理励志	2 331	959	5.64%	41.14%	2 331	254	401	88	132
科学技术	2 787	668	3.93%	23.97%	2 787	271	242	89	19
医学家政	2 847	1 048	6.17%	36.81%	2 847	555	2 933	4 235	68
商业管理	1 763	754	4.44%	42.77%	1 763	317	327	42	50
社会科学	4 839	1 125	6.62%	23.25%	4 839	256	555	143	78
人文史地	6 534	1 399	8.23%	21.41%	6 534	282	695	193	25
儿童读物	5 759	2 117	12.46%	36.76%	5 759	480	472	389	291
艺术	2 957	533	3.14%	18.03%	2 957	302	118	49	23
休闲旅游	263	50	0.29%	19.01%	263	32	4	9	3
其他	43	13	0.08%	30.23%	43	4	8	0	1

表5整理2021年台湾电子书出版类型的统计分析，由分析结果可以知道2021年电子书新书共有17 453种，占全部新书出版总数的30.24%，在电子书类型的分析方面，在2021年出版的类型以"漫画书"（3 315种，占电子书总数18.99%）最多，第二与第三依次为"小说（含轻小说）"（2 991种，占17.14%）与"人文史地（含哲学、宗教、史地、传记、考古等）"（2 125种，占12.18%），三类合计之出版量占电子书总量之五成（48.31%）；另外包括"社会科学（含统计、教育、礼俗、社会、财经、

法政、军事等）"（1 623 种，占 9.30%）、"文学（含文学史、文学评论、散文、诗、剧本等）"（1 178 种，占 6.75%）及"医学家政（含医学、保健、家事、食品营养、食谱等）"（1 024 种，占 5.87%），出版量也都超过千种。

表5 电子书出版类型统计分析

序号	电子图书类型	2019	2020	2021
1	文学	149（9.37%）	199（9.76%）	1 178（6.75%）
2	小说	94（5.91%）	222（10.89%）	2 991（17.14%）
3	语言	19（1.19%）	29（1.42%）	246（1.41%）
4	字典工具书	2（0.13%）	3（0.15%）	6（0.03%）
5	教科书	39（2.45%）	57（2.80%）	161（0.92%）
6	考试用书	114（7.17%）	53（2.60%）	654（3.75%）
7	漫画	6（0.38%）	18（0.88%）	3 315（18.99%）
8	心理励志	30（1.89%）	149（7.31%）	854（4.89%）
9	科学与技术	135（8.49%）	162（7.95%）	798（4.57%）
10	医学家政	44（2.77%）	107（5.25%）	1 024（5.87%）
11	商业管理	185（11.63%）	133（6.53%）	850（4.87%）
12	社会科学	188（11.82%）	251（12.32%）	1 623（9.30%）
13	人文史地	305（19.17%）	320（15.70%）	2 125（12.18%）
14	儿童读物	189（11.88%）	237（11.63%）	982（5.63%）
15	艺术	82（5.15%）	79（3.88%）	545（3.12%）
16	休闲旅游	8（0.50%）	12（0.59%）	82（0.47%）
17	其他	2（0.13%）	7（0.34%）	19（0.11%）
	合计	1 591	2 038	17 453

漫画类电子书受欢迎的程度不仅反映在出版量的成长，在各大电子书平台漫画书的占比也都领先其他主题，依文化内容策进院《2020年台湾文化内容消费趋势调查计划》报告，漫画线上阅读比率已超越五成，可以想见这股漫画书数字风潮仍将持续盘踞出版市场。此外，2021年所出版的电子书中，档案以"EPUB"格式为主，共计有11 018 种（占比63.13%）；以"PDF"格式出版者有6 387 种（占36.60%）；"其他档案格式"有48 种（占比0.27%）。

二、台湾地区图书渠道现状

台湾地区出版产业分为上游的创作端，包含作者与支持创作服务的版权经纪公司；中游的生产端，如负责编务与发行之出版社（如城邦、远流、联经等），以及负责制版、印刷与装订的印刷厂；中下游的图书经销公司，台湾地区重要的图书经销公司包括联合发行、红蚂蚁；以及下游的销售端，如连锁书店（金石堂、诚品、三民书局、垫脚石、诺贝尔等）、网络书店（博客来网络书店、读册、Pchome24h 购物书店等）、独立书店（茉莉二手书店、虎尾厝沙龙、三余书店、洪雅书房等）、小说漫画及杂志出租店、电子书销售平台（如读墨、Google 图书、Readmoo、Kobo、Pubu 电子书城、远传电信 E 书城、台湾大哥大 myBook、中华电信 HAMI 书城，以及偏向机构服务的电子书平台，如华艺 airiti 以及联合线上 UDN 读书吧等）以及与图书馆密切合作的台湾云端书库。

台湾主要的网络书店有博客来网络书店、金石堂网络书店、读册、诚品网络书店、Pchome 网络家庭、momo 富邦等。而博客来、金石堂网络书店、诚品网络书店与三民书局都有与香港的便利商店合作，让香港地区的读者可以享受在台湾网络书店购书、香港便利店取货的服务，其中博客来网络书店的海外店配取货服务的地点还包含澳门与新加坡等地。目前台湾的连锁书店仍以金石堂以及诚品为主（诚品在东南亚的首个据点即将在吉隆坡亮相，而位于北湾新店裕隆城的亚洲最大店也将在 2023 年开幕），一样是连锁书店的垫脚石书局以及诺贝尔书店也都有超过 10 家门市的规模。

有关电子书出版数量的成长，各大书店电子书上架情形可以窥见端倪，最大电子书平台 Readmoo 在 2021 年电子书上架总数量达 18 万本，年新增 4 万本。同样专营电子书市场的乐天 Kobo 电子书平台，中文藏书量也超过 15 万本。另外，博客来网络书店的电子书服务，已连续 4 年会员人数双位数成长。针对电子书阅读成长情形，由公共图书馆的馆藏资源服务统计也看到此一趋势，"国图"针对公共图书馆 2021 年的借阅统计，全年电子书借阅册数高达 806 万册，较 2020 年增加 443 万册，大幅成长

122.04%。2021年各地公共图书馆,在疫情期间积极投入电子馆藏的建设,电子书馆藏量较2020年增加124万册,约成长56.55%。

在电子书的销售通路方面,依据"财政部"营利事业销售额统计,2021年台湾实体及数位书籍(电子书)销售总额约200亿元,其中数字书籍占比4.19%,较2020年上升0.61%;数字书籍2021年销售金额(8.39亿元)较2019年(6.8亿元)增加1.59亿元,成长幅度超过23%。由此可知,2021年电子书在出版量及各平台销售都创下佳绩,而在疫情影响下,许多传统出版社也进入电子书市场,以数字出版寻找更大商机。除了生产端的创新转型外,图书流通管道也更加多元,除了网络书店发达外,大型网购平台如momo、Yahoo、PChome、虾皮等都加入图书销售行列,也让书市一片火热景象。

远流出版社与台湾许多的图书馆合作首创电子书租阅服务,该模式是参考公共借阅权(Public Lending Right)精神,以"市民借书看书,政府代付费用"的B2B2C电子书服务模式,市民借电子书的费用由市政府支付,借阅费用回馈给作者与出版社,形成作者、读者与出版社三赢的局面。目前,台湾云端书库已有689家出版社提供46 239本优质图书,并持续邀集更多出版社参与,将其优质电子出版物授权提供给图书馆会员借阅。由于每本书不受借阅本数的限制,可同时供多人无限借阅,免排队、免等待,满足了更多民众阅读同一种书的需求。图书馆可以说是公部门的图书流通机构,图书馆除了会有固定的预算进行图书采购外,也会针对不同的读者需求规划许多与阅读有关的活动。表6说明台湾地区2021年图书馆购书预算与馆藏册数,而表7则是图书馆借阅次数与阅读推广活动。

表6 台湾地区2021年图书馆购书预算与馆藏册数

	直辖市	县市乡镇
图书馆数总馆(所)	7	189
图书馆数分馆(所)	244	43
阅览席位(席)	59 035	31 837
全年购买图书费(元)	504 672 693	152 652 461
图书	349 347 121	112 591 817
电子书	27 685 588	7 658 240

续表

	直辖市	县市乡镇
期刊	43 713 792	16 207 342
报纸	24 734 854	7 187 508
视听资料	46 069 482	5 098 963
电子资料	13 121 856	2 440 000
其他图书资料	0	1 468 591
供读者使用的电脑（台）	3 023	2 558
供读者使用的平板电脑（台）	1 458	1 701
编制内总馆员（人）	672	444
志工人数	8 449	2 504
图书及非书资料收藏数量	38 085 214	19 630 822
一、图书资料	35 111 505	18 289 960
1. 图书	34 855 932	18 226 959
2. 期刊	37 297	18 122
3. 报纸（种）	3 741	1 478
4. 其他	214 535	43 401
二、非书资料	1 329 184	438 369
地图（张）	17 324	1 965
微缩单片（片）	13 936	546
微缩卷片（卷）	1 650	7
录音资料（片、卷）	331 537	107 961
录影资料（片、卷）	954 988	300 977
静画资料（幅）	0	981
其他（件）	9 749	25 932
三、电子资源	1 644 525	902 493
线上资料库（种）	72	66
光碟资料库（种）	21	9 177
其他类资料库（种）	128	4
电子书（种）	1 644 304	893 246

表7 台湾地区2021年图书馆借阅次数与阅读推广活动

	直辖市	县市乡镇
全年图书资讯借阅人次	15 693 853	3 561 863
全年图书资讯借阅册数	53 195 081	15 573 191
全年电子书借阅人次	3 760 972	421 465
全年电子书借阅册数	5 605 073	982 029
全年电子资料使用次数	7 230 234	2 682 690
全国推广活动（场次）	66 687	28 088
一般阅读推广活动	19 884	7 154
幼儿阅读推广活动	3 104	1 315
儿童阅读推广活动	11 364	3 178
青少年阅读推广活动	1 484	746
乐龄阅读推广活动	2 474	2 557
新住民阅读推广活动	465	376
社教艺文活动	7 242	3 732
地方特色活动	1 305	800
说故事	9 308	4 025
影片欣赏	4 644	1 069
其他	5 413	3 136

三、疫情中的台湾出版产业

疫情影响下，各行各业都在求新求变，寻找出路，台湾出版产业同样面临挑战，在出版界共同努力下，加速多元发展、数字转型。从出版机构的出版量规模统计，台湾小型出版社数量居绝对多数，有87.07%的出版机构出版新书的数量不超过10种，但大型出版社则在2021年更为活跃并带动整体出版产能，在2020年出版量超过100种以上的出版机构仅45家，2021年则有101家，其中出版量超过1 000种之出版机构5家。大型出版社出版量占比也上升了23.65%，其出版图书主题则以"漫画""考试用书""小说""教科书"及"儿童读物"为最多。

而台湾为促进出版产业发展推动的各项政策，推动图书出版品销售收入免征营业税政策，台湾"文化部"与"财政部"取得共识，修订《文化艺术事业减免营业税及娱乐税办法》，增订文化艺术事业得就其出版或进口之图书，申请销售收入免征营业税之认可。自2021年3月1日起，所有营业人销售经免税认可的图书，销售收入都无须缴纳营业税，期待通过租税优惠，缓解产业衰退，稳定知识根基，免税申请及审查认可采全程线上作业。

而台湾"文化部"也执行一系列的政策以推广人文思想，带动国民阅读，建构健全文学、漫画创作环境，扶植原创作品，办理出版人才培育及奖励出版，推动数字转型并协助出版业行销国际、出版跨界媒合等，开拓外部市场，以通过价值与产值的双重输出，提振文化经济，创造出版国际品牌。实施内容为以下所述："扶植阅读平台发展""辅助独立书店发展""补助地方文学节庆""办理台北国际书展""文学阅读补助计画""维运儿童文化馆网站""中小学优良课外读物推介""推动诗的复兴计画""促进产业发展之良性循环及资讯流通""办理金鼎奖、金漫奖""改善公部门中文图书采购""建立友善的创作环境""发展本土原创IP""补助青年创作及培力新秀计画""漫画基地创作交流及支援""办理国际文学及漫画交流计画""漫画产业人才培育计画""建立出版与影视跨产业媒合平台""推动及补助文学跨界补助计画""设立漫画基地并办理媒合会，协助漫画与文学、动画、游戏及影视跨域结合"等。

四、结　语

2021年是疫情影响台湾最严重的一年，图书杂志零售销售近年首次跌破200亿，但由于图书免税政策上路，2021年的ISBN申请数量较往年成长六成，过去年度出版量超过100种的出版社约为50家，但2021年却达到101家。这些成长数字背后的真实面，是诚品24小时的旗舰店因为租约问题而画下句号，实体店铺剩下45家，而金石堂的数量也仅有40家。面对少子化带来阅读人口的减少，以及资讯科技带来的多维阅读体验，都让台湾出版产业的前景无法过度乐观。出版社面对未来的困境（少子化与新媒体）更需要妥善运用资源来拟定策略，进一步针对出版产业所可能存在的风险进行辨识风险、风险衡量与评估，以及拟定降低风险的策略，才能协助出版产业面对困境，找到出路。

（黄昱凯　台湾南华大学文化创意事业管理系兼任副教授）

第五编

出版业大事记

2021 年中国出版业大事记

1 月

5 日 中巴双方宣布签署《中华人民共和国国家新闻出版署与巴基斯坦伊斯兰共和国国家遗产和文化署关于经典著作互译出版的备忘录》，中宣部副部长张建春、巴国家遗产和文化署常务秘书娜乌辛·阿姆贾德代表双方在备忘录上签字。

6 日 全国宣传部长会议 6 日在京召开。中共中央政治局常委、中央书记处书记王沪宁出席会议并讲话。他表示，要坚持以习近平新时代中国特色社会主义思想为指导，增强"四个意识"、坚定"四个自信"、做到"两个维护"，围绕开局"十四五"、开启新征程，突出庆祝中国共产党成立 100 周年，扎实做好宣传思想工作，为全面建设社会主义现代化国家开好局起好步提供坚强思想保证和强大精神力量。中共中央政治局委员、中宣部部长黄坤明主持会议并作工作部署。

18 日 中国与韩国以交换文本的方式签署了《中华人民共和国国家新闻出版署与大韩民国文化体育观光部关于经典著作互译出版的备忘录》。中韩双方约定，未来 5 年内共同翻译出版 50 种两国经典著作。这是继中国与新加坡、巴基斯坦签署经典著作互译出版备忘录之后签署的第三份备忘录。

20 日 《之江新语》《习近平谈"一带一路"》《论坚持全面深化改革》中文繁体版出版研讨会在香港举办。

26 日 由中国版权协会主办的《版权理论与实务》杂志创刊号出版并与读者见面。

27 日 第 7 届"大白鲸"原创幻想儿童文学优秀作品获奖名单揭晓，16 部原创幻想儿童文学作品以及 11 部原创图画书作品获奖。其中，《藏起来的男孩》与《手机里的孩子》同时被评为"钻石鲸"作品。

28日　人力资源和社会保障部、国家新闻出版署印发《关于深化出版专业技术人员职称制度改革的指导意见》，部署出版专业技术人员职称制度改革。

2月

3日　国家新闻出版署印发《关于发布出版科技与标准重点实验室名单的通知》，确定42家出版业科技与标准重点实验室。

同日　上海网络出版单位党建联盟成立，盛趣游戏、阅文集团、波克科技等20家企业成为首批成员单位。联盟倡导加强组织共建，全面促进网络出版行业健康、有序、高质量发展。

8日　第11届全球海外华文书店中国图书联展启动仪式暨云交流座谈会在北京举行。

21日　新华社北京电　中共中央党史和文献研究院编辑的习近平同志《论中国共产党历史》一书，近日由中央文献出版社出版，在全国发行。这部专题文集收入习近平同志关于中国共产党历史的重要文稿40篇。其中部分文稿是首次公开发表。

24日　中共中央党史和文献研究院编辑的《毛泽东邓小平江泽民胡锦涛关于中国共产党历史论述摘编》一书，由中央文献出版社出版，在全国发行。

25日　在中国共产党成立100周年之际，经党中央批准，由中央宣传部组织，中央党史和文献研究院等单位编写的《中国共产党简史》，已由人民出版社、中共党史出版社联合出版，即日起在全国发行。

同日　全国脱贫攻坚总结表彰大会在北京人民大会堂举行。中国出版集团研究出版社、中原出版传媒集团驻光山县文殊乡东岳村工作队荣获"全国脱贫攻坚先进集体"称号。

26日　为把学习贯彻习近平新时代中国特色社会主义思想不断引向深入，中央宣传部组织编写了《习近平新时代中国特色社会主义思想学习问答》一书，已由学习出版社、人民出版社联合出版，即日起在全国发行。

27日　中共中央总书记、国家主席、中央军委主席习近平《在全国脱贫攻坚总结表彰大会上的讲话》单行本，已由人民出版社出版，即日起在全国新华书店发行。

本月　国家新闻出版署公布图书"质量管理2020"专项工作质检结果，16家图书出版单位的 19 种图书编校质量不合格。

同月　国家新闻出版署发布 42 家出版业科技与标准重点实验室。据了解，本次新发布的重点实验室，是结合中央和国家机关机构改革后职能调整情况，由国家新闻出版署进行的新一轮实验室评定，名称由 2016 年的"新闻出版业科技与标准重点实验室"调整为"出版业科技与标准重点实验室"。

3 月

2 日　新华社北京电 17 个国家的知名出版机构分别同中国外文局外文出版社签署《习近平谈治国理政》第三卷国际合作翻译出版备忘录，共同翻译出版多语种版本《习近平谈治国理政》第三卷。

3 日　全国古籍整理出版规划领导小组办公室公布首批向全国推荐的 40 种经典古籍及其 179 个优秀整理版本，旨在为广大读者遴选中华优秀传统文化的"最要之书""最善之本"。

5 日　国务院总理李克强代表国务院在第 13 届全国人民代表大会第四次会议上作政府工作报告。政府工作报告提出，"推进城乡公共文化服务体系一体建设，创新实施文化惠民工程，倡导全民阅读"。这是自 2014 年起，"全民阅读"连续第八次写入政府工作报告。

10 日　中国外文局举办脱贫攻坚多语种图书全球云首发活动，面向国内外推出 132 种讲述中国脱贫攻坚故事的多语种图书。

16 日　中伊双方以交换文本的方式签署了《中华人民共和国国家新闻出版署与伊朗伊斯兰共和国伊斯兰文化联络组织关于经典著作互译出版的备忘录》，中宣部副部长张建春、伊朗伊斯兰文化联络组织主席艾布扎里·易卜拉希米·土勒凯曼博士代表双方在备忘录上签字。根据备忘录，中伊双方约定在未来 5 年内，共同翻译出版 50 种两国经典著作。

19 日　记者从全国"扫黄打非"办公室获悉，即日起至 11 月底开展"新风 2021"集中行动，大力扫除淫秽色情低俗、暴力恐怖迷信等有害信息和出版物，深入打击假媒体、假记者站、假记者及侵权盗版等违法违规活动，积极营造健康向上的社会文化环境。

25日　读者出版集团与北京印刷学院签署战略合作协议,"北京印刷学院研究生联合培养实践基地"揭牌。

26日　繁荣新时代文学创作出版暨人民文学出版社成立70周年座谈会在京召开。中共中央政治局委员、中宣部部长黄坤明出席并讲话,强调要深入学习贯彻习近平总书记关于文艺和出版工作的重要论述,坚持社会主义文化前进方向,弘扬优良传统、担当文化使命,推动文学创作出版事业高质量发展,用更多文学出版精品讴歌时代、激励奋斗。

29日　据中央广播电视总台中国之声《新闻和报纸摘要》报道,中共中央党史和文献研究院编辑的《习近平关于注重家庭家教家风建设论述摘编》一书,近日由中央文献出版社出版,在全国发行。《论述摘编》分7个专题,共计107段论述,摘自习近平同志2012年11月15日至2020年12月28日期间的报告、讲话、谈话、说明、答问等60多篇重要文献。

30日　中宣部在京举行2021年度出版工作电视电话会议。会议以习近平新时代中国特色社会主义思想为指导,传达学习全国宣传部长会议精神,总结工作、分析形势,安排部署年度重点工作,推动出版工作守正创新、开创新局,以出版的出新出彩为全局工作增光添彩。中宣部副部长张建春出席会议并讲话。

同日　中国人民大学人文社科成果评价发布论坛暨学术评价与学科发展研讨会(2021·北京)在京召开。会议发布了《2020年度复印报刊资料转载指数排名》和《复印报刊资料重要转载来源期刊(2020年版)》两项成果。

31日　2021北京图书订货会在北京中国国际展览中心开幕,本届订货会以"建党百年,脱贫攻坚创世纪奇迹;文化自信,出版迎接高质量发展"为主题,近700家参展出版单位及文化机构带来了近40万种参展图书,订货会还特设庆祝建党100周年主题图书展区,展示各出版单位献礼建党百年的优秀图书。

4月

1日　由中国新闻出版传媒集团、中国全民阅读媒体联盟和全民阅读与融媒体智库共同举办的第5届"大众喜爱的阅读新媒体号"推荐结果揭晓。

2日　中共中央总书记、国家主席、中央军委主席习近平《在党史学习教育动员大会上的讲话》单行本，由人民出版社出版，在全国新华书店发行。

11 日　由国家新闻出版署组织的"读掌上精品　庆百年华诞——百佳数字出版精品项目献礼建党百年专栏"上线启动。中央重点新闻网站、重点数字阅读平台、新媒体网站等 19 家网络平台参与设立专栏，集中上线 100 个数字出版精品项目。

15 日　在第六个全民国家安全教育日到来之际，由科学技术部、生态环境部、国家卫生健康委等部门联合举办的首批重点领域国家安全读本暨"总体国家安全观普及"丛书首发座谈会在京举行。

16 日　2021 年第 7 届中国数字阅读大会开幕。大会以"数字赋能新发展，阅读追梦新征程"为年度主题，采用线上＋线下办会模式。会上发布了《2020 年度中国数字阅读报告》。《报告》显示，2020 年中国数字阅读产业规模达 351.6 亿元，增长率达 21.8%。

18 日　在第 26 个"世界读书日"到来之际，"书香飘万家——颂百年风华　传红色基因"2021 全国家庭亲子阅读主题活动在北京丰台宛平城举行。

19 日　新华社北京电　中共中央党史和文献研究院翻译的习近平《论坚持推动构建人类命运共同体》一书俄文版，近日由中央编译出版社出版发行。

20 日　以"文化科技·数字版权·创意中国"为主题，由国家版权局网络版权产业研究基地主办，腾讯研究院、深圳市版权协会、深圳市国新南方知识产权研究院承办的 2021 文化科技与数字版权峰会在深圳举行。腾讯研究院在会上发布《中国云游戏市场趋势报告（2021）》。

同日　中国音像与数字出版协会知识服务与数字版权保护技术工作委员会成立大会暨第 1 届理事大会在京召开。

22 日　"追寻光辉足迹"主题阅读活动上海首站启动仪式在中共一大会址举办，中宣部副部长张建春发表书面寄语。该活动由中宣部出版局指导，上海市委宣传部主办，黄浦区委宣传部和中共一大纪念馆承办。

23 日　中共中央政治局委员、中宣部部长黄坤明在京出席"红色经典　献礼百年"阅读活动。他说，红色经典记录着党的光辉历史、承载着红色革命传统，要深入学习贯彻习近平总书记关于中国共产党历史的重要论述，精心组织党史主题出版物的出版发行，学好用好红色经典和重大主题读物，营造庆祝党的百年华诞的浓厚氛围，引导人们在阅读红色经典中汲取文化养分和精神力量。

同日 由中央宣传部、农业农村部、国家乡村振兴局联合主办的2021"新时代乡村阅读季"在贵州启动。

同日 中国新闻出版研究院发布《第十八次全国国民阅读调查成果》。这是自1999年起，由中国新闻出版研究院组织实施的第十八次全国国民阅读调查。数据显示，2020年我国成年国民各媒介综合阅读率持续稳定增长，图书阅读率和数字化阅读方式接触率呈上升态势。

26日 中老双方以交换文本的方式签署了《中华人民共和国国家新闻出版署和老挝人民民主共和国新闻文化旅游部关于中老经典著作互译出版的备忘录》。

27日 由中国版权协会主办的中国版权科技创新论坛在北京召开。全国政协文化文史和学习委员会副主任、中国版权协会理事长阎晓宏在致辞中表示，版权保护是提升文化软实力的重要手段。

4月 为庆祝中国共产党成立100周年，引导干部群众学史明理、学史增信、学史崇德、学史力行，中宣部出版局联合有关单位和部门共同开展"书映百年伟业——庆祝中国共产党成立100周年好书荐读"活动，于2021年4—12月，每月公布当月推荐书单。

5月

7日 国家新闻出版署印发《关于组织实施出版融合发展工程的通知》，启动实施出版融合发展工程，引导出版业大力实施数字化战略，系统化推进融合发展，实现传统出版与新兴出版深度融合；10月9日，国家新闻出版署公布出版融合发展工程2021年度入选项目和单位。

同日 以"倡导全民阅读，加强党史教育"为主题的"2021全民阅读走进井冈山活动"在革命圣地井冈山举行。活动由中国音像与数字出版协会主办，掌阅科技股份有限公司、江西人民出版社承办，旨在抓好青少年学习教育，让红色基因、革命薪火代代传承。

9日 中共中央总书记、国家主席、中央军委主席习近平给《文史哲》编辑部全体编辑人员回信，对办好哲学社会科学期刊提出殷切期望。习近平指出，增强做中国人的骨气和底气，让世界更好认识中国、了解中国，需要深入理解中华文明，从历史和现实、理论和实践相结合的角度深入阐释如何更好坚持中国道路、弘扬中国精神、凝聚中国力量。回答好这一重大课题，需要广大哲学社会科学工作者共同努力，在新的时代条件下推动中华优秀传统文化创造性转化、创新性发展。高品质的学术期刊就是要坚守初心、引领创新，展示高水平研究成果，支持优秀学术人才成长，促进中外学术交流。希望你们再接再厉，把刊物办得更好。

12 日　由中华书局、中国书店出版社联合举办的第 35 届全国古籍出版社社长年会在北京举行。

13 日　由中国印刷博物馆主办，中国印刷技术协会印刷文化研究委员会、中国美术家协会版画艺委会协办的第 13 届印刷文化学术研讨会在中国印刷博物馆召开。

16 日　新华社北京电　中共中央党史和文献研究院翻译的习近平《在全国脱贫攻坚总结表彰大会上的讲话》英文单行本，近日由中央编译出版社出版发行。

19 日　学术出版新技术应用与公共服务实验室在京成立，第一次学术座谈会同期举办。该实验室由中国期刊协会发起，中华医学会杂志社、北京钛学术智汇科技有限公司为联合发起单位。

22 日　"汉译世界学术名著丛书"出版四十周年座谈会暨第二十辑专家论证会在京举办。该丛书由商务印书馆于 1981 年开始出版，已出版 19 辑，即将达到 850 种的规模。

24 日　由中国音像与数字出版协会立项，中国音数协游戏工委牵头的《电子竞技标准体系表》《网络游戏分类》《精品游戏评价规范》《游戏产品创新指标》《电竞赛事分级分类》《电子竞技赛事保障体系参考架构》6 项团体标准研制工作启动会在京召开。

31 日　中共中央政治局就加强我国国际传播能力建设进行了第三十次集体学习。习近平总书记发表重要讲话指出，"讲好中国故事，传播好中国声音，展示真实、立体、全面的中国，是加强我国国际传播能力建设的重要任务。要深刻认识新形势下加强和改进国际传播工作的重要性和必要性，下大力气加强国际传播能力建设，形成同我国综合国力和国际地位相匹配的国际话语权，为我国改革发展稳定营造有利的外部舆论环境，为推动构建人类命运共同体作出积极贡献"。

5 月　国家新闻出版署发布《关于开展出版业科技与标准创新示范项目试点工作的

通知》。

6 月

2 日　新闻出版行业标准《出版物（图书）编校质量差错判定细则和计算方法》研制工作启动会在京举办。该标准由全国新闻出版标准化技术委员会组织研制。标准起草组在启动会上成立。起草组由 21 家中央和地方出版单位、出版科研机构和出版物质量检验机构组成，组长单位为中宣部出版产品质量监督检测中心。

9 日至 10 日　由中央宣传部印刷发行局指导，中国新闻出版传媒集团有限公司、浙江省委宣传部联合主办的第 4 届中国出版印刷者大会暨全国国有印刷企业联盟主题党建活动在浙江杭州举行。

10 日　新华社北京电 中央宣传部理论局组织撰写的 2021 年通俗理论读物《新征程面对面》，已由学习出版社、人民出版社联合出版。

21 日　由中国期刊协会党刊分会主办、前线杂志社承办的中国期刊协会党刊分会 2021 年年会在京召开。"庆百年华诞 访双奥之城"大型主题采访活动同步启动。

21 日至 7 月 1 日　2021 英国伦敦书展线上展会举办。119 家中国出版单位通过中国图书进出口（集团）有限公司设立的"阅读中国"网站专页，整体线上亮相伦敦书展。据悉，本次中国线上参展版权合作成果斐然，总计达成 430 项版权合作，其中版权输出 278 项，合作出版 30 项，版权引进 122 项。

23 日　由中国印刷及设备器材工业协会和中国国际展览中心集团公司联合主办的第 10 届北京国际印刷技术展览会在中国国际展览中心（新馆）开幕。本届展会以"创新引领未来"为主题，展出总面积达 16 万平方米。

24 日　马克思主义在中国早期传播学术研讨会暨《马藏》出版座谈会在京举行。会上发布了《马藏》编纂与研究的最新成果——《马藏》第二部第一卷和第二卷、第三部第一卷和第二卷以及第四部第一卷和第二卷正式出版。至此，《马藏》已出版 14 卷，共 900 万字。此外，收录教育部哲学社会科学研究重大课题攻关项目"《马藏》编纂与研究"阶段性论文成果的《〈马藏〉研究》第二辑，也同时展出。

29 日　中宣部举办的"播思想火种 铸文化伟业——庆祝中国共产党成立 100 周年出版专题展"在中国共产党历史展览馆开幕。展览围绕建党百年主题，设置序厅、5

个主展区、3个专题展区，集萃展出各个历史时期的珍贵出版文献档案、经典出版物版本，共展出展品1万余件（套），其中重点展品1100余件（套）。

30日　由中国国务院新闻办公室、中国外文局、中国驻乌克兰大使馆共同主办的《习近平谈治国理政》第一卷乌克兰文版首发式暨中乌治国理政研讨会在乌克兰首都基辅举行。

6月　在中央党的建设工作领导小组领导下，中共中央党史和文献研究院、中央党的建设工作领导小组秘书组合作编辑的《习近平关于全面从严治党论述摘编（2021年版）》一书，由中央文献出版社出版，在全国发行。

同月　中宣部、教育部、科技部联合印发《关于推动学术期刊繁荣发展的意见》。《意见》指出，学术期刊是开展学术研究交流的重要平台，是传播思想文化的重要阵地，是促进理论创新和科技进步的重要力量。加强学术期刊建设，对于提升国家科技竞争力和文化软实力，构筑中国精神、中国价值、中国力量具有重要作用。

7月

1日　将持续至年底的第5届东南亚中国图书巡回展在泰国曼谷拉开帷幕。本届巡回展以"推动出版交流，传播中华文化，献礼建党百年，树立文化自信"为主题，近百家中国出版社（集团）、6 000余种优质中国图书亮相泰国、马来西亚等东南亚国家。

2日　中共中央总书记、国家主席、中央军委主席习近平《在庆祝中国共产党成立100周年大会上的讲话》单行本，已由人民出版社出版，即日起在全国新华书店发行。

4日　为庆祝中国共产党成立100周年，经党中央批准，中央党史和文献研究院编写的《中国共产党一百年大事记》一书，已由人民出版社出版，即日起在全国新华书店发行。

6日　12家"电大书屋"授牌仪式在内蒙古自治区乌兰察布市举行。至此，内蒙古自治区已建成301家"电大书屋"。

7日　由江苏省人民政府主办，江苏省委宣传部、江苏省新闻出版局、苏州市人民政府、江苏凤凰出版传媒集团等承办的第11届江苏书展在苏州拉开帷幕。

8日　新华社伦敦电《中国共产党简史》英文版日前在英国出版，旨在为外国读者了解中国共产党的百年历史提供权威阅读资源。

14日 新华社香港电 习近平《论中国共产党历史》《习近平调研指导过的贫困村脱贫纪实》《习近平扶贫故事》中文繁体版近期由联合出版（集团）有限公司在港澳地区出版发行。

15日至19日 由国家新闻出版署、山东省人民政府、济南市人民政府主办的第30届全国图书交易博览会在山东济南开幕。本届书博会以"致敬建党百年，阅享盛世书香"为主题，全方位展示新时代新闻出版丰硕成果，为中国共产党成立100周年献礼。开幕当天，由国家新闻出版署、教育部主办，中国少年儿童新闻出版总社有限公司承办的"永远跟党走 书香伴小康——'我的书屋·我的梦'主题书画作品展"在山东国际会展中心开幕。中宣部副部长张建春、山东省委副书记杨东奇为展览揭幕。

16日 《马克思主义经典文献传播通考》（100卷）出版座谈会在北京举行。该丛书是国家出版基金支持的大型出版项目，由辽宁出版集团、辽宁人民出版社和清华大学马克思主义学院共同策划，组织全国高校和研究机构近百位专家学者编写，共计100卷2 400多万字。

同日 中国新华书店协会在山东泰安发布《中国新华书店社会责任报告书（2019年）》。报告显示，据不完全统计，2019年全国新华书店营业收入1 280.1亿元，资产总额1 986.85亿元，利润105.21亿元。新华书店网点总数16 373个（含加盟网点），员工总数10.748 2万人。

19日 读客文化股份有限公司在深圳证券交易所创业板挂牌上市。

20日 新华社北京电 中共中央党史和文献研究院翻译的习近平《在庆祝中国共产党成立100周年大会上的讲话》俄文、法文、西班牙文、阿拉伯文、日文、德文六个语种的单行本，近日由中央编译出版社出版发行。

21日 上海人民出版社、上海市委党史研究室、上海市测绘院在中共一大纪念馆召开"弘扬伟大建党精神"系列新书出版座谈会。《中国共产党在上海100年》《上海党史知识读本》《地图中的百年上海》等一批新书在活动中首发。

22日 国家版权局对外公布"2021年度第十批重点作品版权保护预警名单"。

23日 经过郑振铎等一代又一代学者的不懈努力，编纂时间长达68年的《古本戏曲丛刊》终于画上完满句号。中国社会科学院文学研究所、国家图书馆出版社联合主办的"六十载使命接续 千百卷传奇完璧——《古本戏曲丛刊》编纂出版座谈会"在京举行。

同日　浙江出版传媒股份有限公司在上海证券交易所挂牌上市，是浙江省首家 IPO 上市的国有文化企业。

24 日　中办国办印发《关于进一步减轻义务教育阶段学生作业负担和校外培训负担的意见》，明确实施"双减"政策。这对与之相关的教育出版产生深刻影响。

同日　《中国大百科全书》第三版首批条目发布座谈会在北京举行。第三版首批条目包括网络版中文条目约 21 万个、中国主题英文条目 1 000 个、纸质版 3 卷。

28 日　2021 年度国家社科基金项目评审工作会议在京召开。中共中央政治局委员、中宣部部长黄坤明出席会议并讲话，强调要深入学习贯彻习近平总书记"七一"重要讲话精神，牢牢把握构建中国特色哲学社会科学的战略任务，立足伟大实践，推动创新创造，在新的征程上谱写哲学社会科学繁荣发展新篇章。

29 日　中宣部在京召开第 5 届中国出版政府奖表彰会，对获第 5 届中国出版政府奖荣誉奖，图书奖，期刊奖，音像制品、电子出版物和网络出版物奖，印刷复制奖，装帧设计奖的 123 种出版物、50 家先进出版单位和 69 名优秀出版人物进行了表彰。

同日　第 19 届中国国际数码互动娱乐展览会（2021ChinaJoy）主论坛——2021 年中国国际数字娱乐产业大会在上海举行。会上，中国音像与数字出版协会理事长孙寿山作《迎接时代新变革 厚植发展新理念 构建产业新格局》主旨演讲。

7 月　《习近平在福建》一书由中共中央党校出版社出版，在全国发行。

同月　中宣部办公厅发布《中央宣传部办公厅关于做好 2021 年主题出版工作的通知》，公布 2021 年主题出版重点出版物选题 170 种，其中图书选题 145 种、音像电子出版物选题 25 种。

8 月

6 日　北京市东城区召开实体书店"四进"（进商场、进社区、进园区、进楼宇）扶持政策发布会，支持大型书城联动发展、优化升级，鼓励利用疏解腾退的空间、老旧厂房等开办特色书店。

8 日　北京冬奥组委组织编写的《北京 2022 年冬奥会和冬残奥会公众读本：魅力冬奥》与公众正式见面。

9日　南国书香节主题列车在广州地铁一号线正式启动。

16日　新华社北京电 中共中央党史和文献研究院编辑的习近平同志《论把握新发展阶段、贯彻新发展理念、构建新发展格局》一书，由中央文献出版社出版，在全国发行。本书收入习近平同志2012年11月15日至2021年4月30日期间关于把握新发展阶段、贯彻新发展理念、构建新发展格局的重要文稿72篇。

同日　为深入学习贯彻习近平新时代中国特色社会主义思想，特别是习近平外交思想，中央宣传部、外交部组织编写《习近平外交思想学习纲要》（以下简称《纲要》）一书，已由人民出版社、学习出版社联合出版，即日起在全国发行。

21日　读者出版集团创立70周年暨《读者》创刊40周年座谈会在兰州举行。

23日　作为北京国际图书博览会的特色品牌阅读活动，"2021BIBF世界阅读季"拉开帷幕。"2021BIBF世界阅读季"由北京国际图书博览会携手北京国际图书节共同打造，以短视频、线上直播、读书活动等形式举行，带给读者"无国界，读世界"的阅读体验。

24日　黑龙江出版传媒股份有限公司在上海证券交易所敲钟上市，黑龙江文化企业实现了主板上市的历史性突破。

26日　中共中央宣传部就《中国共产党的历史使命与行动价值》文献有关情况举行发布会。文献全面介绍了中国共产党的百年奋斗历程，深刻阐释党的治国理政理念、实践和成就。会上，中央宣传部分管日常工作的副部长王晓晖介绍了文献内容。《中国共产党的历史使命和行动价值》文献已经由人民出版社正式出版发行。

同日　《习近平用典》西班牙语版新书发布会在哥斯达黎加国立大学举行。

30日　经党中央批准，中央宣传部组织有关单位编写的《中华人民共和国简史》《改革开放简史》《社会主义发展简史》已正式出版，即日起在全国发行。

同日　果麦文化传媒股份有限公司在深圳证券交易所创业板挂牌上市。

31日　由中宣部、农业农村部、国家乡村振兴局主办，中国新闻出版传媒集团有限公司、中国农业出版社、咪咕数字传媒有限公司等承办的2021"新时代乡村阅读季"系列活动"我爱阅读100天"圆满收官，活动累计参与人数超115万，用户在线阅读总时长达3 419万小时。

8月　国家新闻出版署下发《关于进一步严格管理 切实防止未成年人沉迷网络游

戏的通知》，针对未成年人过度使用甚至沉迷网络游戏问题，进一步严格管理措施，坚决防止未成年人沉迷网络游戏，切实保护未成年人身心健康。

同月　为深入贯彻落实习近平新时代中国特色社会主义思想，有效发挥优秀作品的引领示范作用，推动网络文学提高质量、多出精品，国家新闻出版署组织实施了2020年"优秀现实题材和历史题材网络文学出版工程"。经严格评选，最终确定《王谢堂前燕》等9部作品入选。

9月

1日　国家新闻出版署"2021年全国有声读物精品出版工程"评审工作正式启动。截至申报结束，评审办公室共收到中央在京及30个省、自治区和直辖市的244家单位，共计495个项目申报材料，申报项目总时长约为9 341小时。

7日　全国新闻出版标准化技术委员会第2届委员会成立大会在京召开。中宣部副部长张建春出席大会并讲话。大会宣读了国家标准化管理委员会关于批准全国新闻出版标准化技术委员会换届的公告。第2届全国新闻出版标准化技术委员会由33名委员组成，秘书处由中国新闻出版研究院承担，张建春任主任委员，中宣部出版局副局长李一昕任副主任委员，中国新闻出版研究院院长魏玉山任副主任委员兼秘书长。同日，"出版业技术与标准应用重点实验室"授牌仪式在京举行。

8日　中央宣传部、国家新闻出版署有关负责人会同中央网信办、文化和旅游部等部门，对腾讯、网易等重点网络游戏企业和游戏账号租售平台、游戏直播平台进行约谈。

同日　新华社北京电　为推动习近平法治思想进教材进课堂进头脑，由中央宣传部、中国法学会组织编写的马克思主义理论研究和建设工程重点教材《习近平法治思想概论》一书，已由高等教育出版社出版。

14日　第28届北京国际图书博览会在中国国际展览中心（北京顺义新馆）开幕，成为全球疫情下首个恢复线上线下结合办展的重要大型国际书展。105个国家和地区约2 200家展商报名参展，其中，"一带一路"沿线国家和地区达57个。由国家新闻出版署、科学技术部、北京市人民政府、中国出版协会、中国作家协会主办，中国图书进出口（集团）有限公司承办，巴基斯坦担任主宾国。

同日　第 15 届中华图书特殊贡献奖颁奖仪式在北京举行。来自英、法、美、日本等 14 个国家的 15 位作家、翻译家和出版家获此殊荣。中共中央政治局委员、中宣部部长黄坤明出席并颁奖。

同日　北京市文化市场综合执法总队成功查处北京某信息技术有限公司通过其自营的游戏平台违规向未成年人提供网络游戏服务案。该案是中宣部在全国启动文娱领域专项整治工作后，依据新修订的《中华人民共和国未成年人保护法》，针对未成年人沉迷网络游戏问题查处的全国文化市场"第一案"。

15 日　第 4 届中国—中东欧国家出版联盟论坛以线上线下相结合的方式在京举办。中宣部副部长张建春出席论坛开幕式并作题为《凝聚众智 共建共享 以出版合作促文明互鉴》的主旨演讲。

16 日　北京市委宣传部携手北京印刷学院和北京印刷协会共建的"京津冀印刷业协同发展北京创新示范园区"在北京印刷学院正式开园。

同日　由中国图书进出口（集团）有限公司、中国科学院文献情报中心、国家科技图书文献中心联合主办的第 13 届中国图书馆馆长与国际出版社高层对话论坛在京举行，论坛主题为"构建新型学术交流与服务模式——出版社与图书馆的共同选择"。

18 日　第 28 届北京国际图书博览会落下帷幕。据统计，本届图博会共达成各类成果 7 321 项，增长 7.9%。其中，达成的各类版权输出意向和协议 4 835 项，增长率超过 10%；引进意向和协议 2 486 项，增长 3.9%。

22 日　中国出版协会第七次会员代表大会在京召开。邬书林当选中国出版协会第 7 届理事会理事长，马国仓等 20 位同志当选副理事长，王利明兼任秘书长。

同日　大同出版传媒有限公司正式成立。大同出版传媒有限公司由紫荆文化集团有限公司、中国教育出版传媒集团有限公司、学习出版社有限公司、五洲出版传媒有限公司共同出资组建，股东单位分别是文化、教育出版、理论读物出版、国际文化传播等领域的权威机构。

同日　中国建设科技出版社启新暨建设领域减碳发展研讨会在京举行。经国家新闻出版署批复同意，中国建材工业出版社正式更名为中国建设科技出版社。

23 日　《习近平谈治国理政》第二卷尼泊尔文版首发式和第三卷英文版推介会在尼泊尔首都加德满都举行。尼泊尔总统班达里出席活动并致辞，中共中央政治局委员、中宣部部长黄坤明发表视频致辞。

24 日　第 34 届莫斯科国际书展在莫斯科展览中心开幕，中国出版联合展台集中展示了国内 96 家出版社的图书，内容涵盖主题类、文学类、社科类、传统文化类、少儿类、语言学习类六大类别。

同日　以"文明互鉴、合作共赢"为主题的"一带一路"共建国家出版合作体高峰论坛（2021）以线上线下相结合的方式在中国人民大学举行。中宣部副部长张建春出席论坛并讲话。记者在会上获悉，据不完全统计，合作体成员签约中国主题图书数量逾 5 000 种。

24 日至 25 日　数字版权产业融合创新发展峰会在成都中国西部国际博览城举行，百余名嘉宾以"版权创造与运用"为主题，共同探讨了数字版权经济发展新路径。

26 日　纪念鲁迅诞辰 140 周年座谈会在京举行，中共中央政治局委员、中宣部部长黄坤明出席并讲话，强调要学习鲁迅先生的高尚品格、发扬他的精神风范，始终坚定文化自信，坚持社会主义先进文化前进方向，以昂扬的民族精神、活跃的文化创造激励亿万人民奋进新征程、奋斗新时代。

同日　新华社北京电　中共中央党史和文献研究院翻译的习近平《论坚持推动构建人类命运共同体》一书阿文版，近日由中央编译出版社出版发行。

9 月　《习近平谈治国理政》第三卷法文、俄文、阿拉伯文、西班牙文、葡萄牙文、德文、日文及中文繁体 8 个文版，由外文出版社出版，面向海内外发行。

同月　中共中央、国务院印发了《知识产权强国建设纲要（2021—2035 年）》，并发出通知，要求各地区各部门结合实际认真贯彻落实。

10 月

12 日　国家教材委员会在京召开全国教材工作会议暨首届全国教材建设奖表彰会（视频会），对 999 种优秀教材、99 个全国教材建设先进集体、200 名全国教材建设先进个人给予表彰。

19 日　新华社北京电　由中共中央宣传部、中央广播电视总台联合创作的专题片《平"语"近人——习近平喜欢的典故（第二季）》同名视频书，近日由人民出版社出版，在全国公开发行。

同日　中国书刊发行业协会成立30周年纪念座谈会在京举行。

20日　国家网信办公布最新版《互联网新闻信息稿源单位名单》，名单涵盖中央新闻网站、中央新闻单位、行业媒体、地方新闻网站、地方新闻单位和政务发布平台等共1 358家稿源单位，并首次将公众账号和应用程序纳入。2016版《互联网新闻信息稿源单位名单》同时作废。

同日　2021年法兰克福书展在德国法兰克福开幕。本届书展以线下实体展会为主，线上平台与之相互呼应，主题为"再次连接"。中国图书进出口（集团）有限公司组织51家中国出版单位，以线上线下相结合的方式参展，展出1 007种、1 495册精品出版物。

同日　由2021世界VR产业大会组委会主办、中国新闻出版研究院承办，江西省出版传媒集团有限公司、中文天地出版传媒集团股份有限公司协办的"VR+传媒"主题论坛在江西南昌举行。

23日　十三届全国人大常委会第三十一次会议表决通过了全国人大常委会关于批准《关于为盲人、视力障碍者或其他印刷品阅读障碍者获得已出版作品提供便利的马拉喀什条约》的决定。该条约要求各缔约方规定版权限制与例外，以保障阅读障碍者平等欣赏作品和接受教育的权利，是世界上第一部，也是迄今为止唯一一部版权领域的人权条约。

25日　据中央广播电视总台中国之声《新闻和报纸摘要》报道，中共中央党史和文献研究院翻译的习近平《论坚持推动构建人类命运共同体》一书德文版，近日由中央编译出版社出版发行。

26日　在人民出版社成立100周年之际，中共中央总书记、国家主席、中央军委主席习近平发来贺信，表示热烈的祝贺，向全社干部职工致以诚挚的问候。习近平希望人民出版社赓续红色血脉，始终紧跟中国特色社会主义发展步伐，着力传播马克思主义和党的创新理论；始终坚持为人民出好书理念，着力展现党和国家发展历程、丰富人民群众精神文化生活；始终坚持高质量发展，着力深化改革创新，为推动社会主义文化繁荣发展、建设社会主义文化强国作出新的更大的贡献。26日下午，繁荣党的出版事业暨人民出版社成立100周年座谈会在京召开，会上宣读了习近平的贺信。中共中央政治局委员、中宣部部长黄坤明出席会议并讲话。

同日　中共中央政治局委员、中央书记处书记、中宣部部长黄坤明出席繁荣党的出版事业暨人民出版社成立100周年座谈会并讲话。

27日　第11届中国数字出版博览会在京开幕。中宣部副部长张建春出席开幕式并作主旨讲话。

同日　《2020—2021中国数字出版产业年度报告》在第11届中国数字出版博览会上发布。《报告》显示，2020年，我国数字出版产业整体收入规模持续增长，全年整体收入规模超过万亿元，达到11 781.67亿元，比上年增加19.23%。

10月　中共中央、国务院印发《国家标准化发展纲要》，提出，完善标准必要专利制度，加强标准制定过程中的知识产权保护，促进创新成果产业化应用。强化标准实施应用，建立标准版权制度、呈缴制度和市场自主制定标准交易制度，加大标准版权保护力度。

11月

2日　科技部官网发布《科技部 中央宣传部 中央网信办 文化和旅游部 广电总局关于认定第四批国家文化和科技融合示范基地的通知》，其中，时代出版传媒股份有限公司国家文化和科技融合示范基地、四川封面传媒有限责任公司国家文化和科技融合示范基地、广东南方报业传媒集团有限公司国家文化和科技融合示范基地、中文在线数字出版集团股份有限公司国家文化和科技融合示范基地，是4家来自新闻出版行业的基地。

5日　第4届虹桥国际经济论坛"知识产权保护与营商环境优化"分论坛在沪举行。由中国贸促会、国家知识产权局、国家版权局共同主办。

同日　上海浦东新区举行建设国家版权创新发展基地推进会。浦东新区获批"国家版权创新发展基地（上海浦东）"，将率先开展跨地域作品登记等一系列版权领域中的突破性、引领性举措，助力浦东建设具有国际影响力的版权产业发展引领区。

6日　中共中央总书记、国家主席、中央军委主席习近平致信祝贺新华社建社90周年，代表党中央向新华社全体同志致以热烈的祝贺，并在第22个中国记者节到来之际，向全国广大新闻工作者致以节日的问候。

7日　新华社北京电 中共中央党史和文献研究院编辑的习近平同志《论坚持人民

当家作主》一书，近日由中央文献出版社出版，在全国发行。

12日　西藏自治区人民政府新闻办召开新闻发布会，会上透露，历时11年，《中国藏医药影印古籍珍本》已由西藏人民出版社出版发行60卷。编写方西藏藏医药大学相关负责人表示，未来5年内将完成61—100卷的收集整理出版工作。

16日　中宣部副部长张建春到中国盲文出版社、中国视障文化资讯服务中心（中国盲文图书馆）调研，要求积极向视障群体宣传《马拉喀什条约》实施的重要举措和意义，做好无障碍格式版的制作提供工作，让条约实施真正惠及视障群体。

同日　中央宣传部、中央依法治国办组织编写《习近平法治思想学习纲要》一书，已由人民出版社、学习出版社联合出版，即日起在全国发行。

17日　习近平重要著作上合组织国家语言文版推介会在北京举行。《习近平谈治国理政》第一卷印地文、普什图文、达里文、僧伽罗文、乌兹别克文，第二卷乌兹别克文和《之江新语》《习近平谈"一带一路"》俄文版等8种新书在推介会上首发。

24日　党史学习教育领导小组会议在京召开。中共中央政治局委员、中宣部部长、党史学习教育领导小组组长黄坤明出席会议并讲话，强调要以深入学习贯彻党的十九届六中全会精神为重点，深化拓展党史学习教育，引导党员干部增强政治自觉、坚定历史自信，做到学党史、悟思想、办实事、开新局。

25日　中国与亚美尼亚双方以交换文本的方式签署了《中华人民共和国国家新闻出版署与亚美尼亚共和国教育、科技、文化、体育部关于经典著作互译出版的备忘录》。中宣部副部长张建春代表中国国家新闻出版署签字，亚美尼亚驻华大使谢尔盖·马纳萨良博士代表亚美尼亚共和国教育、科技、文化、体育部签字。

30日　国家图书馆发布公告，已通过"中华古籍资源库"累计发布各类古籍资源总量达10万部/件，包括馆藏善本古籍、普通古籍、甲骨、敦煌文献、碑帖拓片、西夏文献、赵城金藏、地方志、家谱、年画、老照片等，以及馆外、海外征集古籍资源，读者免登录即可访问阅览。

11月　中共中央党史和文献研究院翻译的习近平《论坚持推动构建人类命运共同体》一书西文版，由中央编译出版社出版发行。

同月　国务院办公厅印发《关于全面加强新时代语言文字工作的意见》。这是新中国成立以来第一次以国办名义下发的全面加强语言文字工作的指导性文件。

同月　由中宣部出版局主办、中国期刊协会承办的第 5 届"期刊主题宣传好文章"推荐活动结果揭晓，93 篇（组）文章入选。

12 月

2 日　第 17 届海峡两岸图书交易会在厦门开幕。本届海图会汇聚两岸 335 家出版单位的新书、畅销书和精品书参展，设立展位/展台 359 个，其中大陆出版社展区 286 个、外图台版图书展区 73 个。有近 10 万册图书"一站式"展陈，供 152 家全国各省、市级公共图书馆和高校图书馆及学术研究机构选购。

6 日　2021 中国学术期刊未来论坛在线上开幕。论坛以"高品质、高水平、高质量——推动学术期刊繁荣发展"为主题，围绕学术期刊在提升国家科技竞争力和文化软实力方面的重要作用展开。

11 日　"儿童分级阅读文本难度测评系统"研讨会暨《儿童分级阅读书系》出版座谈会在人民教育出版社举办。

15 日　福建人民出版社成立 70 周年座谈会在福州召开。会前，福建省委书记尹力作出批示。福建省委常委、宣传部长张彦出席并讲话。

16 日至 19 日　2021 南国书香节澳门分会场在澳门街坊会联合总会社区服务大楼迎聚廊举行。其间举行了多场读书活动，并展出内地和澳门新书 1 000 余种，这也是南国书香节首次走进澳门。

16 日　中国音像与数字出版协会、广州市委宣传部、广州市黄埔区人民政府、广州开发区管委会主办的 2021 年度中国游戏产业年会在广州举行。本次游戏年会主题为"遵规自律，多元赋能，积极融入数字经济发展新浪潮"。

18 日　在美国华盛顿举办的第 79 届世界科幻大会宣布，成都成为 2023 年第 81 届世界科幻大会举办地，也成为中国第一个举办世界科幻大会的城市。世界科幻大会始于 1939 年，由世界科幻协会主办，迄今已有 82 年历史。大会颁发的雨果奖被誉为"科幻界的诺贝尔奖"。

同日　第 19 届百花文学奖颁奖典礼在天津举行。

同日　以"传播百年成就和经验——推动融媒体中心向阵地、平台和枢纽迈进"为主题的第 2 届全国县级融媒体中心能力建设年会在成都市双流区举行。年会由中国新闻出版研究院传媒研究所、中共成都市双流区委、成都市双流区人民政府主办,中共成都市双流区委宣传部、成都市双流区融媒体中心承办。

20日 新华社北京电 采访实录《习近平在浙江》一书近日由中共中央党校出版社出版,在全国发行。

21日 由中国国务院新闻办公室、中国外文局和中国驻马来西亚大使馆主办的《习近平谈治国理政》第一卷马来文版首发式在马来西亚吉隆坡会展中心举办。

同日 中国科学院科学传播研究中心组织编写的《中国科学传播报告(2021)》由科学出版社出版,面向全国公开发行。统计数据显示:2020年中国共出版科普图书9 853.6万册,科普图书出版数量越来越多,精品不断涌现,选题越来越精细化、个性化,题材和内容日趋丰富。中国期刊发行1.31亿册,科技期刊总量为4 958种,其中科普期刊258种。在科技期刊总量减少的情况下,科普期刊数量逆势大幅增加。

22日 第10届韬奋出版人才发展论坛举行。论坛主会场设在北京,分会场设在广州。

22日至28日 2022年度国家出版基金项目评审工作会议在南京举行。中宣部副部长张建春出席会议并讲话。来自全国各地的百余名学术专家、出版专家、财务专家,对本次申报的1 500多个项目的学术价值、出版价值、内容质量、资助金额进行了认真评议。

24日 内蒙古新华发行集团股份有限公司成功在上海证券交易所主板上市。

同日 《习近平关于尊重和保障人权论述摘编》读者见面会在京举行。中宣部、中央党史和文献研究院有关负责人,人权专家学者与来自国内外多个领域的读者代表共同交流座谈。

30日 国家新闻出版署印发《出版业"十四五"时期发展规划》。《规划》深刻把握出版业发展新任务新要求,明确指导思想和"六个坚持"基本原则,展望2035年建成出版强国远景,提出"十四五"末实现六大目标,谋划九方面重点工作,为开启全面建设社会主义现代化国家新征程、向第二个百年奋斗目标进军的第一个五年,擘画了出版工作的时间表、路线图和任务书。《"十四五"时期国家重点图书、音像、电子出版物出版专项规划》《印刷业"十四五"时期发展专项规划》《出版物发行业"十四五"时期发展专项规划》《版权工作"十四五"规划》作为附件同时印发。

31 日　人民文学出版社首开文学跨年直播的先河,邀请 18 位重量级嘉宾以文学之名相聚在北京首创·郎园 Vintage,通过学习强国等 18 家主流网络平台为全国读者呈现了一场长达 5 个小时的"文学·中国——人民文学出版社 2022 文学跨年盛典"直播,读者总观看量突破千万次。

12 月　国家新闻出版署发布《2020 年新闻出版产业分析报告》显示,2020 年,受新冠肺炎疫情等因素严重冲击,新闻出版产业规模有所下滑,但发展基本面仍保持稳定。全国出版、印刷和发行服务实现营业收入 16 776.3 亿元(人民币,以下同),较 2019 年降低 11.2%;拥有资产总额 22 578.7 亿元,降低 6.3%;所有者权益(净资产)11 425.4 亿元,降低 6%。

同月　《习近平讲党史故事》一书由人民出版社出版发行。该书精选习近平总书记讲述过的 80 余个党史故事,进行深入浅出的解读和阐释。

同月　《中国特色社会主义新时代的世界意义》由江西人民出版社出版。该书是中宣部 2021 年主题出版重点出版物、国家出版基金"回望建党百年"专项资助项目、"十三五"国家重点图书规划项目。

(邓　杨　中国出版网)

2021年中国香港特别行政区出版业大事记

1月

1日 香港大学百周年校园智华馆地下的大学书店（University Bookstore）正式结业，该店原由辰冲书店（Swindon Bookstore）营运。

4日 亚洲周刊"2021年十大小说"揭晓，10本大陆、香港、台湾等地的"小说类"优秀中文出版物中，有来自香港作家马家辉《鸳鸯六七四》（新经典出版）的作品。

25日 由"创意香港"赞助、香港出版学会主办的"第3届香港出版双年奖"以在线形式举行启动礼。本届比赛除原设的十个类别的奖项，及"出版大奖""优秀编辑奖""市场策划奖"三个特设大奖外，还增设"装帧设计奖"。作品征集至2021年2月27日截止，7月份举行颁奖典礼。

27日 香港教育大学"中国文学文化研究中心"以网上形式举办"香港文学读书会"，主题是"台湾散文中的香港"，邀请了香港教育大学文学及文化学系、中国文学文化研究中心博士后研究员黄冠翔博士。该项活动自2018年开始，由李欧梵教授联同一众大学学术单位创办以文学为出发点，为香港文化之研究开辟一个新视野。活动通过提问和交谈的方式引发讨论，旨在鼓励对话、交流，互相学习。

28日 位于屯门V city的诚品开业，占地743平方米，设35米阅读长廊，内有综合书区、诚品风格文具馆及诚品儿童馆，总藏书量43 000册。目前诚品在港已拥6个分店。

1月 香港理工大学续推行READ@Poly阅读计划，本年度获选英文书是Ken Liu

的 The Paper Menagerie and Other Stories。全校学生可以免费获得一本实体书,也可到图书馆借阅纸本或电子书,看完图书,他们还可报名参加读书会讨论,与作者见面,以及撰写读后感赢取奖品等。该计划于2011年首办,年度荐书由本校园共同投票选出,该计划在全国高校图书馆阅读推广案例大赛参赛的450多所学术图书馆的计划中,获颁一项特别奖,以示表扬。

同月 香港电台与香港出版总会合办的"第14届香港书奖"公布结果,评审团及公众选出13本入围书,获奖书籍包括:《心安即是家》《且听下回分解——阿浓谈中国古典小说》《衣路历情》《那些陪我走过世界的故事》《香港志·总述大事记》《乡风市声》《笔下——文学经典的六个专题》《寻找声音》《敢教日月换新天——香港反贪先锋的峥嵘岁月》《悲欢离合四十年:白崇禧与蒋介石——北伐·抗战》《落叶归根——东华三院华侨原籍安葬档案选编(两册)》《医院小伙伴》《艺情絮语》。本年度新增设的"香港新晋作家奖"由冯睎乾获得,而荣获"评审推荐"之新晋作家是蔡文力,他的代表作是《非洲抗疫之路》。"香港书奖"始于2007年,评审团从提名书籍中选出约20本进入决选,再从最后入围书籍中选出获奖书籍,公众投票占总评分的20%。

2月

9日 联合出版集团发布十本"2020年度好书",今年新增"年度知识付费产品"和"好书特别奖"。"2020年度好书"包括,《香港志·总述大事记》(香港中华)、《百年中国学术与文化之变:探索中国的现代文明秩序》(香港中华)、《叶灵凤日记》(香港三联)、《董培新画说金庸》(香港商务)、《我怕将来会忘记:武汉抗疫手记》(香港三联)、《凭信念——香港警察故事2019》(香港商务)、《潮剧完全观赏手册》(香港中华)、《观鸟系列:香港观鸟全图鉴》(全二册)(万里机构)、《石狮安安爱游历系列》(全三册)(新雅文化)《亲历美国逆转》(香港中和)。"年度知识付费产品"颁授予"中史通"(教图公司);"好书特别奖"颁授予《撕裂之城——香港运动的谜与思》(香港中华)和《新型冠状病毒感染肺炎防护读本》(香港三联、万里机构)。由专家、资深出版人,选出每年最有价值的书,向读者推介,也是对属下出版社起激励作用。

同日 联合出版集团发布十则"2020年度新闻",回顾去年大事,包括:①稳定基本面，筑牢护城河，经营业绩稳增长；②勇于承担社会责任，彰显集团责任担当；③大力挺拔出版主业，凝神聚焦内容创新；④深度推进转型升级，加快落实业态创新；⑤新零售渠道变革提速，一体化运营成效斐然；⑥四十不惑传承创新，中华商务再创佳绩；⑦深化管理整合，优化协调发展；⑧多元推广阅读，服务香港社会；⑨拓展战略合作伙伴，融入国家发展大局；⑩创新人才培育机制，涵养良好企业文化。

同日　联合出版集团发布8位"2020年度编辑"，表彰优秀编辑。包括：李斌（香港三联），匠心之作：《一个民族的精神史》；钟昕恩（香港中华），匠心之作：《中华小学生常用字字典》；徐昕宇（香港商务），匠心之作：《中国古代服饰研究》；陈婉秋（教图公司），匠心之作：《名篇佳句学写作》；严琼音（万里机构），匠心之作：《我的50岁无添加冻龄秘籍》；赵慧雅（新雅文化），匠心之作：《蒙特梭利教育系列》；许琼英（中和出版），匠心之作：《钟南山谈健康》；李蓉（橙新闻），匠心之作：《小编Vlog》。

25日　中环大馆举办第3届"BOOKED：香港艺术书展Pop-Ups"，一连四日以"Boutique限定"的形式于大馆不同地点举行，超过80位艺术家、出版商、机构及书商参加，书籍种类包括小志、摄影书、艺术专著、评论/理论及实验性写作等。今年大馆艺术书展以香港的参展单位为主，同时本届特设"孖展计划"，由本地参展单位与外国出版社合作，把海外的作品带到香港。市民预约可免费参与。

3月

1日　新亚研究所公布，因新亚研究所图书馆内日久失修，且虫鼠为患，特办举行书展，出售多本珍贵绝版书籍。新亚研究所由钱穆先生创立于1953年，附属于新亚书院，三年后，新亚书院位于农圃道的校舍建成，并于校舍西翼设立图书馆。后来香港中文大学成立，新亚书院迁往马料水校舍，新亚研究所与新亚书院分离，继续留于农圃道，属新亚研究所的书籍仍留在该处。书库内藏有各类从古籍、线装书、善本，到极具学术价值的洋装书、地图、论文等，可说是文化界的珍宝。

12日　香港中华书局举行分社制改革启动仪式。香港中华实行分社制改革的决议经过充分的调研论证和全员酝酿参与，经联合出版集团办公会研究同意，以机制创新促进改革发展，进一步激发更大创新动力，有利于进一步增强分社作为市场主体和全体员工作为持份者的存在感、参与感、获得感,通过创新裂变的方式激发发展动力。

4月

21日 由即日起至6月21日,康乐及文化事务署(康文署)香港公共图书馆"松一松e阅读小站"电子书推广活动从深受读者喜爱的两大中文电子书库HyRead和SUEP,每月精选30本电子书。读者可经公共图书馆网页或下载HyRead 3应用程序,登入图书馆账户,无需预约即可免费借阅。

同日 香港出版学会举行"香港全民阅读调查结果"网上发布会。这是该会与新论坛合作连续第六年进行的追踪调查。年内成功访问了2 040人,发现市民阅读习惯较疫情前总体上升近一成,且在纸本阅读和电子阅读两者相辅相成下,阅读时数都正在增加,结果正面。

23日 为响应"世界阅读日",香港公共图书馆延续2020年"共享·喜阅新时代——喜阅密码@LIBRARY"概念,以"探索阅读新领域"为主题,于当日起推出连串活动,鼓励读者拓宽阅读领域,深化阅读层次。其中"作家与你共享喜阅@图书馆"短片,由作家与图书馆馆长畅谈广泛阅读的好处,并以"馆长选书"推介不同主题的优质读物,帮助读者拓宽阅读领域。公共图书馆也由即日起,陆续上载"走读香港历史建筑"系列影片至康文署"寓乐频道"(www.lcsd.gov.hk/tc/edutainment-channel.html)。公共图书馆每年均举办"4·23世界阅读日创作比赛",鼓励儿童及青少年拓宽阅读领域。今年比赛以"探索阅读新领域"为主题,参赛作品超过1 100份,来自共210多间参赛学校。

同日 语文教育及研究常务委员会(语常会)与教育局合办一年一度响应世界阅读日活动,举办两场题为"新常态下的阅读"和"亲子阅读"的网上分享会。首场网上分享会题为"新常态下的阅读",邀来嘉宾分享如何在新常态下让孩子或学生爱上阅读,以建立良好的阅读习惯,同时介绍新常态下的阅读材料及推荐优质的书籍。第二场分享会题为"亲子阅读",嘉宾分享亲子阅读的经验,以及如何通过愉快的亲子阅读为幼儿建立良好的阅读氛围,探讨家长在亲子阅读中的角色和吸引孩子的书类,并推荐优质的亲子阅读书籍供家长参考。

26日 香港特区政府新闻处公布,为协助受香港书展2020两度延期影响的本地参展商，政府在"防疫抗疫基金"下拨款1 000万元，为每家原本已经登记参与的本地参展商提供一次性15 000元的财政支持，协助他们开拓书展以外的销售渠道。所有已登记参与原定于2020年举行的香港书展的合资格本地参展商均可受惠，约有610家。作为香港书展主办单位的香港贸易发展局就发放资助安排与相关的参展商联系。同时，书展于2021年7月举行。政府早前已在第二轮"防疫抗疫基金"下预留了4 000万元，推出印刷及出版业资助计划，全数资助来届香港书展参展商（政府部门除外）的参展费：本地参展商以10万元为限；非本地参展商以1万元为限。

4月 公共图书馆推出"优质阅读文化"网页（readingisjoyful.gov.hk/zh/quality-reading-culture）和书籍巡回展览，进一步推动社会大众广泛阅读。网页每季推出不同主题，介绍由图书馆馆长精选的"馆长选书"和受读者欢迎的"读者心水"，并在指定图书馆举办书籍巡回展览，介绍优质读物。

5月

12日 香港出版学会举行2021年度周年大会，本年度周年大会以在线视频形式进行。会上由会长报告2020—2021年会务状况、义务司库报告2020年财务状况，以及通过义务会计师及义务律师委任。会议同时进行会士颁授仪式。该会全体执行委员一致通过颁授会士衔予本会前会长李家驹博士及前副会长池丽华女士。两位长期从事出版行业，在自己的岗位拥有卓越成就，并对出版行业及出版学会贡献良多。

28日 沙头角公共图书馆迁往新址（沙头角顺兴街23号沙头角邨迎海楼地下第3号铺位），面积由约70平方米扩充至约200平方米，并增加座位数目。新馆亦增设不同设施，例如互联网数码工作站和书籍展览区等，为区内居民提供更多元化的图书馆服务和更舒适的阅读空间。

6月

7日 由香港城市大学MACH读书会暨第1届中文及历史学系MACH书评比赛举行颁奖典礼。本次参赛要求该校中文及历史学系MACH同学选取中国文化主题的图书，以中文4 000字或英文2 000字撰写书评，分享有关思考、评述和感受，最后得出一等奖2名、二等奖5名和三等奖10名。

10 日　香港天文台（天文台）推出名为《热带气旋之旅》的电子书中文版，以加深儿童对热带气旋的认识及提高他们防御和应变灾害的意识。今年年底也推出了电子书的英文版。电子书的内容包括热带气旋级别及命名、香港历史台风数据、警告信号意义、风暴结构、监测和预测热带气旋的方法，以及相关灾害和应对方法。除多媒体信息外，电子书亦链接至天文台相关网上教育资源以及"气象冷知识"短片，书中的信息图像更是天文台首次与其前实习生合作设计。虽然电子书以儿童为主要对象，其内容也适合其他读者阅读。

28 日　惩教署《二〇二〇年年报》电子版当日出版，年报以"破与立"为主题，突显该署以破旧立新的思维面对各种挑战，确立持续发展的新方向。

30 日　由香港互动市务商会主办、香港特区政府"创意香港"为主要赞助机构的第 3 届"香港初创数码广告企业 X 出版宣传支持计划"颁奖典礼暨得奖者分享会以网上 Facebook 直播形式举行。得奖名单：金奖由初创数码广告企业 Go In Marketing 为明窗出版社出版，伍桂麟、钟一诺、梁梓敦合著的《生死教育讲呢啲》所制作的微电影《无偿》夺得；两项银奖分得主为语沟创作（Clutone）为香港中文大学出版社出版、黄沐恩撰写的《情动于中：生死爱欲的哲学思考》所创作的数码广告活动，创作多段《#好 Emo 生活哲学》的幽默短片；另一个银奖的得主为 The Bards Limited 为非凡出版出版、吴思扬撰写的《志同道合——香港标牌探索》所制作的微电影《空目》；铜奖得主是发生社（Fixer Production Unit Limited）为天地图书出版、黄莉娜撰写的《环球极光攻略》所制作的数码广告，通过短片及旅游达人的分享，以及在社交平台上设立《#与极光约定未来》专页。该奖项旨在培育本地初创数码广告企业，并有助推广阅读与帮助出版界有效运用社交媒体平台宣传。

7 月

2 日　康乐及文化事务署（康文署）公布，香港公共图书馆于 7 月起推出暑期大型阅读及亲子活动，以"探索阅读新领域"为主题，通过丰富的活动，让市民发掘阅读的乐趣。重点活动之一"夏日阅缤纷"，于 7 月 17 日至 8 月 15 日在各区分馆展开。"夏日阅缤纷"也增设在线节目，家长和小朋友可以足不出户参与多元化的图书馆节目。公共图书馆上载多条教授小手工制作和故事分享的短片至其 YouTube 频道及康文署"寓乐频道"（www.lcsd.gov.hk/edutainment/tc/），也举办多场 Zoom 实时工作坊，让小朋友与导师互动，学习绘画和探索科学原理。除了"夏日阅缤纷"，公共图书馆也推出多个亲子阅读活动和网上活动，在线上线下陪伴读者欢度暑假。此外，还开展了"互动故事房""故事·起动"等网上活动。

8 日　商务印书馆尖沙咀图书中心开幕，该店展售超过 10 万种来自本地及全球的中英文图书和文化产品。书店以连接、创新与共生为主题，增强在线线下互动，创造跨界体验，是联合出版集团在香港面积最大的书店，香港特区政府民政事务局局长徐英伟、中联办宣文部副部长王凯波、立法会议员马逢国、香港中文大学前校长金耀基、全国青联副主席霍启刚、联合出版集团名誉董事长李祖泽、联合出版集团前总裁陈万雄担任主礼嘉宾。

12 日　为响应香港特区政府的疫苗接种推广，联合出版集团举办捐赠仪式，与署名"一名希望凝聚香港正能量的退休文化工作者"各捐港 100 万元，同时公布举办"齐心接种 分享喜阅"200 万元图书礼券大抽奖，年满 18 岁的香港市民接种至少一剂疫苗可参加抽奖，旨在凝聚香港正能量，保障市民身体健康和分享阅读乐趣。

同日　香港三联秉承《读书》传统，本着推广阅读的使命，创刊香港版《读书杂志》，于即日首发。

14 日　因疫情缘故，由香港贸易发展局（香港贸发局）主办的"香港书展"2020 年 7 月延至即日举行，为期 7 天，同期还有"香港运动消闲博览"及首次登场的"零食世界"，行政长官林郑月娥出席香港书展 2021 开幕典礼并致辞。"香港书展"延续以"心灵励志"为年度主题，寄望读者能通过阅读培养正能量，无论疫境或逆境底下也保持积极正面。

此外，由"创意香港"赞助、香港出版学会主办的"第 3 届香港出版双年奖"举行颁奖典礼。典礼邀请特首林郑月娥再度主礼。典礼上安排了三个得奖者分享获奖心得，从作者及编辑的角度来审视出版双年奖对提升出版水平的作用。"第 3 届香港出版双年奖得奖作品巡礼"于 7 月至 12 月期间在港九各大书店举行，参与的书店包括：三联、中华、商务、诚品、天地、Muse Art & Books 等各分店。此外，得奖作品也在多家公共图书馆与读者见面。

香港书展期间，香港出版总会策划和承办了"国际出版论坛"，论坛主题：后疫情的童书出版与经营,邀请业内专家向与会人士探讨出版业界的最新发展。香港公共图书馆通过游戏专区及现场示范,向市民介绍图书馆丰富的电子资源馆藏。

同日　香港特区政府最新一期年报《香港2020》于当日起在香港书展发售。年报载录2020年有关香港实况的详细数据,广泛记录政府政策及活动、生活概况和各方面发展。全书共有22章,涵盖不同范畴,包括香港的政制和法律制度、经济、创新和科技、教育、卫生、房屋、运输、文化及艺术。

同日　习近平《论中国共产党历史》《习近平调研指导过的贫困村脱贫纪实》《习近平扶贫故事》中文繁体版,日前由联合出版集团属下香港中华书局出版,在香港书展首发,在港澳逾百家实体书店展示及销售。

16日　香港教育城举办的"第18届十本好读"公布赛果。小学生组方面,"厉河"票选为他们最爱作家,《大侦探福尔摩斯47 古堡谋杀案》获小学生最爱书籍第一位,教师推荐好读第一位是《玩转STEAM——拆解12款玩具的科学原理》;中学生组方面,"阿浓"票选为他们最爱作家,《幻爱》获中学生最爱书籍的第一位,教师推荐好读第一位是《阿浓的有情世界》。该票选结果是由学生、教师一人一票选出2019/2020年度出版的心爱书籍和作家。

19日　秀茂坪公共图书馆迁往新址(位于秀茂坪秀明道秀茂坪邨秀润楼地下高层),面积由约290平方米扩充至约730平方米,并增加座位数目。新馆也为读者增设特快归还服务、自助借书服务,以及儿童互联网及多媒体数据服务等,为区内居民提供更多元化的图书馆服务和更舒适的阅读空间。

20日　由紫荆文化集团主办,联合出版集团承办,香港出版总会、香港教育工作者联会、港九新界校长联会等支持的"书香万家"大型文化公益活动,在香港会展中心举办启动仪式。此文化公益活动包括"悦读小区——百区漂书"及"行走的图书馆——百校行活动"两个子项目,7月下旬启动,持续至年底,邀请出版文化业界捐赠10 000册精品图书,定期举办小区书展、主题漂书和阅读分享等活动,同时联合出版集团SUPer青年营推动"行走的图书馆"公益图书车驶入100间中小学校及100个大型小区,面向市民及在校师生传播中华优秀文化,介绍当代国情,贴近学生和弱势群体提供文化服务,推广阅读,服务社会。

同日　为期7日的"香港书展"圆满闭幕。书展录得逾83万人次入场,而三项展览共汇聚超过 760 家展商的精彩读物，期间在场内举行了逾 250 场文化活动，包括多场年度主题"洗涤心灵 鼓舞人生"讲座、名作家讲座、英语及国际阅读讲座等，连同由 6 月底开始于全港各区举行的"文化七月·悦读夏季"，至今共举办超过 600 场文化活动，估计参与人次超过 31 万。

大会委托研究机构抽样访问了逾 800 位参观人士，调查显示受访者今年预算在书展的消费额平均为 817 港元，占全年平均购买印刷书籍支出的（1 262 港元）65%，反映书展依然是书迷网罗好书的重要平台。最多受访者打算来书展购买最新出版书籍（82%），另有 40% 受访者进场享受购书折扣优惠，17% 受访者就打算在书展购买儿童书籍及参与文化活动。

29 日　政府统计处出版《香港的女性及男性——主要统计数字（2021 年版）》，旨在为有兴趣探讨香港女性和男性的情况以及性别平等课题的人士，提供方便参考的数据。该刊物汇集来源广泛的资料，展示按性别划分的统计数字和指标，藉以描述女性和男性在主要经济和社会范畴中的情况。

同日　《国家新闻出版署关于表彰第 5 届中国出版政府奖获奖出版物、出版单位和出版人物的决定》和第 5 届中国出版政府奖获奖名单发布，联合出版集团属下广东大音音像出版社的《盲人中小学无障碍阅读工程》获得音像电子出版物奖；中华商务广东公司印刷的《新疆植物志》获印刷复制提名奖；联合出版集团董事副总裁梁兆贤获得优秀出版人物奖。

8 月

19 日　香港出版学会获"蓝真持恒基金"支持，由 2018 年开始，每年赞助 4 名香港出版学会会员外出考察学习。考察活动包括参观欧美、亚洲或大中华地区的书展；出席外地的出版研讨会或业界专题交流活动；考察外地特色书店、出版社、发行公司或物流机构等。虽然这两年受疫情影响，成功申请者无法成行，但该学会仍继续推行此活动，当天评审委员面见了申请者，从中选出合格申请者，待疫情缓和后择机出行。

25 日　香港出版学会应基督教零售协会邀请，与该会会员进行一次义务性质的交流。该会两名执委会委员担任专题讲座讲者：朱素贞主讲"编辑——挑战的新世代"，李毓琪主讲"如何激发创意策划图书选题编辑"，逾 50 人出席。

31日　《小学概览2021》电子版出版，共辑录500多所小学的基本资料，包括学校设施、教师数据、班级结构、学习评估、学校生活、全方位学习、办学宗旨及学校特色等。所有数据由学校提供及核实，反映2021年4月的状况。至于中文及英文版印刷本由全港幼儿园及幼儿园暨幼儿中心，派发给本学年就读高班学生的家长。

8月　在港扎根28年、位于铜锣湾Sogo的旭屋书店结业，该店专售日本书刊杂志。

9月

9日　行政长官林郑月娥在礼宾府主持政府与香港地方志中心举行的年度会议，听取该中心汇报有关编修《香港志》的工作进展和最新计划。多名司局长参与会议，了解相关工作。《香港志》首册——《香港志·总述　大事记》2020年出版，大获好评，不但登上出版社年度好书第一位，更荣获第3届香港出版双年奖"市场策划奖"和"社会科学类别出版奖"，《香港志》第二册以香港参与国家改革开放为题，让社会各界以至内地同胞了解香港在国家改革开放的过程中所作出的贡献。

11日　由职训局资历架构主办、香港出版学会负责执行的"向中学生推广资历架构及行业先导计划（出版业）"，因社会事件及疫情关系，2019年至2020年均无法正常举行。直至2021年9月11日，终于成功在尖沙咀商务进行了一次活动，三个小时内让中学生认识出版的定义，了解编辑、营销和零售人员的日常工作，现场参观书店以及进行小游戏。

23日　大型综合性文化央企紫荆文化集团成员机构联合出版集团亮相深圳文博会，展示精品出版物数百种，发布多项重点项目，与内地出版界洽谈合作。这也是紫荆文化集团首次携子公司公开亮相。

本月　以客货Van改装成的流动书车Rolling Books，与香港口述影像协会合作推出一本听得到又摸得到的创意绘本《看不见的礼物》，目的是让视障儿童也能享受阅读的乐趣。此项计划由爱心圣诞大行动（Operation Santa Claus HK）资助。

10月

1日　康乐及文化事务署（康文署）香港公共图书即日起至10月26日在香港中央

图书馆地下南门大堂举行"第 31 届全港诗词创作比赛——律诗"得奖作品展览，有关作品也于多个香港公共图书馆作巡回展览。为提高市民运用中国语文和欣赏韵文的能力，香港公共图书馆由 1991 年开始，每年举办"全港诗词创作比赛"，单年比诗，双年比词。本届是第十六次举办律诗创作比赛，反应热烈，共收到超过 800 多份参赛作品。颁奖仪式于 9 月 30 日在香港中央图书馆举行。

7 日 康乐及文化事务署（康文署）公布，香港公共图书馆主办的香港图书馆节 2021 于 10 月 9 日至 11 月 28 日举行。本届图书馆节以"喜阅有你 携手同行"为主题，通过现场互动体验、多媒体艺术展览及多个在线线下活动，与读者携手探索各种阅读的方式。香港图书馆节联同其他单位及阅读伙伴，于香港中央图书馆、各区公共图书馆及专题网页举办活动。图书馆节重点节目《触动喜阅》互动展览和《See 字进入》多媒体艺术展览于 10 月 23 日至 11 月 2 日在香港中央图书馆展览馆举行。各区公共图书馆也举办多项活动，包括故事剧场、网上读书会、表演、故事分享、工作坊和讲座等。另外，"松一松 e 阅读小站"电子书推广活动继续进行，由 10 月 15 日至 12 月 15 日举行。

12 日 香港 33 年的独立教育出版社"小树苗"今宣布，将于 12 月 31 日结业。

13 日 著名作家、《亚洲周刊》副总编辑江迅今日于仁济医院离世，享年 74 岁。江迅着有作品集《跨越 2000 年》《崛起雷州》《大下海》《1998 中国病》《行笔香港》《聚焦洋紫荆·履痕》《聚焦洋紫荆·星辰》《涟漪香江》《香港的七情六欲》《港人创业上海》《香港是杯鸡尾酒》《香港，一座城市的密码》《译码朝鲜》等。他的作品被收入 50 部合集，曾获全国和上海、吉林、香港等文学奖和新闻奖 20 多项。

15 日 康乐及文化事务署香港电影数据馆（数据馆）联同上海电影博物馆及上海电影资料馆携手策划放映节目"上海典藏文学电影巡礼"，在 11 月 13 日至 21 日期间于资料馆电影院选映 8 部由上海电影制片厂制作、改编自文学巨著的电影，让观众从不同角度欣赏上海电影对经典文学的演绎。有关 8 部经典文学著作包括：贾大山的《小说精选集》、曹禺的《雷雨》、古华的《芙蓉镇》、巴金的《家》、鲁迅的《阿 Q 正传》、茅盾的《子夜》、曹禺的《日出》和林海音的《城南旧事》等。各组放映均设座谈会。

21 日 新雅文化事业有限公司 60 周年庆祝典礼暨 60 周年主题展览，今日在商务印书馆尖沙咀图书中心举行。同日举行主题展览,主要包括:"我们都读过的新雅童书"和"新雅原创插画展览"。

29日　政府统计处编制的2021年版《香港统计年刊》当日出版,内容全面和便于参考的官方统计汇编,载有约310个统计表。

30日　香港书画文玩协会第1届理监事就职典礼暨"注入文化新动力,创造香港新未来"艺术论坛举行,香港特区政务司司长李家超、中联办秘书长王松苗、紫荆文化集团董事长毛超峰、中联办宣传文体部副部长张国义、香港文联会长马逢国、香港贸易发展局主席林建岳、中国书协香港分会主席施子清、香港中文大学原校长金耀基、香港美协主席林天行、大公文汇传媒集团董事长姜在忠、新世界发展有限公司行政总裁郑志刚、联合出版集团董事长傅伟中等共同主礼。仪式后举行的专题论坛以"助推香港发展成为中外文化艺术交流中心"为主题,由香港书画文玩协会三位荣誉顾问——香港中文大学前校长金耀基、香港美协主席林天行以及联合出版集团董事长傅伟中共同担任对谈嘉宾。

31日　南丰纱厂独立书店Book B不续约结业。

10月　2020年底,香港出版学会投获资历架构项目"更新《能力标准说明书》标书"。经过近一年的努力,终于在10月中旬完成9项新增能力单元以及11项修订能力单元全部中文撰写工作,呈交资历架构委员会审阅。

同月　香港大学图书馆完成举办年度共4次的读书会活动,系列活动旨在推动高水平的知识文化生活。

11月

20日　康乐及文化事务署(康文署)香港公共图书馆当日于香港中央图书馆举行证书颁发仪式,颁发2020/2021年度"儿童及青少年阅读计划"奖项予超过30位在过去一年积极阅读的会员。今年阅读计划的反应跟以往一样热烈,新增会员人数超过6 000人。共有24位会员凭所撰写的阅读报告获得"每月之星"奖项,其中作品最出色的6位更获选为"阅读超新星",另有17位最积极参与"月月读书乐"月会的会员获颁"乐读小菁英"奖牌。主办方希望各学校鼓励学生登记参与计划,故特设"最积极推动参与学校奖"嘉许年度内成功推荐最多新会员的学校。此外,年度内累计提名会员阅书总量最高的五间学校获颁"最积极推动阅读学校奖"。

同日　联合出版集团与香港教育工作者联会在联合出版大厦举行战略合作框架协议签订仪式。香港教育工作者联会与联合出版集团合作的重要项目"教师生活馆"，将于 2022 年 6 月在旺角美观大厦启幕，香港回归 25 周年之际正式营业，建成香港最具规模的教师生活超市，旨在为香港教育工作者联会会员提供价廉物美、丰富多彩的生活服务和文化体验，以及职业能力提升培训课程等，共同打造热忱服务香港教师的生活服务文化体验一站式平台。

25 日　《香港天文台月历 2022》公开发售。月历每册售价 26 港元，展示多张美丽的天气及光学现象照片，当中大部分来自摄影爱好者在"小区天气观测计划"脸书群组（www.facebook.com/groups/icwos）分享的作品。香港天文台希望通过月历照片鼓励市民爱护大自然，关注气候变化及影响，并积极实行绿色生活，为防灾减灾努力。每张月历照片均设有二维码，方便读者获取照片的相关信息。月历载有气候及天文数据，包括每月气候数据及特别气候事件、日出日落时间、月出月落时间、日食及月食出现的日期，以及潮汐涨退等。

27 日　深圳读书月在深业上城联合书店·本来艺文馆举行，活动主题为"深港澳共读·书店沙龙-读书志：香港内地《读书》杂志主编高端对话"，邀得两本杂志的主编：香港联合出版集团董事长、《读书杂志》社长傅伟中和北京《读书》总编辑肖启明主讲，深圳市阅读联合会会长尹昌龙等嘉宾参与活动。

11 月　香港出版学会与职业训练局合办出版培训课程，题目是"全渠道出版新思维"系列讲座，因应时代的发展及变化，出版从业员也要与时并进，需要思考营销规划，利用数码及社交媒体等新模式拓宽读者群，使出版更趋向多元发展。课程精心策划了 5 个讲座，通过各专家的分享，使学员能对市场及各媒体平台运用，乃至出版内容延伸更有效掌握，以为将来的发展开拓作好准备。

同月　已逾 60 年历史、主打二手书的精神书局宣布，西环店因租约期满在 11 月底结业。

同月　由插画师黄思哲和书籍设计师胡卓斌创立的独立书店 Mosses 开业，Mosses 卖的主要是摄影集和绘本。

12 月

6 日　《中学概览 2021/2022》电子版出版，共辑录全港 400 多所中学的基本数据，包括教师数据、班级结构、学校设施、学校特色、校园生活、课外活动、学生支持、学校课程，以及教学规划（例如全校语文政策）等。所有数据均由学校提供及核实，反映 2021 年 9 月的状况。各区民政事务处、公共图书馆及教育局区域教育服务处也备有概览印刷本，供市民查阅。

同日　《香港参与国家改革开放志》出版典礼暨《粤港澳大湾区志》合作备忘录签署仪式假礼宾府举行，香港特区行政长官林郑月娥出席并致辞。刘光源特派员（外交部驻香港特别行政区特派员公署特派员）、卢新宁副主任（中央人民政府驻香港特别行政区联络办公室副主任）、李江舟副署长（中央人民政府驻香港特别行政区维护国家安全公署副署长）、郑国跃少将（中国人民解放军驻香港部队副司令员）、陈智思主席（香港地方志中心执行委员会主席）、陈南禄主席（香港赛马会主席）出席。

7 日　擅长书写温柔文字的作家"不朽"连续三年蝉联台湾"年度十大华文文学作家"第一名，广受读者青睐；Middle、张西、张曼娟连续三年入选年度十大作家。在香港，村上春树《第一人称单数》荣登诚品年度畅榜 Top 1，Middle 的作品也持续受到读者喜爱。

8 日　中华商务联合印刷（香港）有限公司在今年的美国卓越印制大奖（Premier Print Award）中斩获 7 项奖项，获奖作品为：《宝玑目录》《汽车书刊套装》《My Greeting Card Organizer》《英伦地层 Strata：William Smith's Geological Maps》《VR 深探迷 Ozeane Unterwasserwelts》《DK 博物大百科（点读版）The Natural History Book》《武端阳》文化端午套装。

12 日　第 13 届九龙城书节以"读食自肥"为题于网上举行，书节与多个书商合作，一连八日于 Facebook 播放不同讲座、直播、导赏团、书介等。主办单位在 Facebook 上表示，希望"在社交距离时代中，拉近与阅读的距离"。

21 日　立法会换届，当天公布选举结果，霍启刚先生当选"体育、演艺、文化及出版界"议员。

28 日　粉岭南公共图书馆迁往新址（位于粉岭一鸣路 23 号牵晴间购物广场一楼

104A及105A号铺位），面积约385平方米。新馆的设施和提供的服务包括成人图书馆、儿童图书馆、报刊阅览区、自助借书服务、特快归还服务、互联网及多媒体数据服务。

同日　第3届"香港出版双年奖"于2021年12月连续举办三场业界在线分享会，讲题分别为"优秀作品的选题、编辑及制作""当书籍设计遇上市场考虑""因难见巧：我在数码时代下出版生活图鉴"，由应届和上届得奖者与同业及公众免费分享他们就创作、选题、设计及市场推广等卓越的出版经验及心得。

12月　旺角T.O.P.二手书店"偏见书房"因租约期满结业。

（潘翠华　香港联合出版集团）

2021 年中国澳门特别行政区
出版业大事记

4 月

2—12 日　澳门出版协会主办"2021 年春季书香文化节",展出各类新书逾 3 万种,共超过 15 万册。

5 月

13 日　澳门媒体涉台报导负责人参访团到访湖南日报集团。

22 日　澳门镜湖护理学院出版中心、中西医结合护理杂志社主办,珠海市人民医院、珠海市护理学会承办的"京澳珠护理科研暨护理学术期刊创新发展论坛"在珠海市人民医院举办,主办双方签订《中西医结合护理》与《澳门护理杂志》合作协议。

7 月

9—18 日　由澳门理工大学及一书斋合办的"第 24 届澳门书市嘉年华",在澳门理工大学体育馆举行。

12 日　澳门理工大学葡语教学及研究中心推出葡语电子教材及中葡学术专著在线平台（https://cpclp.ipm.edu.mo/）。

15 日　文化局与印务局合作推出自助售书服务,分别在下环图书馆、凼仔图书馆及石排湾图书馆增设共 3 台由印务局开发的自助售卖机,方便市民购买和索取文化局及印务局出版的书刊及印刷品。

20—26 日　参加"第 31 届香港国际书展"。

8月

20—30日　参加"2021南国书香节"。

9月

14日　由广东省出版集团、南方出版传媒股份有限公司和澳门文教出版协会联合主办的"2021粤澳合作出版成果发布会",在中国国际展览中心（新馆）广东馆举行。

14—19日　参加"第28届北京国际图书博览会（BIBF）",推介300种图书。

10月

15日　澳门濠镜文化传播有限公司与培生教育出版亚洲有限公司组建的培文出版社有限公司于文化公所签订合作协议,合作出版英文教材。

27日　广西师范大学出版社集团与文化公所合作共建的澳门分社,近日成功入选商务部主办的2021至2022年"国家文化出口重点项目"。

11月

6—14日　澳门出版协会主办"2021年秋季书香文化节",场内展出海峡两岸暨港澳地区最新图书数万种,共计数十万册。

12月

6日　香港地方志中心、澳门基金会、广东省地方志办公室三方以视频方式签署《粤港澳大湾区志》合作备忘录。

16—20日　由中联办宣传文化部、广东省委宣传部指导,广东省出版集团、南国书香节组委会办公室、澳门出版协会和澳门文教出版协会主办,文化公所、珠海新华书店承办,街坊总会支持场地的首届"南国书香节"澳门分会场,于街坊总会小区服务大楼迎聚廊举行,展出内地和澳门新图书1 000多种。

（王国强　澳门大学图书馆副馆长、澳门出版协会副理事长）

2021年中国台湾地区出版业大事记

1月

5日 陈武镇《囚》新书发布会举办。本套作品集以"囚"为名，收录陈武镇于2015年至2018年期间的艺术创作，共计出版6册，从绘画跨足木雕、复合媒材的种种尝试，用艺术为这段历史留下不可磨灭的见证。

18日 台湾文学基地开幕，位于台北市济南路和齐东街之间的台文基园区，是都会区保存最完整的日式宿舍群，共有7栋历史建物，占地达350坪，精致而有特殊氛围。预期将成为云集写作者、评论家、出版人、阅读大众，并且凝聚创作能量的聚会所。

20日 考虑到台湾疫情变化，以及参展人数过多且展览会场过大，2021台北国际书展"以线上书展续办"及出版专业论坛"持续办理"。

2月

2日 台文馆文学乐园与图书室齐开幕，图书室重新整修开幕后，开架式与台湾文学主题相关藏书便有8万多册、阅读区更宽敞、讲座展览场地更能活用。首档展览为"台湾世界记忆'国家'名录白话字文献主题书展"，展期自2021年2月2日至8月1日。

8日 美国文学翻译家协会（The American Literary Translators Association）公布第6届"一对一业师指导计画"8位学员名单，台湾译者汤絜兰也在其列，将与来自新加坡、韩国、荷兰、俄罗斯等国译者共同接受为期9个月的业师线上指导，并于秋天赴美参加翻译年会，发表译作成果。

21日 人权博物馆与玉山社及星月书房合作出版儿童权利公约插画绘本《我是小

孩，我有话要说》，以联合国《儿童权利公约》为出发点阐释儿童权利的概念，于21日举办新书发表会，由亲子读者及"大人思想研究社"成员们分别以自身母语朗诵《我是小孩，我有话要说》内容，包含台语、客语、华语，传达语言平权的核心概念。

25日 "国立"台湾文学馆宣布出版《赵天仪全集》，预定2021年3月19日于台文馆举行新书发表会。《赵天仪全集》内容是由静宜大学邱若山教授编辑团队整理而成，收录赵天仪之诗文、评论作品，及影像、年表等资料。新书发表会当天将邀请赵天仪遗孀詹秀金，主编邱若山、笠诗社发起人之一李魁贤、编辑团队顾问邱各容等贵宾并将与会座谈。

3月

2日 马来西亚汉文化中心规划执行的《台马乡土文化及原住民神话传说绘本》文化交流案，邀请长期关注台湾原民文化的前"监察院"副院长暨"台湾原住民的神话与传说"系列丛书总策划孙大川教授，分享马来西亚听众们有关绘本征集、编撰及出版原住民族文学作品的想法和历程。通过该计划来汇集有关台湾与东南亚南岛语族国家之关系，以结合马来西亚原住民发展局提供的5篇文本，一起汇编绘本套书。

17日 "文化部"与法国法兰西学院人文政治科学院共同创设的"台法文化奖"在巴黎法兰西学院召开第25届评审会议，本届遴选出2名获奖者，分别为斯洛维尼亚卢布尔雅那大学（Univerza v Ljubljani）亚非学系教授罗亚娜（Jana S. ROŠKER）及无境文化出版《人文批判》系列丛书总策划吴坤墉。

23日 日治时期在台日人作家西川满目前唯一仅见之日记，由"国立"台湾文学馆付梓出版，预定3月31日于台文馆举办新书发表会。台文馆有幸与张良泽教授合作，由其翻译并编写《西川满战后初期（1945—1949）著作年表》，另委托日本香川大学高桥明郎教授为全书校注，研究者凤气至纯平审订，是了解西川满与战后初期日本社会的重要书籍。

4月

16日 2021台湾文博会正式登场。"文化部"于华山1914文创园区盛大举办开幕典礼，宣告一连10天的文创盛宴率先在华山1914文创园区开跑，松山文创园区及花博争艳馆也将在4月21日开展。

23日　为响应4.23世界阅读日，"文化部"于台湾文学基地举办走读台湾启动记者会，"文化部"宣布今年度将以"文史""艺术""产业文化""生态科学""社会关怀或文化平权"及"台湾文化协会百年启蒙"等六大主题，整合文本阅读及景点走访，预计将有超过百条文化主题路径在全台遍地开花。

29日　由"文化部"、驻马来西亚台北经济文化办事处文化组及马来亚大学中文系共同主办的"台湾文学的摇篮：马来西亚推动台湾文学计画"，将于30日正式启动，并分别于4月30日、5月7日、14日、21日、28日每周五晚上8至10时进行第一阶段"台湾文学鉴赏班"线上讲座。

5月

1日　诗人管管（本名管运龙）辞世，享耆寿92岁。管管创作包括诗、散文、剧本，笔耕文坛逾60年。在诗和散文外，管管也从事绘画与表演，多次办理画展以及电影和舞台剧演出。管管曾获香港现代文学美术协会新诗奖、中国现代诗奖，并以《六朝怪谈》入围金马奖最佳原著剧本。

5日　文荟奖为专属身心障碍者的文艺奖，从第1届的绘画、文学、音乐创作开始。今年以"勇气让幸福来敲门"作为主题，邀请身心障碍者及照护人一起通过文字或绘画创作，展现生命勇气的故事。同日，本年度由"国立"台东生活美学馆主办之2021年"后山文学奖"及"后山文学年度新人奖"也正式启动。

16日　"国立"新竹生活美学馆于馆内办理"百年想象X悬命振兴：《巢兼代》创刊号线上发表会"，分享本馆季刊精彩内容，该馆过往至今已发行141期《北辰》折页及4期季刊，完整呈现北台湾艺文产业的人文地景资源。现阶段考虑地方创生及文化平权近用等政策深化，将采用更接地气的《巢兼代》社造品牌，作为馆刊新名称。此次特邀书法大师赖焕琳校长题字，校长匠心独运，"巢"字以篆书、"兼"字以行书、"代"字以楷书书写，字里行间富深厚寓意。

28日　5月28日是台湾新文学之父赖和的127岁生日，"国立"台湾文学馆在同日发表全新编纂的《新编赖和全集》，5卷内容包括《汉诗卷》《小说卷》《新诗卷》《散文卷》与《资料索引卷》，有当前可见之所有稿本、刊本、相关史料，并收录最新出土的文献，再重新编校、译注及解说，揭示了区域史料的保存以及中央整合的重要性。

29日　由巴黎外国文化中心论坛（FICEP）主办的"文学之夜"（Nuit de la littérature）迈入第9届，因受疫情影响，仍以线上方式进行。台湾酷儿文学作家纪大伟将于法国时间5月29日晚，向法国的爱书人分享他的法译短篇小说集——《珍珠》（Perles）。

6月

1日　台湾插画家林廉恩以绘本 HOME 获"波隆那书展拉加兹奖故事类首奖"（Bologna Ragazzi Award-FICTION—2021 WINNER），这是继阿尼默台语诗绘本《情批》获今年波隆那书展拉加兹奖年度主题"诗类别"评审优选奖后，台湾创作者再获国际大奖肯定。

8日　"国立"台湾文学馆"文学抗疫，云端相遇"每月推一档文学展，首档6月8日"航向浩瀚——台湾海洋文学特展"呼应世界海洋日率先上线。"海洋文学特展"展出台湾重要的海洋书写及思维，深刻表现"向海致敬"，脸书粉丝页也同步举办抽奖活动，以带动大朋友与小朋友的互动与参与。

16日　波隆那儿童书展（Bologna Children's Book Fair）主办单位主席 Elena Pasoli 宣布，台湾艺术家卓霈欣首次投稿即以《树冠羞避》（Crown Shyness）短漫作品荣获意大利第11届"波隆那SM国际插画家大奖"（International Award for Illustration Bologna Children's Book Fair-Fundación SM），是继林廉恩以《HOME》（巴巴文化出版）获"拉加兹奖-故事类"首奖、阿尼默《情批》诗集（大块文化出版）夺诗歌主题评审优选奖后，再次获得国际重要奖项。

7月

9日　"国立"新竹生活美学馆发行的《巢兼代》馆刊在艰困的疫情下，以数位非接触方式完成企划提案、采访撰稿等工作，克服重重难关顺利出刊。《巢兼代》馆刊第二期内容以"青年返（留）乡打造永续台湾"为主题，梳理台湾过去近30年的社区营造相关经验，找出激励青年因应文化、社会、环境及经济议题挑战的方式。

14日　日本文学振兴会晚间宣布，台湾旅日作家李琴峰新作《彼岸花盛开之岛》荣获日本最重要的纯文学奖项芥川奖。本届芥川奖共有5人入围，其中3人是首次入围，李琴峰在2019年首次以《倒数五秒月牙》入围后，这次再以日文创作之《彼岸花盛开之岛》入围并获奖，也是首位荣获日本芥川奖的台湾作家。

30日　"台湾文学的摇篮：马来西亚推动台湾文学计划"于今晚启动第二阶段讲座课程，因应疫情，以线上方式进行。

31日　台湾文学奖创作奖于台湾文学馆演讲厅举办赠奖典礼，赠发台语、客语、原住民华语文学3种创作奖。为应对疫情，今年首度以线上直播方式举办，今年台湾文学奖创作奖171件投稿，创历年新高，写作题材包括白色恐怖受难者故事、228事件，也有讲亲情和爱情、族群文化，甚至还有以山老鼠为主题的作品。

8月

6日　台湾文学馆最新展览"汹涌的温柔——台湾大河小说捐赠展"，展出叶石涛、锺肇政、李乔等重要大河小说作家的珍贵作品及手稿，并且诉说成一段段人民情感结构的故事！此次展出珍贵文物，还包括《台湾七色记》《浪淘沙》《台湾大风云》等大河小说的珍贵手稿原件，东方白采访蔡阿信的访谈录音带、李乔创作笔记、剪报等各类文物，并播放小说改编之电影、电视剧作，通过影视作品再次阅读台湾历史长河中的文学风景。

12日　"文化部"《第43次中小学生读物选介》结果出炉。此次共计选出8大类618种推介读物、70本评审特别推荐的《精选之星》，主题丰富多元，兼顾知识、趣味及启发性，期待此份书单成为学生及家长、老师们的选书指南，陪伴读者在阅读的世界中持续探索。

20日　驻日本代表处台湾文化中心与诚品生活日本桥合作，邀请同样擅长女性书写与社会观察的台湾作家蔡素芬及日本直木赏作家角田光代，以"我们这时代的'小说书写'"为主题，于诚品生活日本桥办理实体及线上对谈，两人时隔5年再次对话，吸引众多日本读者关注。

27日　台北国际书展是台湾出版业界与爱书人士的年度盛事，每年书展都以各种不同主题及逾千场的丰富活动，带领民众进入阅读世界。"2021台北国际书展精选主题馆巡回展"首度跨出台北市，于台中文化资产园区开展，接续将巡回至台南市及宜兰县展出，希望让民众有更多不同的阅读体验、大小朋友一起乐游书展。

9月

16日 "走读台湾"活动邀请社会学家李明璁博士策划，首度推出"百年文协——大稻埕经典走读""女力显像——鹿港女性百年身影走读""海海人生——南方澳渔港深度走读"等四条经典路线，将以结合文本与文化路径的多元阅读体验，走读台北大稻埕、彰化鹿港、台南府城与宜兰南方澳等地精彩故事。

18日 "国立"台湾工艺研究发展中心为鼓励全民参与工艺，推广多元丰富的出版品，于生活工艺馆1楼广场，自中秋节起为期9天的结合阅读与音乐——绿色工艺的赠书市集活动。活动中精选近百本的工艺好书，如荣获第40届金鼎奖优良出版品——政府出版品类推荐名单的获得金鼎奖的《好物相对论：生活器物》《好物相对论：手感衣饰》等优质出版物，现场让民众感受开放式、体验式的绿色阅读空间氛围。

24日 《巢兼代》刊物第三期"文化平权特辑"发表会举办，第三期内容丰富，专访在各领域推广文化平权多年的专家与组织，分享其在理念与实务上台湾艺术共融的现阶段成果与未来展望。发表会除了邀请到虎克船长詹翔钦作为主持人，以及馆刊题字者赖焕琳大师现场挥毫，也搬出以本馆镇馆之宝——李泽藩《社教馆古风图》制作成的触觉教具，邀请赵又慈老师现场分享其设计概念与邀请贵宾体验演示。

27日 由"国立"台湾美术馆规划译介，典藏艺术家庭编辑制作的策展学文集《东南亚：策展空间》在市长官邸艺文沙龙表演厅举行新书发布会，今年首度译介出版《东南亚：策展空间》策展学翻译文集，期望通过此书，让读者除了了解亚洲其他地区的策展活动外，也能反思台湾在策展及当代艺术发展上的多样情境，并开展多维度的观察视角。

10月

1日 《金鼎奖》今年迈入第45届，10月起开始的首5场《金鼎沙龙》系列活动，采线上方式办理，在金鼎奖官方YouTube首播。由《VERSE》总编辑暨社长张铁志担任策展顾问，邀请何飞鹏等9位含括特别贡献奖、杂志、图书等类别的金鼎奖得主，与青鸟文化、浮光书店、三余书店等独立书店人员座谈，讨论台湾出版产业的各种面向议题，包含探讨出版的未来样貌、摄影纪录与书写、社群浪潮下的专栏、少儿文学中的自然、创作思索等，以及畅谈创作的心路历程，欢迎上线感受创作者与出版者最真挚、最贴近台湾的观察与心声。

5日 "2021台湾文学奖"10月5日金典奖入围名单揭晓。今年共有235本作品参奖，收件量创历年来新纪录，30本入围作品将共同竞逐8名金典奖（其中1名为年度百万大奖），及3名奖励新人的蓓蕾奖。此外，10月5日起金典入围书展将于台北三民书局、台南乌邦图书店、金石堂书店汀州/天母/新店/文化/新竹/台中/南一/潮州门市及台湾文学基地陆续进行，Readmoo读墨电子书、金石堂网路书店、诚品网路书店以及三民网路书店也将举办金典奖线上书展。

15日 第45届金鼎奖得奖名单及特别贡献奖得主公布。在疫情冲击下，本届金鼎奖仍有1300余件作品报名，最终共29件作品获奖、51件作品获优良出版品推荐，并由印刻出版社总编辑初安民获特别贡献奖。

29日 "国立"彰化生活美学馆举办的"第20届文荟奖——全国身心障碍者文艺奖"在张荣发基金会举办颁奖典礼。本届文荟奖计有900件作品参赛，59件作品获奖，奖项分为"文学类""心情故事"及"图画书类"，组别有国小、国中、高中及大专社会组，总奖金101万元。

11月

2日 为应对新冠肺炎疫情对艺文创作呈现及国际交流造成的影响，"文化部"驻英国代表处文化组自2020年起开始办理爱丁堡艺穗节《台湾季》论坛，并以网络平台为主要举办方式。原以英语进行的线上论坛内容，历经一年来的整理，现已完成中译与文字化整理，以"表演艺术的灵光上线——2020爱丁堡艺穗节台湾季论坛"为题，制作成电子书，向中文读者分享台湾季论坛成果，展现台湾当代表演艺术领域充沛的能量。

13日 "台湾文学奖金典奖"2021年赠奖典礼隆重举行。金典奖是台湾等级最高、奖金最丰、典礼最尊荣的文学大奖，以不分文类评选、鼓励文学创意闻名，每年总奖金250万元。今年"金典奖年度大奖"得主为锺文音长篇小说《别送》，获赠奖座1

座、奖金 100 万元；另选出"金典奖"7 名及新人专属"蓓蕾奖"3 名。

29 日 "台湾文学翻译展"在奥大华语文学翻译档案馆（Chinese Literature Translation Archive）展出该校及翻译家柏艾格（Steve Bradbury）收藏的台湾诗人作品，展览为期一年。

12 月

2 日 《台湾摄影家》系列丛书第五辑举行新书发表会。今年出版《雷骧》《张武俊》《何经泰》3 册摄影家专书。

11 日 "国立"台湾文学馆协助研发高中教案，出版《台诗好好玩》，新书发表会于 12 月 11 日在台湾文学基地举行。

15 日 由"文化部"主办、台北书展基金会承办的"2021 第 29 届台北国际书展"上，公布了"2021 第 14 届台北国际书展大奖"首奖名单及"2021 第 17 届金蝶奖台湾出版设计大奖"金、银、铜奖得主，今年度 13 位得主横跨两岸三地，尤其图像小说及香港议题创作更是大放异彩，为台湾出版的丰富多元再立新指标。

22 日 文化内容策进院公告《出版与影视媒合新制》，公开招募入围文本清单，选出符合此次相关奖励金申请之"潜力改编文本"共 53 本。近年来台剧热播不断，台湾原生漫画、小说等迎来暴发期，文策院为加速出版影视跨业合作，扩大台湾原创文本 IP 应用，今年度推出新版媒合机制，共计有 425 件文本参与，类型包含：短篇小说 5 本、长篇小说 37 本、纪实文学 1 本、散文 3 本、漫画 7 本，在此清单中的 IP 文本，后续将有机会获得文策院提供之"文本授权奖励金"，期待此次入围文本未来能与出版、版权方与投拍方合作之下，能以不同面貌，更具国际竞争力姿态，呈现在观众面前。

（黄昱凯：台湾南华大学文化创意事业管理系兼任副教授）